GUIDES ◉ VOIR

ISTANBUL

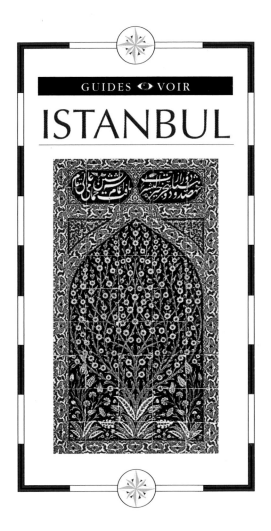

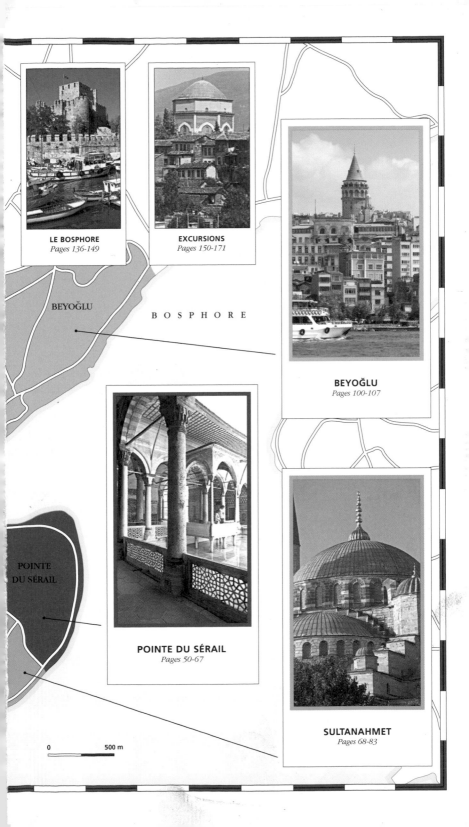

LE BOSPHORE
Pages 136-149

EXCURSIONS
Pages 150-171

BEYOĞLU
Pages 100-107

BEYOĞLU

B O S P H O R E

POINTE
DU SÉRAIL

POINTE DU SÉRAIL
Pages 50-67

SULTANAHMET
Pages 68-83

0   500 m

GUIDES 👁 VOIR

ISTANBUL

Libre Expression

Une compagnie de Quebecor Media

Libre Expression

Une compagnie de Quebecor Media

DIRECTION
Nathalie Pujo

DIRECTION ÉDITORIALE
Cécile Petiau

RESPONSABLE DE COLLECTION
Catherine Laussucq

ÉDITION
Émilie Lézénès et Adam Stambul

TRADUIT ET ADAPTÉ DE L'ANGLAIS PAR
Dominique Brotot
avec la collaboration d'Isabelle Guilhamon

MISE EN PAGES (PAO)
Maogani

CE GUIDE VOIR A ÉTÉ ÉTABLI PAR
Rosie Ayliffe, Rose Baring,
Barnaby Rogerson, Canan Sılay

Publié pour la première fois en Grande-Bretagne
en 1998, sous le titre *Eyewitness Travel Guides : Istanbul*

© Dorling Kindersley Limited, Londres 2011

© Hachette Livre (Hachette Tourisme) 2012
pour la traduction et l'édition française.

Cartographie © Dorling Kindersley 2011

IMPRIMÉ ET RELIÉ EN CHINE

Les Éditions Libre Expression
Groupe Librex inc.
Une compagnie de Quebecor Media
La Tourelle
1055, boul. René-Lévesque Est, Bureau 800
Montréal (Québec) H2L 4S5
www.edlibreexpression.com

DÉPÔT LÉGAL : Bibliothèque et Archives nationales du Québec
et Bibliothèque et Archives Canada, 2011

ISBN 978-2-7648-0582-4

SOMMAIRE

Mosaïque de la Vierge, église Saint-Sauveur-in-Chora

PRÉSENTATION
D'ISTANBUL

Mosaïque du salon des Princes,
harem de Topkapı

◁ **La place de Sultanahmet entre la mosquée Bleue et Sainte-Sophie**

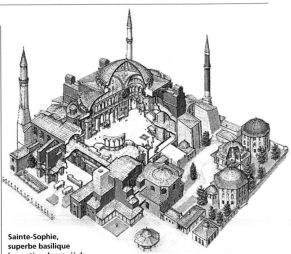

Sainte-Sophie,
superbe basilique
byzantine du VIe siècle

Fumeurs de narguilé dans la cour
de Çorlulu Ali Paşa

Ferry longeant Karaköy

Vendeur de *simit*

La mosquée de Dolmabahçe devant le Bosphore et Sultanahmet

COMMENT UTILISER CE GUIDE

Ce guide doit vous aider à profiter au mieux de votre séjour à Istanbul. L'introduction, *Présentation d'Istanbul,* situe la ville dans son contexte géographique, historique et culturel et offre un aperçu de ses grands centres d'intérêt. *Istanbul quartier par quartier* est la partie la plus importante du guide. Elle inclut aussi trois promenades à pied dans la ville. Textes, illustrations et plans y présentent les principaux sites et monuments. Le chapitre *Grand Istanbul* est consacré aux sites hors du centre-ville, celui intitulé *Le Bosphore* propose une croisière sur le célèbre détroit. Des *Excursions depuis Istanbul* permettent de découvrir la région. Les *Bonnes adresses* recensent hôtels, restaurants, lieux de distraction ou boutiques sélectionnés, tandis que les *Renseignements pratiques* donnent des conseils utiles pour la vie quotidienne.

SE REPÉRER DANS ISTANBUL

Nous avons divisé le centre d'Istanbul en quatre quartiers qui possèdent chacun leur propre chapitre repéré par un code de couleur. Un plan du quartier situe les monuments, numérotés selon l'ordre dans lequel ils sont décrits.

La zone ombrée de rose est détaillée dans le plan pas à pas des pages suivantes.

2 Plan pas à pas
Il offre une vue aérienne du cœur de chaque quartier et met en valeur ses aspects les plus intéressants. Une liste recense les sites à voir.

1 Présentation du quartier
Cette page décrit l'histoire et l'identité du quartier, recense ses monuments et indique les moyens de transport disponibles.

Chaque quartier a un onglet de couleur.

Carte de situation

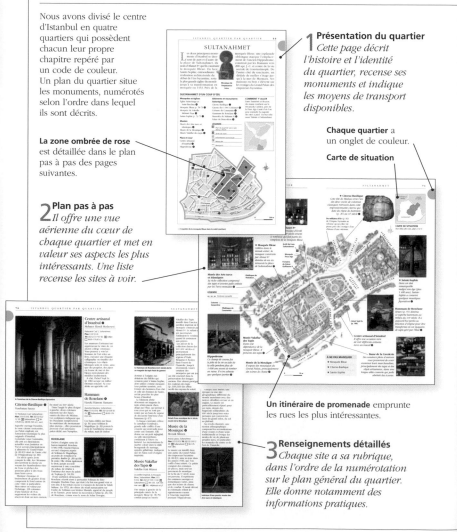

Un itinéraire de promenade emprunte les rues les plus intéressantes.

3 Renseignements détaillés
Chaque site a sa rubrique, dans l'ordre de la numérotation sur le plan général du quartier. Elle donne notamment des informations pratiques.

PLAN GÉNÉRAL D'ISTANBUL

Les zones colorées de ce plan *(en couverture intérieure de première page)* correspondent aux quatre quartiers décrits chacun dans un chapitre d'*Istanbul quartier par quartier (p. 48-107)*. Elles apparaissent sur d'autres plans. Elles aident, par exemple, à repérer les monuments les plus importants dans *Istanbul d'un coup d'œil (p. 34-43)* ou, en page 246, à situer les quartiers sur les plans de l'*Atlas des rues (p. 246-263)*.

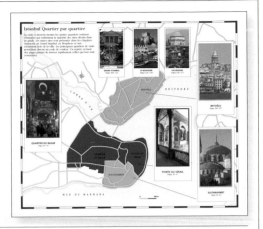

L'introduction donne un aperçu des principaux sites du Grand Istanbul.

4 Présentation du Grand Istanbul
Divisé en cinq quartiers indiqués sur un plan, le Grand Istanbul possède sa propre introduction qui résume ce qu'il a à offrir au visiteur.

Des informations pratiques sont fournies. La légende des symboles figure sur le dernier rabat de couverture.

Un plan de la ville montre le Grand Istanbul et les quartiers décrits dans le chapitre.

5 Présentation des quartiers du Grand Istanbul
Une introduction place le quartier dans son contexte historique avec une carte répertoriant les sites numérotés.

Le Mode d'emploi vous aide à organiser votre visite.

6 Les principaux sites
sont traités sur deux pleines pages, ou plus. L'intérieur des édifices historiques est dévoilé. Des codes de couleur aident, si nécessaire, à localiser les parties les plus intéressantes.

PRÉSENTATION D'ISTANBUL

QUATRE JOURS À ISTANBUL

Istanbul est une métropole trépidante, à la culture et à l'histoire riches, qui vit aussi la nuit. Coupée en deux par le détroit du Bosphore, elle est la seule ville au monde à cheval sur deux continents, l'Europe et l'Asie, présentant ainsi deux

Céramique du
Grand Bazar

facettes opposées. Nos itinéraires vous feront goûter à la cité turque sous tous ses aspects. Chaque site fait l'objet de renvois vous permettant de personnaliser vos promenades. Les prix comprennent les repas, le transport et les tickets d'entrée.

**Étal d'épices exotiques
au Bazar égyptien**

SHOPPING ET FRUITS DE MER

- Réveillez vos sens au Bazar égyptien
- Chinez à Çukurcuma
- Marchandez au Grand Bazar
- Profitez de l'animation de Nevizade Sokak

2 ADULTES, environ 75 €

Matin

Le **Bazar égyptien** *(p. 88)* offre une profusion de couleurs, de senteurs et d'étals regorgeant de produits exotiques. De là, rendez-vous au **Grand Bazar** *(p. 98-99)*, un immense labyrinthe de spécialités ottomanes où se succèdent magasins de cuir, de tapis, de céramiques ou de bijoux. Les prix sont gonflés et les étiquettes rares. Alors marchandez ! Après le shopping, allez dans le quartier de Kumpkapı, au bord de la mer, où des restaurants de poisson vous attendent. Ici aussi, les prix

ne sont pas toujours affichés. Renseignez-vous avant de passer la commande.

Après-midi

Prenez un taxi jusqu'au pont de Galata et faites un tour vers la place de Tünel et le quartier branché de Beyoğlu *(p. 101-107)* en profitant du panorama pittoresque. Prenez le temps de découvrir les cafés et les bars de Tünel avant de remonter l'İstiklâl Caddesi *(p. 102-103)* et d'entrer dans ses magasins de vêtements, de chaussures, de livres et de musique. Un peu plus haut, le quartier de **Çukurcuma** *(p. 107)* est le royaume du bibelot et du meuble ancien. À deux pas de l'İstiklâl Caddesi, la Nevizade Sokak est une rue étroite abritant des dizaines de *meyhanes (p. 193)*. Ce quartier commence à vivre la nuit, lorsque les stambouliotes affluent pour écouter les musiciens traditionnels donner la sérénade aux passants.

EN FAMILLE

- **Voir Istanbul en miniature**
- **En bateau jusqu'à Büyükada**
- **Balade en calèche dans Büyükada**

FAMILLE DE 4, environ 85 €

Matin

Sur la place Taksim, prenez un bus pour Miniatürk *(p. 222-223)*. Situé sur la rive nord de la **Corne d'Or** *(p. 89)*, ce parc expose en version miniature les sites les plus célèbres de la ville, comme Sainte-Sophie *(p. 72-75)* et d'autres richesses de la Turquie. Il abrite aussi un parc pour les enfants et un musée avec des photos d'Atatürk, le grand réformateur turc du début du XXe siècle, ainsi que des images et maquettes de la bataille de Gallipoli. Le café et le restaurant du parc offrent un cadre charmant pour le déjeuner.

Quai animé à Eminönü

◁ Miniature représentant les somptueuses festivités organisées pour la circoncision des fils d'Ahmet III en 1720

Après-midi

Après le repas, revenez vers Istanbul et sautez dans un bateau pour Büyükada, l'une des neuf îles des **îles des Princes** *(p. 159)*. Pendant la traversée (1 h 30 au départ de Kabatas, 10 minutes au départ de Kadiköy), vous admirerez Istanbul s'éloignant à l'horizon. À terre, flânez du côté de la grande place Saat Meydani ou offrez-vous un tour de l'île en calèche. Du haut de sa colline, le monastère Saint-George révèle un panorama somptueux ainsi qu'un restaurant où l'on peut dîner.

MOSQUÉES, MUSÉES ET HAMMAMS

- Iconographie byzantine de Sainte-Sophie
- Merveilles du musée des Arts turcs et islamiques
- Impressionnant palais de Topkapı

---

2 ADULTES, environ 100 €

Matin

Débutez la journée à la **mosquée Bleue** *(p. 78-79)*, l'un des sites les plus élégants d'Istanbul, célèbre pour ses minarets élancés et ses mosaïques d'İznik. Découvrez les charmes du jardin bien entretenu à l'avant de l'édifice avant de vous diriger vers l'imposante **Sainte-Sophie** *(p. 72-75)*, autre mosquée réputée de la ville. L'intérieur arbore de splendides mosaïques et des frises byzantines, des céramiques d'Iznik et une immense coupole. Poursuivez ensuite vers le **musée des Arts turcs et islamiques** *(p. 77)* où une merveilleuse collection de verrerie et de ferronnerie, de tapis et de manuscrits anciens côtoie des œuvres modernes de Turquie et d'ailleurs. Pour le déjeuner, allez vers la Divanyolu Caddesi ; la rue est bordée d'excellents restaurants traditionnels, avec des prix s'adaptant à tous les budgets.

La forteresse d'Europe domine le Bosphore

Après-midi

Comptez trois heures au moins pour le **palais de Topkapı** *(p. 52-59)*, un immense ensemble de cours, jardins, fontaines et harems abritant une inestimable collection d'antiquités. Pour finir cette longue journée, offrez-vous un plaisir turc : une séance au hammam *(p. 67)*. Celui de Çemberlitaş *(p. 81)* dans Sultanhamet est l'un des plus beaux.

Carreaux bleus d'İznik ornant Sainte-Sophie

AU FIL DU BOSPHORE

- En bateau sur le Bosphore
- Panoramas depuis la forteresse d'Europe
- Flânez dans le charmant village de Bebek

---

2 ADULTES, prévoir 70 €

Matin

Prenez le bus place Taksim ou au terminus d'Eminönü, en direction de Sariyer ou d'Emirgan et descendez à Arnavutköy *(p. 145)*, situé sur la rive du Bosphore. Admirez les maisons et les villas ottomanes restaurées avec soin, habillées pour la plupart de tons pastel et décorées de bois finement sculpté. Faites une pause dans l'un des cafés qui se succèdent dans les petites rues. Après Arnavutköy, allez vers le nord en longeant les bateaux de pêche et de croisières qui dansent sur l'eau jusqu'à **Bebek** *(p. 138 et 146)*, l'une des villes les plus riches autour d'Istanbul. Difficile de ne pas être tenté devant ces boutiques de beaux vêtements et ces magasins d'antiquités. Déjeunez dans le restaurant chic **Poseidon** *(p. 207)*, où vous pourrez siroter un apéritif devant une vue splendide avant de vous délecter de poisson frais.

Après-midi

Plongez dans le passé en visitant l'imposante **forteresse d'Europe** *(p. 140-141)*. Bâtie par les musulmans au XVe siècle pour préparer la prise de Constantinople, cette place forte ménage, elle aussi, une vue somptueuse sur le Bosphore. Poursuivez votre promenade vers les charmants pavillons du XIXe siècle qu'abrite le parc d'Emirgan *(p. 141)* orné d'un lac et planté de centaines de pins, de sapins et de cyprès. Le parc est à deux pas.

Istanbul dans son environnement

Bordée au sud par la mer de Marmara, Istanbul
s'étend de part et d'autre du détroit du Bosphore
qui sépare l'Europe de l'Asie. Un autre bras de mer
la pénètre, la Corne d'Or, qui forme un port naturel.
Si elle n'est plus la capitale de la Turquie *(p. 31)*,
Istanbul reste la cité turque la plus peuplée et
la plus riche en monuments.

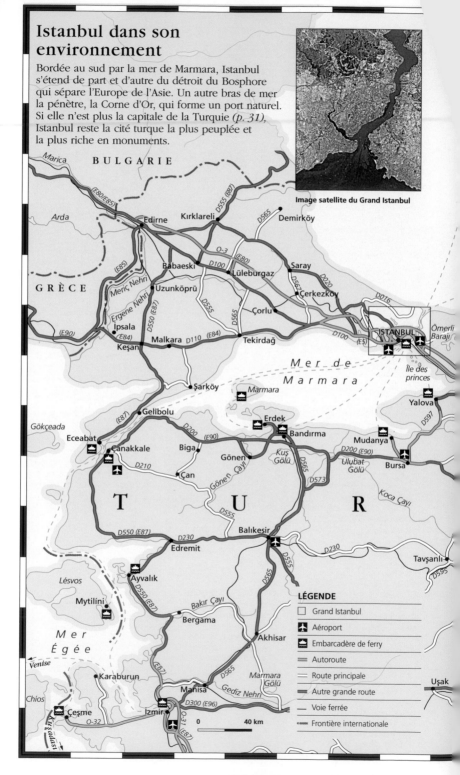

Image satellite du Grand Istanbul

LÉGENDE

☐	Grand Istanbul
✈	Aéroport
⛴	Embarcadère de ferry
═══	Autoroute
──	Route principale
──	Autre grande route
──	Voie ferrée
▬▬	Frontière internationale

0   40 km

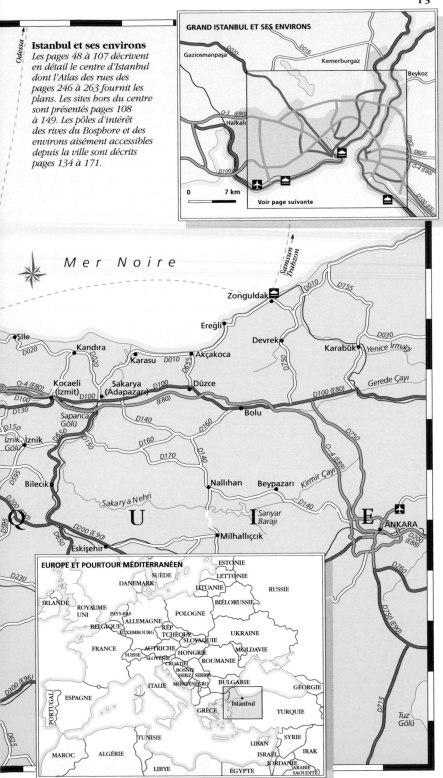

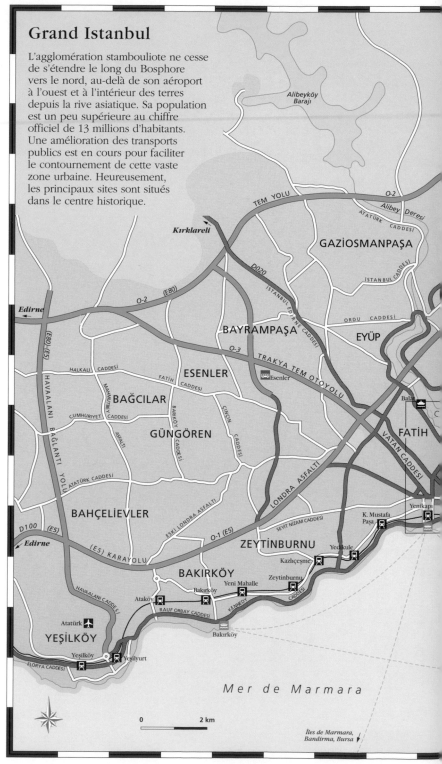

Grand Istanbul

L'agglomération stambouliote ne cesse de s'étendre le long du Bosphore vers le nord, au-delà de son aéroport à l'ouest et à l'intérieur des terres depuis la rive asiatique. Sa population est un peu supérieure au chiffre officiel de 13 millions d'habitants. Une amélioration des transports publics est en cours pour faciliter le contournement de cette vaste zone urbaine. Heureusement, les principaux sites sont situés dans le centre historique.

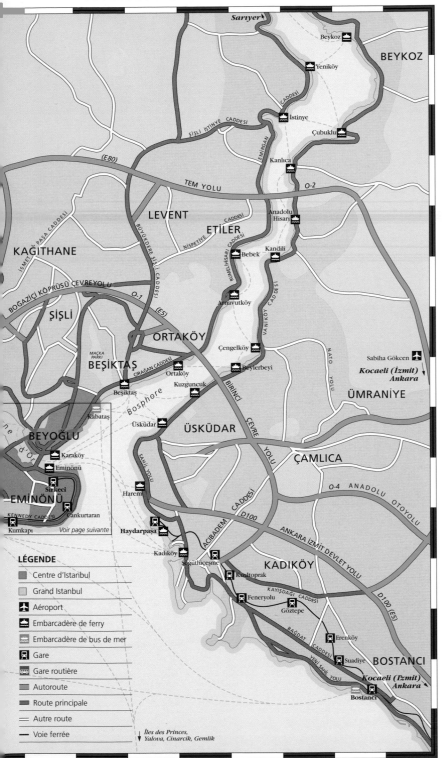

LÉGENDE

- Centre d'Istanbul
- Grand Istanbul
- Aéroport
- Embarcadère de ferry
- Embarcadère de bus de mer
- Gare
- Gare routière
- Autoroute
- Route principale
- Autre route
- Voie ferrée

Voir page suivante

Îles des Princes,
Yalova, Cinarcik, Gemlik

Centre d'Istanbul

**Cireur de chaussures,
Nouvelle Mosquée**

Le guide divise le centre d'Istanbul en quatre quartiers distincts décrits chacun dans un chapitre. Trois d'entre eux se trouvent au sud de la Corne d'Or. Le promontoire de la pointe du Sérail porte l'immense palais de Topkapı. Deux chefs-d'œuvre architecturaux dominent le quartier de Sultanahmet : Sainte-Sophie et la mosquée Bleue. L'atmosphère se révèle très différente dans le quartier du Bazar, labyrinthe de ruelles vouées à un commerce frénétique. Au nord de la Corne d'Or, Beyoğlu fut pendant des siècles le lieu de résidence favori des communautés étrangères d'Istanbul et conserve une ambiance très cosmopolite.

İstiklâl Caddesi, Beyoğlu
Des tramways circulent sur l'avenue piétonnière qui forme l'épine dorsale de ce quartier (p. 100-107).

**Grand Bazar,
quartier du Bazar**
Cet ancien café se dresse à un croisement du dédale de ruelles couvertes qui, depuis des siècles, est le cœur commerçant de la cité (p. 84-99).

LÉGENDE

▪	Site important
⛴	Embarcadère de ferry
🚉	Gare ferroviaire
Ⓜ	Station de métro
🚊	Arrêt de tramway
🚋	Arrêt du Nostaljik Tram
🚇	Arrêt du funiculaire souterrain
ℹ	Information touristique
🛁	Hammam
C	Mosquée
✝	Église
⊠	Bureau de poste
🚔	Poste de police

QUARTIER DU BAZAR

Atatürk Köprüsü / Pont Atatürk
Corne d'Or
Haliç Hatti
Eminönü
Mosquée du Soliman
Grand Bazar
Aksaray
Laleli-Univ
Beyazit
Çemberlit
ORDU CADDESİ
YENİÇERİLER CAD
MESİH PAŞA CADDESİ
ATATÜRK BULVARI
RAGIP GÜMÜŞPALA CAD
ŞEHZADE BAŞI CAD
VEZNECİLER CAD

Palais de Topkapı et la pointe du Sérail

La bibliothèque en marbre du sultan Ahmet III, construite au XVIIIe* siècle, domine l'une des cours du palais de Topkapı dont les remparts extérieurs renferment le parc de Gülhane, ainsi que de nombreux autres édifices historiques* (p. 50-67).

0   500 m

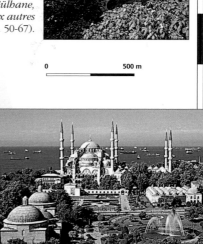

Vue du quartier de Sultanahmet

Les six minarets élancés de la mosquée d'Ahmet Ier*, plus connue sous le nom de mosquée Bleue, s'élèvent au-dessus de la vaste place au centre du quartier le plus ancien d'Istanbul* (p. 68-83).

Galata Köprüsü
Pont de Galata

HISTOIRE D'ISTANBUL

Fondée au VIIe siècle av. J.-C. sur un promontoire permettant de contrôler les échanges commerciaux par le Bosphore, la cité appelée aujourd'hui Istanbul fut pendant seize siècles une grande capitale, d'abord de l'Empire byzantin puis du monde ottoman. Elle doit à ces deux civilisations, l'une grecque et orthodoxe, l'autre turque et musulmane, les plus beaux monuments qui la parent.

Le site d'Istanbul prit sa topographie actuelle à la fin de l'ère glaciaire avec la création du détroit du Bosphore entre la mer Noire et la mer de Marmara. Aux cultures néolithiques de la région succédèrent des villages de l'âge du cuivre et des villes fortifiées de l'âge du bronze comme Troie *(p. 171)*. Le Bosphore devint une importante

Septime Sévère dévasta la ville au IIe siècle apr. J.-C.

voie commerciale dès l'Antiquité, des navires transportaient vers le nord le vin et l'huile d'olive des côtes de la Méditerranée, et vers le sud des céréales, des peaux, de la laine, du bois, de la cire, du miel, de la viande et du poisson séchés.

Les rives du détroit, après avoir connu plusieurs invasions, furent dominées par le royaume de Phrygie de 800 à 680 av. J.-C. En 676 av. J.-C., des Grecs fondèrent Chalcédoine à l'emplacement de l'actuelle Kadıköy.

LA FONDATION DE BYZANTION
Selon la légende, Istanbul doit sa naissance au Grec Byzas, qui conduisit une expédition de colonisation depuis les cités surpeuplées d'Athènes et Mégare, et s'installa vers 657 av. J.-C. sur la rive européenne du Bosphore. Grâce au négoce, Byzantion devint une *polis* (cité-État indépendante) prospère, l'une des quarante plus importantes du monde hellénistique. Associée pendant des siècles à Chalcédoine, elle utilisait la même monnaie et partageait les droits de passage imposés aux navires empruntant le Bosphore. Sa richesse suscitant des convoitises, elle tomba sous le joug des Lydiens (560-546 av. J.-C.), des Perses (546-478 av. J.-C.), des Athéniens (478-411 av. J.-C.) et des Macédoniens (334-281 av. J.-C.). Après avoir reconquis son autonomie, elle fut incorporée à l'Empire romain en 64 av. J.-C. sous le nom de Byzantium. Au IIe siècle apr. J.-C., elle commit l'erreur de soutenir Pescennius Niger qui disputait le trône à Septime Sévère ; ce dernier la dévasta en 195. Il la dota plus tard de nombreux monuments. En 258, la ville survécut à la destruction par les Goths de Chalcédoine, mais le commerce connut un grave déclin.

CHRONOLOGIE

v. 676 Fondation de Chalcédoine sur la rive asiatique	**340** Philippe II de Macédoine assiège en vain la ville	*Alexandre le Grand*	**195** Septime Sévère détruit Byzantium puis la rebâtit et édifie l'Hippodrome
600 av. J.-C.	**400**	**200 av. J.-C.**	**1 apr. J.-C.**	**200**
667 Selon la légende, des colons grecs conduits par Byzas fondent Byzantion	**334** Alexandre le Grand franchit l'Hellespont (Dardanelles) et conquiert l'Anatolie	**64** Pompée annexe Byzantion (rebaptisée Byzantium) dans l'Empire romain	**258** Des Goths détruisent Chalcédoine

◁ **Mosaïque représentant l'empereur Justinien Ier et l'un de ses préfets**

CONSTANTIN LE GRAND

En 324, après avoir vaincu Licinius qui gouvernait en Orient, Constantin Ier le Grand (306-337) rendit son unité à l'Empire romain. Il décida de lui donner une nouvelle capitale et, après avoir envisagé le site de Troie *(p. 171)*, choisit Byzantium pour sa position stratégique sur un promontoire facile à défendre et au carrefour de grandes voies commerciales. La ville était alors en pleine décadence : il entreprit d'importants travaux d'aménagement, notamment la construction du Grand Palais. Inaugurée en 330, la « nouvelle Rome », devint plus connue sous le nom de Constantinopolis. Constantin fut aussi le premier empereur chrétien. Selon la légende, il aurait eu une vision de la croix avant une bataille en 312. Il organisa le concile de Nicée (l'actuelle İznik, *voir p. 160*) qui définit en 325 le Credo orthodoxe.

Aureus en or de Constantin

L'Empire romain ne conserva pas longtemps son unité. À la mort de Théodose Ier (379-395), il est divisé entre ses deux fils : Honorius et Arcadius. Au Ve siècle, les Barbares déferlent sur l'empire d'Occident de langue latine et, en 476, Odoacre prend Rome et dépose Romulus Augustule. L'empire d'Orient de langue grecque, seul héritier de la grandeur romaine, prend le nom d'Empire byzantin.

L'ÈRE DE JUSTINIEN

D'origine modeste, Justinien (527-565) accède au pouvoir à une époque troublée. Une guerre civile en 491 et une révolte en 513 ont ravagé Constantinople. En 532 éclate la sédition Nika. Soutenu et conseillé par sa femme Théodora, une ancienne actrice qui aura une grande influence pendant tout son règne, il réprime sévèrement la rebellion : 30 000 personnes sont massacrées à l'Hippodrome *(p. 80)*. Justinien se consacre alors à ses deux ambitions : reconquérir les territoires perdus par l'empire et rétablir une législation cohérente. À sa mort, l'empire comprend la Syrie, la Palestine, l'Asie

L'impératrice Théodora, épouse de Justinien

Mineure, la Grèce, les Balkans et de nombreux territoires en Afrique du Nord, notamment l'Égypte. En Occident, il s'étend jusqu'en Italie et en Espagne méridionale. Au Moyen Âge, c'est sous sa forme harmonisée par Justinien que le droit romain donnera leurs bases aux systèmes juridiques européens.

Dans sa capitale, de près d'un million d'habitants, il embellit le Grand Palais et édifie des monuments, en particulier les églises Sainte-Sophie *(p. 72-75)*, Sainte-Irène *(p. 60)* et Saint-Serge-et-Saint-Bacchus *(p. 82-83)*.

Relief de l'obélisque égyptien (p. 80) montrant Théodose Ier et ses courtisans

CHRONOLOGIE

Remparts de Théodose II

324 Constantin seul souverain de l'Empire romain	**330** Inauguration de Constantinople	**395** Division de l'empire à la mort de Théodose Ier	**476** Chute de l'Empire romain d'Occident **532** Des mercenaires répriment la sédition Nika : 30 000 morts	**674** Début d'un siège de cinq ans mené par les Arabes
300	**400**	**500**	**600**	**700**
325 Premier concile œcuménique à Nicée	**337** Constantin est baptisé sur son lit de mort	**412** Début de la construction des remparts de Théodose II *(p. 22)*	**537** Justinien inaugure la nouvelle Sainte-Sophie	**726** Léon III interdit par décret le culte des images. Beaucoup d'icônes sont détruites

LES BYZANTINS EN GUERRE

L'Empire byzantin ne retrouva jamais la splendeur qu'il connut sous Justinien, mais il resta riche et puissant durant tout le premier millénaire. Au haut Moyen Âge, alors que l'Europe connaît une des périodes les plus noires de son histoire, Constantinople demeure une oasis de savoir,

Feu grégeois utilisé par les Byzantins contre les Arabes

d'ordre et d'art malgré la crise iconoclaste qui oppose pendant plus d'un siècle (726-843) les ordres monastiques au pouvoir impérial décidé à interdire le culte des images. Au IXe siècle, des missionnaires commencent à répandre la religion et la culture orthodoxes grecques dans les nations slaves, en particulier en Russie. De nombreux peuples, Slaves, Arabes, Avars, Bulgares, Perses et Russes, tentent de prendre la ville où s'amassent de prodigieuses richesses. Tous échouent devant ses murailles et face à sa marine dont le principal navire de guerre, le dromon, peut non seulement éperonner les vaisseaux ennemis mais également répandre le redoutable feu grégeois, ancêtre du napalm.

Quelques empereurs efficaces s'imposent pendant cette période, notamment Héraclius Ier (610-641), Basile Ier le Macédonien (867-886), Léon VI le Sage (886-912) et Basile II le Bulgaroctone (961-1025). Mais quand le premier membre de la dynastie des Doukas, Constantin X, monte sur le trône en

Portrait en ivoire d'un empereur byzantin, peut-être Anastase Ier (491-518)

1059, les privilèges acquis par la bureaucratie de la capitale et les seigneurs féodaux des provinces minent le pouvoir de l'État. En même temps, le rôle toujours croissant joué par des mercenaires étrangers affaiblit les défenses de l'Empire face à ses voisins les plus agressifs. Les Normands chassent les Byzantins d'Italie du Sud, puis s'implantent en Dalmatie, tandis que les Vénitiens obtiennent de Constantinople des avantages commerciaux exorbitants. Les Turcs accroissent leur pression à l'est. Les défaites infligées à l'armée impériale, en 1071 à Manzikert et en 1176 à Myriocephalon mettent un terme à la domination byzantine sur l'Anatolie, l'épine dorsale de l'empire depuis des siècles. Malgré leurs qualités, les souverains de la dynastie des Comnènes (1081-1185) réussissent à conserver l'intégrité territoriale de l'Empire sans parvenir à lui redonner une puissance économique à la hauteur de leurs ambitions. À la mort de Manuel Ier, les charges militaires accaparent tout le budget de l'État.

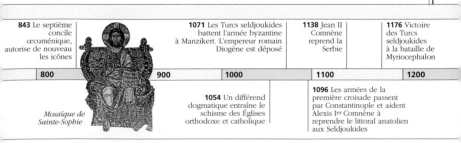

843 Le septième concile œcuménique, autorise de nouveau les icônes

1071 Les Turcs seldjoukides battent l'armée byzantine à Manzikert. L'empereur romain Diogène est déposé

1138 Jean II Comnène reprend la Serbie

1176 Victoire des Turcs seldjoukides à la bataille de Myriocephalon

800   900   1000   1100   1200

Mosaïque de Sainte-Sophie

1054 Un différend dogmatique entraîne le schisme des Églises orthodoxe et catholique

1096 Les armées de la première croisade passent par Constantinople et aident Alexis Ier Comnène à reprendre le littoral anatolien aux Seldjoukides

Constantinople

Mosaïque de la Vierge, Saint-Sauveur-in-Chora

Pendant près d'un millier d'années, la capitale de l'Empire romain d'Orient fut la ville la plus riche de la chrétienté. Trois majestueux édifices, la basilique Sainte-Sophie *(p. 72-75)*, l'Hippodrome *(p. 80)* et le Grand Palais *(p. 82-83)*, en formaient le centre à côté de très nombreuses églises et demeures patriciennes, riches en œuvres d'art. Quatre grandes places publiques, les forums, formaient les pôles de la ville. Un système élaboré d'aqueducs et de citernes souterraines assurait l'alimentation en eau de la cité.

CONSTANTINOPLE EN 1200

À l'apogée de sa magnificence, la ville comptait sans doute environ 400 000 habitants. Il restait cependant de la place à l'intérieur des remparts pour des champs et des vergers.

Remparts de Théodose
Les murailles (p. 114) bâties côté terre par Théodose II résistèrent à de nombreux sièges jusqu'à la conquête turque de 1453 (p. 26).

Citerne de Mocius

La porte d'Or
servait aux entrées cérémonielles dans la ville.

Église Saint-Jean-de-Stoudion *(p. 116)*

Murs de Constantin (désormais détruits)

Forum d'Arcadius

Port de Théodose

L'ARCHITECTURE SACRÉE BYZANTINE

Les premières églises byzantines obéissaient soit à un plan basilical (tel Saint-Jean-de-Stoudion) soit à un plan centré (comme Saint-Serge-et-Saint-Bacchus). À partir du IXe siècle, elles s'organisent cependant autour de quatre piliers supportant une coupole principale, comme dans l'exemple présenté ci-contre. À un extérieur austère en brique répondait un intérieur somptueusement décoré de mosaïques dorées. Converties en mosquées, les églises de Constantinople ont gardé de nombreux traits caractéristiques.

ÉGLISE BYZANTINE TARDIVE TYPIQUE

L'abside centrale encadrée de deux absides plus petites.

Quatre colonnes portent la coupole.

De la pierre est parfois associée à de la brique.

Le narthex, porche couvert, sert d'entrée.

Mosaïques dorées sur les voûtes et le haut des murs.

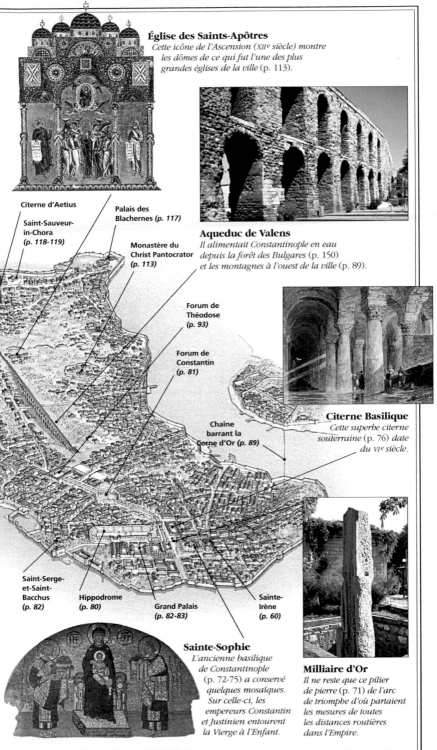

Église des Saints-Apôtres
Cette icône de l'Ascension (XIIe siècle) montre les dômes de ce qui fut l'une des plus grandes églises de la ville (p. 113).

Citerne d'Aetius

Saint-Sauveur-in-Chora **(p. 118-119)**

Palais des Blachernes **(p. 117)**

Monastère du Christ Pantocrator **(p. 113)**

Aqueduc de Valens
Il alimentait Constantinople en eau depuis la forêt des Bulgares (p. 150) et les montagnes à l'ouest de la ville (p. 89).

Forum de Théodose **(p. 93)**

Forum de Constantin **(p. 81)**

Chaîne barrant la Corne d'Or **(p. 89)**

Citerne Basilique
Cette superbe citerne souterraine (p. 76) date du VIe siècle.

Saint-Serge-et-Saint-Bacchus **(p. 82)**

Hippodrome **(p. 80)**

Grand Palais **(p. 82-83)**

Sainte-Irène **(p. 60)**

Sainte-Sophie
L'ancienne basilique de Constantinople (p. 72-75) a conservé quelques mosaïques. Sur celle-ci, les empereurs Constantin et Justinien entourent la Vierge à l'Enfant.

Milliaire d'Or
Il ne reste que ce pilier de pierre (p. 71) de l'arc de triomphe d'où partaient les mesures de toutes les distances routières dans l'Empire.

Prise de Constantinople pendant la quatrième croisade de 1202-1204

LA QUATRIÈME CROISADE

En 1202, le pape Innocent III réussit à rassembler une armée comptant 34 000 hommes pour une nouvelle croisade. Cette force indisciplinée et désargentée a besoin des navires de la République de Venise pour rejoindre la Terre sainte. En retour, le doge Enrico Dandolo exige des croisés qu'ils aident le jeune Alexis Ange à recouvrer le trône de Byzance usurpé par son oncle. Mais une fois au pouvoir, Alexis ne peut payer l'exorbitant tribut qu'il a promis. Le 13 avril 1204, les croisés mettent à sac Constantinople.

Les pilleurs se partagent ensuite l'empire. Les Vénitiens s'attribuent les ports et les îles, les chevaliers francs, eux,

Icône de saint Michel, exemple d'œuvre d'art byzantin, pillée par les Vénitiens pendant la quatrième croisade

découpent le territoire en fiefs placés sous la suzeraineté d'un empereur latin : Baudouin de Flandres. Pendant les sombres années qui suivent, Constantinople se retrouve réduite à un éparpillement de villages à l'intérieur de ses remparts. À l'extérieur cependant, plusieurs régions restent sous autorité grecque, en particulier Nicée, sur le site de l'actuelle İznik (p. 160), d'où va s'effectuer la reconquête byzantine.

LE DÉCLIN DE CONSTANTINOPLE

En 1261, Michel VIII Paléologue (1258-1282), qui a requis l'aide des Génois, farouches ennemis des Vénitiens, reprend Constantinople très facilement.

CHRONOLOGIE

1202 L'armée de la quatrième croisade se rassemble à Venise

1204 Alexis IV est déposé en faveur de Baudouin Ier

1261 Michel VIII Paléologue reprend Constantinople aux Vénitiens

1331 Les Ottomans prennent Nicée (İznik)

1326 Prise de Bursa qui devient la capitale des Ottomans

1200	1225	1250	1275	1300	1325

1203 Dandolo, doge de Venise, détourne la quatrième croisade vers Constantinople. Il coupe la chaîne de la Corne d'Or (p. 23) et prend la ville

Chevaux de bronze volés à l'Hippodrome (p. 80) et emportés à Venise

1299 Osman Ier fonde l'État ottoman

1321 Début d'une désastreuse guerre civile byzantine

Ses alliés, forts de leur puissante flotte, font payer leur assistance un prix démesuré. Fondant la colonie de Pera sur l'autre rive de la Corne d'Or, ils prennent le contrôle effectif du commerce de la ville.

L'empire ne retrouvera jamais sa grandeur passée malgré l'adoption de l'emblème de l'aigle à deux têtes symbolisant son ambition à régner en Orient et en Occident. Il connaît néanmoins sous la dynastie des Paléologues une véritable renaissance culturelle et artistique. Parmi les superbes bâtiments datant de cette période figurent l'église Saint-Sauveur-in-Chora (p. 118-119). La querelle de succession qui oppose Andronic II (1282-1328) à son petit-fils Andronic III (1328-1341) entraîne une désastreuse guerre civile. Elle se poursuit jusqu'en 1354, marquant le début d'un inexorable déclin.

L'aigle byzantin à deux têtes

L'ESSOR DES OTTOMANS

L'État ottoman naît en 1299 quand Osman Ier, chef d'une tribu guerrière combattant pour la foi musulmane aux frontières orientales de l'Empire byzantin, déclare son indépendance. Le nouvel émirat s'étend rapidement et, en 1326, il s'empare de Bursa (p. 162-168). Les Ottomans apportent la sécurité dans ces territoires et, comme ils respectent les traditions locales, ils obtiennent la docilité des populations soumises. Murat Ier (1359-1389) met en place une administration centralisée et crée ce qui deviendra la principale force de l'armée ottomane : le corps des janissaires (p. 127). Formé d'enfants chrétiens des Balkans envoyés en Anatolie pour y être élevés dans les coutumes turques et musulmanes. En 1362, la prise d'Andrinople (Edirne, voir p. 154-157) réduit Byzance à la cité-État de Constantinople et à quelques avant-postes mineurs isolés en territoire ennemi. Rien ne semble pouvoir empêcher l'ancienne capitale de l'Empire romain de tomber à son tour. Mais une incursion mongole menée par Tamerlan en Anatolie et la défaite de Bajazet en 1402 retardent sa chute. En 1422, l'armée ottomane attaque ses remparts terrestres. Les empereurs grecs espèrent que l'Occident latin viendra à leur secours en échange d'une réunification avec l'Église romaine. Jean VIII signe l'accord à Florence en 1439. Une croisade forte de 24 000 hommes, dirigée par le roi de Bohême Vladislas III, est écrasée à Varna, sur la mer Noire, en 1444.

Vierge à l'Enfant de Saint-Sauveur-in-Chora

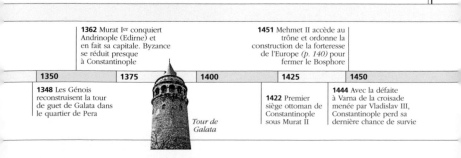

1362 Murat Ier conquiert Andrinople (Edirne) et en fait sa capitale. Byzance se réduit presque à Constantinople

1451 Mehmet II accède au trône ottoman et ordonne la construction de la forteresse de l'Europe (p. 140) pour fermer le Bosphore

| 1350 | 1375 | 1400 | 1425 | 1450 |

1348 Les Génois reconstruisent la tour de guet de Galata dans le quartier de Pera

1422 Premier siège ottoman de Constantinople sous Murat II

1444 Avec la défaite à Varna de la croisade menée par Vladislav III, Constantinople perd sa dernière chance de survie

Tour de Galata

LA PRISE DE CONSTANTINOPLE

Le 29 mai 1453, le sultan Mehmet II (1444-1481), surnommé « le Conquérant », entre dans Constantinople après un siège de 54 jours au cours duquel son artillerie a percé une énorme brèche dans les murs de Théodose II *(p. 114)*. Mehmet II s'attache immédiatement à reconstruire la ville dévastée. Dès les premières années commence l'édification du Grand Bazar *(p. 98-99)* et du palais de Topkapı *(p. 54-57)*. Des fondations religieuses reçoivent des financements pour assurer la construction de lieux de culte comme la mosquée de Fatih *(p.113)* et les écoles et bains qui leur sont associés. Des habitants de tout l'empire s'installent à Istanbul pour repeupler la cité : musulmans, juifs et chrétiens forment une société cosmopolite.

**Mehmet II
le Conquérant**

Mehmet et ses successeurs étendent leur domination au Moyen-Orient et en Europe. Au début du XVIᵉ siècle, Selim Iᵉʳ (1512-1520) conquiert l'Égypte et prend le titre de calife *(p. 29)*. Il développe aussi la puissance maritime ottomane. Comme lui, son successeur se pliera à la tradition qui impose au sultan accédant au trône de mettre à mort tous ses frères et neveux pour éviter les querelles de succession.

SOLIMAN LE MAGNIFIQUE

Le seul fils survivant, Soliman Iᵉʳ le Magnifique (1520-1566), plus connu en Orient sous le nom de Soliman le Législateur, donne à l'empire sa plus grande extension. À sa mort, les territoires sous sa suzeraineté s'étendent d'Alger à la mer Caspienne et de la Hongrie au golfe Persique. Ses armées menacent même l'Europe occidentale mais échouent aux portes de Vienne en 1529. Le règne de Soliman est également l'âge d'or de l'art et de la culture ottomans. L'architecte Sinan *(p. 91)* pare la capitale de mosquées et de somptueux édifices civils, tandis que la céramique *(p. 161)* et la calligraphie *(p. 95)* connaissent une période florissante.

EMPIRE OTTOMAN

▪ *Étendue maximale (1683)*

L'armée ottomane assiégeant Vienne

CHRONOLOGIE

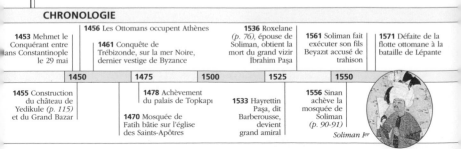

1453 Mehmet le Conquérant entre dans Constantinople le 29 mai

1456 Les Ottomans occupent Athènes

1461 Conquête de Trébizonde, sur la mer Noire, dernier vestige de Byzance

1536 Roxelane *(p. 76)*, épouse de Soliman, obtient la mort du grand vizir İbrahim Paşa

1561 Soliman fait exécuter son fils Beyazıt accusé de trahison

1571 Défaite de la flotte ottomane à la bataille de Lépante

1450   **1475**   **1500**   **1525**   **1550**

1455 Construction du château de Yedikule *(p. 115)* et du Grand Bazar

1478 Achèvement du palais de Topkapı

1470 Mosquée de Fatih bâtie sur l'église des Saints-Apôtres

1533 Hayrettin Paşa, dit Barberousse, devient grand amiral

1556 Sinan achève la mosquée de Soliman *(p. 90-91)*

Soliman Iᵉʳ

LE SULTANAT DES FEMMES

Le fils de Soliman, Selim II (1566-1574) l'Ivrogne, ne fait pas preuve d'autant de qualités bien qu'il annexe Chypre à l'empire. La défaite de sa flotte à la bataille de Lépante face à une coalition européenne menée par les Vénitiens porte un rude coup à la puissance navale ottomane.

La bataille de Lépante, grave défaite de la flotte ottomane

Cette époque marque aussi le début de ce qui fut appelé le « sultanat des femmes », la mère de Selim (la Valide Sultane, voir p. 28) et Nur Banu, sa principale épouse (la première kadın), s'emparant du pouvoir effectif. La corruption et l'intrigue deviennent endémiques et, après la mort de Selim, Nur Banu laisse son fils Murat III (1574-1595), se distraire avec les femmes du harem afin de maintenir son emprise sur la marche de l'État.

L'empire subit ses premières révoltes pendant le règne d'Ahmet Ier (1603-1617) qui fait construire la mosquée Bleue (p. 78-79). Son successeur, Osman II (1618-1622), tombe sous les coups des janissaires (p. 127) dont il voulait dissoudre le corps. Murat IV (1623-1640) réussit en revanche à réduire la corruption. Ce n'est qu'un bref répit. Les sultanes se disputent à nouveau le pouvoir. Malgré les efforts d'une série de grands vizirs efficaces issus de la famille albanaise des Köprülü, l'empire est entré dans un déclin irréversible

Osman II s'opposa aux janissaires

qu'illustre un nouvel échec devant Vienne en 1683. Le traité de Karlowitz en 1699 marque le début du recul des Ottomans en Europe.

L'ÉPOQUE DES TULIPES

Ahmet III (1703-1730) laisse le pouvoir à un grand vizir compétent : İbrahim Paşa. Le sultan préfère les plaisirs à la politique. Pendant son règne, Istanbul se pare de palais, tel celui d'Aynalı Kavak (p. 127), de fontaines, de mosquées et de yalis (p. 139) influencés par le style rococo. On crée des jardins couverts de tulipes, la fleur préférée d'Ahmet qui donnera son nom à la période. Pour mieux connaître la culture occidentale, le sultan envoie en France un ambassadeur, Mehmet Çelebi. À son retour, les vêtements occidentaux deviennent pour la première fois, non seulement acceptables, mais aussi à la mode. Cet étalage de luxe, alors que l'empire connaît plusieurs revers, vaut à Ahmet d'être déposé après une révolte du peuple.

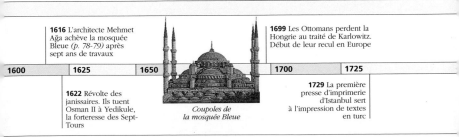

1616 L'architecte Mehmet Ağa achève la mosquée Bleue (p. 78-79) après sept ans de travaux

1699 Les Ottomans perdent la Hongrie au traité de Karlowitz. Début de leur recul en Europe

| 1600 | 1625 | 1650 | 1700 | 1725 |

1622 Révolte des janissaires. Ils tuent Osman II à Yedikule, la forteresse des Sept-Tours

Coupoles de la mosquée Bleue

1729 La première presse d'imprimerie d'Istanbul sert à l'impression de textes en turc

La société ottomane

Sous l'autorité absolue du sultan, la société ottomane se partageait entre une classe dirigeante privilégiée (les *askeri*, qui comprenaient les autorités religieuses ou *ulemas*) et une population soumise à l'impôt *(reaya)*. Rangs et honneurs n'étaient cependant pas héréditaires et pouvaient s'acquérir par l'éducation ou le service de l'armée ou de l'administration. Les réformes du XIXe siècle *(p. 30)* modifièrent cette organisation, mais les titres ottomans ne furent abolis qu'en 1923, après la création de la République *(p. 31)*.

Le grand vizir dirigeait le gouvernement ou divan.

Le sultan, *chef spirituel et temporel de l'empire, menait une vie fastueuse dont ce portrait de Mahmut Ier (1730-1754) donne un aperçu. Les sultans ottomans (osmanlı en turc) avaient automatiquement pour successeur un de leurs fils, mais pas toujours l'aîné.*

RÉCEPTION DE BAYRAM *(v. 1800)*

Cette peinture de Konstantin Kapidagi montre Selim III (1789-1807, *voir p. 30*) présidant un cortège d'officiels de haut rang pendant la célébration d'une fête religieuse *(p. 47)* à Topkapı.

Ağa des janissaires   **Ministre de l'Intérieur**   **Şeyhülislam (grand mufti)**

Premier bourreau

Les hommes de haut rang *se reconnaissaient à leur costume, en particulier aux grands couvre-chefs propres à leur fonction, comme le montre ce portrait de quatre officiels ottomans. En 1829, Mahmut II (p. 30) abolit le turban en faveur du fez, plus égalitaire.*

LES FEMMES DU HAREM

Comme toutes les institutions ottomanes, le harem obéissait à une organisation hiérarchique. Il avait à sa tête la mère du sultan, la Valide Sultane, puis venaient les sœurs du souverain et, immédiatement en dessous d'elles, les quatre *kadın*, les épouses ou favorites officielles. Il y avait ensuite les *gözde*, qui avaient récemment attiré l'œil du sultan, et les *ikbal* à qui il avait déjà accordé ses faveurs. En dehors des membres de la famille, toutes ces femmes entraient au harem comme esclaves et restaient sous l'étroite surveillance de la *kahya kadın* chargée de maintenir la discipline.

Une favorite sur une gravure du XIXe siècle

Eunuques noirs

Porte-épée du sultan

La porte de la Félicité (p. 54), *dans la deuxième cour de Topkapı, servait à des cérémonies comme celle-ci.*

Le **sultan**, entouré de ses courtisans, est le seul assis.

Şeyhülislam (grand mufti)

Chef des valets de pied

Chef de la garde du sultan

Eunuque noir

Danseuses

Valide Sultane

Nain

La Valide Sultane, *la femme la plus puissante du harem, est au centre de cette scène festive commandée vers 1689 par M*me *Giradin, l'épouse de l'ambassadeur de France.*

TITRES OTTOMANS

Ağa : chef d'une organisation. Les plus influents étaient le commandant des janissaires, soldats d'élite du sultan *(p. 127)*, et l'*ağa* de la Demeure de Félicité à la tête des eunuques du harem *(p. 58-59)*.

Chef des eunuques

Bey : gouverneur d'une province. Le terme correspond aujourd'hui à « monsieur ».

Calife : chef spirituel du monde musulman. Les sultans ottomans prirent le titre à partir de Selim Ier en 1517.

Gazi : titre donné à un soldat de l'Islam victorieux.

Cadi : juge chargé d'interpréter la loi coranique et les règlements ottomans.

Khédive : vice-roi d'Égypte de 1867 à 1914. Autonome, il reconnaissait l'autorité religieuse de l'Empire ottoman.

Paşa : titre accordé à un fonctionnaire ou un officier de haut rang. Un *paşa* pouvait selon son rang arborer une, deux ou trois queues de cheval sur son étendard *(p. 56)*.

Sultan : chef politique et religieux de l'empire.

Şeyhülislam (grand mufti) : chef de l'*ulema*, institution religieuse composée « d'hommes instruits » et chargés d'interpréter et d'appliquer la loi coranique *(sharia)*.

Valide Sultane : mère du sultan régnant.

Vizir : ministre d'État. Les quatre vizirs les plus importants étaient appelés « vizirs de la coupole », car ils avaient le droit d'assister aux réunions du Conseil, ou divan, dans la salle du Divan du palais de Topkapı *(p. 54-59)*. À partir du XVIe siècle, c'est le grand vizir qui présida le divan. Ce Premier ministre disposait de pouvoirs considérables.

Grand vizir

Peinture allemande du massacre des janissaires en 1826

LES SULTANS RÉFORMATEURS

Abdül-Hamit Ier (1774-1789) reprend l'œuvre de réforme de l'empire, et son successeur Selim III impose des changements dans l'armée et la société ottomanes avant son renversement en 1807 par les janissaires. Conscient qu'il est impossible de réformer le corps des janissaires, Mahmut II (1808-1839) crée une armée moderne devant coexister avec cette élite. Les janissaires se révoltent à nouveau, mais ils sont massacrés le 15 juin 1826. Le sultan impose le fez au détriment du turban et adopte le costume occidental. La réorganisation du gouvernement central permet de commencer à confier à une administration civile les pouvoirs détenus par les autorités militaires et religieuses. Elle ouvre la voie au Tanzimat, une importante série de réformes législatives menées par des fils de Mahmut II : Abdül-Mecit (1839-1861) et Abdül-Aziz (1861-1876). Les fonctionnaires deviennent salariés et tous les sujets de l'empire sont déclarés égaux et sont désormais soumis à la même loi.

La Constitution, qui instaure un gouvernement parlementaire en 1876, est suspendue à cause de la guerre russo-turque de 1877-1878. Abdül-Hamit II règne ensuite en souverain absolu pendant trente ans. La révolution pacifique menée par les « Jeunes Turcs », des intellectuels et des officiers réformateurs, l'oblige à rétablir la Constitution en 1908.

ATATÜRK ET L'OCCIDENTALISATION

Tout au long du XIXe siècle et au début du XXe siècle, l'Empire ottoman perd des territoires face à la Russie, à l'Autriche et aux jeunes nations balkaniques : Serbie, Grèce et Bulgarie. Il se range pendant la Première Guerre mondiale du côté des Allemands. Au terme du conflit, Istanbul est occupée par les troupes anglaises et françaises, tandis qu'une grande partie de l'ouest de l'Anatolie est contrôlée par les forces grecques.

Artillerie turque en action aux Dardanelles

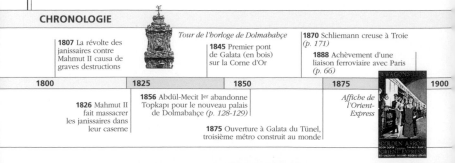

CHRONOLOGIE

Tour de l'horloge de Dolmabahçe

1807 La révolte des janissaires contre Mahmut II causa de graves destructions

1845 Premier pont de Galata (en bois) sur la Corne d'Or

1870 Schliemann creuse à Troie *(p. 171)*

1888 Achèvement d'une liaison ferroviaire avec Paris *(p. 66)*

1800	1825	1850	1875	1900

1826 Mahmut II fait massacrer les janissaires dans leur caserne

1856 Abdül-Mecit Ier abandonne Topkapı pour le nouveau palais de Dolmabahçe *(p. 128-129)*

1875 Ouverture à Galata du Tünel, troisième métro construit au monde

Affiche de l'Orient-Express

Les traités qui entérinent le démembrement de l'empire au profit des vainqueurs suscitent un important sursaut nationaliste turc.

Un héros des Dardanelles *(p. 170)*, Mustafa Kemal Paşa (1881-1938), incarne ce mouvement. Il mène entre 1920 et 1922 une guerre d'indépendance qui refoule les Grecs d'Anatolie. En 1923, le traité de Lausanne reconnaît les frontières actuelles de la Turquie. Sous le nom d'Atatürk (père des Turcs), Mustafa Kemal engage alors des réformes politiques et sociales. La

Portrait d'Atatürk

République est proclamée le 29 octobre 1923. Un an plus tard, les pouvoirs politique et religieux sont clairement séparés mais l'islam reste religion d'État jusqu'en 1928. Un alphabet latin remplace l'écriture arabe. La polygamie est abolie et des droits élargis, notamment le droit de vote, sont accordés aux femmes. Les Turcs doivent tous adopter un nom de famille. Le costume occidental est encouragé et le fez est interdit.

L'ISTANBUL MODERNE

En 1923, dans la lignée des réformes conduites par Atatürk et pour marquer le début d'une nouvelle ère, la République turque choisit Ankara pour capitale. La ville est plus centrale que l'ancienne cité impériale.

Depuis, Istanbul a connu une transformation spectaculaire. Un flot de migrants venus d'Anatolie

a considérablement augmenté sa population et, bien qu'y subsistent de petites communautés juives, arabes, arméniennes et chrétiennes, la ville a en grande partie perdu son cosmopolitisme d'antan.

Tram moderne
(p. 240)

Istanbul reste cependant le principal pôle économique du pays et son développement a entraîné la construction d'autoroutes et de ponts, ainsi que la création d'un réseau de transports publics modernes (tram, chemin de fer, bus de mer, *p. 238-245*). Elle s'est aussi tournée vers le tourisme. Les monuments anciens ont été restaurés et de nombreux hôtels et restaurants ont ouvert en 2010, l'année où Istanbul était la capitale européenne de la culture.

Mais, Istanbul continue de chercher son identité au carrefour de l'Asie et de l'Europe. Le choc de ces cultures contrastées, encore visible, contribue à lui donner une atmosphère unique.

Pont suspendu sur le Bosphore

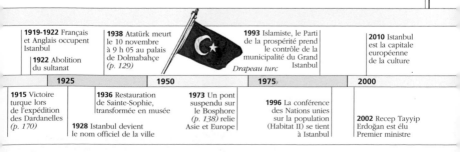

Sultans ottomans

Les premiers Ottomans étaient les chefs de tribus vivant aux frontières de l'Empire byzantin. À partir du XIIIe siècle, la dynastie conquit un vaste territoire. À leur apogée, les sultans ottomans, qui avaient pris Constantinople en 1453 *(p. 26),* suscitaient l'admiration et la crainte pour leur puissance militaire et leur cruauté envers leurs adversaires. Par la suite, ils menèrent souvent une vie décadente, laissant l'exercice du pouvoir à leurs vizirs *(p. 29).*

Murat III
(1574-1595), dont voici la tuğra *(p. 95),* engendre plus de 100 enfants

Selim II, « l'Ivrogne » (1566-1574), préfère la boisson et le harem aux affaires de l'État

Selim Ier, « le Terrible » (1512-1520), ici à son couronnement, prend le titre de calife après sa conquête de l'Égypte

Osman Gazi
(1299-1326), un chef de tribu, fonde la dynastie ottomane

Murat Ier
(1359-1389)

Mehmet Ier
(1413-1421)

Beyazıt II
(1481-1512)

1250	1300	1350	1400	1450	1500	1550

1250	1300	1350	1400	1450	1500	1550

Orhan Gazi
(1324-1359) est le premier Ottoman à porter le titre de sultan

Beyazıt Ier
(1389-1402) est surnommé « la Foudre » pour la vitesse à laquelle il prend ses décisions stratégiques et déplace ses troupes

Période d'interrègne
(1402-1413). Les fils de Beyazıt se disputent sa succession

Murat II (1421-1451), le plus grand des sultans guerriers, remporte d'importantes victoires contre les croisés

Mehmet II,
« le Conquérant » (1451-1481) prend Constantinople en 1453 et reconstruit la cité pour en faire la capitale de l'empire

Soliman Ier,
« le Magnifique » (1520-1566) étend l'empire et favorise les arts et la culture

Mehmet III (1595-1603)
Sa mère fait étrangler 18 de ses 19 frères à son avènement

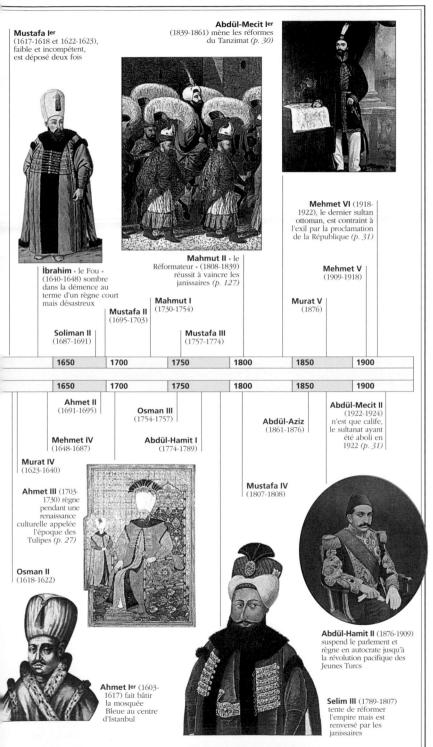

Mustafa Ier (1617-1618 et 1622-1623), faible et incompétent, est déposé deux fois

Abdül-Mecit Ier (1839-1861) mène les réformes du Tanzimat *(p. 30)*

Mehmet VI (1918-1922), le dernier sultan ottoman, est contraint à l'exil par la proclamation de la République *(p. 31)*

Mehmet V (1909-1918)

Mahmut II - le Réformateur - (1808-1839) réussit à vaincre les janissaires *(p. 127)*

İbrahim - le Fou - (1640-1648) sombre dans la démence au terme d'un règne court mais désastreux

Murat V (1876)

Mahmut I (1730-1754)

Mustafa II (1695-1703)

Mustafa III (1757-1774)

Soliman II (1687-1691)

1650	1700	1750	1800	1850	1900

1650	1700	1750	1800	1850	1900

Ahmet II (1691-1695)

Osman III (1754-1757)

Abdül-Mecit II (1922-1924) n'est que calife, le sultanat ayant été aboli en 1922 *(p. 31)*

Abdül-Aziz (1861-1876)

Mehmet IV (1648-1687)

Abdül-Hamit I (1774-1789)

Murat IV (1623-1640)

Mustafa IV (1807-1808)

Ahmet III (1703-1730) règne pendant une renaissance culturelle appelée l'époque des Tulipes *(p. 27)*

Osman II (1618-1622)

Abdül-Hamit II (1876-1909) suspend le parlement et règne en autocrate jusqu'à la révolution pacifique des Jeunes Turcs

Ahmet Ier (1603-1617) fait bâtir la mosquée Bleue au centre d'Istanbul

Selim III (1789-1807) tente de réformer l'empire mais est renversé par les janissaires

ISTANBUL D'UN COUP D'ŒIL

Le sommet de la tour de Galata *(p. 105)* ou les ferrys qui conduisent jusqu'à la rive asiatique *(p. 242-243)* offrent un superbe panorama d'Istanbul. La ville est si riche que dans le chapitre *Quartier par quartier* le guide décrit plus de cent lieux à découvrir dans le centre et à proximité. Mosquées, églises, palais ou musées, bazars, hammams ou parcs répondent à un large éventail d'intérêts et donnent un riche aperçu de l'histoire de la cité et de sa vie quotidienne. Cette page recense les visites à ne pas manquer, mais si le temps vous est compté vous préférerez peut-être vous limiter aux monuments les plus célèbres : le palais de Topkapı, Sainte-Sophie et la mosquée Bleue se situent à une courte distance les uns des autres.

VISITES À NE PAS MANQUER

Palais de Topkapı
Voir p. 54-57

Musée archéologique
Voir p. 62-65

Mosquée Bleue
Voir p. 78-79

Palais de Dolmabahçe
Voir p. 128-129

Sainte-Sophie
Voir p. 72-75

Citerne Basilique
Voir p. 76

Mosquée de Soliman
Voir p. 90-91

Croisière sur le Bosphore
Voir p. 144-149

Grand Bazar
Voir p. 98-99

Église Saint-Sauveur-in-Chora
Voir p. 118-119

◁ Sainte-Sophie, ancienne basilique byzantine dominant la place de Sultanahmet

Les plus belles mosquées et églises

Le nombre de mosquées est l'une des premières choses qui s'impose au regard des visiteurs. Certaines dressent contre le ciel des dômes imposants, d'autres passeraient inaperçus sans leurs minarets. Plusieurs mosquées étaient à l'origine des églises que les Ottomans adaptèrent au culte musulman après leur conquête de Constantinople. Quelques-unes sont devenues des monuments nationaux.

Saint-Sauveur-in-Chora
Cette église byzantine abrite de superbes mosaïques, telle cette Dormition de la Vierge (p. 118-119).

Mosquée d'Eyüp
Le sanctuaire le plus saint d'Istanbul se dresse près du tombeau d'Eyüp Ensari, un compagnon du Prophète (p. 120).

Église de Pammakaristos
Une image du Christ Pantocrator orne toujours la chapelle de cette église transformée en mosquée (p. 110-111).

CORNE D'OR

Mosquée de Fatih
La mosquée fondée par Mehmet le Conquérant (p. 26) fut reconstruite après un tremblement de terre. Elle possède une belle cour intérieure (p. 113).

Mosquée de Soliman
Sinan, le plus grand architecte de l'Empire ottoman, donna à la Süleymaniye Camii une splendeur digne du souverain qui l'avait commandée : Soliman le Magnifique (p. 90-91).

Mosquée de la Valide
Sultane Sinan (p. 91) réalisa sa dernière œuvre importante en 1583. Des céramiques d'İznik ornent son mihrab (niche indiquant la direction de La Mecque) [p. 131].

Mosquée de Rüstem Paşa
Les beaux carreaux décorant cette mosquée datent du milieu du XVIe siècle, quand l'art de la céramique atteignit à İznik (p. 161) son apogée (p. 88).

Sainte-Sophie
Élevée en 537, Haghia Sophia reste l'une des plus grandes réalisations architecturales du monde. Les panneaux calligraphiés datent du XIXe siècle (p. 72-75).

BEYOĞLU

BOSPHORE

POINTE DU SÉRAIL

QUARTIER DU BAZAR

SULTANAHMET

RIVE ASIATIQUE

Mosquée Bleue
Certains des tailleurs de pierre qui bâtirent ce célèbre monument travaillèrent ensuite au Taj Mahal en Inde (p. 78-79).

Église Saint-Serge-et-Saint-Bacchus
Cette église, achevée par Justinien en 536, a conservé des inscriptions en grec vieilles de plus de 1 400 ans (p. 82).

0   500 m

À la découverte des mosquées

Cinq fois par jour à Istanbul, les haut-parleurs installés au sommet des minarets appellent à la prière dans toute la ville. Bien que l'État turc soit officiellement laïc, plus de 99 % de ses habitants sont musulmans. La plupart appartiennent à la branche sunnite de l'islam, mais quelques-uns sont chiites. Sunnites et chiites suivent les enseignements du Coran, texte sacré des révélations du prophète Mahomet (v. 570-632), mais les chiites vénèrent en outre une lignée de douze imams, descendants directs de Mahomet.

Vue du complexe de la mosquée de Soliman

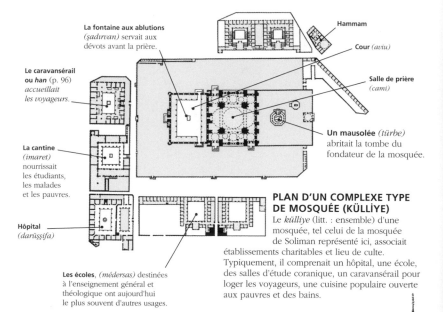

La fontaine aux ablutions (şadırvan) servait aux dévots avant la prière.

Hammam

Le caravansérail ou han (p. 96) *accueillait les voyageurs.*

Cour (aviu)

Salle de prière (cami)

La cantine (imaret) nourrissait les étudiants, les malades et les pauvres.

Un mausolée (türbe) abritait la tombe du fondateur de la mosquée.

Hôpital (darüşşifa)

Les écoles, (médersas) destinées à l'enseignement général et théologique ont aujourd'hui le plus souvent d'autres usages.

PLAN D'UN COMPLEXE TYPE DE MOSQUÉE (KÜLLİYE)

Le *külliye* (litt. : ensemble) d'une mosquée, tel celui de la mosquée de Soliman représenté ici, associait établissements charitables et lieu de culte. Typiquement, il comprenait un hôpital, une école, des salles d'étude coranique, un caravansérail pour loger les voyageurs, une cuisine populaire ouverte aux pauvres et des bains.

INTÉRIEUR D'UNE MOSQUÉE

La salle de prière d'une grande mosquée d'Istanbul donne une sensation d'espace. L'islam interdit la représentation d'êtres animés à l'intérieur des lieux de culte, aussi les mosquées n'abritent-elles ni statues ni peintures figuratives. Les murs peuvent toutefois se parer de superbes décors géométriques ou abstraits. Les hommes et les femmes prient à part.

Le müezzin mahfili, *dans les grandes mosquées, est une plate-forme d'où le muezzin (fonctionnaire de la mosquée) répond en psalmodiant à l'imam (chef de la mosquée).*

Le mihrab, *niche dans le mur, indique la direction de La Mecque. Le plan de la salle de prière le rend visible du plus grand nombre.*

Le minbar, *haute chaire située à droite du mihrâb, permet à l'imam de délivrer le sermon du vendredi (khutba).*

CROYANCES ET PRATIQUES ISLAMIQUES

Les musulmans croient en Dieu (Allah) et le Coran partage de nombreux prophètes et récits avec la Bible. Cependant, ils ne voient pas en Jésus le fils du Seigneur mais juste un des prophètes qui transmirent Sa parole, le dernier étant Mahomet qui reçut la révélation ultime. Pour les musulmans, Allah communiqua les textes sacrés du Coran à Mahomet par l'intermédiaire de l'archange Gabriel. Cinq devoirs fondamentaux régissent la vie des dévots. Le premier est la profession de foi : il n'est de seul Dieu que Dieu et Mahomet est son prophète. Les autres consistent à s'efforcer de prier cinq fois par jour, à pratiquer la charité, à jeûner pendant le mois du ramadan *(p. 47)* et, pour ceux qui en ont les moyens, à faire une fois le pèlerinage à La Mecque *(bajj),* en Arabie Saoudite, où naquit Mahomet et site de la Kaaba, sanctuaire de la Pierre noire d'Abraham.

L'appel à la prière *jadis lancé par les muezzins depuis le balcon du minaret est aujourd'hui diffusé par des haut-parleurs. Seules les mosquées impériales possèdent plus d'un minaret.*

HEURES DE PRIÈRE

Les heures des cinq prières quotidiennes dépendent du lever et du coucher du soleil. Affichées à l'entrée des grandes mosquées, elles varient tout au long de l'année. Les heures données ci-dessous ne sont qu'indicatives.

Prière	Été	Hiver
Sabah	5 h	7 h
öğle	13 h	13 h
İkindi	18 h	16 h
Akşam	20 h	18 h
Yatsı	21 h 30	20 h

Des ablutions rituelles *précèdent la prière. Pour se laver la tête, les mains et les pieds, les fidèles disposent d'une fontaine ou, plus couramment, de robinets dans un mur discret de la mosquée.*

Quand ils prient, *les musulmans se tournent toujours vers la Kaaba dans la ville sainte de La Mecque, direction que le mihrab indique. En s'agenouillant et en touchant le sol du front, le dévot marque son respect et son humilité envers Allah.*

La loge (hünkar mahfili) *est un balcon fermé d'écrans ajourés, qui permettait au sultan de prier à l'abri d'éventuels assassins.*

Le kürsü *qu'abritent certaines mosquées est un fauteuil ou un trône depuis lequel l'imam lit des extraits du Coran.*

VISITER UNE MOSQUÉE

Les visiteurs sont les bienvenus dans toutes les mosquées d'Istanbul, mais les non-musulmans éviteront les heures de prière, en particulier la grande prière hebdomadaire et le sermon du vendredi à 13 heures. Déchaussez-vous devant l'entrée et couvrez-vous les épaules et les genoux. Les femmes doivent parfois couvrir leurs cheveux d'un foulard, souvent prêté à l'entrée. Ne mangez pas, ne prenez pas de photos au flash et tenez-vous à l'écart des fidèles. Faire une offrande relève de la courtoisie.

Heures de prière à l'entrée d'une mosquée

Les plus beaux palais et musées d'Istanbul

Ancienne capitale d'un empire qui s'étendait de l'Algérie à l'Irak et de la péninsule arabe à la Hongrie, Istanbul conserve des trésors très variés, qui vont des instruments de musique à d'inestimables joyaux. On peut admirer certains d'entre eux dans les splendides palais où résidèrent jadis les sultans ottomans. Citons notamment Topkapı et Dolmabahçe, dont l'architecture et la somptuosité de la décoration intérieure justifient à elles seules la visite. Le Musée archéologique fait aussi partie des découvertes à ne pas manquer. Cette carte situe d'autres musées et palais dignes d'intérêt pour l'élégance de leurs édifices ou la qualité de leurs collections.

Palais d'Aynalı Kavak
Ce petit palais aux proportions modestes montre une facette subtile des goûts des Ottomans. Il abrite une collection d'instruments de musique turcs.

Musée archéologique
Dans un édifice datant de 1896, ce superbe musée présente une collection s'étendant de la préhistoire à Byzance. Elle comprend cette statue du IIe siècle de l'empereur Hadrien.

Musée de la Calligraphie
La calligraphie, très importante dans l'art musulman, fut pratiquée par plusieurs sultans. Ce panneau est d'Ahmet III (1703-1730).

CORNE D'OR

BEYOĞLU

QUARTIER DU BAZAR

POINTE DU SÉRAIL

SULTANAHMET

Musée des Arts turcs et islamiques
Éclectique, sa superbe collection d'objets d'art comprend des tapis seldjoukides qui témoignent d'une très ancienne tradition (p. 218-219).

Musée de la Mosaïque
Il expose d'anciens pavements du Grand Palais (p. 82-83) tels ces gladiateurs combattant un lion.

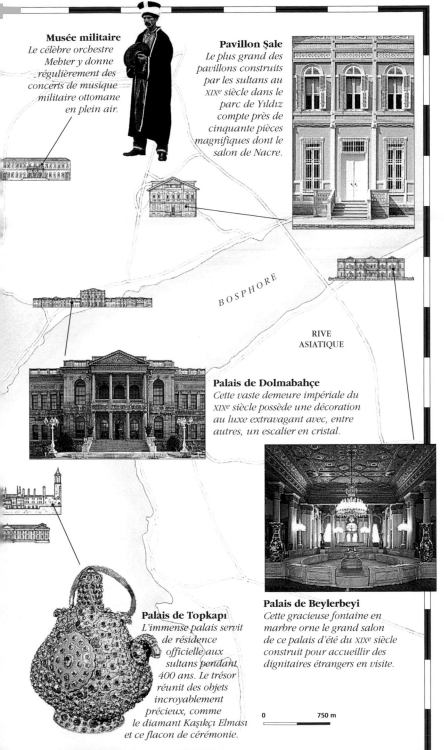

Musée militaire
Le célèbre orchestre Mehter y donne régulièrement des concerts de musique militaire ottomane en plein air.

Pavillon Şale
Le plus grand des pavillons construits par les sultans au XIXᵉ siècle dans le parc de Yıldız compte près de cinquante pièces magnifiques dont le salon de Nacre.

BOSPHORE

RIVE
ASIATIQUE

Palais de Dolmabahçe
Cette vaste demeure impériale du XIXᵉ siècle possède une décoration au luxe extravagant avec, entre autres, un escalier en cristal.

Palais de Beylerbeyi
Cette gracieuse fontaine en marbre orne le grand salon de ce palais d'été du XIXᵉ siècle construit pour accueillir des dignitaires étrangers en visite.

Palais de Topkapı
L'immense palais servit de résidence officielle aux sultans pendant 400 ans. Le trésor réunit des objets incroyablement précieux, comme le diamant Kaşıkçı Elması et ce flacon de cérémonie.

0   750 m

Musées d'Istanbul

Chaque musée d'Istanbul apporte une pièce au vaste puzzle culturel d'une cité au long passé cosmopolite. Vestiges grecs, céramiques chinoises arrivées par la route de la soie, céramiques du XVIᵉ siècle créés pour les grandes mosquées ou machines industrielles modernes, tous ont leur place dans l'histoire de la cité. Les principaux musées possèdent souvent des collections éclectiques et apparaissent donc sous plusieurs intitulés dans les articles ci-dessous.

Le *ut*, une sorte de luth

Sarcophage des Pleureuses, Musée archéologique

ARCHÉOLOGIE

Les fouilles entreprises dans les territoires de l'Empire ottoman ont permis de réunir au **Musée archéologique** une collection allant de frises monumentales babyloniennes du VIᵉ siècle av. J.-C. à de splendides sarcophages et statues classiques. La sculpture antique emplit le rez-de-chaussée. À l'étage, une galerie est consacrée à la Syrie et à Chypre. Une annexe abrite les collections de l'Ancien Orient. Le **musée des Arts turcs et islamiques** propose des objets spécifiquement musulmans ; l'ensemble comprend tapis, verrerie, céramiques, manuscrits et meubles.

ANTIQUITÉS BYZANTINES

Constantinople fut la capitale de l'Empire romain d'Orient (*p. 20-25*) pendant plus d'un millénaire. Les expositions du **Musée archéologique** permettent de mieux connaître le passé byzantin de la cité. Sa cour abrite les sarcophages pourpres d'anciens empereurs.

Près des remparts de Théodose, l'**église Saint-Sauveur-in-Chora** a conservé de magnifiques mosaïques dorées illustrant les vies du Christ et de la Vierge. Il en subsiste également quelques-unes à l'intérieur de la majestueuse **basilique Sainte-Sophie**. Certaines remontent au règne de Justinien (*p. 20*). Transformée en mosquée, l'**église de Pammakaristos** est aussi ornée de mosaïques dans les galeries et le haut des murs. L'accès au public est toutefois limité.

Le **musée de la Mosaïque** expose des dallages et des scènes murales découvertes en 1935 et provenant du Grand Palais (*p. 82-83*) aujourd'hui disparu. Le **musée Sadberk-Hanım** possède quelques antiquités byzantines : icônes, céramique et bijoux.

Fragment de sol byzantin, musée des Mosaïques

CALLIGRAPHIE

Avant l'imprimerie, la calligraphie dans l'Empire ottoman (p. 95) était un art subtil aux techniques élaborées qu'on utilisait pour orner manuscrits religieux, documents juridiques et décrets. Le **musée de la Calligraphie** propose des expositions temporaires. On découvrira d'anciens manuscrits du Coran au **palais de Topkapı**, au **musée des Arts turcs et islamiques** et au **musée Sakip-Sabanci**.

CÉRAMIQUE

Experts et amateurs viennent du monde entier admirer la collection de porcelaines chinoise des cuisines du **palais de Topkapı**. Les plus anciennes inspirèrent les premiers céramistes d'İznik (*p. 161*) dont on peut admirer les mosaïques sur les murs de Topkapı et dans de nombreuses mosquées de la ville. On peut également découvrir d'autres carreaux d'İznik, et de la poterie dans le pavillon Çinili, une annexe du **Musée archéologique** et au **musée Sadberk-Hanım**. Le **musée des Arts turcs et islamiques** possède une collection plus riche avec des pièces provenant de tout le monde musulman.

Lampe de mosquée du Musée archéologique

INTÉRIEURS OTTOMANS

À Istanbul, les demeures des sultans ouvertes au public présentent une large gamme d'aménagements d'intérieur, depuis le style classique ottoman des plus anciennes parties du **palais de Topkapı** jusqu'à d'extravagantes décorations du XIXᵉ siècle inspirées par le rococo européen. Dans cette dernière

L'opulent salon Süfera du palais de Dolmabahçe

commémore le travail d'infirmière de la jeune femme pendant la guerre de Crimée. Il présente également quelques pièces militaires intéressantes.

PEINTURES

Près du palais de Dolmabahçe, la collection du **musée des Beaux-Arts** se compose principalement de tableaux turcs de la fin du XIXᵉ siècle et du début du XXᵉ siècle. Les expositions temporaires de la **galerie d'art Taksim** sont l'occasion de découvrir des œuvres plus récentes.

SCIENCES ET TECHNOLOGIE

Installé dans un ancien entrepôt au cœur des docks d'Istanbul, le **musée Rahmi-Koç** propose une sélection d'instruments mécaniques et scientifiques datant des premières années de la révolution industrielle, ainsi que la reconstruction de la passerelle d'un navire du début du XXᵉ siècle.

catégorie, l'immense **palais de Dolmabahçe** donna le ton avec ses cristaux de Bohême et ses tapis d'Hereke. Le **pavillon du Tilleul** et le **palais de Küçüksu**, plus petits, sont aussi somptueux.

TEXTILES

Les Ottomans tiraient une fierté justifiée de leurs étoffes traditionnelles dont la collection de costumes impériaux du **palais de Topkapı** offre un riche aperçu. Commencée en 1850, elle comprend des vêtements plus anciens, entre autres des caftans remontant au XVᵉ siècle. Le **musée Sadberk-Hanım** abrite, au dernier étage, de beaux costumes datant pour la plupart du XIXᵉ siècle, ainsi que de remarquables broderies turques.

Le **Musée militaire** renferme de vastes tentes de campagne ainsi qu'une collection de costumes de janissaires *(p. 127)* miniatures.
Le **musée des Arts turcs et islamiques** expose uniformes, tentes de nomades et splendides tapis seldjoukides. Le **musée Vakıflar des Tapis** possède des fragments de tapis dont les plus anciens remontent au XIIIᵉ siècle et de somptueux tapis de soie.

INSTRUMENTS DE MUSIQUE

Le **palais d'Aynalı Kavak** abrite un musée dédié aux instruments de musique turcs tels que le *saz* (luth). On y voit les instruments utilisés par les derviches tourneurs au **monastère des Mevlevi**. Deux magasins à l'entrée du parc Gülhane permettent de voir et d'acheter des instruments traditionnels. Les sons issus de la fanfare du **Musée militaire** semaient l'effroi chez les Byzantins.

SOUVENIRS MILITAIRES

Kaftan du palais de Topkapı

Au **Musée naval**, vous admirerez les barges qui transportaient les sultans sur la Corne d'Or et le Bosphore ainsi que des uniformes et des peintures de scènes navales. Les armes et armures du XIIᵉ au XXᵉ siècle présentées dans le **Musée militaire** comprennent un énorme canon pris par les Turcs pendant leurs campagnes européennes. L'armurerie du **palais de Topkapı** abrite également quelques belles pièces anciennes. Le **musée Florence-Nightingale** (dans la caserne de Selimiye, sur la rive asiatique)

PALAIS ET MUSÉES

ISTANBUL AU JOUR LE JOUR

Istanbul est très agréable de la fin mai jusqu'au début de septembre, quand un grand soleil se conjugue à la douceur de l'air. La haute saison, de juin à août, est la période la plus chère, la plus chaude et celle qui attire le plus de monde. Mais elle permet d'assister aux festivals internationaux d'art et de musique, temps forts du calendrier culturel. De fin novembre

Fête de l'Indépendance à Istanbul

jusqu'en mars ou avril, le temps peut être humide et maussade mais les températures restent douces, et les sites et monuments se visitent plus calmement. Jours fériés et fêtes religieuses rythment l'année et donnent lieu à de superbes spectacles colorés. Méfiez-vous : quelques établissements ferment en ces occasions ou sont pris d'assaut par des Stamboulistes en vacances.

Parterre fleuri du parc d'Emirgan pour la fête de la Tulipe

PRINTEMPS

Alors que le brouillard hivernal se dissipe et que l'ensoleillement augmente, la douceur autorise les dîners en plein air. Sur les étals de primeurs, cerises, fraises et prunes viennent remplacer pommes et oranges. Des vendeurs de rue proposent du maïs grillé *(p. 208)*, tandis que dorade, serran et turbot apparaissent sur les cartes des restaurants. Tulipes, jacinthes, jonquilles et pensées fleurissent parcs et jardins. Le long du Bosphore, les arbres de Judée se couvrent de fleurs roses. Monuments et musées restent en général peu fréquentés et de nombreux hôtels offrent des réductions. En mai, le célèbre spectacle de son et lumière qui illumine la mosquée Bleue *(p. 78-79)* recommence, jusqu'en septembre.

MANIFESTATIONS

Pâques *(mars ou avril)*. Pèlerinage au monastère Saint-Georges sur Büyükada, l'une des îles des Princes *(p. 159)*.
Festival international du film d'Istanbul *(fin mars-mi-avril)*. Projections, débats, ateliers, etc.
Fête de la Tulipe *(avril)*, parc d'Emirgan. Exposition de fleurs de printemps.
Fête de l'Indépendance nationale *(23 avril)*. L'anniversaire de l'ouverture de l'Assemblée nationale est lié à la fête de l'Enfance. Des écoliers costumés paradent.
Commémoration du débarquement de l'Anzac *(25 avril)*, Gallipoli. Britanniques, Australiens et Néo-Zélandais se réunissent sur un des hauts lieux de l'expédition des Dardanelles

(p. 170-171).
Fête du Printemps et des Travailleurs *(1er mai)*. Le 1er mai n'est pas férié mais il donne lieu à des manifestations syndicales.
Festival de Kakava *(début mai)*, Edirne. Musique et danses gitanes.
Fête de la Jeunesse et des Sports *(19 mai)*. Des événements sportifs pour l'anniversaire de la naissance d'Atatürk *(p. 31)*.
Festival international de théâtre d'Istanbul *(mai-juin, bisannuel)*, divers lieux. Des pièces européennes et turques sont jouées.
Conquête d'Istanbul *(29 mai)*, entre Tophane et Karaköy, et sur les rives supérieures du Bosphore. Défilés et reconstitutions de batailles font revivre la prise de la ville par Mehmet le Conquérant en 1453 *(p. 26)*.

Son et lumière à la mosquée Bleue

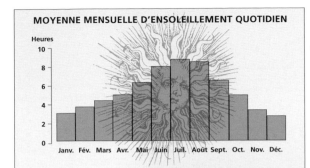

MOYENNE MENSUELLE D'ENSOLEILLEMENT QUOTIDIEN

Heures

10 – 8 – 6 – 4 – 2 – 0

Janv. Fév. Mars Avr. Mai Juin Juil. Août Sept. Oct. Nov. Déc.

Ensoleillement
C'est l'un des attraits d'Istanbul. La ville jouit d'environ 2 500 heures de soleil chaque année. De mai à octobre, la ville est baignée de lumière jusque dans la soirée, mais les averses de pluie battante ne sont pas rares en plein été. L'hiver se révèle en comparaison très couvert.

ÉTÉ

Après un bref printemps, chaleur et ciel dégagé s'imposent à Istanbul jusqu'en novembre. Juillet et août connaissent des températures élevées, et si les hôtels de luxe sont climatisés, il n'en va pas de même des établissements bon marché. Des visiteurs se pressent pendant toute la haute saison dans les sites les plus populaires, tandis que les lieux les plus pittoresques hors de la ville attirent souvent en masse les Stambouliotes. Le week-end, les citadins s'aèrent dans la forêt de Belgrade et sur les plages de la mer Noire *(p. 158)* ou fréquentent les clubs de santé du Bosphore. Les plus riches s'installent sur la côte dans leurs résidences d'été jusqu'à l'automne.

Istanbul offre cependant de nombreuses activités, dont une intense vie nocturne dans des centaines de bars et de boîtes de nuit *(p. 220)*. De grands festivals attirent des vedettes du monde entier. Il est aussi possible d'assister à des spectacles dans des édifices historiques, par exemple un concert de musique classique à Sainte-Irène *(p. 60)* ou un concert de rock dans la forteresse de l'Europe *(p. 140-141)*.

En été, les restaurants proposent plus de viande que de poisson, mais

Le marché de la soie dans Bursa est toujours animé

légumes et fruits frais, melons d'Espagne, cerises, mûres, pêches et abricots abondent. Beaucoup de boutiques proposent des soldes en juillet et en août (p. 203).

MANIFESTATIONS

Marché de la soie *(juin-juillet)*, Bursa. Grande vente de cocons de soie *(p. 164)*.
Festival international de musique et de danse d'Istanbul *(mi-juin-juillet)*. Opéra, musique classique et danse dans des sites

Représentation de *L'Enlèvement au sérail* de Mozart, au harem du palais de Topkapı

historiques. *L'Enlèvement au sérail* de Mozart est donné au palais de Topkapı *(p. 54-59)*.
Festival de Bursa *(juin-juillet)*, parc de Bursa. Musique, danses folkloriques, théâtre, opéra et théâtre d'ombres.
Fête de la Marine *(1er juillet)*. Parades de bateaux.
Festival international de jazz d'Istanbul (juillet), différents lieux. Artistes variés. Régates internationales (juillet), îles de Marmara *(p. 169)*.
Lutte turque *(juillet)*, Kırkpınar, Edirne. Les lutteurs s'enduisent d'huile avant de s'affronter *(p. 154)*.
Fête de la Chasse *(3 jours, fin juillet)*, Edirne. Musique, art et expositions de pêche.
Fête du Folklore et de la Musique *(fin juillet)*, Bursa. Danses traditionnelles et artisanat.
Festival de Troie *(août)*, Çanakkale. Reconstitution de la légende de Troie *(p. 171)*.
Fête de la Victoire *(30 août)*. Commémoration de la victoire sur la Grèce en 1922.

MOYENNE MENSUELLE DES PRÉCIPITATIONS

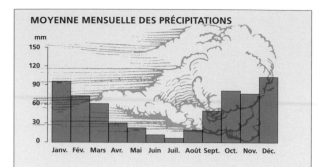

mm
150
120
90
60
30
0
Janv. Fév. Mars Avr. Mai Juin Juil. Août Sept. Oct. Nov. Déc.

Précipitations
L'hiver est la saison la plus humide à Istanbul, mais de violentes averses peuvent encore se déclencher en avril et en mai. Le printemps n'en paraît alors que plus court. La neige n'a rien de rare en hiver mais elle disparaît en général aussi vite qu'elle est tombée.

AUTOMNE

Beaucoup d'habitants d'Istanbul considèrent que c'est en automne que leur cité est la plus agréable. Les températures baissant, des vendeurs de marrons grillés apparaissent dans les rues, les étals s'emplissent de potirons et les gourmands profitent des dernières figues fraîches. Dans la campagne environnante, les paysans récoltent coton, blé et tournesol. Les pêcheurs remontent dans leurs filets mérous et bonites.

À 200 km à l'est d'Istanbul, le lac Abant est particulièrement apprécié pour les couleurs qui le parent en automne, tandis que les ornithologues se rassemblent sur les collines dominant le Bosphore pour observer les oiseaux migrateurs en route vers l'Afrique *(p. 141)*.

Le calendrier culturel comprend une biennale internationale d'art et une éclectique foire aux antiquaires. Plusieurs célébrations réaffirment la vocation laïque de l'État, notamment la fête de la République, fin octobre, où des drapeaux ornent les ponts du Bosphore *(p. 138)* et les balcons.

Vendeur de marrons grillés

MANIFESTATIONS

Salon des arts de Tüyap *(septembre)*, en face de l'hôtel Pera Palas *(p. 104)*. C'est une vitrine pour les artistes.
Festival de Yapı Kredi *(septembre)*, différents lieux. Promotion de jeunes musiciens et danseurs.

Fête de la République *(29 octobre)*. Jour férié commémorant la proclamation de la République en 1923 *(p. 31)*. Un gigantesque feu d'artifice est tiré sur le Bosphore.
Festival de jazz d'Akbank *(octobre)*, divers lieux.
Biennale internationale des beaux-arts d'Istanbul *(octobre-novembre, bisannuel : 2011, 2013)*. Artistes d'avant-garde locaux et internationaux exposent dans des cadres historiques – Citerne Basilique *(p. 76)*, Sainte-Irène et hôtel des Monnaies *(p. 60)*.
Anniversaire de la mort d'Atatürk *(10 novembre)*. Une minute de silence est observée à 9 h 05, heure du décès d'Atatürk au palais de Dolmabahçe *(p. 128-129)* en 1938.
Salon du livre de Tüyap *(octobre)*, au Centre de congrès et d'exposition de Beylikdüzü, est un événement majeur d'Istanbul où croiser les éditeurs et les écrivains.
Festival de blues d'Efes Pilsen *(début novembre)*, lieux choisis. Groupes étrangers et locaux se produisent.
Salon de la décoration d'intérieur *(1er week-end de novembre)*, hôtel Çirağan Palace Kempinski *(p. 191)*. Une exposition haut de gamme réunit antiquaires et décorateurs d'intérieur.
Salon des antiquaires d'Elit's Kusav *(mi-novembre)*, Musée militaire *(p. 126)*. Vente de peintures, de meubles, de tapis, de porcelaines, d'argenterie et d'objets d'art.

Célébration de la fête de la République le 29 octobre

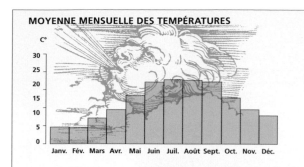

MOYENNE MENSUELLE DES TEMPÉRATURES

Janv. Fév. Mars Avr. Mai Juin Juil. Août Sept. Oct. Nov. Déc.

Températures

Il gèle très rarement à Istanbul et, sauf exception, même les périodes de grand froid ne durent pas plus de trois jours. Le lodos, vent soufflant de la mer de Marmara, intensifie la chaleur humide de l'été, mais heureusement le poyraz, vent qui vient du nord, apporte une brise rafraîchissante.

HIVER

Visiter Istanbul en hiver présente plusieurs avantages malgré la pluie, le brouillard et la pollution. Même les sites les plus touristiques sont peu fréquentés et les boutiques des galeries marchandes Akmerkez, Galleria, Forum et Kanyon *(p. 213)* proposent des soldes.

Sur la montagne de l'Uludağ *(p. 169)*, site d'une des principales stations de sports d'hiver de Turquie, la saison de ski commence dès les premières chutes de neige. Dans les cafés douillets des rives du Bosphore et du vieux quartier de Beyoğlu *(p. 100-107)*, on se réchauffe avec du thé accompagné de baklavas et de gâteaux à la crème.

Vue de Bebek, sur le Bosphore (p. 136-149), en hiver

des derviches tourneurs.
Noël *(fin décembre).* Bien que le jour de Noël ne soit pas une fête officielle, les grands hôtels organisent des festivités pour l'occasion.
Nouvel An *(1er janvier).* Fête publique teintée de traditions européennes de Noël : dinde

aux marrons au menu, arbres et grandes artères décorés de guirlandes.
Fête du Ski de Karadam *(2e moitié de février),* montagne de l'Uludağ. Compétitions organisées par une radio locale et l'Association des moniteurs de ski.

Illuminations dans Beyoğlu pour le Nouvel An

MANIFESTATIONS

Fête de Mevlâna *(17-24 décembre),* monastère des Mevlevi *(p. 104).* Danses mystiques en l'honneur du fondateur de l'ordre

FÊTES MUSULMANES

Les dates des fêtes musulmanes varient en fonction des cycles lunaires et changent donc d'année en année. Pendant le mois saint du **ramadan** *(ramazan),* les croyants s'abstiennent de boire, de manger et de fumer entre le lever et le coucher du soleil. Certains restaurants ferment pendant la journée. Longue de trois jours, la fête du Sucre, ou **Şeker Bayramı**, où on échange des pâtisseries, met fin au ramadan. Deux mois plus tard, la **Kurban Bayramı**, commémorant le sacrifice d'Abraham, donne lieu à la mise à mort d'un mouton et à un banquet familial. Elle dure quatre jours pendant lesquels hôtels et trains sont bondés. Les musulmans très pratiquants célèbrent aussi **Regaip Kandili, Miraç Kandili, Berat Kandili** et **Mevlid-i-Nebi.**

Réjouissances de Şeker Bayramı

ISTANBUL QUARTIER PAR QUARTIER

POINTE DU SÉRAIL

Ce promontoire boisé occupe une position stratégique, au point de rencontre entre la Corne d'Or, la mer de Marmara et le Bosphore. Il ne reste presque rien des monastères et édifices publics qui s'y dressaient à l'époque byzantine. Aujourd'hui, c'est l'énorme complexe du palais de Topkapı qui domine le site. Résidence somptueuse des sultans ottomans et des femmes du harem pendant quatre cents ans, le palais est devenu un musée où le luxe des quartiers d'habitation le dispute aux collections de joyaux. Les vastes jardins agrémentés de pavillons qui entouraient le palais ont permis la création d'un parc public, très fréquenté. Celui-ci borde le Musée archéologique qui abrite une collection mondialement réputée d'antiquités grecques, romaines, byzantines, turques et proche-orientales.

Relief de la porte d'Ishtar

LA POINTE DU SÉRAIL D'UN COUP D'ŒIL

Musées et palais
Musée archéologique
p. 62-65 ❷
Palais de Topkapı p. 54-59 ❶

Église
Sainte-Irène ❹

Bâtiments et monuments historiques
Fontaine d'Ahmet III ❺
Gare de Sirkeci ⓫
Hôtel des Monnaies ❸
Sublime Porte ❾

Rue et médersa
Médersa du Cafer Ağa ❼
Soğukçeşme Sokağı ❻

Parc
Parc de Gülhane ❽

Hammam
Hammam
de Cağaloğlu ❿

COMMENT Y ALLER
Le quartier se découvre aisément à pied. Des trams entre le Grand Bazar et les débarcadères d'Eminönü s'arrêtent au parc de Gülhane.

[Carte de la Pointe du Sérail]

Sirkeci
Sarayburnu
KENNEDY CADDESİ
Sirkeci
İSTASYON ARKASI SOK.
MURADİYE CAD.
NÖBETHANE CAD.
DARÜSSADE SOK
HUDAVENDİGAR CAD.
TAYA HATUN SOKAĞI
İBNİ KEMAL CADDESİ
EBUSSUUT CADDESİ
PEYKHANE SOK
ALEMDAR CADDESİ
ANKARA CADDESİ
HÜKÜMET KONAĞI SOK.
ALAYKÖŞKÜ CAD.
YEREBATAN CADDESİ
CADDESİ
Gülhane
İSHAK PAŞA CADDESİ
SAHİLYOLU (3)
CADDESİ
KENNEDY
Cankurtaran

0 — 400 m

LÉGENDE
▪ Topkapı pas à pas *Voir p. 52-53*
⚓ Embarcadère de ferry
🚉 Gare
🚋 Arrêt de tramway
ℹ Information touristique
Ⓒ Mosquée
— Rempart

◁ **Pavillon des Circoncisions dans la troisième cour du palais de Topkapı**

Première cour de Topkapı pas à pas

La juxtaposition d'une haute église byzantine, de maisons en bois aux proportions harmonieuses et de remparts de palais ottoman créent dans la première cour de Topkapı un décor évocateur. Cette cour qui abritait l'hôtel des Monnaies, un hôpital, un collège et une boulangerie avait jadis une fonction utilitaire. C'était aussi le lieu de rassemblement des janissaires (p. 127). Situés juste à l'extérieur des murs, la médersa du Cafer Ağa et le Fatih Büfe offrent un cadre original pour prendre un rafraîchissement. Le parc de Gülhane est l'un des rares espaces ombragés de la cité.

Parc de Gülhane
Ancienne roseraie des jardins du palais de Topkapı, ce parc verdoyant permet d'échapper à la chaleur de la ville **8**

Soğukçeşme Sokağı
Des maisons en bois peint traditionnelles bordent cette rue **6**

Musée de l'Orient ancien

Sublime Porte
Une porte rococo a remplacé l'ancienne Sublime Porte, symbole du pouvoir ottoman **9**

Entrée du parc de Gülhane

Arrêt de tram de Gülhane

Pavillon Alay

A L E M D A R   C A D.

0 ————— 75 m

LÉGENDE

— · — · — Itinéraire conseillé

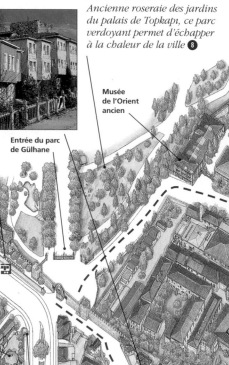

S O Ğ U K Ç E Ş M E   SO

Mosquée de Zeynep
Une fille d'Ahmet III fit bâtir en 1769 ce sanctuaire évoquant une église byzantine.

Les petits kiosques
Büfes *vendent boissons et en-cas.*

Médersa du Cafer Ağa
Des artisans tels que bijoutiers et calligraphes occupent désormais les cellules de cet ancien collège entourant un paisible café en plein air **7**

À NE PAS MANQUER

★ Musée archéologique

★ Palais de Topkapı

★ **Musée archéologique**
*Statues classiques,
sarcophages sculptés,
céramiques turques et autres
trésors provenant de tout
l'Empire ottoman forment
une des plus riches
collections d'antiquités
du monde* ❷

**Pavillon
Çinili
(p. 65)**

La fontaine du Bourreau porte
ce nom, car le bourreau
attaché au palais s'y lavait les
mains et y rinçait son épée
après une exécution.

CARTE DE SITUATION
Voir Atlas des rues, plans 3 et 5

POINTE DU SÉRAIL

SULTANAHMET

★ **Palais de Topkapı**
*Les sultans ottomans
dirigèrent pendant 400 ans
leur empire depuis ce vaste
palais où ils amassèrent
un fabuleux trésor* ❶

**Entrée du palais
de Topkapı**

**Billetterie du palais
de Topkapı**

Hôtel des Monnaies
*Ce musée propose
des expositions sur
l'histoire d'Istanbul* ❸

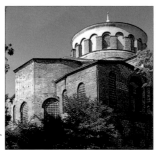

Sainte-Irène
*L'église byzantine Haghia Eirene
date du VIe siècle et ne fut jamais
transformée en mosquée* ❹

**Porte
impériale**

Fontaine d'Ahmet III
*Les vers gravés sur la plus belle
des fontaines rococo d'Istanbul
(XVIIIe siècle) la comparent aux
fontaines du paradis* ❺

Palais de Topkapı ●

Topkapı Sarayı

Tuğra de Soliman Ier

Entre 1459 et 1465, peu après sa conquête de Constantinople *(p. 26)*, Mehmet II fit construire ce vaste palais pour y établir sa résidence principale. Avec les ajouts des différents sultans, il prit la forme d'une série de pavillons au sein de quatre vastes cours, version en dur des camps de tentes des tribus nomades dont étaient issus les Ottomans. Siège du gouvernement jusqu'à son déménagement à la Sublime Porte *(p. 61)* au XVIIIe siècle, le palais abritait une école qui formait des fonctionnaires et des soldats. Abandonné par Abdül-Mecit Ier en 1853 pour le palais de Dolmabahçe *(p. 128-129)*, Topkapı devint un musée et ouvrit ses portes au public en 1924. Certaines parties sont actuellement fermées pour restauration.

★ **Harem**
Une visite guidée permet de découvrir le dédale de cours et d'appartements où vivaient les concubines du sultan (p. 58-59).

Exposition d'armes
et d'armures *(p. 56)*

Entrée
du harem

Billetterie
du harem

Porte du Salut :
entrée du palais

Divan
Les vizirs du Conseil impérial se réunissaient dans ces salles où le sultan les surveillait en secret.

Deuxième
cour

La porte de la Félicité est aussi appelée porte des Eunuques blancs.

Les cuisines renferment une exposition de céramiques, verrerie et argenterie *(p. 56)*.

Pavillon d'İftariye

Entre le pavillon de Bagdad et celui des Circoncisions, ce balcon couvert offre une vue jusqu'à la Corne d'Or.

MODE D'EMPLOI

Babıhümayun Cad. **Plan** 3 F3.
Tél. *(0212) 512 04 80.*
🚇 Sultanahmet. 🏛 **Palais et harem** ⏱ t.l.j. sf mar., été : 9h-19h ; hiver : 9h-16h. 🎟 rés.
🌐 www.topkapisarayi.gov.tr

Pavillon de Bagdad

En 1639, après la prise de Bagdad, Murat IV édifia ce pavillon aux carreaux bleus et blancs.

Pavillon des Circoncisions

Montres et horloges (p. 57)

Pavillon du Saint Manteau (p. 57)

Exposition de miniatures et de manuscrits (p. 57)

Restaurant Konyalı (p. 198)

La quatrième cour abrite pavillons et jardins.

Troisième cour

Bibliothèque d'Ahmet III

Une fontaine ouvragée, sous l'entrée principale, orne cette élégante bibliothèque édifiée en 1719.

Exposition de costumes impériaux (p. 56)

Salle du Trône

★ Trésor

Cette carafe du XVIIe siècle fait partie de l'extraordinaire collection d'objets précieux réunie par les sultans (p. 57).

À NE PAS MANQUER

★ Harem

★ Trésor

À la découverte des collections du palais

Pendant leurs 470 ans de règne, les sultans ottomans amassèrent une extraordinaire collection d'objets précieux. Nationalisée après la proclamation de la République turque en 1923 *(p. 31)*, elle est, dans sa majeure partie, exposée au palais de Topkapı. Outre des présents diplomatiques et les pièces commandées aux artisans du palais, elle comprend de nombreux trophées pris aux territoires assujettis lors des campagnes militaires.

Les plus importants datent du temps de Selim le Terrible (1512-1520), quand l'empire connut une expansion majeure avec la conquête de la Syrie, de l'Arabie et de l'Égypte.

Berceau en or exposé au trésor

plantées devant les tentes, pendant les campagnes militaires. Les vizirs avaient droit à trois queues de cheval, le grand vizir à cinq et le sultan à neuf.

La collection inclut des arcs fabriqués par les sultans eux-mêmes (Beyazıt II était un artisan très doué), ainsi que de lourdes épées en fer prises à des croisés européens, assez grossières. L'armure du sultan égyptien Kait Bey vaincu par Selim Ier au début du XVIe siècle est superbe. Cette section est actuellement fermée pour restauration.

CÉRAMIQUES, VERRERIE ET ARGENTERIE

On peut admirer les collections de céramiques, de verrerie et d'argenterie des sultans dans les anciennes cuisines du palais. Les pièces européennes et turques y tiennent peu de place par rapport à la très riche exposition de porcelaines chinoises et à celle, moins importante, de porcelaines japonaises. Ces porcelaines étaient transportées par voie terrestre jusqu'à Istanbul par les caravanes qui empruntaient la route de la soie reliant l'Extrême-Orient à l'Europe.

Les porcelaines chinoises appartiennent à quatre époques : celles des dynasties Song (Xe-XIIIe siècle), Yuan (XIIIe-XIVe siècle), Ming (XIVe-XVIIe siècle) et Qing (XVIIe-XXe siècle). Les sultans commencèrent à collectionner les céladons à l'aspect de jade, une pierre porte-bonheur pour les Chinois. Les Ottomans leur prêtaient le pouvoir de changer de couleur en présence de poison. Les belles faïences bleu et blanc datent pour la plupart de l'époque Ming. Leurs motifs, fleurs stylisées et volutes nuageuses,

influencèrent les artisans de l'empire, en particulier ceux des ateliers d'İznik *(p. 161)*. Leur production n'est pas représentée dans la collection, mais plusieurs carreaux qui ornent les murs du palais sont sortis des fours d'İznik. Les porcelaines plus récentes, notamment les poteries Imari japonaises, comprennent de nombreuses pièces fabriquées pour l'exportation, vaisselle ornée de citations du Coran par exemple.

Porcelaine japonaise

Les énormes chaudrons de l'ancienne confiserie rappellent que, dans les cuisines, plus de 1 000 personnes préparaient chaque jour les repas des 5 000 résidents du palais et jusqu'à 12 000 couverts lors des grands banquets. Cette partie est actuellement fermée pour rénovation.

ARMES ET ARMURES

La collection d'armes de Topkapı occupe l'ancien trésor où les sultans amassaient les taxes et tributs perçus dans tout l'empire. Les bannières exposées droit devant après l'entrée indiquaient le rang de leurs propriétaires lors des processions ou étaient

COSTUMES IMPÉRIAUX

La tradition voulait qu'à la mort d'un sultan, ses vêtements fussent soigneusement pliés et enfermés dans des sacs scellés. Elle permet aujourd'hui d'admirer, entre autres, des caftans portés par Mehmet le Conquérant et Soliman le Magnifique. Une salle renferme également des costumes de jeunes princes.

Les réformes de Mahmut II entraînèrent une révolution dans les modes vestimentaires *(p. 30)* et la fin d'une époque, la serge grise remplaçant les somptueux tissus en soie multicolore de jadis.

Somptueux caftan en soie porté par Mehmet le Conquérant

TRÉSOR

Le scintillement de milliers de pierres précieuses et semi-précieuses fait du trésor le lieu le plus spectaculaire du palais de Topkapı. Il réserve cependant une surprise : le petit nombre de bijoux féminins exposés. L'explication est simple : les biens du sultan et des vizirs appartenaient à l'État et revenaient au palais après leur mort, ce qui n'était pas le cas de ceux des femmes de la cour. La première salle renferme une tenue d'apparat complète en cotte de mailles incrustée de diamants dessinée pour Mustafa III (1757-1774). Présent diplomatique envoyé d'Inde à Abdül-Aziz (1861-1876), une belle statuette sculptée dans une énorme perle représente

Le poignard de Topkapı

un prince assis sous un dais.

Les pièces les plus importantes se trouvent dans la deuxième salle, notamment un berceau en or massif et le célèbre poignard de Topkapı (1741). Œuvre des joailliers du sultan, le poignard devait être offert au shah de Perse, mais celui-ci mourut avant de le recevoir. Les vitrines abritent d'énormes émeraudes brutes, des jades et une sélection d'aigrettes ornées de joyaux rehaussant la beauté des turbans impérieux.

Dans la troisième salle, le diamant Kaşikçi de 86 carats aurait, selon la légende, été découvert sur un tas d'ordures au XVIIᵉ siècle et échangé à un chiffonnier contre trois cuillères. Cadeau du gouverneur d'Égypte en 1574, le trône de Murat III *(p. 32)* plaqué d'or servit aux cérémonies jusqu'au début du siècle dernier.

Le trône de la salle suivante est un don du shah de Perse. Le superbe reliquaire orné de pierres précieuses de la vitrine voisine contiendrait les os de la main de saint Jean-Baptiste.

MINIATURES ET MANUSCRITS

Topkapı possède plus de 13 000 miniatures et manuscrits, mais l'exposition n'en présente qu'une infime partie. Parmi ses fleurons figurent des portraits de guerriers et de créatures effrayantes dont une peinture connue sous le nom de *Démons et monstres dans la vie des nomades.* Peinte par Mohammed Siyah Kalem, elle remonterait au XIIᵉ siècle. Cette tradition orientale, qui fleurit en Perse et dans l'Inde moghole, se retrouve dans le style exubérant des miniatures ottomanes.

Les calligraphies *(p. 95)* comprennent des exemplaires du Coran, des recueils de poésie et plusieurs *firmans* ou décrets édictés par le sultan. Ce département est actuellement fermé.

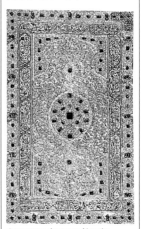

Couverture de coran décorée de filigrane d'or

MONTRES ET HORLOGES

Des mécanismes européens reçus en cadeau ou achetés par divers sultans forment l'essentiel de cette collection, bien qu'il y ait eu des horlogers à Istanbul dès le XVIIᵉ siècle. Les horloges

Montre du XVIIᵉ siècle en or, émail et pierres précieuses

les plus simples, à poids, datent pour les plus anciennes du XVIᵉ siècle. Une délicate pendule anglaise du XVIIIᵉ siècle parée de nacre est dotée d'un orgue allemand dont les mélodies marquaient les heures.

Les réparateurs envoyés pour entretenir ces instruments ont fourni les seuls témoignages d'hommes européens sur la vie dans le harem.

PAVILLON DU SAINT MANTEAU

Lieu de pèlerinage pour les musulmans, où tenue et attitude respectueuses sont de rigueur, ces cinq salles à coupoles abritent certaines des reliques les plus vénérées de l'islam. La plupart arrivèrent à Istanbul après la conquête de l'Égypte et de l'Arabie par Selim le Terrible *(p. 26),* qui permit aux sultans de s'attribuer le titre de calife (chef de l'islam et successeur de Mahomet) à partir de 1517.

Le manteau du prophète Mahomet (Hirka-i-Saadet) est le trésor le plus sacré du palais. Nuit et jour, de saints hommes psalmodient des passages du Coran au-dessus du coffre d'or qui le protège. Les visiteurs ne peuvent pas entrer dans la pièce mais seulement le découvrir depuis une antichambre qui contient, dans une vitrine, quelques poils de la barbe du Prophète, une lettre de sa main et une empreinte de son pied. Un présentoir porte deux de ses épées devant le coffre.

Les autres salles renferment serrures et clés qu'envoyèrent différents sultans pour la Kaaba de La Mecque *(p. 39).*

Palais de Topkapı : le harem

Vitrail des pavillons jumeaux

Le nom « harem » dérive d'un mot arabe signifiant « interdit », « sacré ». Le harem était la résidence des concubines et des enfants du sultan, gardés par des eunuques noirs. Le souverain et ses fils étaient les seuls autres hommes autorisés à y pénétrer. Dans une de ses parties, la Cage, les frères du sultan restaient enfermés à vie afin de les empêcher de déstabiliser l'État et d'éviter les conflits de succession. C'est à la fin du XVIᵉ siècle que le sultan Murat III donna au harem son plan actuel : un labyrinthe de corridors et de pièces parés de carrelages éclatants.

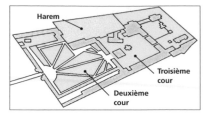

CARTE DE SITUATION
Voir le plan du palais p. 54-55

Appartements et cour des favorites

Bain du sultan

★ Pavillons jumeaux
Sous une coupole bordée de toile dorée, de superbes carreaux d'Iznik (p. 161) ornent ces appartements construits au XVIIᵉ siècle pour le prince héritier.

La bibliothèque d'Ahmet Iᵉʳ, lumineuse, aux volets plaqués d'ivoire.

Le salon de Murat III, œuvre de Sinan (p. 91), abrite une fontaine élégante et un grand foyer.

★ Salle à manger d'Ahmet III
Fruits et fleurs décorent cette pièce qui date du XVIIIᵉ siècle.

Grand salon
La pièce la plus vaste du harem servait aux distractions du sultan qui prenait place dans un grand trône adossé à un mur.

LA VIE AU HAREM

Les occupantes du harem étaient des esclaves originaires de toutes les régions de l'empire et au-delà. Elles avaient toutes pour ambition de devenir une favorite du sultan et de lui donner un fils qui hériterait peut-être du pouvoir. Une âpre compétition régnait dans le harem qui abrita jusqu'à plus de mille femmes : la plupart ne s'élevèrent jamais au-dessus du statut de servante. Les dernières captives partirent en 1909.

Gravure du XIXe siècle, une vue occidentale de la vie au harem

Salon de la Valide Sultane
La mère du sultan, la femme la plus puissante du harem (p. 29), disposait d'un appartement spacieux.

La tour de la Justice offre une superbe vue des toits de Topkapı et au-delà.

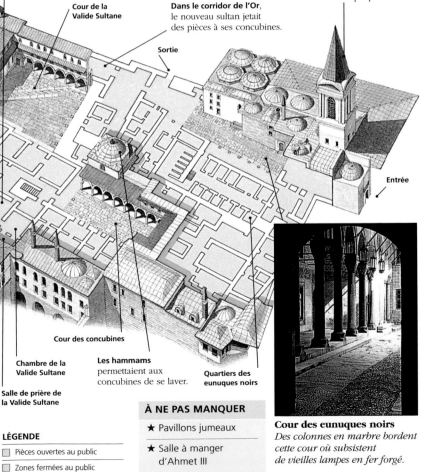

Cour de la Valide Sultane

Dans le corridor de l'Or, le nouveau sultan jetait des pièces à ses concubines.

Sortie

Entrée

Cour des concubines

Chambre de la Valide Sultane

Les hammams permettaient aux concubines de se laver.

Quartiers des eunuques noirs

Salle de prière de la Valide Sultane

À NE PAS MANQUER

★ Pavillons jumeaux

★ Salle à manger d'Ahmet III

Cour des eunuques noirs
Des colonnes en marbre bordent cette cour où subsistent de vieilles lampes en fer forgé.

LÉGENDE

☐ Pièces ouvertes au public

☐ Zones fermées au public

Musée archéologique ❷

Voir p. 62-65.

Hôtel des Monnaies ❸

Darphane-i Amire

Première cour du palais de Topkapı
Plan 3 E4 (5 F3). 🚇 *Gülhane
ou Sultanahmet.*

La Monnaie ottomane
s'installa ici en 1727, mais
les édifices actuels datent
d'une extension réalisée
sous Mahmut II. Les bâtiments
accueillent désormais
des laboratoires pour
la restauration d'œuvres
d'art. Les visiteurs peuvent
regarder l'extérieur durant
les heures de bureau.

Sainte-Irène ❹

Aya İrini Kilisesi

Première cour du palais de Topkapı.
Plan 3 E4 (5 F3). **Tél.** *(0212) 522
17 50.* 🚇 *Gülhane ou Sultanahmet.*
⭕ *sur demande et pour
des concerts.*

La construction de Sainte-
Irène remonte au VIᵉ siècle,
mais l'édifice était déjà au
moins le troisième sanctuaire
à occuper l'un des plus
anciens sites d'Istanbul voués
au culte chrétien. Peu de
temps après la conquête de
la ville par les Turcs en 1453

L'un des quatre côtés ouvragés de la fontaine d'Ahmet III

(p. 26), l'église, incorporée au
palais de Topkapı, ne fut pas
transformée en mosquée mais
en arsenal. La qualité de son
acoustique lui vaut d'accueillir
aujourd'hui des concerts dans
le cadre du Festival de
musique d'Istanbul *(p. 45).*
    Sainte-Irène a conservé trois
éléments caractéristiques que
ne possède plus aucune autre
église byzantine de la ville.
Le *synthronon,* rangs de
sièges où prenait place le
clergé, épouse la courbe de
l'abside. Au-dessus, la croix
de mosaïque noire se
détachant sur fond or date de
la période iconoclaste *(p. 20)*
et de l'interdiction des images
figuratives. À l'arrière du
sanctuaire, une cour entourée
de galeries renfermait jadis
les sarcophages en porphyre
des empereurs byzantins.
La plupart sont exposés
au Musée archéologique.

Fontaine d'Ahmet III ❺

Ahmet III Çeşmesi

Croisement de l'İshak Paşa Cad. et
de la Babıhümayun Cad. **Plan** 3 E4
(5 F4). 🚇 *Gülhane ou Sultanahmet.*

La plus belle des
innombrables fontaines
d'Istanbul a survécu à la
violente déposition du sultan,
renversé par une révolte
populaire deux ans après
la construction de la fontaine
en 1728. En revanche,
la majorité des autres
monuments élevés pendant
le règne d'Ahmet III, époque
des Tulipes *(p. 27),* ont
été détruits. Avec ses cinq
coupoles, ses niches en forme
de mirhab et ses reliefs à
motifs floraux, la fontaine est
typique du style rococo turc.
    Dans une ville qui a
toujours connu des problèmes
d'alimentation en eau,
les fontaines ottomanes
ne possédaient pas de jets.
De plan carré, la fontaine
d'Ahmet III porte sur chaque
mur un robinet, ou *çeşme,* qui
domine un bassin en marbre.
Au-dessus de chaque robinet,
une citation du poète du
XVIIIᵉ siècle Seyit Vehbi
Efendi, calligraphiée en
caractères d'or sur fond
bleu-vert, rend hommage au
fondateur de la fontaine. Aux
angles du bâtiment s'ouvrait
un comptoir, ou *sebil,* aux
trois fenêtres protégées par
des grilles en marbre. À la
place des habituels gobelets
d'eau, les passants pouvaient
sans doute y consommer
des sorbets ou des sirops.

Synthronon **surmonté d'une croix noire dans l'abside de Sainte-Irène**

Soğukçeşme Sokağı ⑥

Plan 3 E4 (5 F3). 🚊 Gülhane.

De charmantes maisons de bois anciennes bordent l'étroite et abrupte « rue de la fontaine froide » serrée entre les remparts extérieurs du palais de Topkapı et les hauts minarets de Sainte-Sophie. Ce type d'habitations traditionnelles se répandit à Istanbul à partir de la fin du XVIIIᵉ siècle.

C'est le Touring Club turc (TTOK, *voir p. 181)* qui s'est chargé de la restauration des édifices de la Soğukçeşme Sokağı dans les années 1980. Deux d'entre eux forment désormais l'Ayasofya Pansiyonları *(p. 184)*, série de jolies pensions peintes de couleurs pastel et très appréciées des visiteurs. Un autre abrite une bibliothèque consacrée à l'histoire d'Istanbul ainsi que des archives de gravures et de photographies de la ville. Vers le bas de la rue, le restaurant Sarnıç *(p. 198)* occupe une ancienne citerne romaine.

Calligraphie traditionnelle en vente dans la médersa du Caferağa

Médersa du Caferağa ⑦

Caferağa Medresesi

Caferiye Sok. **Plan** 5 E3.
Tél. *(0212) 513 18 43.* 🚊 Gülhane.
⏱ *t.l.j. 8h30-20h.*

Sinan *(p. 91)* construisit en 1559 pour le chef des eunuques noirs cette ancienne école religieuse située au fond d'une ruelle. Le buste de l'architecte domine les tables du café installé dans sa cour paisible. Les cellules des étudiants abritent aujourd'hui

Maison ottomane restaurée de la Soğukçeşme Sokağı

MAISONS OTTOMANES

À Istanbul, l'habitation bourgeoise typique du XIXᵉ siècle possède un rez-de-chaussée en pierre et un ou deux étages en bois. Le bâtiment comprend invariablement une *çıkma,* partie débordant au-dessus de la rue. Elle a pour origine le traditionnel balcon turc, fermé dans le nord du pays à cause du climat plus rigoureux. Aux fenêtres, un treillis, ou *kafesler,* permettait aux femmes de regarder dans la rue sans se faire voir. Peu de maisons de bois existent encore. Les maisons ottomanes qui subsistent doivent généralement leur existence au tourisme : elles ont souvent été transformées en hôtels. Les propriétaires se heurtent à un obstacle de taille : alors que la loi interdit la démolition des maisons en bois, il est très difficile de les assurer dans une ville souvent en proie à des incendies.

des expositions d'objets artisanaux : bijoux, soies imprimées, céramiques et calligraphies.

Parc de Gülhane ⑧

Gülhane Parkı

Alemdar Cad. **Plan** 3 E3 (5 F2).
🚊 Gülhane. ⬜ **Musée**
⏱ *mer.-lun. 9h-16h30.* 📷

Le parc occupe la partie inférieure des anciens jardins du palais de Topkapı et offre, malgré son aspect négligé, un cadre ombragé à une promenade ponctuée de quelques jalons intéressants.

Un petit musée, le musée de l'Histoire des sciences et technologies islamiques retrace les découvertes des scientifiques musulmans à travers l'histoire de l'islam. À l'extrémité du parc, la colonne des Goths, monument du IIIᵉ siècle entouré de maisons de thé en bardeaux, doit son nom à une inscription latine sur le socle : « la fortune nous est rendue grâce à la victoire sur les Goths ».

De l'autre côté de la Kennedy Caddesi, la grande artère longeant le parc au nord-est, un point de vue domine les eaux agitées au point de rencontre de la Corne d'Or et du Bosphore.

Sublime Porte ⑨

Bab-ı Ali

Alemdar Cad. **Plan** 3 E3 (5 E2).
🚊 Gülhane.

C'est à la Sublime Porte que se présentaient les ambassadeurs étrangers, et le nom désigna ensuite l'État ottoman. Elle servait d'entrée monumentale aux bureaux et au palais du grand vizir. Celui-ci jouait un rôle important dans l'empire, faisant souvent contrepoids à des sultans capricieux ou incompétents.

Le portail rococo visible aujourd'hui date des années 1840. Les gardes qui s'y tiennent protègent les bureaux du gouvernement provincial d'Istanbul.

Décor rococo du toit de la Sublime Porte

Musée archéologique ❷
Arkeoloji Müzesi

La collection commencée seulement au milieu du XIXᵉ siècle est l'une des plus riches du monde en antiquités classiques grâce aux envois des gouverneurs provinciaux de tout l'Empire ottoman. Elle comprend aussi de nombreuses pièces laissées par des civilisations plus anciennes. La construction du bâtiment principal eut lieu sous la direction d'Osman Hamdi Bey (1842-1910), archéologue, peintre et grand érudit qui découvrit les magnifiques sarcophages de la nécropole royale de Sidon dans l'actuel Liban. Une aile, sur quatre niveaux, ajoutée ensuite, abrite le musée des Enfants.

Statue romaine d'Apollon

★ Sarcophage d'Alexandre
Ce tombeau en marbre aux magnifiques sculptures date de la fin du IVᵉ siècle av. J.-C. et aurait été exécuté pour le roi Abdalonymos de Sidon. Il porte sur ses faces différentes scènes de la vie d'Alexandre le Grand.

Sarcophage des Pleureuses

LÉGENDE

- ☐ Archéologie classique
- ☐ Musée des Enfants
- ☐ Collections thraces, bithyniennes et byzantines
- ☐ Istanbul à travers les âges
- ☐ Anatolie et Troie
- ☐ Cultures voisines de l'Anatolie
- ☐ Carreaux et céramiques turcs
- ☐ Musée de l'Orient ancien
- ☐ Circulations et services

Les portiques du musée doivent leur dessin au sarcophage des Pleureuses, datant du IVᵉ siècle av. J.-C.

SUIVEZ LE GUIDE !
Les 20 salles du bâtiment principal abritent l'importante collection d'antiquités classiques. L'aile sur quatre niveaux propose des expositions sur l'archéologie d'Istanbul et des régions voisines et renferme le musée des Enfants. Il existe aussi deux annexes : le pavillon Çinili, consacré aux carreaux et céramiques turcs, et le musée de l'Orient ancien.

Pavillon Çinili

Café en plein air

À NE PAS MANQUER

★ Mihrab de Karaman

★ Sarcophage d'Alexandre

★ Traité de Kadesh

★ Mihrab de Karaman
Provenant de la capitale de l'État karamanide qui s'imposa dans le sud-est de la Turquie entre 1256 et 1483, le mihrab (p. 38) est la plus importante relique artistique de cette culture.

Gourde chypriote de l'époque géométrique

Des poissons stylisés décorent ce pot caractéristique de l'époque dite géométrique (1050-750 av. J.-C.).

MODE D'EMPLOI

Osman Hamdi Bey Yokuşu.
Plan 3 E3 (5 F2). **Tél.** (0212)
527 27 00. 🚇 Gülhane.
🕐 mar.-dim. 9h-17h. Certains
départements peuvent être
fermés l'hiver. 📷 📷

Icône de la Présentation en mosaïque

Cette mosaïque religieuse figurative de Constantinople des VI-VIIᵉ siècles provenant de la mosquée de Kalenderhane (p. 92) est la seule à avoir survécu à la période iconoclaste (p. 20).

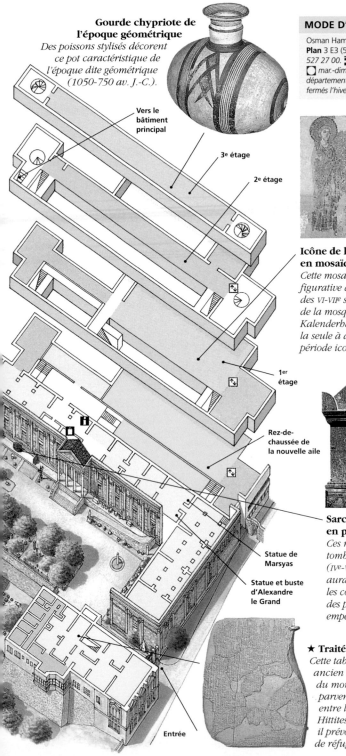

Vers le bâtiment principal

3ᵉ étage

2ᵉ étage

1ᵉʳ étage

Rez-de-chaussée de la nouvelle aile

Statue de Marsyas

Statue et buste d'Alexandre le Grand

Entrée

Sarcophages en porphyre

Ces monumentaux tombeaux pourpres (IVᵉ-Vᵉ siècles) auraient contenu les corps de certains des premiers empereurs byzantins.

★ Traité de Kadesh

Cette tablette porte le plus ancien traité de paix du monde à nous être parvenu. Conclu entre les Égyptiens et les Hittites en 1269 av. J.-C., il prévoit le retour de réfugiés politiques.

À la découverte du Musée archéologique

Cette riche collection couvre plus de 5 000 ans d'histoire, depuis des figurines de déesses de la Fertilité modelées au IIIᵉ millénaire av. J.-C. jusqu'aux poteries turques tournées au XIXᵉ siècle. Une seule visite ne suffit pas pour la découvrir entièrement. Si vous avez peu de temps, ne manquez pas les sarcophages de la nécropole royale de Sidon. Si c'est l'histoire d'Istanbul qui vous intéresse, une galerie au premier étage du nouvel édifice y est consacrée. Les enfants disposent d'une exposition à leur taille.

ARCHÉOLOGIE CLASSIQUE

Une statue monumentale de Bès accueille les visiteurs à l'entrée du bâtiment principal. Ce dieu égyptien connut une immense popularité entre le Iᵉʳ et le IIIᵉ siècle apr. J.-C., son aspect comique ayant un effet dissuasif auprès des esprits maléfiques. Les salles 9 et 8 abritent le fleuron de la collection : un groupe de sarcophages mis au jour en 1887 à Sidon, dans l'actuel Liban. Ces tombeaux auraient été exécutés pour une lignée de rois phéniciens qui y régnèrent du VIᵉ au IVᵉ siècle av. J.-C. Leurs décors montrent l'évolution de l'art local, influencé par l'esthétique égyptienne puis grecque. Le plus récent et le plus beau, le sarcophage d'Alexandre (fin du IVᵉ siècle av. J.-C.), présente sur ses faces les plus longues des frises en haut relief figurant Alexandre le Grand dans une

Buste de l'empereur Auguste

scène de bataille et à la chasse. Les frises sont préservées, mais les armes métalliques des guerriers et des chasseurs ont disparu.

Le sarcophage des Pleureuses aurait été réalisé pour le roi Straton Iᵉʳ (374-358 av. J.-C.). Il est orné de dix-huit portraits de femmes frappées par la douleur.

Les salles 14 à 20 renferment des sculptures remarquables, notamment une copie romaine d'une statue de Marsyas datant du IIIᵉ siècle av. J.-C. Elle montre le satyre sur le point d'être écorché vif après avoir osé défier Apollon dans un tournoi musical. Une statue et un buste d'Alexandre le Grand (IIIᵉ-IIᵉ siècle av. J.-C.) donnent au conquérant une expression méditative. La salle 18 abrite des bustes réalistes d'empereurs romains.

MUSÉE DES ENFANTS

Cette partie du musée possède des vitrines basses spécialement dessinées pour les écoliers. Les archéologues en herbe y disposent de papier et de crayons de couleur.

COLLECTIONS THRACES, BITHYNIENNES ET BYZANTINES

Cette galerie du rez-de-chaussée du nouvel édifice présente des objets, notamment religieux, d'anciennes civilisations des alentours de la mer de Marmara, des pièces byzantines, dont une statue de l'empereur Valens, et évoque l'architecture dans le monde antique.

Tête de serpent en bronze de la colonne Serpentine

ISTANBUL À TRAVERS LES ÂGES

Avec quelques objets bien choisis et des textes explicatifs en turc et en anglais, la galerie retrace le passé archéologique d'Istanbul.

La rare icône en mosaïque de la Présentation (v. 600 apr. J.-C.) ornait à l'origine la mosquée de Kalenderhane (p. 92). Les visiteurs verront aussi l'une des trois têtes de serpent en bronze de la colonne Serpentine de l'Hippodrome (p. 80), décapitée au XVIIIᵉ siècle, ainsi qu'une section des chaînes qui servaient aux Byzantins à barrer l'accès au Bosphore et à la Corne d'Or (p. 23).

Frise représentant la bataille d'Issus (333 av. J.-C.) sur un flanc du sarcophage d'Alexandre

Reconstitution d'un mausolée découvert à Palmyre, en Syrie

ANATOLIE ET TROIE

Un côté de ce long et étroit couloir évoque l'histoire de l'Anatolie (la partie asiatique de l'actuelle Turquie) depuis le paléolithique jusqu'à l'âge du fer. L'exposition culmine avec une salle consacrée à la culture phrygienne qui avait pour pôle la cité de Gordion. Celle-ci abrite notamment la reconstruction d'une tombe royale du VIIIe siècle av. J.-C. Recouvert d'un tumulus, le mausolée renfermait des ustensiles de cuisine et des meubles en bois divers.

L'autre côté de la galerie présente par ordre chronologique les fouilles des neuf niveaux archéologiques de Troie *(p. 171)*, du IIIe millénaire av. J.-C. jusqu'à l'ère chrétienne. Les vitrines contiennent quelques pièces du trésor de Priam, dit aussi « de Schliemann », du nom de l'archéologue qui découvrit le site à la fin du XIXe siècle. La majeure partie de ce trésor a quitté la Turquie.

CULTURES VOISINES DE L'ANATOLIE

Cette longue galerie est également divisée en deux parties avec un côté dédié à Chypre et l'autre à la Syrie et à la Palestine.

Luigi Palma di Cesnola, consul à Chypre des États-Unis et de la Russie, réunit la première collection en pillant systématiquement les tombes de l'île entre 1865 et 1873. Outre de belles poteries,

elle comprend les portraits de garçons nus (IIIe siècle av. J.-C.), sans doute de jeunes prostitués des temples d'Aphrodite.

L'exposition syrienne inclut des reliefs funéraires, le calendrier de Gezer (925 av. J.-C.), une tablette en calcaire portant le plus ancien texte en hébreu connu, et la reconstitution d'un mausolée de Palmyre (Ier-IIIe siècle).

Mosaïque d'İznik, du XVIe siècle, du pavillon Çinili

CARREAUX ET CÉRAMIQUES TURCS

En dehors des tapis, c'est dans la céramique que l'art ottoman trouva son expression la plus originale. De superbes faïences parent mosquées et bâtiments séculiers, tel le pavillon Çinili à l'entrée décorée de motifs géométriques et calligraphiques.

La salle principale abrite un mihrâb du centre de l'Anatolie datant du début du XVe siècle et orné d'une exquise faïence émaillée. Les salles 3 et 4 renferment des carreaux et des

lampes de mosquée issus des célèbres ateliers d'İznik, grand centre de la céramique turque *(p. 161)*. Leur déclin à la fin du XVIe siècle permit aux pièces remarquables de Küthaya, entre autres, de s'imposer (salles 5 et 6).

MUSÉE DE L'ORIENT ANCIEN

Bien que la collection comprenne des antiquités égyptiennes et hittites d'une grande rareté, les vestiges des anciennes civilisations de la Mésopotamie (l'actuel Irak) sont les plus intéressants.

Les frises monumentales en brique vernissée qui ornaient la porte d'Ishtar de Babylone (salles 3 et 9) datent du règne de Nabuchodonosor II (605-562 av. J.-C.), pendant lequel la ville fut florissante. L'élégant poids de 30 kg en forme de canard de la salle 4 provient d'un temple babylonien plus ancien (v. 2000 av. J.-C.).

La salle 5 contient certains des premiers exemples connus d'écriture, des inscriptions cunéiformes sur des tablettes en argile datant de 2700 av. J.-C. Le célèbre traité de Kadesh (salle 7), conclu vers 1269 av. J.-C. entre les Empires égyptien et hittite, était à l'origine rédigé sur une feuille d'argent. La version du musée est une copie hittite. Le traité comporte plusieurs clauses sophistiquées. L'une d'elles prévoit le retour d'un réfugié politique qui « ne devait pas être inculpé de son crime et dont la maison, les femmes et les enfants ne devaient pas subir de tort ».

Taureau de la porte d'Ishtar, Babylone

Hammam de Cağaloğlu ⑩
Cağaloğlu Hamamı

Prof Kazım İsmail Gürkan Cad. 34,
Cağaloğlu. **Plan** 3 E4 (5 D3).
***Tél.** (0212) 522 24 24.*
🚇 *Sultanahmet.* ○ *t.l.j. 8h-22h.*
www.cagalogluhamami.com.tr

Construit par le sultan
Mahmut Ier en 1741, ce
hammam est l'un des plus
beaux d'Istanbul. Ses recettes
servaient à l'origine à
l'entretien de la grande
bibliothèque de Mahmut
à Sainte-Sophie *(p. 72-75).*

Dans les bains turcs les
plus petits, hommes et

**Corridor menant au hammam de
Cağaloğlu bâti par Mahmut Ier**

femmes utilisent les mêmes
équipements à des moments
différents. Dans les plus
grands, ils disposent de salles
séparées. Elles forment
à Cağaloğlu deux ailes
perpendiculaires dont les
entrées se trouvent dans
des rues différentes. Chaque
bain comprend trois salles :
un *camekan* (vestibule),
un *soğukluk* et l'étuve,
ou *hararet,* à la grande dalle
de massage octogonale.

Le hammam est apprécié
des visiteurs, car son
personnel explique volontiers
son fonctionnement. Vous
pouvez n'y jeter qu'un coup
d'œil ou prendre une boisson
près de la fontaine du
camekan de la section des
hommes. Il abrite une petite
exposition de tenues de bain
ottomanes, dont d'instables
sabots de bois jadis portés
par les femmes lors de ce qui
représentait souvent leur seule
sortie hors de la maison.

Gare de Sirkeci ⑪
Sirkeci Garı

Sirkeci İstasyon Cad., Sirkeci. **Plan**
3 E3 (5 E1). ***Tél.** (0212) 527 00 50
ou 520 65 75.* 🚊 *Sirkeci.* ○ *t.l.j.*

Cette magnifique gare édifiée
pour servir de terminus à
l'Orient-Express fut ouverte
officiellement en 1890 alors
que le train de luxe desservait

**La gare de Sirkeci, terminus
du légendaire Orient-Express**

déjà Istanbul depuis un an.
Son architecte, l'Allemand
Jasmund, sut marier
avec succès des éléments
appartenant à plusieurs
traditions architecturales
d'Istanbul : assises byzantines
alternant brique et pierre,
portails renfoncés
monumentaux de style
seldjoukide et arcs en fer
à cheval mauresques.

Les trains au départ
de Sirkeci desservent la
Grèce, diverses destinations
en Europe et la partie
européenne de la Turquie.
Pour échapper un moment à
la fièvre de la ville, allez vous
réfugier au café de la gare.
L'autre grande gare d'Istanbul,
Haydarpaşa *(p. 133),* se
trouve sur la rive asiatique.

L'ORIENT-EXPRESS

L'Orient-Express effectua son premier trajet entre Paris
et Istanbul en 1889, parcourant une distance de
2 900 km en trois jours. La gare de Sirkeci et l'hôtel
Pera Palas *(p. 104)* furent tous deux construits pour
accueillir ses passagers. Parmi les riches, les puissants
et les célébrités qui prirent « le train des rois,
le roi des trains », il y eut non seulement des têtes
couronnées, mais aussi de nombreux présidents,
aristocrates et actrices. Le tsar Boris III de Bulgarie
prit même l'habitude de remplacer le conducteur
de la locomotive quand il traversait son pays.
Associé à l'image exotique que l'Europe avait alors
d'Istanbul, celle d'un creuset où espions, politiciens
et marchands d'armes tramaient de sombres intrigues,
l'Orient-Express n'inspira pas moins de dix-neuf livres
(dont *Le Meurtre de l'Orient-Express* d'Agatha Christie
et *Orient-Express* de Graham Greene), six films et
une œuvre musicale. Il perdit pendant la Guerre
froide le luxe qui avait fondé sa réputation, mais
continua d'assurer deux liaisons hebdomadaires
entre Paris et Istanbul jusqu'en 1977.

**Image romantique d'Istanbul sur une affiche
de l'Orient-Express des années 1920**

Le hammam

Une visite d'Istanbul ne saurait être complète sans passer une heure ou deux dans un hammam, expérience dont vous sortirez régénéré. Les bains turcs ressemblent aux thermes antiques dont ils sont un avatar, mais ne comportent pas de piscine d'eau froide.

Une séance complète associera une période de relaxation dans l'étuve et des lavages et massages énergiques. Il faut compter au

Lavabo ouvragé

moins une heure et demie pour se détendre pleinement. Serviettes et savon sont fournis, mais on peut aussi emporter ses articles de toilette. Deux hammams historiques de la vieille ville, Çemberlitaş *(p. 81)* et Cağaloğlu (présenté ci-dessous) ont l'habitude de recevoir des clients étrangers. La plupart des hôtels de luxe possèdent leurs propres bains *(p. 180-191)*.

Choisir un service
Les formules vont de la simple utilisation du hammam à un traitement de luxe avec nettoyage au gant de crin, shampoing et massage.

Le *camekan* (vestibule), salle aérée à l'entrée du hammam, dessert les cabines où les clients se changent. Vous vous détendrez avec un verre de thé dans un cadre agréable, après le bain de vapeur.

Se changer
Avant de vous déshabiller, vous recevrez une pièce de tissu (peştemal) à nouer autour de la taille et des mules pour marcher sur le sol chaud.

Corridor depuis la rue

Lavabo et robinet

Oculi en forme d'étoiles perçant la voûte

HAMMAM DE CAĞALOĞLU
Cette vue en coupe montre la section réservée aux hommes, identique à celle des femmes, de ce pittoresque hammam du XVIIIᵉ siècle.

Le *soğukluk* (pièce intermédiaire) permet une transition entre le *camekan* et le *hararet*. Vous y recevrez des serviettes sèches en sortant de l'étuve.

Dans le *hararet* (étuve), salle principale du hammam, les clients transpirent dans la vapeur aussi longtemps qu'ils le désirent.

Nettoyage au gant de crin
Après avoir bien transpiré, se frotter ou se faire frotter au gant de crin finit de nettoyer parfaitement la peau.

Massage
Un massage énergique achèvera de vous remettre en forme sur une dalle en marbre (göbek taşı) au centre de l'étuve.

SULTANAHMET

Les deux principaux monuments d'Istanbul se dressent de part et d'autre de la place de Sultanahmet, du nom d'Ahmet Ier qui fit construire la mosquée Bleue. En face, Sainte-Sophie, extraordinaire réalisation architecturale du début de l'ère byzantine, resta la plus grande église du monde jusqu'à sa transformation en mosquée en 1453. Près de la

Mosaïque de l'impératrice Irène

mosquée Bleue, une esplanade oblongue marque l'emplacement de l'ancien Hippodrome, construit par les Romains vers 200 apr. J.-C. et centre de la vie sociale de Constantinople. De l'autre côté du sanctuaire, un dédale de ruelles s'étage jusqu'à la mer de Marmara. Ses maisons en bois s'élèvent sur les vestiges du Grand Palais des empereurs byzantins.

SULTANAHMET D'UN COUP D'ŒIL

Mosquées et églises
Église Saint-Serge-
　et-Saint-Bacchus ⑭
Mosquée Bleue *p. 78-79* ⑥
Mosquée de Sokollu
　Mehmet Paşa ⑬
Sainte-Sophie *p. 72-75* ①

Musées
Musée de la Mosaïque ⑤
Musée de la République de
　l'université de Marmara ⑨
Musée des Arts turcs
　et islamiques ⑦

Place et cour
Centre artisanal
　d'Istanbul ③
Hippodrome ⑧

Bâtiments et monuments historiques
Citerne Basilique ②
Citerne des 1 001 Colonnes ⑩
Colonne de Constantin ⑫
Hammam de Roxelane ④
Mausolée de Mahmut II ⑪
Palais du Boucoléon ⑮

LÉGENDE

Plan du quartier pas à pas
Voir p. 70-71

Arrêt de tramway

Information touristique

Mosquée

Remparts

COMMENT Y ALLER
Entre Eminönü et Beyazıt, des trams s'arrêtent sur la Divanyolu Caddesi, près de la Firuz Ağa Camii d'où l'on peut rejoindre la majorité des sites à pied. Un bus relie aussi Taksim et Sultanahmet.

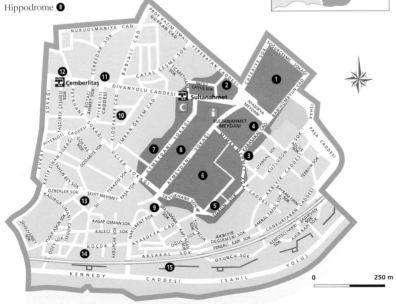

◁ Coupoles de la mosquée Bleue dans le soleil couchant

La place de Sultanahmet pas à pas

La place de Sultanahmet (Sultanahmet Meydanı), entourée des vestiges de l'Hippodrome de Constantin, de la basilique Sainte-Sophie, chef-d'œuvre de l'architecture religieuse byzantine, et de la mosquée Bleue, magnifique sanctuaire du début du XVIIᵉ siècle, est marquée par le riche passé d'Istanbul. Ce quartier historique renferme aussi quelques musées, notamment le musée des Arts turcs et islamiques et le musée de la Mosaïque aménagé sur une partie de l'ancien Grand Palais byzantin *(p. 82-83)*. Les cris des vendeurs de *simit* ou de tapis ajoutent à son pittoresque.

Mausolée d'Ahmet Iᵉʳ
De superbes carreaux d'İznik du XVIIᵉ siècle (p. 161) ornent ce tombeau qui fait partie du complexe de la mosquée Bleue.

★ Mosquée Bleue
Célèbre dans le monde entier, la mosquée construite par Ahmet Iᵉʳ domine de ses six minarets la place de Sultanahmet ❻

Arrêt de tram Sultanahmet

Mosquée Firuz Ağa

Fontaine du Kaiser Guillaume II

Musée des Arts turcs et islamiques
Sa riche collection comprend des tapis et yourtes jadis utilisés par les Turcs nomades ❼

Obélisque de Théodose

LÉGENDE

– – – Itinéraire conseillé

Obélisque de Constantin

ATMEYDANI SOK

ATMEYDANI SOK

DIV.

TAVUKHANE SOK

TORUN SOK

Colonne Serpentine

Hippodrome
Ce champ de course fut le pôle de la vie sociale de la ville pendant plus de 1 000 ans avant de tomber en ruine. Il n'en subsiste que quelques parties ❽

Musée de la Mosaïque
Il expose des mosaïques du Grand Palais, principalement des scènes de chasse ❺

0   75 m

★ Citerne Basilique
*Cette tête de Méduse orne l'un
des deux socles de colonnes
classiques retrouvés dans cette
impressionnante citerne qui
date du règne de Justinien
(p. 20) au VIᵉ siècle* ❷

Du milliaire d'Or *(p. 83)*
de l'Empire byzantin ne
subsiste qu'un pilier de
pierre près des vestiges
d'un château d'eau ottoman.

CARTE DE SITUATION
Voir Atlas des rues, plans 3 et 5

★ Sainte-Sophie
*Dans un état
remarquable
malgré son âge (plus
de 1 400 ans), Sainte-
Sophie a conservé
quelques mosaïques
figuratives* ❶

Hammam de Roxelane
*Sinan (p. 91) dessina
ce superbe hammam
au milieu du XVIᵉ siècle.
Il a abrité un magasin
de tapis mais il devrait être
restauré pour accueillir à
nouveau un hammam* ❹

Hôtel Yeşil Ev
(p. 187)

Centre artisanal d'Istanbul
*Il offre une occasion rare
de voir différents artisans
turcs au travail* ❸

Bazar de la Cavalerie
*Des vendeurs pleins d'entrain
vous presseront de venir
examiner leurs marchandises,
principalement des tapis et des
objets artisanaux, dans une
longue allée couverte qui jadis
abritait des écuries.*

À NE PAS MANQUER
★ Citerne Basilique
★ Mosquée Bleue
★ Sainte-Sophie

Sainte-Sophie ❶
Ayasofya

Dédiée à l'origine à la Sagesse divine, Sainte-Sophie témoigne depuis plus de quatorze siècles de la grandeur et du raffinement de l'Empire byzantin. Son architecture a influencé de nombreux monuments, à Istanbul et dans le monde entier. L'empereur Justinien inaugura en 537 ce vaste édifice, construit sur le site de deux sanctuaires antérieurs. Les Ottomans en firent une mosquée au XVe siècle et édifièrent ses minarets, ses mausolées et ses fontaines. La structure de Sainte-Sophie dut être renforcée afin qu'elle puisse soutenir sa coupole, en cas de tremblement de terre ; ce qui alourdit sa silhouette.

Sainte-Sophie au milieu du XIXe siècle

Des chérubins ornent les pendentifs de la coupole.

Panneau calligraphique

Kürsü (p. 39)

Frise byzantine
Cette frise représentant des moutons appartenait au portail en ruine d'une église antérieure consacrée en 415.

Contreforts

Porte Royale

Exonarthex

Narthex

Les tribunes accueillaient les femmes pendant les offices.

Entrée

PLAN HISTORIQUE DE SAINTE-SOPHIE

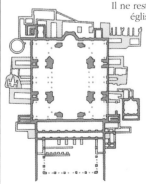

Il ne reste rien de la première église bâtie au IVe siècle ; en revanche, la deuxième, qui brûla en 532, a laissé quelques vestiges. Des séismes ont plusieurs fois frappé l'édifice actuel, obligeant à le restaurer et à le renforcer à maintes reprises.

LÉGENDE

☐ Église du Ve siècle

◼ Église du VIe siècle

☐ Ajouts ottomans

À NE PAS MANQUER

★ Fontaine

★ Mosaïques

★ Nef

★ Nef
*Ce vaste espace dominé
par une coupole haute
de 56 m ne peut manquer
d'impressionner.*

MODE D'EMPLOI

Ayasofya Sultanahmet Meydanı
1, **Plan** 3 E4 (5 F3). *Tél. (0212)
528 4500.* Sultanahmet.
mar.-dim. 9h-18h.
r.-d.-c. seul.

Minaret en brique

★ Mosaïques
*L'église a conservé
de splendides
mosaïques
byzantines. Celle
qui pare le fond de
la galerie sud
représente le Christ
entre l'empereur
Constantin IX et sa
femme Zoé.*

Loge du
sultan

Müezzin
mahfili
(p. 38)

Une mosaïque marque l'emplacement
du trône lors du sacre des empereurs.

Mausolée de
Mehmet III

Bibliothèque
de Mahmut Ier

**Mausolée
de Selim II**
*Les murs intérieurs
des trois plus anciens
mausolées, achevés
en 1577 sur des plans
de Sinan (p. 91), sont
entièrement recouverts
de mosaïques d'İznik
(p. 161).*

**Le mausolée de
Murat III** reçut en
1599 la dépouille
du sultan qui
avait engendré
102 enfants.

Sortie

Le baptistère, datant
de l'église du VIe siècle
abrite les tombeaux
de deux sultans.

★ Fontaine aux ablutions
*Élevée en 1740, cette charmante fontaine
de style rococo turc possède un toit
en saillie décoré de motifs floraux.*

À la découverte de Sainte-Sophie

Panneau calligraphique

Conçu comme un miroir terrestre des cieux, l'intérieur de Sainte-Sophie réussit à donner un véritable sentiment d'élévation en attirant le regard vers le sommet de sa haute coupole centrale. Il a conservé quelques-unes des mosaïques figuratives. Ces remarquables œuvres d'art byzantines remontent pour les plus anciennes au IXe siècle, après l'époque iconoclaste *(p. 20)*, mais quelques plafonds à motifs, en particulier ceux du narthex et du vestibule des Guerriers adjacent, datent de la décoration originelle du VIe siècle.

Vue de l'intérieur après la restauration au XIXe siècle

REZ-DE-CHAUSSÉE

La première des mosaïques byzantines qui nous est parvenue orne le dessus de la porte Royale. Entrée publique aujourd'hui, elle était autrefois seulement franchie par l'empereur et son entourage. La mosaïque représente le **Christ en majesté** ①. Le personnage agenouillé serait l'empereur Léon VI le Sage (886-912).

Les éléments les plus visibles du rez-de-chaussée de la nef ont été construits après la conquête de Constantinople par les Ottomans en 1453 et après la transformation de la basilique en mosquée. Directement en face de l'entrée, l'abside abrite le **mihrab** ②, niche indiquant la direction de La Mecque. La **loge du sultan** ③, sur sa gauche, fut construite par les frères Fossati, architectes italo-suisses qui entreprirent une importante restauration de Sainte-Sophie pour Abdül-Mecit entre 1847 et 1849.

À droite du mihrab se trouve le **minbar** ④, la chaire de prêche, commandé par Murat III (1574-1595). Le sultan fit aussi élever les quatre **müezzins mahfilis** ⑤, plates-formes en marbre utilisées pour la lecture du Coran *(p. 39)*. La plus grande est adjacente au minbar. À côté, une **mosaïque en marbre** ⑥ marque l'emplacement supposé de l'*omphalos* (centre du monde), où se dressait le trône de l'empereur byzantin pendant la cérémonie du couronnement. Non loin, dans le bas-côté sud, une porte en bronze ouvre sur la **bibliothèque de Mahmut Ier** ⑦ aménagée en 1739.

De l'autre côté de la nef, le **trône du prédicateur** ⑧, en marbre, une contribution de Murat IV (1623-1640), s'élève entre deux colonnes devant une des *maqsuras* ⑨, plates-formes basses clôturées placées près de murs et de piliers afin de permettre aux anciens de s'asseoir pour écouter et lire le Coran.

Les angles nord-ouest et ouest de l'église abritent deux **urnes en marbre** ⑩, sculptées, pense-t-on, pendant l'époque hellénistique ou au début de l'ère byzantine. Derrière l'une d'elles, le pilier rectangulaire, qui a pris le nom de **colonne suante de saint Grégoire** ⑪, aurait de miraculeux pouvoirs curatifs.

En quittant la basilique, vous traversez le vestibule des Guerriers, ainsi appelé parce que la garde de l'empereur attendait ici pendant qu'il assistait au culte. Retournez-vous en y entrant pour découvrir la magnifique

PLAN DE SAINTE-SOPHIE

- Murs supérieurs, coupoles
- Tribunes
- Rez-de-Chaussée

Abside

Murs supérieurs et coupoles

Tribune nord

Tribune ouest

Tribune sud

Abside

Rampe vers les tribunes

Nef

Entrée

Exonarthex / Narthex

Vestibule des Guerriers

mosaïque de la **Vierge avec Constantin et Justinien** ⑫. Elle représente la Vierge assise avec l'Enfant Jésus dans les bras. Constantin, à sa droite, lui offre Constantinople, tandis que Justinien lui présente Sainte-Sophie. Cette œuvre fut probablement exécutée pendant le règne de Basile II au Xe siècle. Pour sortir, les visiteurs empruntent la Belle Porte, jadis réservée aux empereurs à cause de sa proximité avec le Grand Palais (p. 82-83).

Le Christ, détail de la Déisis de la tribune sud

TRIBUNES

Une rampe conduit du narthex à la tribune nord. Là, le côté oriental du grand pilier du nord-ouest porte une mosaïque du Xe siècle de l'**empereur Alexandre tenant un crâne** ⑬. Sur la face ouest du même pilier figure le dessin médiéval d'un galion aux voiles déployées. Le seul élément intéressant de la tribune ouest est un disque en marbre vert indiquant l'emplacement du **trône de l'Impératrice** ⑭ du temps de Byzance.

La tribune sud se révèle beaucoup plus riche. Vous commencerez par franchir les **portes du Ciel et de l'Enfer** ⑮, en marbre, dont on sait seulement qu'elles datent d'avant la conquête ottomane. Dans l'angle à droite, on découvre ensuite les fragments de la **mosaïque de la Déisis** ⑯ montrant le Christ Pantocrator (tout-puissant) en compagnie de la Vierge et de saint Jean-Baptiste. Dans le sol, en face, se trouve le tombeau d'Enrico Dandolo, le doge de Venise instigateur du pillage de Constantinople en 1204 (p. 24).

Le fond de la tribune sud recèle deux autres mosaïques. Celle de droite représente la **Vierge tenant l'Enfant Jésus entre l'empereur Jean II Comnène et l'impératrice Irène** ⑰, l'autre le **Christ avec l'empereur Constantin IX Monomaque et l'impératrice Zoé** ⑱. Sur cette dernière, les visages des souverains ont reçu des modifications.

Huit grandes **plaques en bois** ⑲ couvertes de superbes inscriptions calligraphiques dominent la nef au niveau de la tribune. Elles portent les noms d'Allah, de Mahomet ainsi que des quatre premiers califes et de deux petits-fils du Prophète.

Mosaïque de l'archange Gabriel décorant le mur inférieur de l'abside

MURS SUPÉRIEURS ET COUPOLES

Dans l'abside, la calotte est parée d'une mosaïque de la **Vierge tenant l'Enfant Jésus sur ses genoux** ⑳, tandis que les archanges **Gabriel** ㉑ et Michel se font face à la naissance de la voûte. Du dernier ne subsistent que des fragments. Le dévoilement de ces mosaïques le dimanche de Pâques 867 célébrait triomphalement la victoire sur les iconoclastes (p. 21).

Trois mosaïques représentant des **patriarches** ㉒ décorent des niches du tympan nord. De gauche à droite, ils représentent Ignace le Jeune, saint Jean Chrysostome et Ignace Théophore.

À la base de la coupole, les quatre pendentifs sont ornés d'un **chérubin** ㉓ à six ailes. Ceux de l'est datent de 1346-1355 mais pourraient être des copies de modèles beaucoup plus anciens. Ceux de l'ouest sont des imitations ajoutées par les frères Fossati.

La grande **coupole** ㉔ aujourd'hui décorée de citations coraniques était auparavant couverte de mosaïques dorées et le tintement de morceaux de verre tombant au sol devint un bruit familier jusqu'à la restauration du XIXe siècle.

La Vierge entre l'empereur Jean II Comnène et l'impératrice Irène

À l'intérieur de la Citerne Basilique byzantine

Centre artisanal d'Istanbul ❸

Mehmet Efendi Medresesi

Kabasakal Cad. 5, Sultanahmet.
Plan 3 E4 (5 E4).
Tél. *(0212) 517 67 82.* ⛟ *Adliye.*
⏱ *t.l.j. 9h30-17h30.*

Les amateurs d'artisanat turc apprécieront la visite de cet ancien collège coranique. Vous pourrez y voir les hommes de l'art relier un livre, exécuter une élégante calligraphie ou émailler des céramiques. Les objets fabriqués sont en vente, ainsi que des poupées, des pipes en écume de mer et des bijoux reproduisant des modèles traditionnels.

À côté, l'hôtel Yeşil Ev *(p. 187)* occupe un édifice ottoman restauré. Sa cour abrite un agréable café.

Hammam de Roxelane ❹

Ayasofia Hürrem Sultan Hamamı

Ayasofya Meydanı, Sultanahmet.
Plan 3 E4 (5 E4). **Tél.** *(0212) 517 35 35.* ⛟ *Sultanahmet.*
⏱ *t.l.j. 8h30-23h.* **www.** ayasofyahurremsultanhamami.com

Ces bains édifiés par Sinan *(p. 91)* pour Soliman le Magnifique *(p. 26)* portent le nom de l'ambitieuse épouse

Citerne Basilique ❷

Yerebatan Sarayı

13 Yerebatan Cad., Sultanahmet.
Plan 3 E4 (5 E4). **Tél.** *(0212) 522 12 59.* ⛟ *Sultanahmet.*
⏱ *t.l.j. 9h-18h.*

Superbe ouvrage byzantin, la vaste citerne souterraine, ou Palais englouti, est le site touristique le plus original d'Istanbul. Construite sous Constantin, elle prit ses dimensions actuelles sous Justinien en 532, et servait principalement à alimenter le Grand Palais *(p. 82-83)* situé de l'autre côté de l'Hippodrome *(p. 80)*.

Un siècle après avoir conquis la ville, les Ottomans découvrirent la citerne en voyant des Stambouliotes tirer de l'eau et pêcher des poissons grâce à des trous dans leurs caves.

Musique classique et bruissement de gouttes d'eau composent le fond sonore de cette visite si particulière, très agréable à faire aux heures les plus chaudes. Les voûtes du réservoir sont supportées par 336 colonnes d'une hauteur de 8 m.

La citerne, longue de 140 m et large de 70 m couvrait une surface de 9800 m², mais un tiers environ fut muré au XIXe siècle. Le réservoir d'une capacité de 80000 m³ était alimenté par l'eau en provenance de la forêt de Belgrade à 20 km au nord d'Istanbul, transportée par l'aqueduc de Valens (p. 89).

ROXELANE

Esclave d'origine russe du harem impérial, Roxelane (1500-1558, Haseki Hürrem en turc) s'imposa auprès de Soliman le Magnifique au point de remplacer la première *kadın (p. 28)* qu'elle fit exiler. Elle obtint également le droit, jamais accordé auparavant à une concubine du sultan, de résider à l'intérieur des murs du palais de Topkapı *(p. 54-59)*.

D'une ambition démesurée, Roxelane réussit aussi à persuader Soliman de faire étrangler İbrahim Paşa, qui était à la fois son grand vizir et son ami. Il lui restait encore à s'assurer de devenir la Valide Sultane. En 1553, des sbires du sérail massacraient sur l'ordre de Soliman son héritier Mustafa, apprécié du peuple et de l'armée, pour laisser la succession à Selim *(p. 26)*, fils de Roxelane, connu sous le nom de Selim l'Ivrogne.

Le hammam de Roxelane (XVIᵉ siècle) abrite un magasin de tapis haut de gamme

du sultan, mais ils étaient destinés à l'origine aux ablutions des fidèles qui venaient prier à Sainte-Sophie, alors utilisée comme mosquée. Leur parfaite symétrie, avec l'entrée des hommes d'un côté et celle des femmes de l'autre, en fait peut-être les plus beaux d'Istanbul. La partie réservée aux hommes est en face de Sainte-Sophie et possède un élégant portique.

À chaque extrémité des bains s'élève le *camekan* (vestibule), grande salle coiffée d'une coupole qui avait jadis pour centre une fontaine. Elle donne sur un *soğugluk*, ou salle intermédiaire, conduisant à l'étuve ou *hararet*. Les superbes incrustations en marbre coloré dans la dalle hexagonale de massage, appelée *göbek taşı*, indiquent que les bains sont d'origine impériale.

Les bains ont servi de hammam pendant plus de 350 ans jusqu'en 1910. Ils ont ensuite été occupés par un entrepôt de charbon et de combustibles et par un magasin de tapis dirigé par l'État. L'édifice, restauré, devrait retrouver sa splendeur d'antan et abriter de nouveau un hammam.

Musée de la Mosaïque ❺
Mozaik Müzesi

Arasta Çarşısı, Sultanahmet. **Plan** 3 E5 (5 E5). **Tél.** *(0212) 518 12 05.* 🚇 *Sultanahmet.* ⬜ *mar.-dim. 9h-16h30.*

Le musée de la Mosaïque est situé à côté du bazar Arasta au milieu d'un dédale d'échoppes. L'ajout d'un toit sur la partie du Grand Palais des empereurs byzantins *(p. 82-83)* découverte dans les années 1930 a permis de créer l'espace pour loger ce musée. Le palais a compté des centaines de pièces. Plusieurs étaient ornées de mosaïques dorées, de style romain et non byzantin. Leurs thèmes ne sont pas religieux mais sont nourris de scènes très vivantes du quotidien illustrées avec moult détails.

Avec ses 1 872 m², la mosaïque qui reste est l'une des plus grandes d'Europe. Elle serait l'œuvre d'un atelier impérial qui réunissait les meilleurs artisans de l'empire et était dirigé par un artiste. La mosaïque, extrêmement vivante comprend une multitude de scènes – paysages, scènes domestiques et champêtres, bergers et leurs troupeaux ou scènes de chasse et de combat. Plus de 150 personnages et animaux – sauvages et domestiques – sont représentés. Des créatures fantastiques figurant dans des scènes de la mythologie sont aussi visibles. Datant de la fin du Vᵉ siècle, la mosaïque aurait décoré la colonnade menant des appartements royaux à l'enceinte impériale jouxtant l'Hippodrome.

Détail d'une mosaïque du Vᵉ siècle, musée de la Mosaïque

Mosquée Bleue ❻

Voir p. 78-79.

Musée des Arts turcs et islamiques ❼
Türk ve İslam Eserleri Müzesi

Atmeydanı Sok., Sultanahmet. **Plan** 3 D4 (5 D4). **Tél.** *(0212) 518 18 05.* 🚇 *Sultanahmet.* ⬜ *mar.-dim. 9h-17h.*

İbrahim Paşa (v. 1493-1536), le plus doué des nombreux grands vizirs de Soliman, épousa la sœur du sultan quand celui-ci monta sur le trône. L'édifice qui reconstitue à l'identique son palais abrite une exposition de plus de 40 000 objets. Commencée au XIXᵉ siècle, la collection couvre une période allant du début de l'islam, sous le califat des Omeyyades (661-750), jusqu'à nos jours.

Chaque salle illustre une époque ou une aire géographique différente du monde musulman avec des notices détaillées en turc et en anglais. Le musée est particulièrement réputé pour ses tapis, depuis des fragments seldjoukides du XIIIᵉ siècle jusqu'aux soies persanes qui couvrent les murs du grand salon, du sol au plafond.

Au rez-de-chaussée, une section ethnographique comprend les reconstitutions d'une yourte et d'une tente traditionnelle et évoque les modes de vie de plusieurs peuples turcs, en particulier les nomades du centre et de l'est de l'Anatolie.

Intérieur d'une yourte, musée des Arts turcs et islamiques

Mosquée Bleue ❻
Sultan Ahmet Camii

Le sanctuaire que fit construire au début du XVIIe siècle le sultan Ahmet Ier est l'un des édifices religieux les plus célèbres du monde. Il doit son nom de mosquée Bleue à la couleur dominante des carreaux d'İznik *(p. 161)* qui décorent l'intérieur. Le soir, l'élégante façade et les minarets autour desquels volent des mouettes, illuminés par des projecteurs, sont féeriques. Dirigés par l'architecte Mehmet Ağa, les travaux ambitieux, qui contrastaient avec le déclin que connaissait l'empire, durèrent de 1609 à 1616. Des dévots reprochèrent à la mosquée aux six minarets de vouloir égaler de façon sacrilège la Kaaba de La Mecque.

Gravure du XIXe siècle montrant la mosquée Bleue vue de l'Hippodrome *(p. 80)*

D'épaisses colonnes supportent la coupole.

Mihrab

La loge *(p. 39)* accueillait le sultan et son entourage pendant les offices.

Pavillon impérial

Minbar
La chaire en marbre blanc sculpté date du XVIIe siècle. L'imam y monte pour prêcher lors des prières du vendredi (p. 38-39).

Salle de prière

Sortie des visiteurs

Muezzin mahfili *(p. 38)*

Entrée de la cour

★ **Carreaux d'İznik**
Les carreaux qui ornent la mosquée datent de la période où la céramique d'İznik (p. 161) était à son apogée.

À NE PAS MANQUER

★ Carreaux d'İznik

★ Coupole (décor)

★ Vue des coupoles

★ **Décor de la coupole**
*D'étourdissantes arabesques
peintes ornent l'intérieur des
coupoles et des demi-coupoles.
Les fenêtres qui les percent
ont perdu leurs vitraux
originels datant
du XVIIe siècle.*

MODE D'EMPLOI

Meydanı 21, Sultanahmet.
Plan 3 E5 (5 E5). **Tél.** *(0212)
458 07 76.* 🚇 *Sultanahmet.*
◯ *t.l.j. : 9h-17h, hiver,
9h-18h30, été.* ● *aux heures
des prières.* **Son et Lumière**
*se renseigner, le spectacle
n'a pas toujours lieu.*

★ **Vue des coupoles**
*L'harmonie des demi-coupoles
est frappante quand on
les admire depuis la cour.*

Plus de 250 fenêtres
éclairent l'intérieur
de la mosquée.

Entrée

Fontaine aux ablutions
Désaffecté, le *şadırvan*
hexagonal n'a aujourd'hui
qu'une fonction
strictement décorative.

Chaque minaret
a deux ou
trois balcons.

**Sortie vers
l'Hippodrome**

Ablutions
*Des robinets permettent aux
croyants d'effectuer les ablutions
rituelles qui s'achèvent par
le lavement des pieds (p. 39).*

La cour, de la même
superficie que la salle
de prière, équilibre
l'édifice.

Obélisque de Théodose et colonne de Constantin Porphyrogénète

Le troisième monument antique toujours debout porte le nom de **colonne de Constantin Porphyrogénète**, d'après l'empereur qui la restaura au Xᵉ siècle et la fit couvrir de bronze doré, ce qui lui vaut parfois le nom d'**obélisque Muré**.

Une fontaine à coupole commémore la visite à Istanbul du Kaiser Guillaume II en 1898.

L'Hippodrome fut le théâtre d'un des événements les plus sanglants de l'histoire de Constantinople. En 532, une dispute entre équipes rivales de courses de char dégénéra en une véritable rébellion, la sédition Nika, qui entraîna la destruction d'une grande partie de la ville. Pour y mettre fin, une armée de mercenaires commandée par Bélisaire, général de Justinien, massacra environ 30 000 personnes prises au piège dans le cirque.

Hippodrome ❽
At Meydanı

Sultanahmet. **Plan** 3 E4 (5 D4).
🚋 *Sultanahmet.*

Il reste peu de choses du gigantesque cirque romain jadis situé au cœur de Constantinople *(p. 22-23)*. Fondé par Septime Sévère lorsqu'il reconstruisit au IIᵉ siècle la cité après sa rébellion *(p. 19)*, l'Hippodrome fut agrandi par Constantin quand celui-ci fit de la ville sa « nouvelle Rome ». L'empereur relia également la *kathisma* (loge royale), au Grand Palais

Relief sculpté sur la base de l'obélisque de Théodose

voisin *(p. 82-83)*. Long d'environ 400 m pour une largeur de 150 m, le champ de course pouvait accueillir, pense-t-on, jusqu'à 100 000 personnes. Son emplacement forme aujourd'hui une longue esplanade : At Meydanı. Quelques vestiges offrent un faible aperçu de sa grandeur.

Les rues qui font le tour de la place suivent presque exactement le tracé de l'ancienne piste où concouraient les attelages, et il suffit de prendre l'Ibret Sokağı pour distinguer quelques arcs du *sphendone* (l'extrémité en demi-cercle de l'Hippodrome). Constantin décora la *spina*, terrasse au centre du cirque, d'obélisques et de colonnes provenant d'Égypte et de Grèce.

Certains de ces monuments ont disparu, comme les chevaux en bronze qui ornent désormais la basilique Saint-Marc de Venise après avoir été dérobés lors du pillage de Constantinople par la quatrième croisade *(p. 24)*. Trois subsistent cependant. L'**obélisque de Théodose**, exécuté vers 1500 av. J.-C., provient du temple de Karnak. Brisé, il ne mesure plus qu'un tiers de sa taille originelle. À côté se dresse la **colonne Serpentine** (479 av. J.-C.), qui provient du temple d'Apollon de Delphes.

Musée de la République de l'université de Marmara ❾
Cumhuriyet Müzesi

Sultanahmet. **Plan** 3 D5 (5 D5).
🚋 *Sultanahmet.*
⬜ *mar.-dim. 10h-18h.*

Cette collection raffinée de l'université de Marmara comprend des œuvres de plus de 85 artistes turcs ou étrangers. Le musée a ouvert ses portes en 1973 pour célébrer les cinquante ans de la République turque. Aujourd'hui, des œuvres utilisant les arts traditionnels turcs sont venus agrandir la collection.

Citerne des 1 001 Colonnes ❿
Binbirdirek Sarnıcı

Imran Ökten Sok 4, Sultanahmet.
Plan 3 D4 (5 D4). **Tél.** (0212) 518 10
01. 🚋 *Çemberlitaş.* ⬜ *t.l.j. 9h-18h.*

Cette citerne souterraine byzantine, construite au IVᵉ siècle, est la plus grande d'Istanbul en taille après la Citerne Basilique *(p. 76)*, et

CÉRÉMONIES À L'HIPPODROME

À compter de l'inauguration de Constantinople le 11 mai 330, l'Hippodrome servit pendant 1 300 ans de cadre aux plus grandes manifestations publiques de la cité. Le passe-temps favori des Byzantins était d'assister à des courses de char. Bien que tombé en ruine après la conquête ottomane *(p. 25)*, le site continua d'accueillir d'importantes célébrations. Cette gravure du XVIe siècle montre Murat III lors des 52 jours de réjouissances organisés pour la circoncision de son fils Mehmet. Toutes les corporations de la ville défilèrent devant le sultan en lui présentant le produit de leur art.

Sultan Murat III — **Palais d'İbrahim Paşa (musée des Arts turcs et islamiques, *voir p. 77*)** — **Colonne de Constantin Porphyrogénète** — **Colonne Serpentine** — **Obélisque de Théodose**

l'une des plus anciennes de la ville. Elle a une superficie de 64 m sur 56 m. La citerne ne compte pas 1 001 colonnes, comme son nom l'affirme, mais ses voûtes reposent tout de même sur 224 colonnes d'une hauteur de 15 m. Longtemps emplie de déblais et explorée seulement par les visiteurs les plus aventureux, la citerne a été restaurée pendant sept ans. Elle abrite aujourd'hui une salle de réception.

Mausolée du sultan Mahmut II ⓫

Mahmut II Türbesi

Divanyolu Cad., Cemberlitaş.
Plan 3 D4 (4 C3). 🚋 *Cemberlitaş.*
⬜ *t.l.j. 9h30-16h30.*

L'architecte de cette grande tombe octogonale construite en 1838, l'année précédant la mort de Mahmut II, adopta le style Empire. Elle sert également de lieu de sépulture aux sultans Abdül-Aziz et Abdül-Hamit II *(p. 30-31)*. À l'intérieur, des pilastres corinthiens animent des murs ornés de symboles de prospérité et de victoire.

Le mausolée domine un cimetière renfermant de superbes stèles, une fontaine et, au fond, un agréable café.

Colonne de Constantin ⓬

Çemberlitaş

Yeniçeriler Cad, Çemberlitaş.
Plan 3 D4 (4 C3). 🚋 *Çemberlitaş.*
Hammam de Çemberlitaş
Vezirhani Cad 8. **Tél.** *(0212) 522 79 74.* ⬜ *t.l.j. 6h-minuit.*
www.cemberlitashamami.com.tr

Marqué au fil des siècles par les intempéries et le feu, ce monument haut de 35 m, élevé en 330 pour l'inauguration de la « nouvelle Rome » dominait jadis le magnifique forum de Constantin *(p. 20)*.

Taillé dans le porphyre provenant d'Héliopolis en Égypte, il portait à l'origine une statue de Constantin représenté en Apollon. Une tempête la fit tomber en 1105.

La colonne ne paie pas vraiment de mine aujourd'hui malgré les soins apportés à sa préservation. Au début du Ve siècle, les six tambours qui la composent furent renforcés par des anneaux de métal. Le sultan Mustafa II en fit poser de nouveaux en 1701, ce qui lui vaut son nom turc de

Colonne de Constantin

Çemberlitaş (colonne Cerclée). On l'appelle aussi colonne Brûlée car plusieurs incendies l'endommagèrent, notamment celui qui ravagea le Grand Bazar *(p. 98-99)* en 1779.

Selon la tradition, Constantin enchâssa dans son socle, consolidé depuis par un revêtement en pierre, plusieurs reliques, entre autres la cognée qui servit à Noé pour construire l'arche, la gourde d'huile sainte de Marie-Madeleine et des restes des miches de pain qui permirent au Christ de nourrir la foule. À côté de la colonne de Constantin, à l'angle de la Divanyolu Caddesi, se dresse le **hammam de Çemberlitaş**. L'épouse de Selim II, Nur Banu, commanda ces magnifiques bains turcs *(p. 67)* construits en 1584 sur des plans de Sinan *(p. 91)*. Bien que l'aile du bâtiment destinée à l'origine aux femmes ait disparu, le hammam, toujours en activité, conserve des parties séparées pour les deux sexes. Le personnel a l'habitude de recevoir des visiteurs étrangers, c'est donc l'endroit idéal pour prendre son premier bain de vapeur.

Mosquée de Sokollu Mehmet Paşa ⑬

Sokollu Mehmet Paşa Camii

Şehit Çeşmesi Sok., Sultanahmet.
Plan 3 D5 (4 C5). 🚇 *Çemberlitaş ou Sultanahmet.* ⭘ *t.l.j.*

L'architecte Sinan *(p. 91)* édifia ce sanctuaire entre 1571 et 1572 pour Sokollu Mehmet Paşa, grand vizir de Selim II. La simplicité de la solution qu'il apporta au problème posé par un terrain en pente suscite l'admiration.

Depuis la rue, un escalier très raide conduit jusqu'à la cour de la mosquée en passant sous la médersa, école coranique toujours en activité. Seules les lunettes carrelées au-dessus des fenêtres du portique offrent un aperçu de l'élégance du décor intérieur.

Dans la salle de prière, haute de 24 m, un panneau de céramique d'İznik *(p. 161)*, d'une magnifique teinte bleu-vert, couvre tout le mur du mihrab percé de six ouvertures aux vitraux polychromes. Des faïences ornent le dais du minbar et les pendentifs de la coupole. Elles rehaussent aussi les autres murs qui restent principalement nus. Le petit morceau de pierre verte enchâssé au-dessus de l'entrée est censé provenir de la Kaaba de La Mecque.

Église Saint-Serge-et-Saint-Bacchus, transformée en mosquée

Église Saint-Serge-et-Saint-Bacchus ⑭

Küçük Ayasofya Camii

Küçük Ayasofya Cad. **Plan** 3 D5 (4 C5). 🚇 *Çemberlitaş ou Sultanahmet.* ⭘ *t.l.j.* ♿

Communément appelée « petite Sainte-Sophie », cette église commencée en 527, quelques années avant sa célèbre homonyme *(p. 72-75)*, fut elle aussi fondée par l'empereur Justinien au début de son long règne. Dotée d'un charme un peu vieillot, c'est l'un des monuments les plus attachants de la ville.

À l'intérieur, deux étages de colonnes forment un octogone irrégulier et supportent une large coupole centrale composée de seize voûtes. Les mosaïques qui paraient certains des murs ont depuis longtemps disparu, mais les

Intérieur de la mosquée de Sokollu Mehmet Paşa (XVIᵉ siècle)

RECONSTRUCTION DU GRAND PALAIS

Le quartier de Sultanahmet occupe l'emplacement, à l'époque byzantine, du Grand Palais entrepris par Constantin au IVᵉ siècle puis agrandi par Justinien après l'incendie causé par la sédition de Nika en 532 *(p. 80)*. Basile Iᵉʳ *(p. 21)* continua de l'agrandir au IXᵉ siècle. Le palais, à son apogée, n'avait pas d'équivalent en Europe et son opulence émerveillait les visiteurs du Moyen Âge. Il réunissait appartements royaux, salles de réception et de gouvernement, églises, cours et jardins, s'étageant à flanc de colline depuis l'Hippodrome jusqu'au port impérial sur la rive de la mer de Marmara. Après avoir servi de résidence pendant plusieurs siècles, le Grand Palais cessa de correspondre aux besoins des souverains byzantins, et Manuel Iᵉʳ (1143-1180) déplaça le siège du gouvernement au palais des Blachernes *(p. 117)*.

La Mésè bordée de colonnades était l'artère principale.

Hippodrome *(p. 80)*

Palais d'Hormisdas

Église Saint-Pierre-et-Saint-Paul

Église Saint-Serge-et-Saint-Bacchus

colonnes en marbre vert et rouge, les chapiteaux aux nervures délicates et la frise sculptée autour de la rotonde datent de la construction du bâtiment au VIe siècle.

Les inscriptions en caractères grecs de la frise évoquent les œuvres pieuses de l'impératrice Théodora, épouse de Justinien, et mentionnent saint Serge mais pas saint Bacchus. Ces deux centurions, martyrisés parce qu'ils s'étaient convertis au christianisme, auraient sauvé la vie de Justinien en apparaissant en rêve à son oncle et prédécesseur, Justin Ier, pour lui demander de libérer son neveu impliqué dans un complot contre lui.

L'église Saint-Serge-et-Saint-Bacchus se dressait entre deux édifices aujourd'hui démolis auxquels elle était reliée : le palais d'Hormisdas et l'église Saint-Pierre-et-Saint-Paul. Après la prise de Constantinople en 1453, les Ottomans transformèrent l'église en mosquée et bâtirent son narthex, le portique et le minaret.

Palais du Boucoléon ⑮
Bukoleon Sarayı

Kennedy Cad., Sultanahmet. **Plan** 3 E5. 🚊 *Sultanahmet.*

Il n'est pas facile de trouver les vestiges du Grand Palais des empereurs byzantins. Mieux vaut éviter de visiter seul les ruines à cause des clochards qui s'y réfugient.

Depuis l'église Saint-Serge-et-Saint-Bacchus, prenez le passage sous la voie de chemin de fer, tournez à gauche et longez pendant environ 400 m la Kennedy Caddesi, grande artère qui suit la rive de la mer de Marmara. Cela vous conduira jusqu'à une portion des anciennes murailles édifiées pour protéger la ville des attaques venant de la mer. Un pan de ces remparts, couvert de lierre

et percé de trois grandes fenêtres encadrées de marbre, est tout ce qui subsiste du palais du Boucoléon, résidence maritime jadis intégrée au Grand Palais. Une volée de marches permettait à l'empereur de rejoindre un petit port privé pour y embarquer discrètement et en toute sécurité.

La tour en ruine d'un ancien phare byzantin se dresse juste à l'est du palais.

Mur du palais du Boucoléon, dernier vestige encore debout du Grand Palais

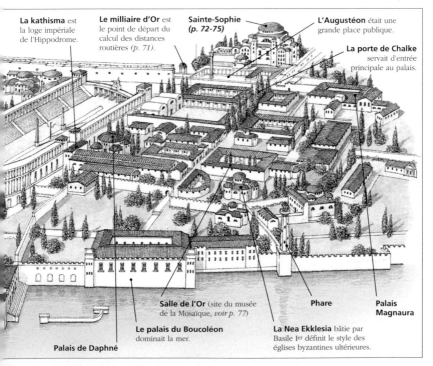

La kathisma est la loge impériale de l'Hippodrome.

Le milliaire d'Or est le point de départ du calcul des distances routières (*p. 71*).

Sainte-Sophie (**p. 72-75**)

L'Augustéon était une grande place publique.

La porte de Chalke servait d'entrée principale au palais.

Salle de l'Or (site du musée de la Mosaïque, *voir p. 77*)

Phare

Palais Magnaura

Le palais du Boucoléon dominait la mer.

La Nea Ekklesia bâtie par Basile Ier définit le style des églises byzantines ultérieures.

Palais de Daphné

QUARTIER DU BAZAR

Le commerce a toujours joué un grand rôle dans cette ville située au point de rencontre de l'Asie et de l'Europe. Cette importance est sutout évidente dans le dédale de rues entre le Grand Bazar et le pont de Galata. Partout, les marchandises débordent des échoppes jusque sur le trottoir et entre les boutiques, une activité fiévreuse règne dans les cours discrètes d'anciens caravansérails, les

Fenêtre de la mosquée de Nuruosmaniye

hans (p. 96). Véritable labyrinthe et plus grand marché couvert du monde, le Grand Bazar paraît abriter tout ce qui peut s'acheter. Le bazar aux Épices se révèle tout aussi coloré mais plus petit et plus aisé à explorer.

Sur la colline, près de l'université, la mosquée de Soliman témoigne de l'élégance de l'architecture ottomane du XVIe siècle. Le quartier renferme beaucoup d'autres mosquées.

LE QUARTIER DU BAZAR D'UN COUP D'ŒIL

Mosquées et église
Église Saint-Théodore ⑥
Mosquée d'Atik Ali Paşa ⑳
Mosquée de Bodrum ⑫
Mosquée de Kalenderhane ⑩
Mosquée de Mahmut Paşa ㉒
Mosquée de Nuruosmaniye ㉑
Mosquée de Rüstem Paşa ③
Mosquée de Soliman p. 90-91 ⑤
Mosquée des Princes ⑨
Mosquée des Tulipes ⑪
Nouvelle Mosquée ①

Bazars, han et boutiques
Bazar aux Livres ⑯
Bazar égyptien ②
Grand Bazar *p. 98-99* ⑱
Han de la Valide ⑰
Vefa Bozacısı ⑧

Musée et monuments
Aqueduc de Valens ⑦
Forum de Théodose ⑬
Musée de la Calligraphie ⑭

Place et cour
Cour de Çorlulu Ali Paşa ⑲
Place de Beyazıt ⑮

Voie d'eau
Corne d'Or ④

LÉGENDE

▨ Plan du quartier pas à pas *Voir p. 86-87*

⛴ Embarcadère de ferry

🚋 Arrêt de tramway

🚌 Important arrêt de bus

C Mosquée

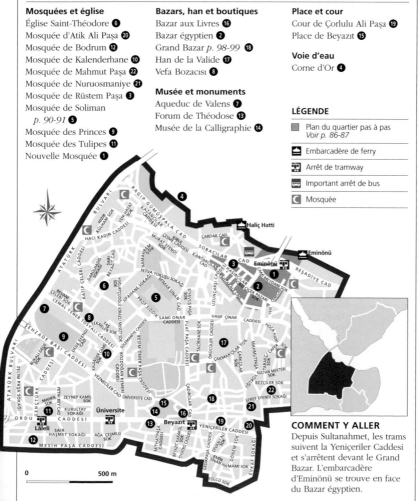

COMMENT Y ALLER
Depuis Sultanahmet, les trams suivent la Yeniçeriler Caddesi et s'arrêtent devant le Grand Bazar. L'embarcadère d'Eminönü se trouve en face du Bazar égyptien.

◁ À la recherche d'une bonne affaire dans le Grand Bazar

Environs du Bazar égyptien pas à pas

Les rues étroites vibrent de l'esprit du vieil Istanbul et du brouhaha des bus, trams et taxis qui empruntent le pont de Galata vers l'intérieur de la ville, tandis que des coups de sirène signalent le départ des ferrys de l'embarcadère d'Eminönü vers la rive asiatique. Les éventaires du Bazar égyptien exhalent des parfums exotiques et sa cour ombragée permet de faire une pause en buvant un thé. Des boutiques foisonnent dans les rues alentour. Non loin, la Nouvelle Mosquée élève ses coupoles élégantes au-dessus de la mêlée. Dans une des allées marchandes qui rayonnent du sanctuaire, une porte discrète donne sur l'escalier conduisant à la terrasse de la mosquée de Rüstem Paşa, à la splendide décoration de céramique.

Narguilé en vente près du Bazar égyptien

★ Mosquée de Rüstem Paşa
Les motifs de ses mosaïques d'İznik (p. 161) font de ce sanctuaire discret un véritable bijou ❸

Le Tahtakale Hamamı Çarşısı est un hammam transformé en bazar.

KUTUCULAR CAD
UZUNÇARŞILI CAD
BALKAPANI SOK
HASIRCILAR CAD
TAHTAKALE CAD
SABUNCUHANI SOK
MARPUÇÇU

Au Kurukahveci Mehmet Efendi, l'un des plus anciens cafés d'Istanbul, vous pouvez consommer sur place où acheter des plats à emporter *(p. 213)*.

0 ———————— 75 m

À NE PAS MANQUER

★ Bazar égyptien

★ Mosquée de Rüstem Paşa

★ Nouvelle Mosquée

De petits étals, tel cet éventaire d'ail, s'installent dans la Sabuncuhanı Sokağı et d'autres ruelles des environs du Bazar égyptien.

Eminönü est le port d'où partent les bateaux pour le Bosphore *(p. 242)* et beaucoup d'autres destinations *(p. 244)*. La foule et les marchands ambulants créent une intense animation.

CARTE DE SITUATION
Voir Atlas des rues, plan 2

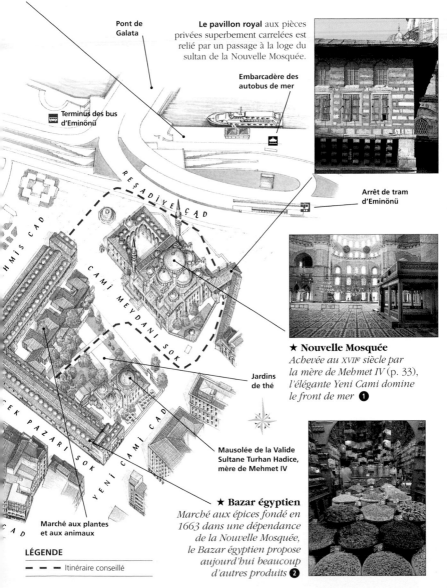

Pont de Galata

Le pavillon royal aux pièces privées superbement carrelées est relié par un passage à la loge du sultan de la Nouvelle Mosquée.

Embarcadère des autobus de mer

Terminus des bus d'Eminönü

REŞADIYE CAD

HMIS CAD

CAMI MEYDANI SOK

EK PAZARI SOK

YENI CAMI CAD

CAD

Arrêt de tram d'Eminönü

Jardins de thé

Marché aux plantes et aux animaux

Mausolée de la Valide Sultane Turhan Hadice, mère de Mehmet IV

★ **Nouvelle Mosquée**
Achevée au XVIIe siècle par la mère de Mehmet IV (p. 33), l'élégante Yeni Cami domine le front de mer ❶

★ **Bazar égyptien**
Marché aux épices fondé en 1663 dans une dépendance de la Nouvelle Mosquée, le Bazar égyptien propose aujourd'hui beaucoup d'autres produits ❷

LÉGENDE

– – – Itinéraire conseillé

Nouvelle Mosquée ❶
Yeni Camii

Yeni Cami Meydanı, Eminönü.
Plan 3 D2. 🚇 *Eminönü.* 🕐 *t.l.j.*

Située au débouché sud du pont de Galata, la Nouvelle Mosquée occupe un site privilégié. Sa construction date de l'époque où quelques femmes du harem prirent suffisamment de pouvoir pour dicter leur politique aux sultans *(p. 27)*.

Les travaux débutèrent en 1597 à l'instigation de Safiye, mère de Mehmet III, mais s'interrompirent à la mort du sultan qui fit perdre sa position à la Valide Sultane. Ils ne s'achevèrent qu'en 1663 après que Turhan Hadice, mère de Mehmet IV, eut financé la fin du projet.

La mosquée partage de nombreux traits avec les créations impériales antérieures, notamment une cour monumentale. Ses dépendances comprenaient un hôpital, une école coranique et des bains publics.

Les carreaux turquoise, bleu et blanc à motifs floraux qui parent l'intérieur proviennent d'İznik *(p. 161)* mais datent du milieu du XVIIᵉ siècle, époque où la production des célèbres ateliers commençait déjà à décliner.

Dans la galerie supérieure se trouve la loge du sultan *(p. 39)* reliée au pavillon royal *(p. 87)*.

Étal de fruits secs du Bazar égyptien

Bazar égyptien ❷
Mısır Çarşısı

Cami Meydanı Sok. **Plan** 3 D2 (4 C1).
🚇 *Eminönü.* 🕐 *lun.-sam. 9h-19h.*

Le bâtiment en forme de L qui abrite ce marché couvert date de 1943 mais le bazar, installé à sa fondation dans une dépendance de la Nouvelle Mosquée, existe depuis le XVIIᵉ siècle. Ses revenus servaient à financer les institutions charitables du sanctuaire.

Les Génois et les Vénitiens, dont les flottes marchandes assuraient une grande part des échanges entre l'Orient et l'Europe, y vendaient épices, plantes médicinales et parfums. Les éventaires du Bazar égyptien entretiennent cette tradition et d'entêtantes odeurs flottent dans les allées. Beaucoup d'autres produits sont aujourd'hui disponibles, depuis des ustensiles de cuisine jusqu'à d'exotiques aphrodisiaques en passant par des bijoux, de la vannerie, des jouets ou des vêtements. Les étals proposant des aromates, des pâtisseries et des spécialités culinaires comme la *pastırma* (viande de bœuf séchée) restent cependant les plus intéressants. Certains vendent même du caviar.

Sur la place située entre les deux ailes du bazar se tient un marché aux plantes, aux poissons et aux animaux domestiques. Renseignez-vous sur les prix pratiqués par les cafés avant de consommer.

Céramique d'İznik ornant la mosquée de Rüstem Paşa

Mosquée de Rüstem Paşa ❸
Rüstem Paşa Camii

Hasırcılar Cad, Eminönü.
Plan 3 D2. 🚇 *Eminönü.* 🕐 *t.l.j.*

Cette petite mosquée dont on atteint la cour par un escalier s'élève au-dessus des boutiques et des entrepôts animés du quartier du Bazar égyptien. Le grand architecte Sinan *(p. 91)* la construisit en 1561 pour Rüstem Paşa, gendre et grand vizir de Soliman le Magnifique *(p. 26)*. Il perça l'édifice d'autant de fenêtres que le permettait sa structure.

Le luxe du décor intérieur offre une indication des sommes fabuleuses que le vizir corrompu réussit à amasser pendant sa carrière. Des céramiques d'İznik de

La Nouvelle Mosquée sur le front de mer d'Eminönü

la plus haute qualité couvrent la majeure partie des murs. Les carreaux des quatre piliers répètent le même thème, mais ceux du reste de la salle de prière présentent une large gamme de motifs, de l'abstrait au floral. Les plus beaux parent les galeries. L'ensemble donne au sanctuaire la plus riche ornementation en céramiques des mosquées de la ville.

Corne d'Or ❹
Haliç

Plan 3 D2. 🚇 Eminönü.
🚌 55T, 99A.

Souvent décrite comme le plus grand port naturel du monde, la Corne d'Or est la vallée inondée d'un fleuve qui coule vers le sud-ouest dans le Bosphore. L'estuaire attira des colons sur ses rives dès le VIIᵉ siècle av. J.-C., et permit ensuite à Constantinople de devenir une cité marchande riche et puissante. Selon la légende, les Byzantins y jetèrent tant d'objets précieux pendant la conquête ottomane que l'eau luisait d'un éclat doré. La pollution due à de nombreuses usines lui a fait perdre sa couleur.

Pendant des siècles, les bateaux de commerce déchargèrent leurs marchandises dans des entrepôts bordant les rives de la Corne d'Or. Désormais, les grands porte-conteneurs qui desservent Istanbul accostent dans les ports de la mer de Marmara.

À l'embouchure de l'estuaire, le pont de Galata, construit en 1992, relie Eminönü à Galata. Il s'ouvre pour laisser le passage aux navires les plus hauts. Son point de vue permet de découvrir la géographie complexe de la cité.

L'ouvrage d'art moderne, appelé pont Halic, a remplacé le vieux pont flottant de Galata, au charme suranné. Mais il a été reconstitué près du musée Rahmi Koç (p. 127). Le pont Unkapani (ou Atatürk), situé entre ces deux ponts, et le nouveau pont de Galata, proche de la fin des remparts, franchissent aussi la Corne d'Or. Entre Sütlüce et Eyüp, le pont piétonnier da Vinci devrait être bientôt terminé.

Mosquée de Soliman ❺

Voir p. 90-91.

Église Saint-Théodore ❻
Kilise Camii

Vefa Cad, Cami Sok, Vefa.
Plan 2 B2. 🚌 28, 61B, 87.

L'ancienne église Saint-Théodore présente une façade délicieusement désordonnée. L'édifice n'a presque rien gardé de ses atours d'origine. Bâtie entre le XIIᵉ et le XIVᵉ siècle, époque où Byzance connut une dernière renaissance culturelle, il fut transformé en mosquée après la prise de la ville par les Ottomans en 1453 ; un minaret domine le sanctuaire de sa flèche élancée. Dans la coupole sud du narthex subsiste une mosaïque du XIVᵉ siècle représentant la Vierge entourée des prophètes.

L'aqueduc de Valens (IVᵉ siècle) franchissant l'Atatürk Bulvarı

Aqueduc de Valens ❼
Bozdoğan Kemeri

Atatürk Bulvarı, Saraçhane.
Plan 2 A3. 🚇 Laleli. 🚌 28, 61B, 87.

L'empereur romain Valens acheva en 378 ce puissant ouvrage d'art à l'origine à double étage d'arcades, long de 1 km. L'aqueduc était l'élément essentiel du système élaboré qui alimentait les palais et les fontaines de la capitale byzantine d'une eau captée à des sources de la forêt de Belgrade (p. 158) et de montagnes situées à plus de 200 km. Il se déversait dans une vaste citerne proche de l'actuelle place de Beyazıt (p. 94). Il connut plusieurs réparations, dont les dernières furent effectuées par Mustafa II (1695-1703) et Ahmet III (1703-1730). À la fin du XIXᵉ siècle, la création d'un réseau de distribution plus moderne le rendit obsolète. Depuis longtemps déjà, des tuyaux, en terre cuite puis en fer, avaient remplacé ses canaux à ciel ouvert.

Pêcheur sur le pont de Galata qui enjambe la Corne d'Or

Mosquée de Soliman ❺

Süleymaniye Camii

La plus importante mosquée d'Istanbul est un monument à la mémoire de son architecte, le grand Sinan, et de son fondateur, Soliman Ier le Magnifique *(p. 26)*. Construite entre 1550 et 1557 au-dessus de la Corne d'Or dans le parc de l'ancien palais, l'Eski Saray *(p. 94)*, elle comprenait diverses institutions charitables et éducatives. L'ensemble formait le *külliye (p. 38)* dont l'*Imaret,* la cantine populaire, nourrissait chaque jour plus de 1 000 pauvres de la ville, musulmans, juifs ou chrétiens. Ces anciennes dépendances, hôpital, médersas et caravansérail, entourent toujours le sanctuaire.

Cour
Les colonnes antiques qui l'entourent proviendraient de la kathisma, *la loge impériale byzantine de l'Hippodrome (p. 80).*

Porte de Muvakkithane
L'entrée principale de la cour abritait les appartements de l'astronome qui fixait les heures de prière.

Minaret

Tombeau de Sinan

Le caravansérail hébergeait les voyageurs et leurs montures.

Porte de l'Imaret

Café dans le jardin

Imaret
La cantine, devenue le restaurant Dârüzziyafe *(p. 200), nourrissait les pauvres, ainsi que les employés de la mosquée et leurs familles. La taille de la meule dans la cour donne une idée de la quantité de céréales utilisée.*

★ Salle de prière
Une impression de paix et d'harmonie saisit le visiteur qui entre dans la mosquée. L'effet d'espace est donné par la grande coupole qui possède une hauteur double de son diamètre.

Tombe de Roxelane, l'épouse favorite de Soliman *(p. 76)*.

MODE D'EMPLOI

Prof. Siddik Sami Onar Caddesi, Vefa. **Plan** 2 C3 (4 A1).
Tél. (0212) 522 02 98.
🚇 Beyazit ou Eminönü. ○ l'intérieur est ouvert au public en dehors des heures de prière.

★ Tombeau de Soliman
Des émeraudes feraient briller les étoiles en céramique au-dessus des sarcophages de Soliman, de sa fille et des sultans Soliman II et Ahmet II.

Entrée

Cimetière

Ces bancs en marbre recueillaient les cercueils avant un enterrement.

L'« allée des drogués » doit son surnom aux cafés où se vendaient aussi opium et haschisch.

Les médersas *(p. 38)* au sud de la mosquée abritent une bibliothèque de 110 000 manuscrits.

Ancien hôpital et asile

SINAN, L'ARCHITECTE IMPÉRIAL
Comme beaucoup de ses contemporains éminents, Koca Mimar Sinan (v. 1491-1588) dut sa formation au *devşirme*, le recrutement d'enfants chrétiens des Balkans islamisés pour devenir des janissaires ou des fonctionnaires du sultan. Ingénieur militaire, il attira l'attention de Soliman Ier qui en fit l'architecte de la cour en 1539. Ses chefs-d'œuvre vaudront à son mentor le surnom de « Magnifique ». Parfois comparé à Michel-Ange, Sinan mourut presque centenaire après avoir construit 131 mosquées et 200 autres édifices. Il forma de nombreux élèves, dont Mehmet Ağa qui bâtit la mosquée Bleue *(p. 78-79)*.

Buste du grand architecte Sinan

À NE PAS MANQUER

★ Salle de prière

★ Tombeau de Soliman

Vefa Bozacısı ❽

Katip Çelebi Cad. 104/1, Vefa.
Plan 2 B2. **Tél.** (0212) 519 49 22.
🚌 61B, 90. ⭘ t.l.j. 9h-minuit.

Avec ses boiseries, son carrelage et ses colonnes miroitantes, ce débit de boisson a peu changé depuis les années 1930. Fondé en 1876, il a pour spécialité le *boza*, breuvage tiré du pilpil de blé et apprécié en hiver. En été, on peut y consommer, ou acheter en bouteille, un jus de raisin légèrement fermenté appelé *şıra*. La vente de vinaigre de vin est devenue la principale activité de ce vieil établissement.

Fièrement exposé sous une coupole vitrée trône un verre dans lequel Kemal Atatürk (*p. 31*) but du *boza* en 1937.

Bouteilles de *boza*, boisson à base de blé concassé, au café Vefa Bozacızı

Mosquée des Princes ❾
Şehzade Camii

Şehzade Başı Cad. 70, Saraçhane.
Plan 2 B3. 🚇 *Laleli*. ⭘ t.l.j.
Tombeaux ⭘ mar.-dim. 9h-17h.

Soliman le Magnifique commanda cette mosquée pour honorer la mémoire du premier fils qu'il eut avec Roxelane (*p. 76*), Şehzade (Prince) Mehmet, mort de la variole à l'âge de 21 ans. L'édifice achevé par Sinan (*p. 91*) a un style plus décoratif que ses œuvres ultérieures, empreintes d'austérité classique.

La salle de prière possède une symétrie inhabituelle avec une demi-coupole sur

Coupole de la mosquée des Princes bâtie par Sinan

chacun des quatre côtés. On l'atteint depuis une élégante cour intérieure à portiques, une deuxième cour desservant les autres institutions du *külliye* (*p. 38*), notamment la médersa.

Ornés de céramiques d'İznik (*p. 161*) et de vitraux, les trois tombeaux situés à l'arrière de la mosquée sont les plus beaux d'Istanbul. Le plus grand, où repose Şehzade Mehmet, possède une splendide coupole peinte. Les deux autres appartiennent aux grands vizirs İbrahim Paşa et Rüstem Paşa (*p. 88*).

Le vendredi, vous remarquerez de nombreuses femmes se pressant autour d'une autre sépulture du sanctuaire, celle de Helvacı Baba. Il en va ainsi depuis plus de 400 ans. Helvacı Baba a la réputation de guérir les enfants infirmes, de résoudre les problèmes d'infertilité et de trouver des maris à celles qui l'implorent.

Mosquée de Kalenderhane ❿
Kalenderhane Camii

16 Mart Şehitleri Cad., Saraçhane.
Plan 2 B3. 🚇 *Üniversite*.
⭘ aux heures de prière seul.

Située au pied de l'aqueduc de Valens (*p. 89*), cette ancienne église byzantine a été élevée sur le site de thermes romains. Elle connut une histoire mouvementée : plusieurs fois démolie et reconstruite entre le VIᵉ et le XIIᵉ siècle, elle fut transformée en mosquée par Mehmet II peu après sa conquête de Constantinople, en 1453. La confrérie de derviches qui y établit son siège pendant quelques années lui a laissé son nom.

L'édifice obéit au plan cruciforme caractéristique des églises byzantines de cette période. Il mérite une visite pour les fragments de fresques subsistant dans le narthex et, surtout, pour les panneaux en marbre parant la salle de prière. Les deux piliers qui encadrent l'abside ont conservé des sculptures des XIIIᵉ et XIVᵉ siècles. Un cycle de fresques retraçant la vie de saint François d'Assise, les plus anciennes peintures murales latines découvertes en Turquie, ornait une des chapelles. Déposé dans les années 1970, il a été soustrait à l'admiration du public.

Un rayon de lumière illumine l'intérieur de la mosquée de Kalenderhane

La baroque mosquée des Tulipes abrite un marché en sous-sol

Mosquée des Tulipes **⓫**
Lâleli Camii

Ordu Cad., Lâleli. **Plan** 2 B4.
🚇 *Lâleli.* ⬜ *aux heures de prière.*

La mosquée fut construite entre 1759 et 1763 sur des plans de Mehmet Tahir Ağa. Son décor clinquant composé de marbres polychromes couvrant toutes les parois intérieures est le meilleur exemple d'architecture baroque religieuse d'Istanbul. Le sous-sol de la mosquée se révèle plus intéressant. Sous une voûte soutenue par huit piliers, une grande salle ornée d'une fontaine centrale renferme un marché où se mêlent Européens de l'Est et Turcs. Non loin, le Büyük Taş Hanı, ou *han* de la Grosse Pierre *(p. 96),* qui à l'origine était probablement rattaché à la mosquée, abrite désormais des boutiques vendant du cuir et un restaurant. Pour l'atteindre, il faut tourner à gauche dans la Fethi Bey Caddesi, puis prendre la deuxième à gauche : la Çukur Çeşme Sokağı. La cour principale du *han* se trouve au fond d'un long passage partant de cette rue.

Mosquée de Bodrum **⓬**
Bodrum Camii

Sait Efendi Sok., Laleli. **Plan** 2 A4.
🚇 *Laleli.* ⬜ *aux heures de prière.*

La coupole ajourée et les étroites bandes en brique formant ses murs extérieurs trahissent les origines byzantines de cette mosquée. Construite au début du Xe siècle par l'empereur Romain Ier Lécapène (919-944), l'église faisait partie du monastère du Myrelaion et jouxtait un petit palais. Romain II (959-963) transforma le palais en un couvent où sa veuve, Théophano, vécut ses dernières années. Elle fut enterrée dans la crypte, aujourd'hui fermée au public.

C'est un descendant des Paléologues, la dernière dynastie à régner sur Byzance, du nom de Mesih Paşa qui convertit l'église au culte musulman à la fin du XVe siècle. Ravagé par plusieurs incendies, l'édifice, qu'on atteint par un escalier depuis une esplanade emplie d'éventaires, n'a rien conservé de sa décoration intérieure.

Forum de Théodose **⓭**

Ordu Cad., Beyazıt. **Plan** 2 C4 (4 A3).
🚇 *Üniversite ou Beyazıt.*

La vie sociale de Constantinople *(p. 20)* avait pour pôles plusieurs grandes places publiques ou forums. Le plus vaste s'étendait à l'emplacement de l'actuelle place de Beyazıt. Avant que Théodose le Grand l'agrandisse à la fin du IVe siècle et interdise les rites païens, le forum portait le nom de Tauri, car un grand taureau de bronze servait en son centre à rôtir les animaux sacrifiés... Et parfois des criminels.

De part et d'autres des rails de tramway dans l'Ordu Caddesi, on aperçoit les vestiges d'un arc de triomphe et de diverses autres constructions, en particulier de puissantes colonnes aux motifs évoquant une queue de paon. Quand le forum tomba en décrépitude, ses matériaux furent réutilisés dans toute la ville, notamment dans la Citerne Basilique *(p. 76),* ainsi que dans le Beyazıt Hammamı, bain turc *(p. 67)* transformé en bazar plus à l'ouest sur l'Ordu Caddesi.

Décor sculpté d'une colonne du forum de Théodose

Musée de la Calligraphie ⑭
Türk Vakıf Hat Sanatları Müzesi

Beyazıt Meydanı, Beyazıt. **Plan** 2 C4 (4 A3). **Tél.** *(0212) 527 58 51.* 🚇 *Üniversite.* ⬤ *en rénovation jusqu'à fin 2011.* 🎦 ♿ *avec l'aide du personnel.*

Le musée, situé dans une cour, occupe une médersa *(p. 38)* jadis rattachée à la mosquée de Beyazıt, située de l'autre côté de la place.

Ses expositions tournantes puisent dans les archives de la Fondation turque de la calligraphie. Outre des manuscrits (dont certains datent du XIIIe siècle), des gravures sur verre et sur pierre ainsi que les outils utilisés par les calligraphes sont présentés. Dans une des cellules, un tableau en cire représente un maître en compagnie de ses élèves.

Portail monumental de l'université d'Istanbul, place de Beyazıt

La tour de Beyazıt domine le parc de l'université d'Istanbul

Place de Beyazıt ⑮
Beyazıt Meydanı

Ordu Caddesi, Beyazıt. **Plan** 2 C4 (4 A3). 🚇 *Beyazıt.*

Les Stambouliotes qui s'y pressent en foule au milieu de nuées de pigeons font de la Beyazıt Meydanı le lieu le plus vivant de cette partie de la ville. Toute la semaine, la place accueille un marché aux puces qui offre un éventail allant du bric-à-brac à des soies d'Asie centrale et des tapis *(p. 218-219)*. Des cafés permettent de se reposer à l'ombre de platanes.

Au nord de la place s'ouvre le portail monumental de style mauresque de l'université d'Istanbul. Son bâtiment principal date du XIXe siècle et abritait à l'origine le ministère de la Guerre. Dans le parc boisé s'élève la tour de Beyazıt. Cet ancien poste de surveillance des incendies fut construit en 1828 sur le site de l'Eski Saray, le premier palais qu'habita Mehmet le Conquérant après la prise de Constantinople par les Ottomans. Deux tours de guet en bois furent détruites par un incendie. La tour et l'escalier qui menait au sommet sont désormais fermés au public.

Sur le côté est de la place se dresse la Beyazıt Camii. Commandée par Beyazıt II et achevée en 1506, c'est la plus ancienne des mosquées impériales d'Istanbul encore debout. Le monumental portail extérieur donne accès à une cour harmonieuse dotée d'une élégante fontaine et entourée d'un portique au pavement de marbre polychrome et aux colonnes en granit et porphyre égyptien rouge et vert. Le plan de la nef principale, avec sa coupole centrale encadrée de demi-coupoles, s'inspire beaucoup de Sainte-Sophie *(p. 72-75)*.

Bazar aux Livres ⑯
Sahaflar Çarşısı

Sahaflar Çarşısı Sok, Beyazıt. **Plan** 2 C4 (4 A3). 🚇 *Üniversite.* ⬜ *t.l.j. 9h-19h.* ♿

Sur un site où se tenait déjà un marché aux livres et au papier du temps de Byzance, le charmant Sahaflar Çarşısı est accessible soit par la place de Beyazıt soit depuis l'intérieur du Grand Bazar *(p. 98-99)*.

Le bazar propose guides touristiques ou éditions rares. Au début de la période ottomane *(p. 25-27)*, on n'y trouvait que des manuscrits, les ouvrages imprimés émanant d'un Occident corrupteur étant interdits. Le premier ouvrage en langue turque, un dictionnaire d'arabe, sortit le 31 janvier 1729 de la presse d'Ibrahim Müteferrika (1674-1745), dont le buste orne le centre du marché. Notez que les prix des livres sont fixes et ne peuvent se marchander.

Dans le bazar aux Livres

L'art de la calligraphie ottomane

L'islam proscrivant les images figuratives religieuses, la calligraphie occupe une place prépondérante dans l'art musulman et joue un grand rôle dans la décoration des bâtiments et les motifs des panneaux en céramique. En Turquie ottomane, elle renforçait également la majesté des décrets impériaux ou firmans. L'art du calligraphe consiste à embellir au maximum la forme du texte sans en altérer la compréhension. Le premier objectif de l'élève est la reproduction parfaite de l'écriture de son maître. La lisibilité est particulièrement importante pour les transcriptions du Coran. Destinés autant à impressionner qu'à être lus, les firmans donnaient à leurs auteurs plus de libertés.

Les grands calligraphes *de l'époque ottomane furent Íeyh Hamdullah (1436-1520), dont on voit ici un Coran, Hafiz Osman (1642-1698) et Ahmet Karabisari (v. 1556). Leurs élèves acquirent aussi un grand renom.*

Décorations florales

Boucles ornementales

La *tuğra* d'un sultan, *ici celle de Selim II (1566-1574), lui servait de signature. Elle pouvait être exécutée par un calligraphe ou imprimée avec un tampon en bois. Sous une forme très stylisée, la* tuğra *associait le nom du souverain, son titre, son patronyme et des vœux de succès ou de victoire.*

La calligraphie *connut de nouveaux développements au XIXe siècle et au début du XXe siècle. Les artistes jouirent d'une plus grande liberté et purent évoquer formes humaines ou animales. Ils commencèrent à utiliser la technique du découpage. Ils utilisèrent aussi de nouveaux supports, comme cette feuille réduite à ses nervures.*

Les derniers sultans *apprirent la calligraphie au cours de leur éducation et se montrèrent parfois doués, comme Mahmut II (1808-1839) qui exécuta ce panneau.*

Des techniques de respiration *aidaient probablement certains calligraphes à acquérir la sûreté de geste requise par leur art.*

Polissoir

Couteau

Les outils du calligraphe *comprenaient un polissoir, généralement en agate, pour préparer le papier et un couteau destiné à fendre la pointe de roseau servant à écrire.*

Han de la Valide ⑰
Valide Hanı

Croisement de Tarakçılar Sok. et Çakmakçılar Yokuşu. **Plan** 2 C3 (4 B2). 🚇 *Beyazıt, puis 10 min à pied.* ⭘ *lun.-sam. 9h30-17h.*

Si le Grand Bazar (*p. 98-99*) paraît immense, il ne constitue en fait que la partie couverte d'un quartier commerçant qui s'étend jusqu'à la Corne d'Or (*p. 89*). Tout autour du Grand Bazar, d'anciens caravansérails, ou *hans*, abritent des cours à l'activité fiévreuse.

Le plus grand d'Istanbul, le Valide Hanı, fut édifié en 1651 par Turhan Hadice, la mère du sultan Mehmet IV. On l'atteint depuis le Çakmakçılar Yokuşu en fanchissant un portail massif. Il faut traverser une avant-cour irrégulière pour accéder à la cour centrale qui abrite une mosquée chiite élevée quand le caravansérail devint le point de ralliement des marchands perses de passage dans la ville. Aujourd'hui, il résonne du vrombissement de centaines de métiers à tisser.

Quelques pas plus loin, sur le Çakmakçılar Yokuşu, le Büyük Yeni Hanı se cache derrière un impressionnant portail. De style baroque,

Boutiques de tapis dans la cour de Çorlulu Ali Paşa

il possède trois niveaux d'arcades. L'entrée est au dernier étage, on y trouve notamment des cages à oiseaux typiques.

Dans le dédale de ruelles qui l'entoure, les ateliers restent regroupés par métiers. Par exemple, les artisans des métaux se regroupent sur la Bakırcılar Caddesi, ceux du bois dans l'Uzunçarşı Caddesi.

Grand Bazar ⑱

Voir p. 98-99.

HANS D'ISTANBUL
Les nombreux *hans* éparpillés dans le centre d'Istanbul servaient à l'origine à héberger des voyageurs. Généralement, ces caravansérails appartenaient au *külliye* d'une mosquée (*p. 38-39*) et possédaient deux ou trois étages entourant une cour. De lourds battants en bois permettaient de fermer pour la nuit leur large portail. Quand fourgonnettes et camions remplacèrent les chevaux et les ânes, supprimant la raison d'être des caravansérails, ceux-ci s'emplirent de petits ateliers.

Café du Büyük Taş Hanı, près de la mosquée des Tulipes (p. 93)

Souvent mal entretenus par leurs nouveaux occupants, ils offrent cependant un spectacle pittoresque et conservent une atmosphère orientale, très évocatrice de l'Istanbul d'antan.

Cour de Çorlulu Ali Paşa ⑲

Çorlulu Ali Paşa Külliyesi

Yeniçeriler Cad., Beyazıt. **Plan** 4 B3. 🚇 *Beyazıt.* ⭘ *t.l.j.*

Comme beaucoup de médersas (*p. 38*) à Istanbul, celle de ce complexe religieux à l'extérieur du Grand Bazar sert de cadre à un paisible café en plein air. Elle fut construite pour Çorlulu Ali Paşa, gendre de Mustafa II qui devint grand vizir sous Ahmet III. Celui-ci finit par l'exiler sur l'île de Lesbos où il le fit exécuter en 1711. Quelques années plus tard, la famille du ministre réussit à rapporter clandestinement sa tête à Istanbul et à l'enterrer dans la tombe bâtie à son intention.

Deux allées conduisent de la Yeniçeriler Caddesi au complexe. Plusieurs vendeurs de tapis occupent la médersa et leurs marchandises s'offrent partout au regard d'acheteurs potentiels. Ces commerces partagent la médersa avec un *kahve*, un café traditionnel (*p. 208*) apprécié des habitants du quartier et des étudiants de l'université voisine. Il se présente comme le « Jardin de thé d'Erenler et de la traditionnelle pipe à eau mystique » ; vous pourrez y découvrir le rite du narguilé tout en vous reposant.

Situé de l'autre côté de la Bileyciler Sokak, une ruelle partant du Çorlulu Ali Paşa Külliyesi, le complexe du tombeau de Koca Sinan Paşa, grand vizir de Mehmet III et de Murat IV, abrite dans sa cour un autre café. Davut Ağa, qui succéda à Sinan (p. 91) en tant qu'architecte impérial, édifia en 1593 le mausolée à seize côtés, sa charmante médersa et sa *sebil* (fontaine dont l'eau était servie aux passants qui la longeaient).

Traverser la Yeniçeriler Caddesi conduit au Gedik Paşa Hamamı, considéré comme le plus ancien bain turc (p. 67) d'Istanbul en activité. Il fut édifié vers 1475 pour Gedik Ahmet Paşa qui exerçait les fonctions de grand vizir sous Mehmet le Conquérant (p. 26).

Coupole et minaret de la mosquée d'Atik Ali Paşa

Mosquée d'Atik Ali Paşa ⑳

Atik Ali Paşa Camii

Yeniçeriler Cad., Beyazıt. **Plan** 3 D4 (4 C3). 🚋 *Çemberlitaş.* 🚌 *61B.* ⬜ *t.l.j.* 📷

Dissimulée derrière des murs au sud du Grand Bazar, c'est l'une des plus anciennes mosquées d'Istanbul. Elle fut construite en 1496 pendant le règne de Beyazıt II, le successeur de Mehmet le Conquérant, par son grand vizir, l'eunuque Atik Ali Paşa. De plan rectangulaire, le sanctuaire se dresse dans un petit jardin. On y entre par un profond porche de pierre.

Le mihrâb offre la particularité d'être inscrit dans une abside.

L'élargissement de la Yeniçeriler Caddesi n'a pratiquement rien laissé des dépendances que comptait jadis la mosquée.

Mosquée de Nuruosmaniye ㉑

Nuruosmaniye Camii

Vezirhanı Cad., Beyazıt. **Plan** 3 D4 (4 C3). 🚋 *Çemberlitaş.* 🚌 *61B.* ⬜ *t.l.j.* 📷

Rue bordée de magasins de tapis et d'antiquités haut de gamme, la Nuruosmaniye Caddesi conduit au portail de la mosquée dont elle tire son nom. Mahmut Ier entreprit sa construction en 1748, et les travaux s'achevèrent pendant le règne de son frère et successeur, Osman III. Premier sanctuaire d'Istanbul à s'inspirer du style baroque, elle présente des corniches massives. Des arcs apparents soutiennent une coupole aux nombreuses fenêtres. La lumière dont elles inondent la salle de prière met en valeur la frise calligraphique finement sculptée dans le bois qui court le long des parois au-dessus de la galerie. De l'autre côté de l'enceinte du sanctuaire, la porte de Nuruosmaniye donne dans la Kalpakçılar Caddesi, la rue des bijoutiers du Grand Bazar (p. 212).

Tombeau de Mahmut Paşa, derrière la mosquée du même nom

Mosquée de Mahmut Paşa ㉒

Mahmut Paşa Camii

Vezirhanı Cad., Beyazıt. **Plan** 3 D3 (4 C3). 🚋 *Çemberlitaş.* 🚌 *61B.* ⬜ *t.l.j.* 📷

Entreprise en 1462, juste neuf ans après la conquête de Constantinople par les Ottomans, la première grande mosquée bâtie à l'intérieur des murs de la ville a été trop restaurée, ce qui lui a fait perdre beaucoup de son charme originel.

Son fondateur, Mehmet Paşa, était un aristocrate byzantin converti à l'islam qui devint grand vizir de Mehmet le Conquérant. Il périt exécuté en 1474. Sa tombe, derrière la mosquée, présente une décoration de style mauresque unique à Istanbul, avec ses petits carreaux bleus, noirs, turquoise et verts formant des motifs géométriques.

Fenêtres de la salle de prière de la mosquée de Nuruosmaniye

Grand Bazar ⑱

Kapalı Çarşı

Le Grand Bazar ne peut se comparer à aucun autre quartier en Europe. Le labyrinthe de rues couvertes de voûtes peintes renferme des milliers de boutiques aux marchandises débordant jusque dans les allées. Créé par Mehmet II peu après sa conquête de la ville en 1453 et maintes fois restauré, le bazar possède de nombreuses entrées. Les deux plus pratiques sont la porte de Çarşıkapı (proche de l'arrêt de tram de Beyazıt) et la porte de Nuruosmaniye (proche de la mosquée du même nom, *voir p. 97*). Malgré les panneaux, il est facile de se perdre dans le Grand Bazar. La plupart des marchandises étaient autrefois fabriquées dans une vaste zone constituée de cours à l'abri de regards : les *hans* (p. 96).

Porte d'Örücüler

Bazar égyptien (p. 88), **han de la Valide** (p. 96)

VOLGEÇEN HAN

ASTARCI HANI

ÇUKUR HAN

ÇEBECİ HAN

İÇ CEBECİ HAN

PERDAHÇILAR S.

VORGANCILAR CAD

YAĞLIKÇILAR SOK

KAVAFLAR SOK

HACI HASAN SOK

ZENNECİLER SOK

FERACECİLER SOK

BODRUM HANI

FESÇİLER CAD

KALPAKÇILAR CA

Vue aérienne du Grand Bazar

Le bazar renferme aussi des cafés, des restaurants, des toilettes, des banques, une poste, un poste de police et une mosquée.

Porte de Beyazıt

Çadırcılar Caddesi, bazar aux Livres (p. 94)

Havuzlu Lokanta est le meilleur restaurant du bazar (p. 200).

Porte de Çarşıkapı

Arrêt de tram de Beyazıt

Şark Kahvesi

Les marchands du bazar se retrouvent dans ce café traditionnel.

Fontaine de marbre

Trois fontaines alimentaient jadis le marché couvert en eau potable.

Han de Zincirli
Dans ce han, l'un des plus jolis du bazar, vous pourrez faire exécuter un bijou sur commande.

L'İç Bedesten, cœur ancien du bazar qui abrita un temps des bijoutiers, réunit les boutiques d'antiquités les plus chic.

Le kiosque Oriental, qui vendait du café au XVII⁰ siècle, est aujourd'hui une bijouterie.

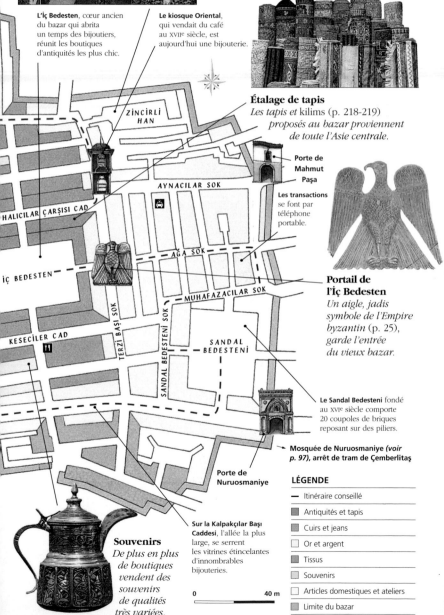

ZİNCİRLİ HAN

AYNACILAR SOK

HALICILAR ÇARŞISI CAD

AĞA SOK

İÇ BEDESTEN

MUHAFAZACILAR SOK

KESECİLER CAD

TERZİ BAŞI SOK

SANDAL BEDESTENİ SOK

SANDAL BEDESTENİ

Étalage de tapis
Les tapis et kilims (p. 218-219) proposés au bazar proviennent de toute l'Asie centrale.

Porte de Mahmut Paşa

Les transactions se font par téléphone portable.

Portail de l'İç Bedesten
Un aigle, jadis symbole de l'Empire byzantin (p. 25), garde l'entrée du vieux bazar.

Le Sandal Bedesteni fondé au XVI⁰ siècle comporte 20 coupoles de briques reposant sur des piliers.

Mosquée de Nuruosmaniye *(voir p. 97)*, arrêt de tram de Çemberlitaş

Porte de Nuruosmaniye

Souvenirs
De plus en plus de boutiques vendent des souvenirs de qualités très variées.

Sur la **Kalpakçılar Başı Caddesi**, l'allée la plus large, se serrent les vitrines étincelantes d'innombrables bijouteries.

LÉGENDE

— Itinéraire conseillé

☐ Antiquités et tapis

☐ Cuirs et jeans

☐ Or et argent

☐ Tissus

☐ Souvenirs

☐ Articles domestiques et ateliers

☐ Limite du bazar

0   40 m

BEYOĞLU

C'est sur la colline de Beyoğlu, bordant au nord la Corne d'Or, que les résidents étrangers de la cité s'installèrent pendant des siècles. Les premiers furent les Génois après qu'ils eurent participé à la reconquête de Constantinople sur les Latins en 1261 *(p. 24)*. Pendant l'époque ottomane, juifs expulsés d'Espagne, Arabes, Grecs

Monument de l'Indépendance

et Arméniens fondèrent des communautés marchandes, puis, dès le XVIe siècle, les grandes puissances européennes établirent leurs ambassades et leurs banques. Le quartier a perdu de son lustre depuis le déplacement de la capitale à Ankara en 1923, mais il conserve une atmosphère cosmopolite et une intense animation.

BEYOĞLU D'UN COUP D'ŒIL

Bâtiments et monuments historiques
Fontaine de Tophane ⑪
Hôtel Pera Palas ❶
Monastère des Mevlevi ❸
Tour de Galata ❹

Mosquées et église
Église Saint-Pierre-et-Saint-Paul ❺
Mosquée Arabe ❻
Mosquée d'Azap Kapı ❼
Mosquée de Kılıç Ali Paşa ❿
Mosquée de Nusretiye ⑫
Mosquée de Yeraltı ❾

Musées
Musée d'Art moderne d'istanbul ⑬
Musée de la Banque ottomane ❽
Musée Pera ❷

Quartiers
Çukurcuma ⑭
Taksim ⑮

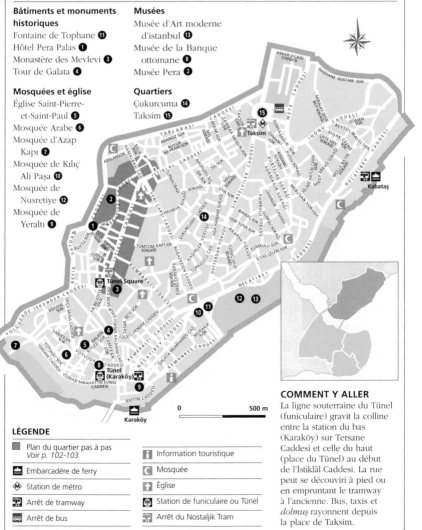

COMMENT Y ALLER

La ligne souterraine du Tünel (funiculaire) gravit la colline entre la station du bas (Karaköy) sur Tersane Caddesi et celle du haut (place du Tünel) au début de l'İstiklâl Caddesi. La rue peut se découvrir à pied ou en empruntant le tramway à l'ancienne. Bus, taxis et *dolmuş* rayonnent depuis la place de Taksim.

LÉGENDE

🟦 Plan du quartier pas à pas *Voir p. 102-103*	🅸 Information touristique
🚢 Embarcadère de ferry	🅲 Mosquée
Ⓜ Station de métro	✝ Église
🚊 Arrêt de tramway	🚉 Station de funiculaire ou Tünel
🚌 Arrêt de bus	🚊 Arrêt du Nostaljik Tram

◁ **La tour de Galata et le quartier de Beyoğlu vus de l'embouchure de la Corne d'Or**

L'İstiklâl Caddesi pas à pas

Écu du portail du consulat de Russie

La principale artère piétonnière de Beyoğlu, qui jadis portait le nom de Grande Rue de Pera, reste dominée par des immeubles de la fin du XIXe siècle et d'anciennes ambassades. Portails et façades grandioses font oublier que les bâtiments n'abritent plus que des consulats depuis le déplacement en 1923 de la capitale turque à Ankara. Certaines des discrètes églises construites pour les communautés étrangères de Pera (l'ancien nom du quartier) continuent de résonner du murmure des fidèles. Autrefois tombées en décrépitude, les ruelles sont remplies de clubs de jazz et de boutiques d'artisanat. Les cinémas et les nombreux restaurants chic de Beyoğlu attirent aussi une foule nombreuse. Attention ! Les numéros de l'İstiklâl Caddesi sont en train d'être changés.

★ **Hôtel Pera Palas**
Cet établissement ouvert en 1892 a reçu de nombreuses célébrités dont Agatha Christie, Ernest Hemingway et Alfred Hitchcock ❶

Sainte-Marie-Draperis est une église franciscaine datant de 1789. Cette petite statue de la Vierge domine l'entrée. L'intérieur possède une décoration colorée. La légende attribue des pouvoirs miraculeux à l'icône de la Vierge ornant l'autel.

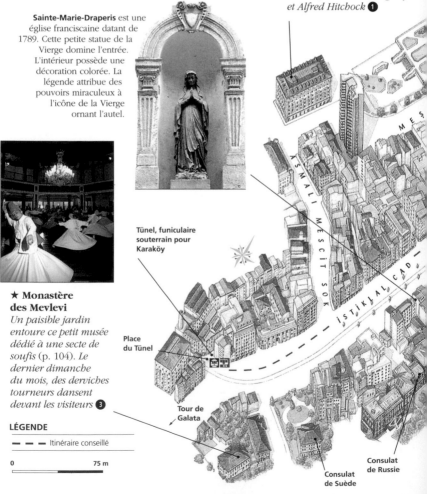

Tünel, funiculaire souterrain pour Karaköy

★ **Monastère des Mevlevi**
Un paisible jardin entoure ce petit musée dédié à une secte de soufis (p. 104). Le dernier dimanche du mois, des derviches tourneurs dansent devant les visiteurs ❸

Place du Tünel

Tour de Galata

Consulat de Suède

Consulat de Russie

LÉGENDE

– – – Itinéraire conseillé

0 _____ 75 m

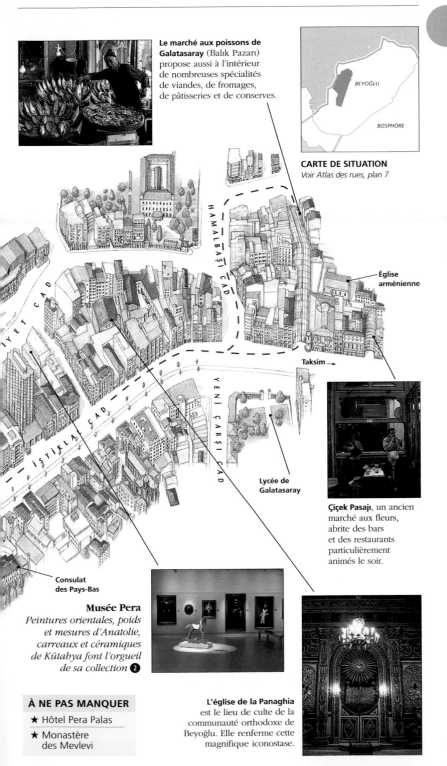

Le marché aux poissons de Galatasaray (Balık Pazarı) propose aussi à l'intérieur de nombreuses spécialités de viandes, de fromages, de pâtisseries et de conserves.

CARTE DE SITUATION
Voir Atlas des rues, plan 7

BEYOĞLU

BOSPHORE

HAMALBAŞI CAD

Église arménienne

Taksim →

IYET CAD

YENİ ÇARŞI CAD

İSTİKLAL CAD

Lycée de Galatasaray

Çiçek Pasajı, un ancien marché aux fleurs, abrite des bars et des restaurants particulièrement animés le soir.

Consulat des Pays-Bas

Musée Pera
Peintures orientales, poids et mesures d'Anatolie, carreaux et céramiques de Kütahya font l'orgueil de sa collection ❷

À NE PAS MANQUER

★ Hôtel Pera Palas

★ Monastère des Mevlevi

L'église de la Panaghia
est le lieu de culte de la communauté orthodoxe de Beyoğlu. Elle renferme cette magnifique iconostase.

L'élégant bar du Grand Orient
de l'hôtel Pera Palas

Hôtel Pera Palas ❶
Pera Palas Oteli

Meşrutiyet Cad 52, Tepebaşı.
Plan 7 D5. **Tél.** *(0212) 377 40 00.*
Tünel. *9.* sur demande.
sur r.-v. seul. **www.**perapalas.com

Le Pera Palas *(p. 189)* est
célèbre, car il a accueilli
de nombreux passagers
de l'Orient-Express *(p. 66).*
L'établissement a très peu
changé depuis son ouverture
en 1892 et mise sur son
charme suranné. Monument à
la mémoire du luxe exubérant
du début du XXe siècle, il
continue d'évoquer des
destinations exotiques telles
que Bagdad et Ispahan. Au
bar du Grand Orient, on peut
déguster les cocktails sous les
lustres d'origine. Les délicieux
gâteaux et l'ambiance rétro
de la pâtisserie attirent une
clientèle fidèle.
Mata Hari, Greta Garbo,
Sarah Bernhardt, Joséphine
Baker et Atatürk *(p. 31)* ont
séjourné au Pera Palas. La
chambre préférée d'Atatürk
a été transformée en musée.
La chambre qu'occupa Agatha
Christie se visite sur demande.

SOUFISME ET DERVICHES TOURNEURS

Le terme « soufisme » désigne un courant mystique de
l'islam *(p. 36-37).* Il a pour étymologie le mot arabe *suf*
(laine), car les ascètes musulmans portaient souvent une
robe de laine à même la peau, à l'image des premiers
prophètes. Les soufis aspirent à acquérir une expérience
personnelle de la présence divine et se livrent à des
pratiques rituelles où interviennent psalmodie, danse et
musique dans le but d'atteindre l'extase de la communion
avec Allah. Les pratiques des Mevlevi, ou derviches
tourneurs, sont les plus connues en Occident.

Derviches tourneurs au monastère des Mevlevi (1837)

Musée Pera ❷
Pera Müzesi

Meşrutiyet Cad 65, Tepebaşı.
Plan 7 D4. **Tél.** *(0212) 334 99 00.*
Tünel. de la place Taksim
jusqu'à Tarlabaşı. mar.-sam. 10h-
19h, dim. 12h-18h. 1er janv.,
1er jour des fêtes religieuses.
(gratuit pour les handicapés).
www.peramuzesi.org.tr

On doit le musée Pera,
inauguré en juin 2005, à la
Fondation Suna et İnan Kiraç
qui voulait créer un centre
culturel. Logé dans l'ancien
hôtel Bristol, il possède de
remarquables collections
dont les poids et mesures
d'Anatolie, des carreaux et de
céramiques de Kütahya (plus
de 400) et une exposition
permanente d'art oriental
appartenant à la fondation, qui
rassemble les œuvres d'artistes
européens inspirés par le
monde ottoman, datant du
XVIIe au début du XIXe siècle.
Le musée couvre également
les deux derniers siècles de
l'Empire ottoman et offre un
aperçu de la vie quotidienne,
des mœurs et de la mode
de la haute société tout en
ménageant un espace aux
expositions d'art moderne.

Monastère
des Mevlevi ❸
Mevlevi Tekkesi

Galip Dede Cad 15, Beyoğlu. **Plan** 7
D5. **Tél.** *(0212) 245 41 41.* Tünel.
t.l.j. sf mar 9h-17h.

Ce *takya*, ou tekke,
appartenait à la secte des
derviches tourneurs fondée
par le poète mystique
Mevlana Celadeddin Rumi qui
mourut à Konya, dans le sud
de l'Anatolie centrale, en
1273. Bien qu'Atatürk ait
interdit les confréries adeptes
du soufisme en 1924, le
couvent a survécu sous la

Cour paisible du monastère des Mevlevi

forme d'un musée consacré à la poésie classique ottomane, Divan Edebiyatı Müzesi.

Non loin d'une rue portant le nom d'un des grands poètes de la secte, Galip Dede, le musée a pour centre un pavillon du XVIIIe siècle abritant une superbe piste de danse octogonale parquetée. Chaque dernier dimanche du mois, à 15 h, des dévots tournoient devant les visiteurs au son d'une musique entêtante selon un rite ancestral. Par leur danse sacrée, la *sema,* ils cherchent à s'ouvrir à la réalité de Dieu, main droite dressée vers le ciel pour en recevoir la grâce, main gauche tournée vers le sol pour la répandre. Symbolisant leur aspiration à une renaissance, leur robe blanche a la couleur du linceul et leur toque la forme d'une pierre tombale.

Autour de la piste, des vitrines recèlent quelques objets appartenant à la secte : vêtements, manuscrits, photos et instruments de musique.

Tour de Galata ❹
Galata Kulesi

Büyük Hendek Sok, Beyoğlu. **Plan** 3 D1. **Tél.** *(0212) 293 81 80.* 📟 *Tünel.* ⬜ *t.l.j. 9h-20h.* 🎭 **Restaurant et spectacle** ⬜ *t.l.j. 12h-16h, 20h-minuit.* **www**.galatatower.net

Reconnaissable entre toutes dans la Corne d'Or, la tour de Galata surmontée d'un

Entrée de la cour principale de Saint-Pierre-et-Saint-Paul

toit conique se dresse à 60 m de hauteur. Construite au VIe siècle pour surveiller le trafic maritime, elle fut transformée en prison puis en dépôt naval après la prise d'Istanbul en 1453. Au XVIIIe siècle, le pionnier de l'aviation, Hezarfen Ahmet Çelebi, fixa des ailes sur ses bras et prit son envol du haut de la tour vers Üsküdar. L'édifice servit ensuite à surveiller les incendies.

La tour a aujourd'hui été rénovée et elle est maintenant occupée, au 9e étage, par un restaurant qui propose le soir un spectacle de musique et de danse orientales. La vue sur la ville et ses monuments est imprenable et porte jusqu'aux îles des Princes *(p. 159).*

Église Saint-Pierre-et-Saint-Paul ❺
Sen Piyer Kilisesi

Galata Kulesi Sok 44, Karaköy. **Plan** 3 D1. **Tél.** *(0212) 249 23 85.* 📟 *Tünel.* ⬜ *t.l.j. 7h-8h sauf sam. 15h30-17h et dim. 10h-12h.*

Après la réquisition de leur église d'origine, devenue la mosquée Arabe, les dominicains d'Istanbul bâtirent en 1604 un sanctuaire au pied de la tour de Galata. Le feu le détruisit deux fois, en 1660 et en 1731. Dessiné par les frères Fossati, architectes d'origine italo-suisse qui restaurèrent Sainte-Sophie *(p. 72-75),* l'édifice actuel date de 1841 et son mur du fond s'inscrit dans les anciens remparts génois.

Selon les règlements ottomans, les lieux de culte chrétiens ne pouvaient avoir leur façade principale sur la rue, aussi faut-il franchir une cour, accessible par une petite porte, pour atteindre l'église. Faites sonner la cloche afin qu'on vous ouvre.

De plan basilical, l'église a quatre autels latéraux. Une coupole bleu ciel constellée d'étoiles dorées domine le chœur où une messe en italien est dite chaque matin.

Mosquée Arabe ❻
Arap Camii

Kalyon Sok 1, Galata. **Plan** 3 D1. 📟 *Tünel.* ⬜ *aux heures de prière.*

Les Arabes qui donnèrent son nom à cette mosquée étaient des réfugiés maures, chassés d'Andalousie après la chute de Grenade en 1492. Beaucoup s'installèrent dans le quartier de Galata, et la communauté reçut comme lieu de culte l'église Saint-Paul-et-Saint-Dominique élevée par les dominicains pendant la première moitié du XIVe siècle. Malgré plusieurs restaurations, le sanctuaire gothique, dont le haut clocher carré sert désormais de minaret, est la mosquée la moins convaincante des églises affectées au rite musulman d'Istanbul.

La tour de Galata vue de l'autre rive de la Corne d'Or

La mosquée d'Azap Kapı bâtie par le grand architecte Sinan

Mosquée d'Azap Kapı **7**
Azap Kapı Camii

Tersane Cad, Azapkapı. **Plan** 2 C1. Tünel. 46H, 61B. ○ *aux heures de prière seul.*

Le charme de cette petite mosquée et de sa fontaine au bord de la Corne d'Or souffre de la ciculation sur le pont d'Atatürk voisin. Les arbres entourant le sanctuaire aident heureusement à assourdir le bruit. La mosquée a été édifiée en 1577-1578 par Sinan *(p. 91)* pour le grand vizir Sokollu Mehmet Paşa. L'entrée est un escalier couvert conduisant au porche et à la salle de prière.

Musée de la Banque ottomane **8**
Osmanlı Bankası Müzesi

Bankalar Cad 35-37, Karaköy. **Plan** 3 D1. **Tél.** (0212) 334 22 70. Tünel. 25E, 56. ○ *t.l.j.* 10h-18h. www.obmuze.com

Le musée de la Banque ottomane renferme la collection d'archives d'État la plus intéressante de Turquie. Y sont exposés d'anciens billets de banque ottomans, des billets à ordre signés des officiels du palais impérial, et des photos des succursales de l'Empire. Les quelque 6 000 photos

des employés constituent un registre unique, témoignage d'une époque révolue.

Mosquée de Yeraltı **9**
Yeraltı Camii

Karantina Sok, Karaköy. **Plan** 3 E1. Tünel. ○ *t.l.j.*

Cette mosquée appelée, littéralement, la « mosquée souterraine » abrite les reliques de deux saints musulmans, Abu Sufyan et Amiri Wahibi, qui succombèrent pendant le premier siège arabe de Constantinople au VIIe siècle. Leurs corps furent découverts en 1640 dans le sous-sol d'une ancienne fortification byzantine. Des grilles protègent les tombeaux des saints au fond d'une basse salle de prière au toit supporté par une forêt de piliers.

Mosquée de Kılıç Ali Paşa **10**
Kılıç Ali Paşa Camii

Necatibey Cad, Tophane. **Plan** 7 E5. 25E, 56. Tophane. ● *pour rénovation jusqu'à fin 2011.*

Élevée par Sinan, alors âgé de près de 90 ans, cette mosquée s'inspire dans sa structure de la basilique Sainte-Sophie *(p. 72-75).* Au-dessus du portail d'entrée, le nombre 1580 indique la date de sa fondation. De la porcelaine d'İznik orne le mur du mihrab. L'homme qui commanda la construction du sanctuaire, Kılıç Ali Paşa, eut une vie épique. Né en Italie et capturé par des pirates musulmans, il devint esclave enchaîné sur

Inscription en carreaux d'İznik (mosquée de Kılıç Ali Paşa)

une galère. Converti à l'islam, il mit ses talents de marin au service de Soliman le Magnifique (1520-1566). En 1571, sous Selim II, il s'illustra à la bataille de Lépante. Quand il se retira, il demanda à Murat III où construire une mosquée. « Sur la mer », répondit le sultan. Kılıç Ali Paşa combla alors une anse du Bosphore selon les vœux du souverain.

Fontaine de Tophane **11**
Tophane Çeşmesi

Tophane İskele Cad, Tophane. **Plan** 7 E5. 25E, 56. Tophane.

Panneau sculpté de la fontaine de Tophane

De l'autre côté de la petite rue courant le long de la mosquée de Kılıç Ali Paşa se dresse une magnifique fontaine baroque reconstruite en 1732 par Mahmut Ier. Avec son élégant toit à coupole, elle ressemble à la fontaine d'Ahmet III *(p. 60).* Des bas-reliefs à motifs floraux couvrent entièrement ses quatre murs.

La « fontaine de la fonderie de canons » doit son nom à un édifice de pierre et de brique de la colline voisine. Commandée en 1453 par Mehmet le Conquérant *(p. 26)* et plusieurs fois reconstruite, cette fonderie ne fabrique plus d'armes mais reste propriété militaire.

Mosquée de Nusretiye **12**
Nusretiye Camii

Necatibey Cad, Tophane. **Plan** 7 E5. 25E, 56. ○ *t.l.j.*

Kirkor Balyan, fondateur d'une dynastie d'architectes *(p. 128)*, bâtit la baroque mosquée de la Victoire dans les années 1820. Avec ses annexes décoratives et sa terrasse de marbre, elle

La haute coupole aérienne de la mosquée de Nusretiye

ressemble à un grand pavillon de palais plus qu'à un lieu de culte.

Commandée par Mahmut II pour célébrer la dissolution du corps des janissaires en 1826 (*p. 30*), la mosquée fait face à la caserne de Selimiye (*p. 132*), occupée par l'armée moderne qui remplaça les janissaires devenus trop indisciplinés pour servir. Sous la haute coupole, l'ornementation de style Empire glorifie la victoire du sultan. Les calligraphies sur marbre sont particulièrement belles. Remarquez aussi les deux *sebils* (kiosques de fontaine) de l'extérieur.

Musée d'Art moderne d'Istanbul ⑬
İstanbul Modern Sanat Müzesi

Meclis-i Mebusan Cad, Liman İşletmeleri Sahası, Antrepo 4, Karaköy. **Plan** 7 F5. **Tél.** *(0212) 334 73 00.* 🚋 *Tophane.* 🚌 *56.* ◯ *mar., mer. et ven.-dim. 10h-18h, jeu. 10h-20h.* 🎫 *gratuit jeu.* ♿ 🖥 📷 **www.istanbulmodern.org**

Occupant un édifice flambant neuf perché sur la Corne d'Or, le musée d'Art moderne d'Istanbul s'est affirmé dès son ouverture en 2005 comme le plus contemporain des musées turcs. Ses collections permanentes ou les expositions temporaires présentent les artistes aussi talentueux qu'excentriques qui font et ont fait l'art

moderne turc depuis le début du XXe siècle. Nombre d'œuvres viennent de la collection privée de la famille Ecacibaşi, fondatrice de cet établissement. Art abstrait, paysages, aquarelles et sculptures ainsi qu'une remarquable exposition de photos attirent les amateurs.

Çukurcuma ⑭

Plan 7 E4. ◈ *Taksim.*

Ce charmant et vieux quartier de Beyoğlu a pour pôle une mosquée sur la Çukurcuma Caddesi et comme spécialités marchandes le

Tissus suzani (p. 212) en vente à Çukurcuma

mobilier et les antiquités. Les maisons et les entrepôts anciens accueillent des boutiques et des halls d'exposition où des rouleaux de tissu d'ameublement moderne s'empilent dans des bassins en marbre sculpté et des meubles centenaires. Toiles et gravures précieuses, broderies du XIXe siècle ou boîtes à biscuits des années 1950 : ce quartier recèle de nombreux trésors cachés qui valent sans aucun doute qu'on s'y arrête.

Taksim ⑮

Plan 7 E3. 🚋 *Taksim.* ◈ *Taksim.*
Galerie d'art de Taksim
Cumhuriyet Caddesi Gezi Dükkanlari 26, Taksim **Tél.** *(0212) 245 20 68.* ◯ *lun.-sam. 10h-19h.* 🌞 *juin-sept.*

La vaste place de Taksim, où règne en permanence une bruyante circulation, porte un nom qui signifie « centre de distribution d'eau ». C'est de là que l'eau collectée dans la forêt de Belgrade (*p. 158*) alimenta à partir du XVIIIe siècle la cité moderne. Construit en 1732 par Mahmut Ier, le réservoir originel en pierre existe toujours au sommet de l'İstiklâl Caddesi.

Au sud-ouest de la place, le monument de l'Indépendance sculpté en 1928 par l'artiste italien Pietro Canonica a pour principal intérêt de montrer Atatürk (*p. 30-31*) et d'autres pères fondateurs de la République turque.

Plus haut, la **galerie d'art de Taksim** propose en permanence des paysages d'Istanbul peints par des artistes turcs renommés du XXe siècle et des expositions temporaires.

Fleuristes sur la place Taksim

GRAND ISTANBUL

La Mecque en céramique, mosquée d'Eyüp

Les faubourgs du Grand Istanbul qui renferment beaucoup de sites à voir ont été divisés en cinq zones de visite indiquées sur la carte ci-dessous. Pour chacune, un plan plus détaillé permet de se repérer. Quartiers plus proches du centre, Fatih, Fener et Balat abritent de nombreuses églises et mosquées, dont la gigantesque mosquée de Fatih. Franchir la Corne d'Or permet de découvrir le palais d'Aynalı Kavak et un musée consacré aux débuts de l'industrie. Les remparts de Théodose, qui s'étirent de la Corne d'Or à la mer de Marmara, constituent l'un des monuments les plus imposants d'Istanbul. Près des murailles subsistent de vieux palais et églises, en particulier l'église Saint-Sauveur-in-Chora ornée de mosaïques byzantines. Hors des murs, longer la Corne d'Or conduit à Eyüp, haut lieu de pèlerinage pour les musulmans. Vous pourrez prendre un rafraîchissement dans le café de prédilection de Pierre Loti. Au nord de Beyoğlu *(p. 100-107),* sur la rive du Bosphore, le palais de Dolmabahçe est l'un des fleurons de l'ancienne capitale ottomane. Cette somptueuse fantaisie créée au XIXe siècle pour le sultan Abdül-Mecit Ier requiert une visite prolongée. Au-delà, d'autres gracieux palais et pavillons agrémentent le paisible parc de Yıldız. Tous les visiteurs ne poussent pas jusqu'à la rive asiatique, mais si vous avez une demi-journée à y consacrer, la traversée en ferry demande peu de temps depuis Eminönü *(p. 242-243)* et ce quartier recèle quelques splendides mosquées, une gare élégante et un petit musée consacré à Florence Nightingale.

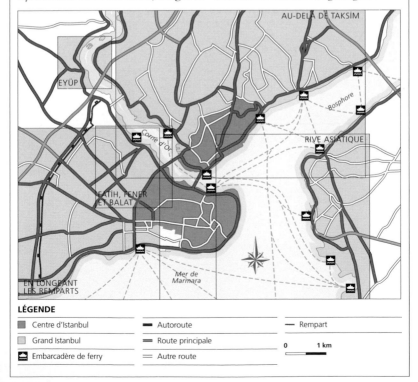

LÉGENDE

▦ Centre d'Istanbul	▬ Autoroute
▢ Grand Istanbul	▭ Route principale
⛴ Embarcadère de ferry	═ Autre route
	— Rempart

0   1 km

◁ **Fontaine aux Cygnes du fastueux palais de Dolmabahçe**

Fatih, Fener et Balat

Une promenade dans ces quartiers rappelle que pendant les siècles qui suivirent la conquête musulmane *(p. 26)* Istanbul compta environ 40 % de juifs et de chrétiens. Balat abritait une communauté juive à l'époque byzantine. Des séfarades chassés d'Espagne en 1492 vinrent l'augmenter. Fener devint une enclave grecque au début du XVIe siècle et nombre de ses résidents aisés acquirent de hautes positions dans l'Empire ottoman. Fatih entretient une vieille tradition de piété islamique et vous y verrez plus de pratiquants fervents que partout ailleurs dans la ville. Ces trois quartiers sont résidentiels, leurs dédales de rues servant de terrain de jeu aux enfants.

LES SITES D'UN COUP D'ŒIL

Colonne de Marcien **9**
Église de Constantin-Lips **8**
Église de Pammakaristos **3**
Église du Christ-Pantocrator **11**
Église Sainte-Marie-des-Mongols **4**
Église Saint-Étienne-des-Bulgares **2**
Mosquée de Fatih **10**
Mosquée de Selim-Ier **6**
Mosquée du Saint-Manteau **7**
Patriarcat grec orthodoxe **5**
Synagogue d'Ahrida **1**

0   500 m

LÉGENDE

Embarcadère de ferry
Route principale
Autre route

Synagogue d'Ahrida **1**
Ahrida Sinagogu

Gevgili Sok, Balat. **Plan** 1 C1. 55T, 99A. ⬜ sur r.-v. ⌀

La plus ancienne synagogue d'Istanbul tient son nom d'Ohrid, une ville de Macédoine d'où étaient originaires ses premiers fidèles. Pouvant accueillir jusqu'à 500 personnes, elle n'a jamais cessé de fonctionner depuis sa fondation qui date d'avant la conquête de la ville par les Ottomans en 1453. On ne peut la découvrir qu'en passant par une agence de visites organisées *(p. 239)*.

À l'intérieur, une restauration a rendu leur éclat baroque aux murs et aux plafonds peints de la fin du XVIIe siècle. La place d'honneur revient à l'Arche d'Alliance couverte de tapisseries qui renferme les rouleaux sacrés de la Torah. Au XVIIe siècle, le chef religieux Shabbetai Zevi, qui prêcha dans cette synagogue, enflamma une grande partie du monde juif en se proclamant Messie. Malgré sa conversion à l'islam (Mehmet IV ne lui avait laissé d'autre choix que la mort), il garda de nombreux partisans. Il existe encore aujourd'hui des adeptes du shabbataïsme.

Église Saint-Étienne-des-Bulgares **2**
Bulgar Kilisesi

Mürsel Paşa Cad 85, Balat. **Plan** 1 C1. 55T, 99A. 🚢 Balat. ⬜ t.l.j. 9h-17h.

Cette étonnante église entièrement construite en fer, jusqu'aux colonnes et galeries intérieures, fut fabriquée à Vienne et transportée en pièces détachées jusqu'à la Corne d'Or *(p. 89)* pour être assemblée en 1871 sur sa rive. Elle était destinée à la communauté bulgare d'Istanbul qui avait rompu en 1870 avec l'autorité du patriarcat grec orthodoxe. Aujourd'hui, elle reste toujours fréquentée par une congrégation qui fleurit en permanence les tombeaux de marbre des premiers exarques bulgares. Planté d'arbres et de massifs, le joli petit jardin qui l'entoure s'étend jusqu'au bord de la Corne d'Or.

Saint-Étienne-des-Bulgares, église entièrement en fer

Église de Pammakaristos **3**
Fethiye Camii

Fethiye Cad, Draman. **Plan** 1 C2. 90, 90B. ⬜ aux heures de prière seul. 📷

Cette église byzantine, l'un des joyaux cachés d'Istanbul, reçoit peu de visiteurs malgré son rôle dans l'histoire de la ville et une remarquable série de mosaïques. Pendant plus

Façade byzantine de l'église de Théotokos Pammakaristos

d'un siècle après la prise de Constantinople par les Ottomans, elle continua d'abriter le patriarcat grec orthodoxe, mais Murat III décida à la fin du XVIe siècle d'en faire la « mosquée de la Conquête » pour célébrer ses succès militaires en Géorgie et en Azerbaïdjan.

L'extérieur est typiquement byzantin avec une alternance d'assises de pierre et de brique, et des parements en marbre finement sculpté. Le corps principal du bâtiment renferme la salle de prière de la mosquée. Les mosaïques ornent le parecclésion, une chapelle latérale. Celle-ci fonctionne comme un musée et il faut officiellement obtenir une autorisation préalable de Sainte-Sophie (p. 72-75) pour y pénétrer. Si vous trouvez le gardien, vous avez toutefois de fortes chances qu'il vous laisse entrer à l'intérieur.

Datant du XIVe siècle et de la renaissance culturelle que connut alors l'Empire byzantin (p. 25), les mosaïques ont un fond d'or symbolisant les cieux. Sur la coupole principale, les prophètes de l'Ancien Testament entourent le Christ Pantocrator (tout-puissant). Dans l'abside, le fils de Dieu, assis sur un trône incrusté de pierres précieuses, donne sa bénédiction entre la Vierge et saint Jean-Baptiste sous le regard des quatre archanges.

Église Sainte-Marie-des-Mongols ❹
Kanlı Kilise

Tevkii Cafer Mektebi Sok, Fener. **Plan** 1 C2. **Tél.** (0212) 521 71 39. 🚌 55T, 99A. ⏰ sur r.-v.

Consacré à la fin du XIIIe siècle, ce sanctuaire chrétien porte le nom de Marie Paléologhina, fille illégitime de

Détail de Sainte-Marie-des-Mongols

Michel Paléologue qui épousa un khan mongol et vécut pieusement en Perse avec lui pendant quinze ans. Après l'assassinat de son mari, elle rentra à Constantinople et édifia un couvent où elle finit ses jours.

Les Turcs l'appellent l'église du Sang, car de violents combats se déroulèrent à proximité lors de la prise de Constantinople. C'est le seul lieu de culte à être resté sans interruption à la disposition de la communauté grecque depuis l'époque byzantine. Un décret émanant de Mehmet le Conquérant empêchait qu'elle fût transformée en mosquée. Le plus grand trésor de Sainte-Marie-des-Mongols est une mosaïque byzantine portative représentant la Théotokos Pammakaristos (Radieuse Mère de Dieu).

Patriarcat grec orthodoxe ❺
Ortodoks Patrikhanesi

Sadrazam Ali Paşa Cad 35, Fener. **Tél.** (0212) 531 96 71. 🚌 55T, 99A. ⏰ t.l.j. 9h-17h. 🖼

Depuis le début du XVIIe siècle, le patriarcat de Constantinople s'est établi dans ce complexe entouré de murs. Jadis autorité suprême du monde orthodoxe, il ne dirige plus que quelques diocèses.

En montant les marches pour accéder à une porte latérale, vous remarquerez les soudures fermant l'entrée principale. Cette condamnation commémore la fin tragique du patriarche Grégoire V, pendu ici en 1821 pour trahison. Il avait encouragé ses ouailles à renverser le pouvoir ottoman au début de la guerre d'indépendance grecque (1821-1832). L'antagonisme entre les communautés turque et grecque s'aggrava encore lors de l'occupation par la Grèce d'une partie de l'Anatolie après la Première Guerre mondiale (p. 31). Il ne s'est jamais apaisé depuis, et un détecteur de métal assure la protection du clergé.

Le patriarcat s'organise autour de l'église Saint-Georges. Bâtie en 1720, elle abrite des reliques beaucoup plus anciennes. Le haut trône patriarcal, à droite de la nef, daterait de l'époque byzantine, à l'instar de l'icône en mosaïque de la Vierge à l'Enfant, probablement exécutée au XIe siècle.

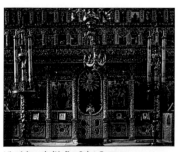

L'intérieur de l'église Saint-Georges dans le patriarcat grec orthodoxe

Carreaux d'İznik ornant une fenêtre de la mosquée de Selim Ier

Mosquée de Selim Ier 6

Selim I Camii

Yavuz Selim Cad., Fener. **Plan** 1 C2.
🚌 *55T, 90, 90B, 99A.* ⬤ *t.l.j.*

Cette mosquée est connue localement sous le nom de Yavuz Sultan Camii, car Yavuz « le Terrible » était le surnom du sultan Selim Ier qui fit exécuter huit grands vizirs en huit ans de règne.

Achevé en 1529 par le fils de Selim, Soliman le Magnifique, le sanctuaire se dresse seul sur une colline près d'un grand parking aménagé dans l'ancienne citerne byzantine d'Aspar. Joli jardin orné d'une fontaine octogonale à coupole, entourée d'arbres bruissant du pépiement d'oiseaux, la cour, aux dimensions intimes, offre l'image du paradis selon l'islam. Pourtant, la mosquée est peu visitée et présente un aspect négligé.

Lea céramique des portiques de la cour datent des débuts d'İznik *(p. 161)*. Pour juxtaposer des couleurs différentes, leurs créateurs utilisèrent la technique de la *cuerda seca* en séparant avant la cuisson les émaux par un trait de cire.

D'autres porcelaines parent la salle de prière qui abrite un élégant mobilier *(p. 38-39)* et des panneaux de bois peint.

Mosquée du Saint Manteau 7

Hırka-i Şerif Camii

Keçeciler Cad., Karagümrük. **Plan** 1 B3.
🚌 *28, 87, 90, 91.* ⬤ *t.l.j.*

Cette mosquée de style Empire fut construite en 1851 pour recevoir une cape *(hırka)* qui faisait partie de la collection réunie par les sultans et aujourd'hui exposée au palais de Topkapı *(p. 56)*. Ce vêtement appartenant au prophète Mahomet se trouve dans un sanctuaire derrière le mihrâb.

Les minarets ont la forme de colonnes classiques et les balcons s'inspirent des chapiteaux corinthiens. Du marbre en profusion pare la salle de prière octogonale. Abdül-Mecit Ier, qui commanda la mosquée, participa au dessin de sa frise.

Marteau, mosquée du Saint Manteau

Église de Constantin Lips 8

Fenari İsa Camii

Vatan Cad., Fatih. **Plan** 1 B4.
🚌 *90B.* ⬤ *t.l.j.*

Constantin Lips Dungarios, commandant de la flotte byzantine, fonda au Xe siècle un monastère consacré à l'Immaculée Mère de Dieu. L'église, qui constitue la partie nord de l'édifice actuel, s'élevait sur le site d'un sanctuaire plus ancien. Après la reconquête de Constantinople sur les Latins en 1261 *(p. 24)*, l'impératrice Théodora, épouse de Michel VIII Paléologue, ajouta une deuxième église dédiée à saint Jean-Baptiste et fit élever une chapelle funéraire. Son histoire inhabituelle donne au bâtiment un aspect d'autant plus particulier que quatre chapelles entourent, sur le toit, la coupole de l'église du nord. Remarquez également la magnifique frise qui anime le mur oriental. Lors de sa conversion en mosquée, le sanctuaire prit le nom de « Lampe de Jésus » en l'honneur d'Isa (Jésus, en turc), le chef d'une confrérie de soufis *(p. 104)* qui se réunissait ici à l'époque. La salle de prière, toujours utilisée, renferme quelques chapiteaux bien restaurés et des corniches décorées.

Mur extérieur de l'église de Constantin Lips

Colonne de Marcien 9

Kız Taşı

Kıztaşı Cad., Saraçhane.
Plan 1 C4 (2 A3). 🚌 *28, 87, 90, 91.*

Au centre d'une petite place, cette colonne de granite byzantine (Ve siècle) haute de 10 m portait jadis la statue de l'empereur Marcien (450-457). Sur sa base se distingue toujours un couple de Victoire ailées grecques tenant un médaillon.

Curieusement, les Turcs appellent le monument « la colonne de la Jeune Fille », peut-être parce qu'il fut confondu avec la célèbre colonne de Vénus qui, selon la légende, se balançait quand passait une jeune fille impure. Celle-ci se dressait à proximité mais aurait été employée pour donner à la mosquée de Soliman *(p. 90-91)* l'une de ses plus grosses colonnes.

La lumière entre à flots dans la mosquée de Fatih

Mosquée de Fatih ❿
Fatih Camii

Macar Kardeşler Cad., Fatih. **Plan** 1 C3. 🚌 *28, 87, 90, 91.* 🕐 *t.l.j.*

Cœur d'une enceinte religieuse de plusieurs hectares où règne une ambiance de piété fiévreuse, cette immense mosquée est le troisième sanctuaire à occuper ce site. Le premier, l'église des Saints-Apôtres fondée par Constantin, servit de lieu de sépulture à de nombreux empereurs byzantins. Il n'en restait que des ruines quand Mehmet le Conquérant (*p. 26*) décida d'utiliser cet emplacement hautement symbolique pour bâtir une mosquée. Mais cette dernière ne résista pas à un tremblement de terre en 1765, et l'édifice actuel date pour l'essentiel de la reconstruction menée par Mehmet Tahir Ağa, architecte impérial de Mustafa III.

Celui-ci entoura la Fatih Camii de nombreuses dépendances. La plupart existent toujours, entre autres huit médersas (écoles coraniques) et un hospice.

De la première mosquée ne subsistent que trois portiques de la cour, la fontaine aux ablutions, l'entrée principale de la salle de prière et le mihrab. Les fenêtres des galeries conservent également des éléments de décor du XVe siècle : des carreaux d'İznik émaillés selon la technique de la *cuerda seca* et des lunettes ornées d'incrustations de marbre calligraphié. D'autres carreaux parent les murs inférieurs de la salle de prière, mais ils n'ont pas la qualité de ceux des portiques.

Derrière le bâtiment, un jardin renferme le tombeau de Mehmet le Conquérant et de son épouse Gülbahar, objets d'un culte fervent. Le sultan repose dans un sarcophage ; il est coiffé d'un turban aux dimensions conformes à sa gloire.

Si vous visitez la mosquée un mercredi, vous verrez le marché qui emplit les rues alentour d'éventaires de fruits et légumes et de camions pleins de laine brute.

Église du Christ Pantocrator ⓫
Zeyrek Camii

İbadethane Sok., Küçükpazar. **Plan** 2 B2. 🚌 *28, 61B, 87.* 🕐 *aux heures de prière.* ♿

Le monastère du Christ Pantocrator fut l'un des plus importants de Constantinople au XIIe siècle. Il comprenait, entre autres, un asile de vieillards, un hôpital et une hôtellerie, et jouait un rôle social similaire à celui que rempliront les grandes mosquées impériales construites à Istanbul par les Ottomans (*p. 38*). Un ensemble formé par trois anciennes églises juxtaposées est encore debout.

L'impératrice Irène, épouse de Jean II Comnène, édifia en 1142 l'église sud, coiffée de la plus haute coupole, aujourd'hui affectée au culte musulman. Remarquez les beaux encadrements de marbre rouge entre l'exonarthex et le narthex. Le sanctuaire a conservé un pavement figuratif en mosaïque de pierres dures avec les signes du zodiaque.

Les deux autres églises et la chapelle funéraire, lieu de sépulture de nombreux membres des familles des Comnènes et des Paléologues, sont plus anciennes.

Le monastère fut transformé en mosquée dès 1453, année de la conquête ottomane de Constantinople. Le gardien vous laissera peut-être entrer l'après-midi en dehors des heures de prière.

L'église du Christ Pantocrator fut bâtie au XIIe siècle

En longeant les remparts

Les remparts d'Istanbul constituent l'un des plus impressionnants vestiges du passé byzantin de la cité. Percés de portes monumentales et renforcés par des tours, ils enserrent tout le centre de la ville dans un grand arc s'étendant de Yedikule, sur la mer de Marmara, à Ayvansaray, sur la Corne d'Or *(p. 89)*. Les faubourgs qui les bordent, en particulier Edirnekapı et Topkapı, se composent surtout de quartiers résidentiels populaires que séparent des friches urbaines qu'il vaut mieux éviter d'explorer seul. À proximité des murailles subsistent cependant d'importants monuments historiques, en particulier byzantins. Leur fleuron est l'église Saint-Sauveur-in-Chora *(p. 118-119),* aux mosaïques et aux fresques magnifiquement préservées.

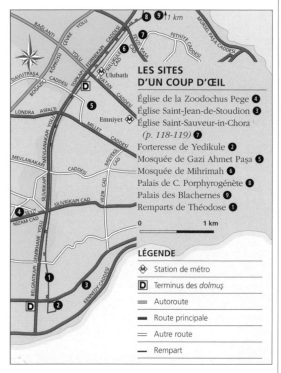

La Silivrikapı, l'une des portes des remparts de Théodose

LES SITES D'UN COUP D'ŒIL

Église de la Zoodochus Pege ❹
Église Saint-Jean-de-Stoudion ❸
Église Saint-Sauveur-in-Chora *(p. 118-119)* ❼
Forteresse de Yedikule ❷
Mosquée de Gazi Ahmet Paşa ❺
Mosquée de Mihrimah ❻
Palais de C. Porphyrogénète ❽
Palais des Blachernes ❾
Remparts de Théodose ❶

0   1 km

LÉGENDE

Ⓜ   Station de métro

Ⅾ   Terminus des *dolmuş*

═   Autoroute

▬   Route principale

═   Autre route

—   Rempart

Remparts de Théodose ❶

Teodos II Surları

De Yedikule à Ayvansaray.
Plan 1 A1. 🚋 *Topkapı, Ulubatlı.*

Avec ses onze portes fortifiées et ses 192 tours, cette double chaîne de fortifications protégea Constantinople pendant plus de mille ans des invasions par voie de terre. Les remparts en brique rouge et en blocs de calcaire taillés s'étendent sur 6,5 km de la mer de Marmara à la Corne d'Or. On peut rejoindre différentes parties en métro, en tram, en train et en bus, mais la seule façon de les voir dans leur totalité consiste à emprunter un taxi ou un *dolmuş (p. 239)* sur la grande artère qui les longe. Élevées à partir de 413 par Théodose II (408-450), les murailles qui subirent en 447 un tremblement de terre furent réparées et renforcées, alors qu'Attila et ses Huns approchaient. Elles résistèrent ensuite aux attaques des Arabes, des Perses, des Bulgares, des Russes et des Turcs, et même aux armées de la quatrième croisade *(p. 24)*.

Les murailles cédèrent finalement devant l'artillerie de Mehmet le Conquérant en 1453, mais les sultans ottomans les réparèrent en plusieurs occasions et les maintinrent en état de défendre leur capitale jusqu'à la fin du XVIIe siècle.

La restauration d'une partie des murs, notamment près de la Belgratkapı (porte de Belgrade), a soulevé des polémiques à cause de l'emploi excessif de matériaux modernes. Elle donne cependant un aperçu intéressant de l'aspect des fortifications à l'époque byzantine. Plusieurs portes restent également bien entretenues. Mehmet le Conquérant dirigea son plus gros canon sur celles de Saint-Romain et de Charisios.

Aigle byzantin de la porte de Yedikule

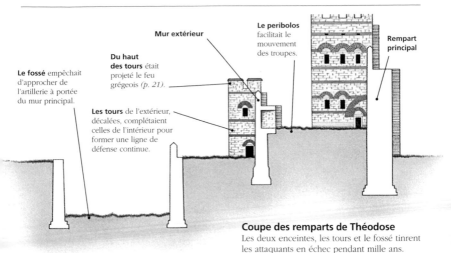

Mur extérieur

Le peribolos facilitait le mouvement des troupes.

Rempart principal

Du haut des tours était projeté le feu grégeois *(p. 21)*.

Le fossé empêchait d'approcher de l'artillerie à portée du mur principal.

Les tours de l'extérieur, décalées, complétaient celles de l'intérieur pour former une ligne de défense continue.

Coupe des remparts de Théodose
Les deux enceintes, les tours et le fossé tinrent les attaquants en échec pendant mille ans.

Sous les Ottomans, la première prit le nom de Topkapı, la porte du Canon – ne pas confondre avec le palais de Topkapı *(voir p. 54-59)*. Mais une partie des remparts proches de cette porte fut démolie dans les années 1950 pour laisser le passage à la Millet Caddesi. La seconde porte, Edirnkapı (la porte d'Edirne), demeure une voie d'entrée dans la ville. La porte de Yedikule conserve un aigle byzantin sculpté au-dessus de son arche principale.

Forteresse de Yedikule ❷
Yedikule Müzesi

Kule Meydani 4, Yedikule.
Tél. (0212) 585 88 93. 31, 80, 93T. jeu.-mar. 9h-16h30.

Yedikule, l'impressionnante forteresse des Sept-Tours, dresse son enceinte fortifiée à l'extrémité sud des remparts de Théodose au-dessus de la mer de Marmara.
Quatre de ses tours faisaient partie des murailles construites au Vᵉ siècle. Deux d'entre elles, trapues et de plan carré, encadrent la porte Dorée (aujourd'hui condamnée), arc de triomphe élevé en 380 par Théodose Iᵉʳ hors de l'enceinte de Constantin qui protégeait alors la Nouvelle Rome. Théodose II incorpora le monument dans

les prodigieuses défenses qu'il donna à la ville. Des sculptures décoraient sa façade, notamment une Victoire ailée et quatre éléphants en bronze. Les processions impériales empruntaient cette porte pour pénétrer dans la cité lors de l'investiture d'un nouveau souverain ou pour célébrer des succès militaires.
Au XVᵉ siècle, Mehmet le Conquérant ajouta les trois tours rondes n'appartenant pas aux remparts terrestres, ainsi que les murs qui les relient.
On entre dans la forteresse par une porte percée dans le mur nord-est. La tour de gauche est appelée *yazılı kule*, la tour aux Inscriptions. Elle servit de prison. Les sultans y enfermèrent des ambassadeurs étrangers près de la Sublime Porte.

La plus septentrionale des deux tours encadrant la porte Dorée était un lieu d'exécution. C'est là qu'en 1622 des janissaires *(p. 127)* révoltés assassinèrent Osman II, âgé de 17 ans. Selon la légende, ils agirent ainsi pour mettre un terme aux excès du jeune sultan accusé, entre autres, d'utiliser ses pages pour s'entraîner au tir à l'arc. En fait, les janissaires redoutaient surtout que, sous prétexte d'un pèlerinage à La Mecque, le sultant ne partît lever une armée qui lui eût permis d'imposer des réformes à leur corps.
Un escalier raide en pierre, conduit au chemin de ronde qui ménage une belle vue sur les quartiers voisins et les cimetières qui s'étendent à l'extérieur des murailles.

Vue aérienne de la forteresse de Yedikule devant la mer de Marmara

Église Saint-Jean-de-Stoudion ❸

İmrahor Camii

İmam Aşir Sok, Yedikule.
🚌 80, 80B, 80T. 🚉 Yedikule.

Il ne subsiste que les murs extérieurs de la plus ancienne église de Constantinople, mais ils restent évocateurs de sa beauté originelle.

Bâti en 463 par Studius, un patricien romain qui servit comme consul pendant le règne de l'empereur Marcien (450-457), le sanctuaire appartenait au monastère Saint-Jean-Baptiste. Celui-ci conserva, jusqu'au pillage de la ville par les soldats de la quatrième croisade *(p. 24)*, une très précieuse relique : la tête de saint Jean-Baptiste. L'empereur venait lui rendre hommage chaque année le 29 août. Pendant la période iconoclaste *(p. 20-21)*, le monastère s'opposa à la destruction des images et devint un important centre spirituel et intellectuel à la fin du VIIIᵉ siècle, sous la direction de l'abbé Théodore. Aujourd'hui vénéré comme un saint par l'Église orthodoxe grecque, l'abbé Théodore fut enterré dans le jardin de l'église.

Converti en mosquée au XVᵉ siècle, l'édifice tomba en ruine après qu'un tremblement de terre l'eut endommagé en 1894. Précédé d'un narthex et d'une cour, il obéit à un plan basilical et ne possède qu'une seule abside à l'est. Il a conservé un magnifique portail d'entrée orné de chapiteaux corinthiens et d'une architrave sculptée, quelques colonnes et un pavement de mosaïque du XIIIᵉ siècle.

Ruines de Saint-Jean-de-Stoudion

Église de la Zoodochus Pege, fondée sur une source sacrée

Église de la Zoodochus Pege ❹

Balıklı Kilise

Seyit Nizam Cad 3, Silivrikapı.
Tél. (0212) 582 30 81. 🚉
Seyitnizam. 🚌 93T. ⊙ t.l.j. 9h-16h.

L'église de la Zoodochus Pege (source de Jouvence) s'élève au-dessus d'une citerne souterraine où nagent des poissons rouges. Selon la légende, leur présence résulte d'un prodige survenu peu avant la chute de Constantinople : un moine qui faisait griller des poissons dans une poêle déclara que les Turcs avaient autant de chances de prendre la ville que ses poissons de revenir à la vie. Son repas sauta immédiatement dans l'eau.

Pendant l'Antiquité, un temple consacré à Artémis se dressait probablement sur le site. À l'ère chrétienne, un monastère dédié à la Vierge Marie entoura la source qui resta populaire pendant toute l'époque byzantine. L'empereur s'y rendait le jour de l'Ascension. Situé hors les murs et maintes fois incendié, le sanctuaire connut de nombreuses reconstructions au cours des siècles : l'édifice actuel date de 1833.

Des tombeaux de patriarches et de dignitaires de l'Église orthodoxe grecque emplissent sa cour intérieure.

Mosquée de Gazi Ahmet Paşa ❺

Gazi Ahmet Paşa Camii

Undeğirmeni Sok, Fatma Sultan.
Ⓜ Ulubatlı. 🚉 Topkapı. 🚌 93T.
⊙ aux heures de prière seul.

À quelques pas des remparts de Théodose, l'harmonieuse Gazi Ahmet Paşa Camii mérite un détour. Connue également sous le nom de Kara Ahmet Paşa Camii, c'est l'une des nombreuses œuvres de Sinan *(p. 91)*. Soliman le Magnifique la fit édifier à partir de 1554 pour un grand vizir, qui fut exécuté un an après.

Une *dershane* (classe principale) et les cellules d'une médersa entourent une paisible cour verdoyante. De gracieux carreaux d'İznik parent le porche et le mur oriental de la salle de prière hexagonale qui abrite des colonnes antiques en granite rose et un superbe minbar en marbre. Sous la tribune la plus à l'ouest, un plafond en bois présente un beau décor peint dans les tons rouges, bleus, noirs et or.

Près de la ville, la petite mosquée Takkeci Ibrahim Ağa Camii date de 1592. Petit bijou méconnu, elle renferme sous une coupole en bois des panneaux de faïence d'İznik particulièrement raffinés.

Tympan d'une porte de la médersa, mosquée de Kara Ahmet Paşa

Mosquée de Mihrimah ❻

Mihrimah Camii

Sulukule Cad, Edirnekapı. **Plan** 1 A2.
🚌 28, 87, 91. ⊙ t.l.j.

Sinan édifia près de la porte d'Edirne, à l'emplacement de l'ancienne église Saint-Georges, cet imposant monument entre 1562 et 1565 pour qu'il entretienne le souvenir de Mihrimah, fille de Soliman le Magnifique et épouse du grand vizir Rüstem Paşa. Celui-ci donna son nom à la mosquée carrelée proche du Bazar égyptien *(p. 88-89)*.

Construite sur une plate-forme, la Mihrimah Camii occupe le point le plus élevé de la ville et sa silhouette s'aperçoit de loin depuis le Bosphore ou à l'approche d'Istanbul en venant d'Edirne *(p. 154-157)*.

De plan carré, avec quatre solides tourelles soutenant ses angles, le bâtiment est coiffé d'une coupole haute de 37 m. L'unique minaret est si élancé que deux séismes le mirent à bas. La deuxième fois, en 1894, il traversa dans sa chute le toit de la mosquée. Les

Vitrail de la mosquée de Mihrimah

dessins au pochoir ornant la salle de prière datent de la restauration qu'imposa cet accident.

De très nombreuses fenêtres, certaines dotées de vitraux, inondent l'intérieur de lumière. Une habile patine donne aux arcs supportant la loge du sultan *(p. 38)* l'aspect d'un marbre vert et blanc. Remarquez également le minbar en marbre sculpté.

Église Saint-Sauveur-in-Chora ❼

Voir p. 118-119.

Palais de Constantin Porphyrogénète ❽
Tekfur Sarayı

Şişehane Cad, Edirnekapı.
Plan 1 B1. 🚌 *87, 90, 126.*
Tél. *(0212) 522 175* ⭘ *t.l.j.*

L'édifice n'offre qu'un pâle reflet de sa grandeur passée. S'il porte le nom d'un empereur du Xe siècle,

il servit en réalité, plus tard, de résidence aux souverains byzantins de la dynastie des Paléologues. Mais le surnom de Porphyrogénète, qui signifie « né dans la pourpre », s'appliquait en fait à tous les maîtres de Constantinople.

Vaste ruine livrée aux éléments, le palais, aussi connu sous le nom de musée du palais Tekfur, a conservé une élégante façade caractéristique avec son décor de briques rouges et de marbre blanc et ses deux étages de fenêtres ouvrant sur une cour. Le bâtiment, probablement une annexe du palais des Blachernes voisin, fut la principale demeure des empereurs byzantins pendant des siècles qui précédèrent la chute de Constantinople en 1453. Cependant, son âge exact reste sujet à débat, la technique consistant à insérer trois rangs de briques entre des assises de pierre est typique du Xe siècle, alors que ses ornements géométriques étaient très répandus au XIVe siècle.

Ahmet III (1703-1730) y installa les derniers potiers d'İznik *(p. 161)*. Les carreaux qu'ils produisirent parent entre autres la mosquée de Cezri Kasım Paşa *(p. 121)*.

Palais des Blachernes ❾
Anemas Zindanları

İvaz Ağa Cad, Ayvansaray.
🚌 *55T, 99A.*

À l'approche de la Corne d'Or, une promenade le long des remparts conduit aux vestiges du palais des Blachernes : une tour des fortifications connue sous le nom de prison d'Anemas, une terrasse à l'est (où se dresse l'İvaz Efendi Camii) et, au sud de la terrasse, la tour d'Isaac l'Ange.

Les empereurs byzantins prirent l'habitude de venir résider temporairement dans ces lieux pour s'y détendre dès le Ve siècle, mais Alexis Ier Comnène (1081-1118) fut le premier à édifier ici un véritable palais. Manuel Ier (1143-1180) l'agrandit et renforça ses défenses afin d'y installer la cour et de quitter le Grand Palais *(p. 82-83)*, trop vétuste.

L'accès au site est libre mais vous ne pourrez pénétrer dans les tours sans l'aide d'un gardien. La tour d'Anemas conserve des traces d'ornements en marbre et de peintures murales.

Façade du palais de Constantin Porphyrogénète

Église Saint-Sauveur-in-Chora ❼

Kariye Camii

Scène de la Vie de la Vierge

Cette ancienne église, transformée en mosquée au XVe siècle, est devenue un musée. Son nom, « in Chora » (à la campagne), révèle qu'à l'origine elle se trouvait sans doute à l'extérieur des murs entrepris par Théodose II en 413. L'édifice actuel date du XIe siècle. Théodore Métochite, théologien et Premier ministre d'Andronic II, entreprit une importante restauration entre 1315 et 1321. Les mosaïques et les fresques, qui forment un des plus beaux ensembles d'art byzantin à nous être parvenus, datent pour la plupart de cette période.

Saint-Sauveur-in-Chora

GÉNÉALOGIE DU CHRIST

Théodore Métochite, qui restaura Saint-Sauveur-in-Chora, écrivit qu'il avait pour mission de relater comment « le Seigneur lui-même était devenu mortel pour notre bien ». Il prit la *Généalogie du Christ* comme point de départ : 66 portraits d'ancêtres du Christ en mosaïque ornent les deux coupoles du narthex. Dans la coupole sud, le Christ domine douze de ses aïeux, d'Adam à Jacob, eux-mêmes placés au-dessus des douze fils de Jacob. La coupole nord a pour image centrale une Vierge à l'Enfant qu'entourent les rois de la Maison de David puis, au dernier rang, des ancêtres du Christ de moindre importance.

Le Christ et ses ancêtres dans la coupole sud du narthex intérieur

VIE DE LA VIERGE

Sur les vingt mosaïques retraçant la *Vie de la Vierge* dans le narthex intérieur, une seule n'est pas en bon état. Ce cycle illustre principalement l'Évangile apocryphe de saint Jacques écrit au IIe siècle. Cet évangile était très populaire au Moyen Âge et inspira de nombreux artistes de l'époque.

Parmi les épisodes, on voit les premiers pas de Marie, Joseph désigné comme fiancé de Marie, Marie recevant du pain de l'archange Gabriel et l'Annonciation.

ENFANCE DU CHRIST

Inspirées du Nouveau Testament, les scènes de l'*Enfance du Christ* ornant l'exonarthex commencent sur le mur nord par un ange qui

GUIDE DES MOSAÏQUES ET DES FRESQUES

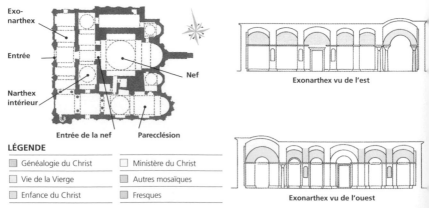

Exo-narthex

Entrée

Nef

Narthex intérieur

Entrée de la nef   Parecclésion

Exonarthex vu de l'est

Exonarthex vu de l'ouest

LÉGENDE

▨ Généalogie du Christ	☐ Ministère du Christ
☐ Vie de la Vierge	▨ Autres mosaïques
▨ Enfance du Christ	▨ Fresques

annonce en rêve à Joseph la naissance de Jésus. Les autres comprennent le départ pour Bethléem, le voyage pour le recensement, la naissance du Sauveur, le retour de la Sainte Famille en Galilée et Hérode ordonnant le massacre des Innocents.

Joseph et Marie au recensement

MINISTÈRE DU CHRIST

Cette série a subi de graves dommages mais quelques magnifiques panneaux subsistent. Le cycle décore les voûtes des huit travées de l'exonarthex et de certaines travées sud du narthex intérieur. La mosaïque qui frappe le plus le visiteur illustre la Tentation du Christ dans la deuxième travée de l'exonarthex.

T. Métochite offre Saint-Sauveur-in-Chora au Christ

AUTRES MOSAÏQUES

Trois panneaux ornent la nef de l'église. Un encadrement de marbre protège au-dessus de la porte d'entrée principale la mosaïque la mieux conservée de Saint-Sauveur-in-Chora. Elle représente

la *Dormition de la Vierge*, Marie reposant sur un sarcophage pour son dernier sommeil. L'exonarthex et le narthex renferment également des œuvres hors cycle.

Dans le narthex, notamment, le mur oriental de la croisée sud porte une Déisis (Prière) qui montre le Christ avec la Vierge. Au bas du panneau figurent une demi-sœur d'Andronic II et un fils d'Alexis Ier Comnène.

Au-dessus de la porte ouvrant sur la nef, Théodore Métochite offre symboliquement le sanctuaire restauré au Christ.

FRESQUES

Les fresques du parecclésion, la chapelle funéraire, furent probablement exécutées après l'achèvement des mosaïques vers 1320. La plus

MODE D'EMPLOI

Kariye Camii Sok, Edirnekapı. **Plan** 1 B1. **Tél.** (0212) 631 92 41. 🚌 28, 86 ou 90, puis 5 min. à pied. ☐ mar.-jeu. 9h-16h30. 🖼 ☐

réussie décore la demi-coupole de l'abside. Elle représente l'*Anastasis.* Au-dessus de l'Enfer, le Christ, vainqueur de la mort, tire Adam et Ève de leurs tombeaux. Satan gît devant Lui.

Sur la voûte de la deuxième travée figure un remarquable *Jugement dernier.* Entouré d'apôtres, de la Vierge et de saint Jean-Baptiste, le Christ domine la pesée des âmes, celles des élus se trouvant à droite et celles des damnés à gauche.

Christ de l'Anastasis ornant l'abside du parecclésion

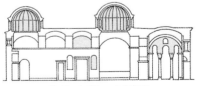
Narthex intérieur vu de l'est

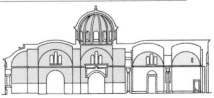
Parecclésion et exonarthex vus du sud

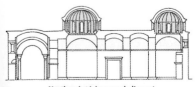
Narthex intérieur vu de l'ouest

Parecclésion et exonarthex vus du nord

Eyüp

Lieu de sépulture d'Eyüp Ensari, le porte-étendard de Mahomet, le village d'Eyüp qui voit affluer des pèlerins du monde musulman est resté un site paisible, voué à la contemplation et protégé des conséquences sordides de l'industrialisation des rives de la Corne d'Or *(p. 89)*. L'élite fortunée a embelli le village de mosquées et de fontaines, et y a fondé des écoles coraniques ainsi que des institutions charitables. Surtout, elle s'y est fait construire d'imposants mausolées, qui bordent les rues menant à la mosquée du sultan d'Eyüp. Dans les collines plantées de cyprès des alentours se dressent les pierres tombales des personnes plus ordinaires.

Portail du *külliye* **baroque de la Valide Sultane Mihrişah**

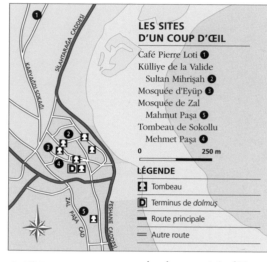

LES SITES D'UN COUP D'ŒIL

Café Pierre Loti ❶
Külliye de la Valide
  Sultan Mihrişah ❷
Mosquée d'Eyüp ❸
Mosquée de Zal
  Mahmut Paşa ❺
Tombeau de Sokollu
  Mehmet Paşa ❹

0   250 m

LÉGENDE

🔲 Tombeau

Ⓓ Terminus de *dolmuş*

━━ Route principale

══ Autre route

Café Pierre Loti ❶

Piyer Loti Kahvehanesi

Gümüşsuyu Karyağdı Sok 5, Eyüp.
Tél. *(0212) 581 26 96 96.* 🚌 *39, 55T, 99A.* ⭕ *t.l.j. 9h-minuit.*
Non loin du cimetière d'Eyüp, ce célèbre café offre depuis le sommet de la colline une vue exceptionnelle de la Corne d'Or. Il se trouve à environ 20 min de marche, par la Karyağdı Sokağı, de la mosquée d'Eyüp.
  Selon la légende qu'entretiennent volontiers les propriétaires, c'est là que l'écrivain Pierre Loti venait, à la fin du XIXe siècle, contempler une ville qui le fascinait. Il avait alors une aventure avec une femme turque, histoire d'amour qu'il relata

dans le roman *Aziyadé*. Le café est meublé d'antiquités du XIXe siècle et le serveur est vêtu d'une tenue d'époque.
  Le sentier qui conduit au café (on peut aussi prendre un funiculaire) traverse le pittoresque cimetière d'Eyüp aux tombes datant pour la plupart de l'époque ottomane. Juste avant d'atteindre l'établissement, sur la droite, quelques hautes stèles sans inscription marquent les sépultures de bourreaux.

L'intérieur du café Pierre Loti

Külliye de la Valide Sultane Mihrişah ❷

Mihrişah Valide Sultan Külliyesi

Seyit Reşat Cad. 🚌 *39, 55T, 99A.* ⭕ *mar.-dim. 9h-18h.*

Contrairement à la coutume, le plus vaste *külliye (p. 38)* baroque d'Istanbul n'a pas pour centre une mosquée. Commandé par Mihrişah, la mère de Selim III *(p. 33)*, pour abriter son tombeau, un riche mausolée en marbre, le complexe occupe une grande partie du côté gauche de la rue partant de la porte nord de la mosquée du sultan d'Eyüp.
  Achevé en 1791, le *külliye* comprend une cantine populaire toujours en service, ainsi qu'une superbe fontaine à comptoir *(sebil)* où jadis les passants pouvaient se désaltérer d'eau et de sorbets.

Mosquée du sultan d'Eyüp ❸

Eyüp Sultan Camii

Cami-i Kebir Sok. ***Tél.*** *(0212) 564 73 68.* 🚌 *39, 55T, 99A.* ⭕ *t.l.j.*

Porte-étendard du Prophète, Eyüp Ensari périt lors du premier siège de Constantinople par des Arabes au VIIe siècle. Cinq ans après avoir pris la ville en 1453, Mehmet le Conquérant fit élever sur le site de son tombeau une première mosquée. L'édifice tomba en ruine, probablement à cause d'un tremblement de terre ; Selim III édifia le sanctuaire actuel en 1800.

Sa cour intérieure est un jardin ombragé par deux énormes platanes. Les sultans y venaient jadis, lors de leur avènement, ceindre l'épée d'Osman, le fondateur de la dynastie ottomane. La salle de prière abrite un magnifique tapis vert.

Construit à la même époque que la mosquée, le tombeau qui lui fait face est lui aussi de style baroque. Le mur percé d'une grille ouvragée est orné de magnifiques carreaux de céramique. Comme dans une mosquée, il faut se déchausser avant d'entrer et avoir une attitude et une tenue respectueuses (pas de short pour les hommes, épaules et tête couvertes pour les femmes).

La mosquée de Zal Mahmut Paşa vue du jardin de son tombeau

L'architecte Sinan (p. 91) dessina un mausolée octogonal aux proportions élégantes. Il a conservé une partie de ses vitraux d'origine. Une galerie relie le tombeau à ce qui était jadis une école coranique.

Mosquée de Zal Mahmut Paşa ❺
Zal Mahmut Paşa Camii

Zal Paşa Cad. 🚌 39, 55T, 99A.
⭕ t.l.j.

En se dirigeant vers le sud depuis le centre d'Eyüp, une courte marche conduit à la mosquée construite par Sinan pour l'homme qui assassina Mustafa, le fils aîné de Soliman le Magnifique. Probablement érigé dans les années 1560, le sanctuaire abrite un mihrab entouré de splendides carreaux à motifs floraux et un *müezzin mahfili* (p. 38) en marbre sculpté. Après quelques marches de pierre au nord de la mosquée, on rejoint le jardin où se dresse le mausolée de Zal Mahmut Paşa et de sa femme. Selon la tradition, ils moururent le même jour.

La petite Cezri Kasım Paşa Camii (1515) qui borde la même rue possède un joli portail et un mihrab dont les carreaux furent pour la plupart fabriqués dans le palais de Constantin Porphyrogénète (p. 117) au début du XVIIIe siècle.

Tombeau d'Eyüp Ensari, porte-étendard de Mahomet

Tombeau de Sokollu Mehmet Paşa ❹
Sokollu Mehmet Paşa Türbesi

Cami-i Kebir Sok. 🚌 39, 55T, 99A.
⭕ mar.-dim. 9h30-16h30.

Le grand vizir Sokollu Mehmet Paşa commanda ce tombeau (*türbe*) vers 1574, cinq ans avant son assassinat par un dément au palais de Topkapı (p. 54-57).

D'origine balkanique et de sang royal, il fut d'abord fauconnier royal, puis devint le Premier ministre de Soliman le Magnifique (p. 26) en 1565. Il conserva cette fonction sous Selim II et pendant une partie du règne de Murat III.

PIERRES TOMBALES OTTOMANES

Le cimetière ottoman était un jardin des morts, un lieu de promenade accueillant pour les vivants. Les pierres tombales y avaient une décoration hautement symbolique liée au sexe, à l'occupation, au rang et même au nombre d'enfants du défunt. Après l'interdiction du turban en 1829 (p. 30), les stèles des hommes ne portèrent plus que des fez.

Les fleurs *symbolisent les enfants de la défunte.*

La taille *du turban indiquait le statut du défunt.*

Ce chapeau *signale la tombe d'un soufi.*

Le fez *était porté par le paşa (haut fonctionnaire).*

Au-delà de Taksim

Le quartier au nord de la place de Taksim *(p. 107)* devint un lieu de résidence en vogue au XIXᵉ siècle quand les sultans y firent bâtir des palais sur les rives du Bosphore et sur les collines qui le dominent. La mode fut lancée par Abdül-Mecit, qui quitta Topkapı pour l'extravagant palais de Dolmabahçe où se mêlent influences européennes et orientales. Deux autres sites dignes de visite se trouvent sur la rive nord de la Corne d'Or. Le palais d'Aynalı Kavak est le dernier vestige d'une vaste demeure impériale construite par Ahmet III *(p. 27)*, tandis que le musée Rahmi-Koç présente une exposition consacrée aux débuts de l'industrie dans une usine désaffectée de Hasköy. Le développement économique du quartier a laissé peu de traces du parc royal qui s'étendait là au XVᵉ siècle.

L'İskele Meydanı et le débarcadère des ferrys d'Ortaköy

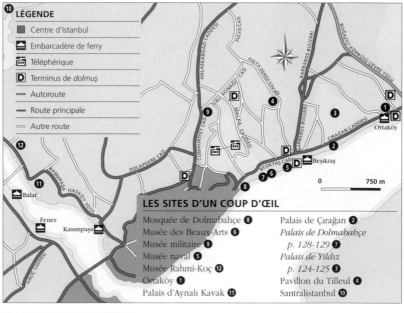

LÉGENDE

- ■ Centre d'Istanbul
- ⛴ Embarcadère de ferry
- 🚠 Téléphérique
- D Terminus de *dolmuş*
- — Autoroute
- — Route principale
- = Autre route

LES SITES D'UN COUP D'ŒIL

Mosquée de Dolmabahçe ⑧
Musée des Beaux-Arts ⑥
Musée militaire ⑨
Musée naval ⑤
Musée Rahmi-Koç ⑫
Ortaköy ①
Palais d'Aynalı Kavak ⑪

Palais de Çırağan ②
Palais de Dolmabahçe
p. 128-129 ⑦
Palais de Yıldız
p. 124-125 ③
Pavillon du Tilleul ④
Santralistanbul ⑩

Rue pavée d'Ortaköy bordée de boutiques et de cafés

Ortaköy ①

Plan 9 F3. 🚌 *25E, 40.*

Au pied de l'imposant pont du Bosphore *(p. 138)*, le quartier résidentiel d'Ortaköy a conservé une atmosphère de village. La vie sociale y a pour pôle l'İskele Meydanı, place en front de mer qui retentissait jadis des cris des pêcheurs venus y débarquer leurs prises de la journée. Aujourd'hui, Ortaköy est plus connu pour les boutiques d'artisanat local et pour le marché *(p. 215)* dont les étals, le dimanche, envahissent la place et les rues alentour. Ses nombreux bars et cafés en font aussi un des hauts lieux de la vie nocturne stambouliote *(p. 221)*, en particulier en été.

Nikoğos Balyan, architecte du palais de Dolmabahçe *(p. 128-129)*, reconstruisit en 1855 la gracieuse mosquée de Mecidiye qui se mire dans les eaux du détroit à la pointe du Defterdar. Ortaköy renferme aussi une église grecque orthodoxe, Haghios Phocas, et une synagogue, Etz Ahayim, toutes deux d'origine byzantine.

Palais de Çırağan ❷
Çırağan Sarayı

Çırağan Cad 32, Beşiktaş. **Plan** 9 D3. **Tél.** *(0212) 326 46 46.* 🚌 *25E, 40, 42.* **www**.kempinski.com/en/ istanbul/

C'est le sultan Abdül-Aziz qui fit achever en 1871 le palais de Çırağan entrepris en 1861 par son prédécesseur, Abdül-Mecit Ier, sur le site d'une demeure réputée pour les processions aux flambeaux qui s'y déroulèrent à l'époque des Tulipes *(p. 27)*.

L'architecte, Nikogos Balyan, à la demande du souverain, ajouta des éléments arabisants inspirés de dessins d'édifices maures tels que l'Alhambra de Grenade. À l'extérieur, cette influence apparaît dans le décor des fenêtres. De grands portails ouvragés bordent le Bosphore d'où le sultan accédait directement au palais.

La résidence impériale ne porta pas chance à ses occupants. Abdül-Aziz y mourut en 1876, officiellement en se suicidant quelques jours après avoir été déposé. Son successeur, Murat V, devint fou après un règne de trois mois et resta emprisonné au palais pendant un an. Il mourut 27 ans plus tard au pavillon de Malte *(p. 125)* sans avoir recouvré la liberté.

Ravagé par un incendie en 1910, le palais de Çırağan resta longtemps vide. Il ne fut

Escalier baroque du pavillon du Tilleul

restauré et transformé en hôtel de luxe : le Çırağan Palace Kempinski *(p. 191)* qu'à partir des années 1990.

Parc de Yıldız ❸

Voir p. 124-125.

Pavillon du Tilleul ❹
Ihlamur Kasrı

Ihlamur Teşvikiye Yolu, Beşiktaş. **Plan** 8 B2. **Tél.** *(0212) 259 50 86.* 🚌 *26 (depuis Eminönü).* ⏱ *mar.-mer., ven.-dim. 9h30-16h30 (hiver), 9h-17h30 (été).* 📷 🎫

Un superbe jardin verdoyant planté de magnolias et de camélias, et agrémenté de fontaines, entoure cette ancienne résidence de plaisance des sultans. Des murs isolent le pavillon du quartier moderne d'Ihlamur ; la propriété forme au milieu de la circulation une enclave historique incongrue, évocation d'une époque moins agitée.

Comme le nom du pavillon *(ıhlamur)* le suggère, il se dressait jadis au milieu de tilleuls. Son jardin est en fait tout ce qui reste d'un vaste parc boisé, terrain de chasse et de repos autrefois très apprécié des souverains ottomans.

Au début du XIXe siècle, Abdül-Mecit Ier venait souvent séjourner dans le pavillon d'origine, un édifice si dénué de prétentions que le poète romantique Alphonse de Lamartine (1790-1869) qui connaissait les fastes de la cour ottomane fut surpris qu'un sultan l'ait reçu dans une humble maison de campagne.

En 1857, Abdül-Mecit commanda une nouvelle résidence à Nikogos Balyan, l'architecte qui venait de terminer le palais de Dolmabahçe. Nikogos Balyan éleva deux pavillons. Le plus imposant, le pavillon des Cérémonies, ou Mabeyn Köşkü, servait aux réceptions officielles. Le pavillon de la Cour, le Maiyet Köşkü, était réservé à l'entourage du sultan, y compris les femmes du harem.

Construits principalement en calcaire et en marbre, les deux édifices présentent des façades baroques où règnent les lignes courbes au-dessus de majestueux escaliers doubles. Ils sont tous deux ouverts au public, le pavillon de la Cour abritant un café et une librairie. Leurs intérieurs rococo reflètent les goûts ottomans du XIXe siècle marqués par l'influence européenne. Malgré l'abondance de miroirs, de dorure et de meubles opulents, la décoration, qui ressemble à celle du palais de Dolmabahçe, est moins ostentatoire.

Fenêtres ornées de stalactites mauresques du palais de Çırağan

Parc de Yıldız ❸

Yıldız Parkı

Fontaine, palais
de Yıldız

Jadis rattaché au palais de Çirağan *(p. 123)*, cet espace vert devint au XIXe siècle le jardin du palais de Yıldız, ensemble d'édifices d'âges divers. Il est aujourd'hui enclos dans une enceinte séparée dont l'entrée se trouve sur l'Ihlamur-Yıldız Caddesi. Lieu de pique-nique apprécié des familles stambouliotes, avec ses arbres vénérables et ses buissons exotiques, le parc renferme d'autres pavillons. Sa situation sur une colline ménage de superbes panoramas. Pour éviter une assez longue ascension, prenez un taxi jusqu'au pavillon Şale.

Pont au-dessus du lac du jardin
du palais de Yıldız

Palais de Yıldız

Cet ensemble de pavillons et de villas élevés au XIXe et au XXe siècle devint la résidence principale de l'excentrique sultan Abdül-Hamit II (1876-1909, *voir p. 33),* qui redoutait une attaque navale de Dolmabahçe *(p. 128-129).*

Le principal édifice de la première cour abrite les **appartements de Cérémonie** (Büyük Mabeyn) et date du règne de Selim III (1789-1807). Il n'est pas ouvert au public actuellement. Presque en face de l'entrée percée dans l'enceinte, le **musée de la Municipalité** (Íehir Müzesi) propose, entre autres, une exposition de porcelaines de Yıldız. Le bâtiment italianisant qui lui fait face est l'ancienne armurerie ou **Silahhane**. À côté du musée de la Municipalité, l'ancien atelier de menuiserie d'Abdül-Hamit (Marangozhane) abrite le **musée du Palais de Yıldız,** qui propose des expositions tournantes d'œuvres d'art et d'objets ayant appartenu au palais.

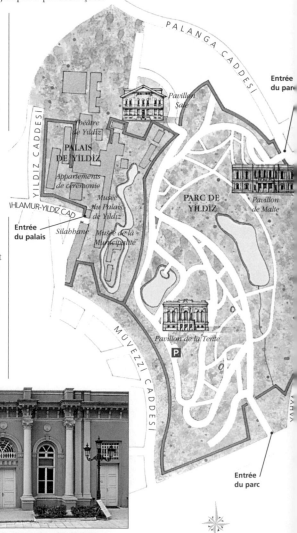

L'ancienne armurerie (Silahhane) italianisante du palais de Yıldız

Un arc monumental conduit de la première cour à la partie de la résidence réservée au harem. À gauche de l'arc se dresse la jolie serre du Citronnier (Limonluk Serası).

Un peu plus loin, le **Théâtre du palais de Yıldız** a été transformé en musée. Abdül-Hamit, qui appréciait toutes les formes d'art occidentales, acheva sa construction en 1889. Restauré, l'intérieur possède une décoration où dominent le bleu et l'or. Les étoiles de la voûte rappellent que *yıldız* signifie « étoile » en turc.

Abdül-Hamit prenait place, seul, dans la baignoire au-dessus de l'entrée. Dans les coulisses, les anciennes loges des acteurs servent de cadre à des expositions de costumes et d'affiches.

Le lac à l'intérieur de l'enceinte a la forme de la *tuğra (p. 95)* d'Abdül-Hamit. Tigres, lions, girafes et zèbres vivaient dans la ménagerie créée sur l'île.

Salon du somptueux pavillon Şale

Entrée du parc

PALANGA CADDESİ

nufacture impériale de porcelaine

RAĞAN CADDESİ

0   250 m

LÉGENDE

▢ Bâtiment du palais

▬ Mur du parc ou du palais

🅿 Parc de stationnement

Pavillon Şale

Malgré l'homogénéité de sa façade, la construction pour Abdül-Hamit II du Şale Köşkü, l'édifice le plus imposant du parc, se fit en trois étapes.

Conçue pour ressembler à un chalet suisse, la partie gauche, la plus ancienne du bâtiment, remonte aux années 1870. Winston Churchill, Charles de Gaulle et Nicolae Ceauşescu y séjournèrent.

Édifiée en l'honneur du Kaiser Guillaume II et de la première visite officielle à Istanbul d'un monarque étranger, la deuxième partie date de 1889. La salle à manger de cette suite de quatorze pièces doit aux incrustations ornant ses murs le nom de salon de Nacre (Sedefli Salon).

La troisième partie fut aussi bâtie à l'occasion d'une visite de Guillaume II, cette fois en 1898. La salle de réception est la pièce la plus grandiose du Şale Köşkü. Soixante artisans réalisèrent l'immense tapis en soie de Hereke *(p. 218)* qui couvre le sol. Il pèse plusieurs tonnes.

Pavillons de Malte et de la Tente

Érigés pendant le règne d'Abdül-Aziz (1861-1876), le Malta Köşkü et le Çadır Köşkü servirent tous deux de prison. Ils abritent désormais des cafés.

Le pavillon de Malte, qui fait restaurant, a une vue superbe sur le Bosphore.

Midhat Paşa, le père de la Constitution qui réussit à obtenir la destitution d'Abdül-Aziz, fut emprisonné au pavillon de la Tente après le suicide du sultan. Murat V et sa mère, après une brève incarcération au palais de Çırağan *(p. 123)*, restèrent enfermés au pavillon de Malte pendant 27 ans.

Façade du pavillon de la Tente, aujourd'hui transformé en café

Fabrique impériale de porcelaine

Installée dans un bâtiment qui évoque un château médiéval européen auquel ne manquent ni tourelles ni fenêtres à barreaux, cette manufacture ouvrit en 1895 pour fournir aux classes aisées turques des céramiques de style occidental. Les sucriers, vases et plats sortis d'ici ont pour décor des paysages idéalisés du Bosphore ou d'autres sites pittoresques d'Istanbul : musées et palais de la ville en regorgent. L'usine n'est pas ouverte au public, mais la boutique propose une production en série.

Musée naval ❺
Deniz Müzesi

Hayrettin Paşa İskelesi Sok, Beşiktaş.
Plan 8 B4. **Tél.** *(0212) 327 43 45.*
🚌 *25E, 28, 40, 56.*
⏰ *mer.-dim. 9h-17h.* 🖼️ 🎫

Situé près de l'embarcadère
du ferry de Beşiktaş, le musée
a rouvert ses portes en 2008
après sa rénovation. La galerie
des Caïques est consacrée
aux embarcations impériales
du XVIIᵉ siècle dont elle porte
le nom, certaines étant dotées
de rameurs grandeur nature.
La plus grande, utilisée
sous Mehmet IV, mesure 40 m
de longueur et nécessitait
144 rameurs. Les caïques
d'Atatürk *(p. 30),*
dans lesquels
prenaient place
les chefs
d'État
étrangers,
paraissent
minuscules
en comparaison.
Le bâtiment
principal
comprend
des peintures

**Caïque utilisé
par Atatürk**

à l'huile de diverses scènes
de batailles navales, des
figures de proue, des armes,
des uniformes et des objets
provenant du yacht d'Atatürk,
le *Savarona*.

Musée des Beaux-Arts ❻
Resim ve Heykel Müzesi

Hayrettin Paşa İskelesi Sok, Beşiktaş.
Plan 8 B4. **Tél.** *(0212) 261 42 98.*
🚌 *25E, 28, 40, 56.* ⏰ *tél. pour
horaires ; ouv. prévue fin 2011.*

Adjacent au palais de
Dolmabahçe *(p. 128-129),*
l'ancien pavillon du prince
héritier abrite une belle
collection de peintures
et de sculptures de la fin du
XIXᵉ et du début du XXᵉ siècle.
Dans les années 1800, l'Empire
ottoman se mit à l'heure
européenne et des artistes
comme Osman Hamdi Bey
(1842-1910, *voir p. 62*)
s'essayèrent aux formes de
représentation occidentales.
Malgré cette influence, les
sujets de leurs œuvres restent
empreints de l'atmosphère

**Femme au mimosa d'Osman Hamdi
Bey, musée des Beaux-Arts**

stambouliote. Recherchez
notamment *Femme au
mimosa, Portrait de jeune fille*
et *Homme à la robe jaune*
d'Osman Hamdi Bey,
La Mosquée de Sultanahmet
d'Ahmet Ziya Akbulut (1869-
1938) et *Âşık*, portrait d'un
poète sculpté par İsa Behzat
(1867-1944).

Palais de Dolmabahçe ❼

Voir p. 128-129.

Mosquée de Dolmabahçe ❽
Dolmabahçe Camii

Meclis-i Mebusan Cad, Kabataş.
Plan 8 A5. 🚊 Kabataş. 🚌 *25E, 40.*
⏰ *t.l.j.*

Comme le palais de
Domabahçe, à côté duquel
elle s'élève, la mosquée est
l'œuvre de la riche famille
des Balyan et fut achevée

en 1853. Elle possède
d'élégants minarets inspirés
des colonnes corinthiennes.
Des fenêtres cintrées
illuminent l'intérieur
décoré de faux marbres et
de peintures en trompe l'œil.

Musée militaire ❾
Askeri Müzesi

Vali Konağı Cad, Harbiye. **Plan** 7 F1.
Tél. *(0212) 233 27 20.* 🚌 *46H.*
Ⓜ *Osmanbey.* ⏰ *mer.-dim.
9h-17h (ferm. des guichets à 16h).*
Concert de la fanfare Mehter
mer.-dim. 15h-16h. 🖼️ 🎫

Cet imposant musée retrace
l'histoire guerrière de la
Turquie depuis la prise de
Constantinople en 1453. Le
bâtiment qu'il occupe abritait
jadis l'académie militaire où
Atatürk étudia de 1899 à 1905.
Sa salle de classe a été
conservée en l'état.
    C'est ici que se produit
la fanfare Mehter formée au
XIVᵉ siècle pendant le règne
d'Osman Iᵉʳ *(p. 25).* Jusqu'au
XIXᵉ siècle, composée de
janissaires, elle accompagnait
le sultan à la bataille.
Elle interprétait des morceaux
évoquant les ancêtres
et les grandes victoires
de la dynastie ottomane.
    L'exposition comprend de
superbes armes damasquinées,
dont des *cembiyes,* dagues
courbes du XVᵉ siècle.
Certaines sont ornées de
motifs floraux et géométriques
en filigrane d'argent.
La collection très éclectique
comporte notamment des
protections de tête en cuivre
pour chevaux du XVIIᵉ siècle.

Mosquée de Dolmabahçe sur la rive du Bosphore

Cembiye damasquinée exposée au Musée militaire

Commandée en 1995, l'exposition consacrée à l'expédition des Dardanelles en 1915 *(p. 30)* et à l'échec de l'Anzac dans la péninsule de Gallipoli comprend une poignante évocation de la guerre de tranchées. À l'étage, on trouve les tentes brodées que les sultans emportaient pendant leurs campagnes.

Santralistanbul ⑩

Kazim Karabekir Cad 2, Eyüp. **Tél.** *(0212) 311 7809.* 47 ; *navette gratuite de Taksim AKM toutes les 20 min en semaine, toutes les 30 min sam., toutes les heures dim.* *mar.-dim.10h-20h.* *1er janv., 1er jour des fêtes religieuses.*

Inauguré en juillet 2007, Santralistanbul est installé dans la première centrale électrique de la ville, datant de la période ottomane. Ce complexe artistique et culturel comprend notamment un centre d'art contemporain, un musée de l'Énergie, et des résidences d'accueil pour les artistes, architectes et designers invités.

Palais d'Aynalı Kavak ⑪
Aynalı Kavak Kasrı

Kasımpaşa Cad, Hasköy. **Plan** 6 A3. **Tél.** *(0212) 250 40 94.* 47, 54. *t.l.j. sf lun. et jeu. 9h-16h30.*

Ce charmant pavillon est tout ce qui reste d'un vaste complexe impérial qui, au sein d'un jardin de 7 000 m², dominait la Corne d'Or *(p. 89)* à une époque où la civilisation industrielle ne l'avait pas encore défigurée. La date de 1791, inscrite partout dans le bâtiment, correspond à une restauration. Pendant l'époque des Tulipes *(p. 27)*, Ahmet III (1703-1730) venait déjà se détendre ici à la belle saison dans un palais en bois.

Accroché à flanc de colline, l'édifice possède deux étages au sud-ouest et un seul au nord-est. Il conserve de superbes traits ottomans, notamment les fenêtres supérieures de sa façade principale ornées de verre teinté enchâssé dans des entrelacs en stuc.

Selim III (1789-1807) rénova entièrement l'intérieur, et la salle d'Audience renferme une inscription bleu et or qui décrit les activités du sultan lors de ses séjours dans le pavillon. C'est dans la salle de Composition, particulièrement somptueuse, qu'il créa une grande partie de son œuvre musicale et poétique.

Meublé en partie à l'occidentale, le palais d'Aynalı Kavak abrite, en souvenir de Selim III, une magnifique exposition de différents instruments de musique turcs.

Salle d'Audience du palais d'Aynalı Kavak sur la Corne d'Or

Musée de Rahmi-Koç ⑫
Rahmi Koç Müzesi

Hasköy Cad 5, Hasköy. **Tél.** *(0212) 369 66 01/02.* 47. *mar.-dim. 10h-17h, sam.-dim. 10h-18h.*

Cette usine du XIXe siècle, dans le quartier de Hasköy, qui fabriquait des ancres et des chaînes abrite l'hétéroclite collection de l'industriel Rahmi Koç. Le bâtiment lui-même, avec ses quatre petites coupoles, ses passages voûtés et ses aménagements en bois, est intéressant.

L'exposition, qui a pour thème l'ère industrielle en général, réunit des objets très variés, depuis des jouets mécaniques, des maquettes de véhicules et de machines jusqu'à un pont de bateau entièrement reconstitué. Deux excellents restaurants se sont également installés à l'intérieur du bâtiment.

LES JANISSAIRES

Le corps des janissaires (« nouvelle troupe ») fondé au XIVe siècle était la troupe d'élite du sultan. Elle était à l'origine constituée d'esclaves recrutés grâce au *devşirme*, le ramassage de jeunes chrétiens dans les Balkans. Cette armée professionnelle entièrement dévouée au sultan dont elle formait la garde personnelle joua un rôle primordial dans l'expansion de l'Empire ottoman. À partir du XVIIe siècle toutefois, elle contribua à son déclin en refusant toute

Miniature de janissaires du XVIe siècle

évolution et en se révoltant à plusieurs reprises. Mahmut II réussit à la dissoudre, au prix d'un massacre, en 1826.

Palais de Dolmabahçe ❼

Dolmabahçe Sarayı

Membres de la grande famille d'architectes arméniens dont les créations jalonnent les rives du Bosphore (p.137-149), Karabet Balyan et son fils Nikogos achevèrent en 1856 ce palais de 280 pièces commandé par Abdül-Mecit. Son luxe extravagant ne correspondait pas à l'état de l'Empire ottoman, alors en plein déclin, et le sultan dut emprunter auprès de banques étrangères pour financer la construction de ce somptueux caprice. L'intérieur du palais n'est accessible que dans le cadre d'une visite guidée.

Vase au pied de l'escalier de cristal

Deux visites sont proposées : la première permet de découvrir le Selamlık (ou Mabeyn-i Hümayun), les pièces réservées aux hommes (salons d'apparat et immense salle de réception) ; la seconde, qui traverse le harem, les quartiers d'habitation du sultan et de son entourage, présente moins d'intérêt.

★ Escalier de cristal
Associant cristal de Baccarat, laiton et acajou, cet escalier en double fer à cheval étonna les observateurs par son apparente fragilité.

Dans le salon Süfera, l'une des pièces les plus luxueuses du palais, les ambassadeurs attendaient une audience du sultan.

Entrée

Portail impérial
Seuls le sultan et ses ministres empruntaient jadis ce portail, aujourd'hui entrée principale du palais, où la fanfare Mehter (p. 126-127) joue chaque mardi après-midi en été.

Fontaine aux Cygnes
Comme le palais, cette fontaine s'élève sur un terrain gagné au XVIᵉ siècle sur la mer, d'où son nom de « Jardin rempli » (Dolmabahçe).

Selamlık

Dans le salon Rouge le sultan recevait les ambassadeurs.

★ Salle de réception
Cette magnifique pièce fut conçue pour accueillir 2 500 personnes. Le lustre, cadeau de la reine Victoria, pèse 4,5 tonnes.

MODE D'EMPLOI

Dolmabahçe Cad, Beşiktaş.
Plan 8 B4. **Tél.** (0212) 236 90 00.
🚌 25E, 40. ⬜ mar.-mer., ven.-dim. 9h-16h (oct-fév. : dern. entr. 15h). ⬤ 1er jour des fêtes religieuses.
📷 ♿ ⬜ 🏪

Salon Bleu
Les jours de fête religieuse, la mère du sultan recevait épouses et favorites dans la pièce principale du harem.

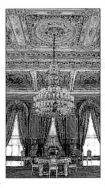

Zülvecheyn ou salle du Panorama

Harem

Le salon Rose
servait de pièce de réunion au harem.

Salle de réception de la mère du sultan

Portail principal de la rive

La chambre d'Abdül-Aziz abrite un immense lit fabriqué spécialement pour le sultan Abdül Aziz, lutteur amateur de 150 kg.

Chambre d'Atatürk
Atatürk (voir p. 30-31) *mourut dans cette chambre le 10 novembre 1938 à 9 h 05, l'heure qu'indiquent toutes les horloges du palais.*

★ Salle de bains principale
Parée de l'albâtre égyptien le plus fin et dotée de robinets en argent massif, elle offre une vue exceptionnelle sur le Bosphore.

À NE PAS MANQUER

★ Escalier de cristal

★ Salle de bains

★ Salle de réception

Rive asiatique

Sur la rive orientale du Bosphore et de la mer de Marmara s'étendent les deux grands faubourgs d'Üsküdar et de Kadıköy, dont les origines remontent à la fondation de Chalcédoine au VIIe siècle av. J.-C. *(p. 19)*. À l'époque byzantine, Üsküdar, appelée Chrysopolis puis Scutari, était le point de départ des routes commerciales à travers l'Asie. Elle conserva son importance sous les Ottomans et renferme de nombreuses mosquées. Le projet Marmaray (tunnel passant sous le Bosphore) a initié d'importantes fouilles archéologiques. Des banlieues résidentielles entourent Üsküdar et Kadıköy. Depuis Fenerbahçe, on peut rejoindre à pied la Bağdat Caddesi, rue marchande réputée d'Istanbul.

Tour de Léandre sur son îlot

Mosquée de Şemsi Paşa **2**

Şemsi Paşa Camii

Sahil Yolu, Üsküdar. **Plan** 10 A2. ⛴ *Üsküdar.* ◯ *t.l.j.*

Cette mosquée est l'une des plus petites jamais commandée par un grand vizir *(p. 29)*. Ses dimensions modestes et sa situation en bord de mer en font une des plus agréables de la ville.

Sinan *(p. 91)* l'édifia en 1580 pour Íemsi Ahmet Paşa, qui succéda à Sokollu Mehmet Paşa *(p. 82)* à la tête du gouvernement ottoman ; le premier joua peut-être un rôle dans l'assassinat de son prédécesseur.

Le sanctuaire s'organise autour d'un jardin dominant le Bosphore. La mosquée elle-même en borde un des côtés, la médersa *(p. 38)* en ferme deux autres. Contrairement à la coutume, le tombeau du fondateur jouxte le bâtiment principal. Une grille sépare les deux intérieurs.

LES SITES D'UN COUP D'ŒIL

Caserne de Selimiye **8**
Cimetière de Karaca Ahmet **7**
Gare de Haydarpaşa **9**
Grande Colline des Pins **10**
Mosquée Atik Valide **5**
Mosquée aux Faïences **6**
Mosquée de Şemsi Paşa **2**
Mosquée İskele **3**
Mosquée Yeni Valide **4**
Tour de Léandre **1**

0 ——— 1 km

LÉGENDE

⛴ Embarcadère de ferry
🚉 Gare
Ⓓ Terminus de *dolmuş*
═══ Autoroute
━━━ Route principale
═══ Autre route

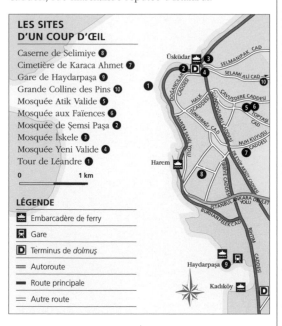

Tour de Léandre **1**

Kız Kulesi

Üsküdar. **Plan** 10 A3. **Tél.** (0216) 342 47 47. ⛴ *Üsküdar.*
www.kizkulesi.com.tr

Point de repère bien connu des marins empruntant le Bosphore, la petite tour blanche de Léandre occupe depuis le XVIIIe siècle, sur un îlot au large d'Üsküdar, le site d'une forteresse byzantine construite au XIIe siècle par Manuel Ier Comnène. Lieu de quarantaine lors d'une épidémie de choléra, puis phare, point de contrôle

douanier et péage, la tour de Léandre abrite maintenant un restaurant et une discothèque *(p. 206)*.

Elle doit son nom turc de « tour de la Vierge » à une légende : une princesse s'y trouva enfermée pour échapper à la mort par morsure de serpent qu'on lui avait prédite. Le reptile l'atteignit tout de même, dans un panier de figues. Le nom français découle d'une erreur. Ce n'est pas le Bosphore mais le détroit des Dardanelles *(p. 170)* que le Grec Léandre traversait à la nage pour rejoindre sa maîtresse Héro.

Mosquée de Şemsi Paşa bâtie par Sinan pour le grand vizir

Mosquée d'İskele ❸
İskele Camii

Hakimiyeti Milliye Cad, Üsküdar. **Plan** 10 B2. 🚊 *Üsküdar.* 🕐 *t.l.j.*

Appelée aussi la Mihrimah Sultan Camii, la « mosquée des Docks » domine depuis une plate-forme la place principale d'Üsküdar en face du débarcadère des ferrys. Sinan bâtit entre 1547 et 1548 ce sanctuaire massif pour Mihrimah, fille favorite de Soliman le Magnifique et épouse du grand vizir Rüstem Paşa *(p. 88)*.

Manquant d'espace pour lui donner une cour, Sinan construisit un vaste toit en surplomb qui vient couvrir le *şadırvan* (fontaine aux ablutions) devant la mosquée. Le porche et la salle de prière sont donc peu lumineux. Le portique surélevé offre néanmoins un excellent point de vue sur la grand-place où se dresse la baroque fontaine d'Ahmet III datant de 1726.

Mektep (école coranique) au-dessus du portail de la mosquée Yeni Valide

Fontaine fixée à la plate-forme portant la mosquée d'İskele

Mosquée Yeni Valide ❹
Yeni Valide Camii

Hakimiyeti Milliye Cad, Üsküdar. **Plan** 10 B2. 🚊 *Üsküdar.* 🕐 *t.l.j.*

En face de l'İskele Camii, de l'autre côté de la place principale, s'élève la Nouvelle Mosquée de la Valide Sultane. Elle a été construite par Ahmet III entre 1708 et 1710 pour rendre hommage à sa mère, Gülnuş Emetullah.

Il faut passer sous le *mektep* (école coranique), bâtie au-dessus du portail, pour pénétrer dans la vaste cour du complexe. Ses édifices marquent un tournant dans l'architecture ottomane. La mosquée est de style classique mais des fioritures baroques ornent le tombeau de la Valide Sultane, le *sebil* (comptoir de distribution de rafraîchissements) voisin et la fontaine aux ablutions.

Mosquée Atik Valide ❺
Atik Valide Camii

Çinili Camii Sok, Üsküdar. **Plan** 10 C3. 🚌 *12C (depuis Üsküdar).* 🕐 *aux heures de prière seul..*

Bâtie sur une colline au-dessus d'Üsküdar, la Vieille Mosquée de la Valide Sultane était l'un des plus importants *külliye (p. 38)* d'Istanbul. Sinan l'acheva en 1583 pour Nur Banu, l'épouse d'origine vénitienne de Selim II l'Ivrogne et la mère de Murat III. Elle fut la première des valides sultanes à diriger l'empire depuis le harem *(p. 27)*. Dernière œuvre majeure de Sinan, la mosquée possède une large coupole reposant sur cinq demi-coupoles, tandis qu'un arc elliptique domine le portail d'entrée. Des tribunes ornées, sur leurs faces inférieures, de dessins au pochoir noirs, rouges et or typiques de l'époque entourent sur trois côtés la salle de prière. De beaux carreaux de céramique d'İznik *(p. 161)* couvrent presque entièrement l'abside du mihrab qui, comme le minbar, est fait de marbre finement sculpté.

Les ailes latérales, du XVIIe siècle, prolongent le bâtiment au nord et au sud. Les peintures en trompe l'œil de la loge royale de la tribune ouest datent du XVIIIe siècle. Dehors, une porte dans le mur nord de la cour donne sur une volée de marches qui descend jusqu'à la médersa dont la *dershane* (classe) soutenue par une arche surplombe la ruelle. Des autres dépendances de l'Atik Valide Camii, le *şifahane* (hôpital), situé à l'est de la mosquée, est le seul à avoir été restauré (il est ouvert au public). Il se compose de 40 cellules entourant une cour. Il fonctionna pendant une grande partie du XXe siècle.

Coupole de l'entrée de la mosquée Atik Valide

Étude religieuse dans la mosquée aux Faïences

Mosquée aux Faïences ❻
Çinili Camii

Çinili Camii Sok, Üsküdar. **Plan** 10 C3. 🚊 Üsküdar, puis 20 min de marche. 🕐 aux heures de prière.

Datant de 1640 et joyau d'Üsküdar, la Çinili Camii est plus petite que les nombreuses autres fondations royales du XVIIe siècle. À l'époque de sa construction, Istanbul comptait déjà beaucoup de grands küliye (p. 38) impériaux et les terrains de grande taille commençaient à manquer.

Son architecte, Koca Kasim, donna à la mosquée une forme simple : un socle de plan carré surmonté d'une coupole. Il l'édifia pour la sultane Mahpeyker Kösem, épouse d'Ahmet Ier et mère de Murat IV et d'İbrahim Ier, l'une des dernières femmes du harem à avoir joué un rôle politique majeur (p. 27).

Une massive fontaine aux ablutions trône dans la cour, mais la médersa adjacente est relativement petite.

La mosquée aux Faïences doit son nom aux carreaux d'İznik (p. 161) qui décorent sa façade et la salle de prière. Les carreaux turquoise, blanc, gris et bleu n'ont pas les couleurs rouge et verte caractéristiques de l'âge d'or des ateliers de céramique, mais sont d'une grande beauté. Ils couvrent jusqu'au dais conique du minbar en marbre sculpté rehaussé de rouge, de vert et d'or.

Le hammam rénové de la Çinili Camii est fréquenté par les riverains.

Cimetière de Karaca Ahmet ❼
Karaca Ahmet Mezarlığı

Nuh Kuyusu Cad, Selimiye. **Plan** 10 C4. 🚌 12. 🕐 9h30-17h30. **Tombeau** 🕐 t.l.j. 9h30-16h30.

L'immense cimetière aux allées bordées de pierres tombales est planté de cyprès. Les plus vieilles sépultures se trouvent du côté d'Haydarpaşa : la plus ancienne date de 1521, mais le cimetière lui-même remonterait à 1338.

Fez ou turban pour les hommes, fleurs, chapeaux ou châles pour les femmes, le décor de chaque stèle funéraire raconte une histoire (p. 121). À l'angle de la Gündoğumu Caddesi et de la Nuh Kuyusu Caddesi se dresse le mausolée,

Monument à la guerre de Crimée

élevé au XIXe siècle, du guerrier qui donna son nom au cimetière. Karaca Ahmet périt au combat au XIVe siècle pendant la conquête des villes byzantines de Chrysopolis et de Chalcédoine. Depuis 2009, le cimetière abrite Şakirin Camii, une mosquée moderne, dont l'architecture intérieure a été réalisée par une femme Zeynep Fadillioğlu.

Caserne de Selimiye ❽
Selimiye Kışlası

Çeşme-i Kebir Cad, Selimiye. **Plan** 10 B5. **Tél.** (0216) 556 80 00. 🚊 Harem. 🚌 12. 🕐 lun-.ven. 9h-17h.

Selim III fit construire la Selimiye Kışlası en 1799 pour héberger la Nouvelle Armée qui devait remplacer les janissaires (p. 127). Mais ces derniers se soulevèrent en 1807-1808, déposèrent le sultan et le tuèrent. Un incendie ravagea la caserne peu après.

Mahmut II, après avoir réussi à dissoudre le corps des janissaires, entreprit en 1828 la construction du vaste édifice actuel, qui domine de ses quatre tours la rive asiatique. Abdül-Mecit Ier lui ajouta trois autres ailes entre 1842 et 1853. Le bâtiment servit d'hôpital militaire pendant la guerre de Crimée (1853-1856), et son nom devint intimement lié à celui de Florence Nightingale qui vécut et travailla dans la tour nord-est à partir de 1854. Transformées en musée, les pièces qu'elle occupa constituent la seule partie de la caserne accessible au public. Elles renferment le mobilier de l'époque et la lampe que l'infirmière tenait lors de ses rondes nocturnes et qui lui valut le nom de « la Dame à la lampe ». Pour les

Visiteur en prière dans le tombeau de Karaca Ahmet

La gare de Haydarpaşa, terminus des trains arrivant d'Anatolie

Grande Colline des Pins ❿
Büyük Çamlıca

Çamlıca. 🚌 11F, KÇ1 ; puis 30 min de marche. **Parc** ⬤ t.l.j. 9h-23h.

Par temps clair, depuis le sommet de cette colline, on peut jouir d'une vue sur les îles des Princes, sur la mer de Marmara, la Corne d'Or, Beyoğlu et le Bosphore jusqu'à la mer Noire. On arrive même à distinguer au sud la cime enneigée de la montagne de l'Uludağ, près de Bursa (p. 169). Avec une hauteur de 261 m, la Büyük Çamlıca, à 4 km à l'est d'Üsküdar, est le point culminant du Grand Istanbul. Même la forêt de pylônes de radio et de télévision plantée sur ses flancs ne gâche pas le paysage.

Un parc, aménagé à son sommet en 1980 par le Touring Club turc (p. 181), renferme des kiosques de marbre et deux cafés décorés dans le style du XVIIIe siècle.

Plus au sud, la Küçük Çamlıca (« petite colline des pins ») et son jardin de thé sont moins touristiques. La colline offre toutefois un panorama extraordinaire.

visites, faxer au préalable au (0216) 310 79 29.

Proche de la caserne, la **mosquée** de Selimiye (1804) occupe une paisible cour arborée. Inondée de lumière grâce aux rangs de fenêtres, la salle de prière possède une décoration épurée avec sa coupole aux peintures classiques et son minbar de marbre gris. Dans l'angle nord-ouest du complexe, de gracieuses arches agrémentent le pavillon royal.

Plus au sud, sur la Burhan Felek Caddesi, le **British War Cemetery** renferme les tombes de soldats qui périrent pendant la guerre de Crimée, l'expédition des Dardanelles (p. 170) et la Seconde Guerre mondiale. Il n'y a pas de pancarte à l'extérieur et les heures d'ouverture varient, mais le gardien laisse souvent l'accès libre.

Gare de Haydarpaşa ❾
Haydarpaşa Garı

Haydarpaşa İstasyon Cad, Haydarpaşa. **Tél.** (0216) 336 04 75 ou 336 20 63. 🚃 Haydarpaşa ou Kadıköy. ⬤ t.l.j.

Sa situation en front de mer, et son architecture imposante faisaient de la gare de Haydarpaşa un point de départ ou d'arrivée pittoresque. Le bâtiment touché par un incendie en 2009 est en rénovation mais reste accessible au public.

La première voie ferrée anatolienne, construite en 1873, reliait Istanbul à İznik (p. 160). Décidé à moderniser l'Empire ottoman, Abdül-Hamit II demanda l'aide de son allié : le Kaiser Guillaume II. La Deutsche Bank accepta de participer à la construction de la ligne et des ingénieurs allemands s'attelèrent à la tâche à partir de 1898. Haydarpaşa, la plus grande gare du réseau, fut achevée en 1908. Les trains qui en partent desservent la Turquie asiatique et, au-delà, les autres pays du Moyen-Orient.

FLORENCE NIGHTINGALE

Florence Nightingale dans la caserne de Selimiye, toile du XIXe siècle

À une époque où les chirurgiens ne pratiquaient pas encore l'asepsie, Florence Nightingale (1820-1910) fut chargée de diriger un groupe de 38 infirmières britanniques pendant la guerre de Crimée qui opposait Français, Anglais et Turcs à l'Empire russe. En 1854, elle dut s'occuper de plus de 5 000 hommes dans la caserne de Selimiye à Scutari (Üsküdar). Quand elle retourna en Grande-Bretagne en 1856, à la fin de la guerre, le taux de mortalité dans la caserne avait baissé de 20 % à 2 %, et elle avait jeté les bases du mode d'organisation moderne d'un service hospitalier. À son retour en Angleterre, elle ouvrit une école d'infirmières.

EN DEHORS
D'ISTANBUL

LE BOSPHORE

Pour se reposer du bruit et de l'agitation d'Istanbul, rien ne vaut une promenade sur le Bosphore *(p. 144-149)*, en particulier en été quand la fraîcheur des brises marines contraste avec la chaleur de la ville. Le bateau offre le moyen le plus facile de découvrir le détroit qui relie la mer Noire et la mer de Marmara, et sépare l'Europe de l'Asie, mais vous pouvez aussi décider de visiter les sites jalonnant ce parcours à votre propre rythme en utilisant d'autres modes de transport. Sur une grande partie, les deux rives sont bordées d'élégantes villas en bois, les *yalis*, de gracieuses mosquées et d'opulents palais du XIXe siècle. Les plus riches demeures possèdent des entrées au bord de l'eau. Elles datent de l'époque où les citadins les plus aisés circulaient sur le Bosphore en caïques, barques mues par des équipes de rameurs. Les anciens villages de pêcheurs se nichent entre les sites résidentiels qui abritent aujourd'hui certains des meilleurs restaurants et boîtes de nuit d'Istanbul.

Yali de Faik et Bekir Bey, Yeniköy

LE BOSPHORE D'UN COUP D'ŒIL

Musées et palais
Musée d'Aşiyan ❺
Musée Sadberk-Hanım ⓭
Musée Sakıp-Sabancı ❾
Palais de Beylerbeyi ❷
Palais de Küçüksu ❹
Palais du Khedive ⓫
Pavillons de Maslak ❿

Villes et villages
Bebek ❸
Beykoz ⓬
Kanlıca ❼
Rumeli Kavağı ⓮

Bâtiments historiques
Forteresse d'Europe ❻
Pont du Bosphore ❶

Parc
Parc d'Emirgan ❽

LÉGENDE

▪ Centre d'Istanbul
▫ Grand Istanbul
⚓ Arrêt au cours de la croisière
═ Autoroute
━ Route principale

0   5 km

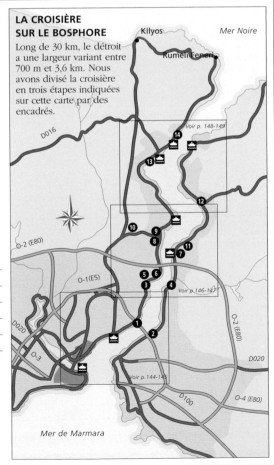

LA CROISIÈRE SUR LE BOSPHORE

Long de 30 km, le détroit a une largeur variant entre 700 m et 3,6 km. Nous avons divisé la croisière en trois étapes indiquées sur cette carte par des encadrés.

Kilyos   Mer Noire

Rumeli Feneri

Voir p. 148-149

D016

O-2 (E80)

O-1 (E5)

Voir p. 146-147

O-2 (E80)

D020

Voir p. 144-145

D020

D100

O-4 (E80)

O-3

Mer de Marmara

◁ L'Anadolu Hisarı, la forteresse d'Asie, sur la rive asiatique du Bosphore

Le pont du Bosphore relie Ortaköy et Beylerbeyi

Pont du Bosphore ❶
Boğaziçi Köprüsü

Ortaköy et Beylerbeyi. **Plan** *9 F2.*
🚌 *40, 42, 202 (à l'impériale, depuis Taksim).*

Le premier pont construit au-dessus du détroit qui sépare les parties européenne et asiatique d'Istanbul relie les quartiers d'Ortaköy et de Beylerbeyi. Connu aussi sous le nom de pont d'Atatürk, il fut commencé en février 1970 et achevé le 29 octobre 1973 pour le cinquantième anniversaire de la République turque *(p. 31).* À 64 m au-dessus du niveau de la mer, il est par sa longueur (1 074 m) le neuvième pont suspendu du monde.

Palais de Beylerbeyi ❷
Beylerbeyi Sarayı

Beylerbeyi Cad, rive asiatique.
Tél. *(0216) 321 93 20.* 🚌 *15 (depuis Üsküdar).* 🚢 *depuis Üsküdar.*
⭘ *mar.-mer., ven.-dim. 9h30-17h (jusqu'à 16h oct.-avr.).* 📷 📹

Dessiné par Sarkis Balyan, ce palais de style baroque n'a pas la démesure de demeures impériales plus anciennes comme les palais de Dolmabahçe *(p. 128-129)* ou de Küçüksu *(p. 140).* Abdül-Aziz *(p. 128)* le fit édifier entre 1861 et 1865 pour y résider l'été et recevoir des dignitaires étrangers. Le duc et la duchesse de Windsor et, surtout, l'impératrice Eugénie

y résidèrent, entre autres. Venue passer quelques jours à Istanbul avant l'inauguration du canal de Suez, l'épouse de Napoléon III resta beaucoup plus longtemps à Beylerbeyi. Giflée par la mère du sultan parce qu'elle avait osé pénétrer dans le palais au bras d'Abdül-Aziz, elle décora cependant sa chambre du palais des Tuileries d'une copie de la fenêtre de la chambre d'amis de Beylerbeyi.

Détail du portail du consulat d'Égypte, Bebek

Le palais compte trente pièces somptueusement ornées de boiseries patinées imitant le marbre, de lustres en cristal, de vases de Sèvres et de tapis de Hereke. Une fontaine et un bassin décorent le hall d'entrée, l'eau courante étant un luxe très apprécié.

Jeu de lumières au sommet du palais baroque de Beylerbeyi

Un joli jardin entoure la résidence. Au bord du Bosphore s'élèvent deux pavillons de bains, l'un attaché au harem, l'autre au *selamlık* (quartier des hommes).

Bebek ❸

Rive asiatique. 🚌 *25E, 40.*

Célèbre pour sa pâte d'amandes *(Badem Ezmesi, p. 213)* et ses cafés en front de mer, cette petite ville proche de l'université du Bosphore est très chic. L'aristocratie ottomane y édifia de nombreux palais et résidences d'été et, à la fin du XIXᵉ siècle, Bebek devint le cadre de fêtes fastueuses. Des caïques emplis d'invités accompagnés d'un bateau de musiciens quittaient la baie pour des croisières au clair de lune. Les femmes laissaient tremper dans le courant des châles de satin ou de velours frangés de petits poissons d'argent.
L'une des hôtesses de ces soirées fut la mère du dernier khédive d'Égypte *(p. 29),* Abbas Hilmi II. Celui-ci commanda la construction du palais du Khédive de Çubuklu *(p. 142)* et du seul monument historique toujours debout à Bebek : le consulat d'Égypte. Bâtie à la fin du XIXᵉ siècle, cette ancienne villa évoque, avec ses toits à forte pente, l'architecture française de l'époque. Des éléments Art nouveau égaient sa façade : balustrades envahies de lianes en fer forgé et soleil qui se lève entre les deux tourelles pour symboliser le début d'un nouveau siècle.
Le khédive utilisa le *yali* comme palais d'été jusqu'à sa déposition par les Britanniques en 1914. Depuis lors, le bâtiment abrite les services consulaires égyptiens.

Yalis du Bosphore

À la fin du XVIIe siècle, *paşas*, grands vizirs et notables stambouliotes édifièrent d'élégantes villas, ou *yalis*, sur les rives du Bosphore. Elles leur servaient de résidences d'été, leur permettant d'échapper à la chaleur de la ville. Leur style reflétait le prestige de leurs propriétaires. Avec le temps,

Vieux *yali* à Kandili

les *yalis* devinrent de plus en plus vastes et élaborés. S'ils suivirent les modes architecturales, prenant par exemple un aspect baroque ou Art nouveau, les *yalis* obéissent pour la plupart à un plan traditionnel : les chambres sont distribuées autour d'un grand salon central, cœur de la maison.

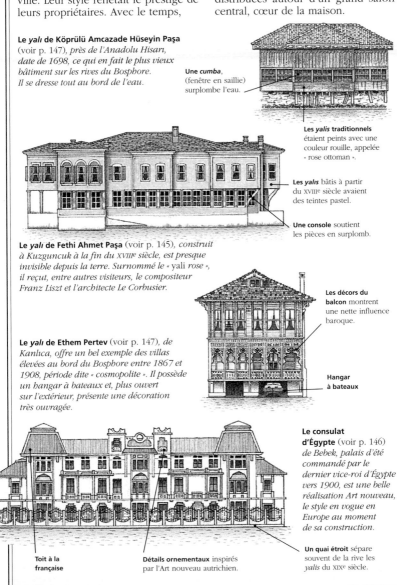

Le *yalı* de Köprülü Amcazade Hüseyin Paşa
(voir p. 147), *près de l'Anadolu Hisarı, date de 1698, ce qui en fait le plus vieux bâtiment sur les rives du Bosphore. Il se dresse tout au bord de l'eau.*

Une *cumba*, (fenêtre en saillie) surplombe l'eau.

Les *yalis* traditionnels étaient peints avec une couleur rouille, appelée « rose ottoman ».

Les *yalıs* bâtis à partir du XVIIIe siècle avaient des teintes pastel.

Une console soutient les pièces en surplomb.

Le *yalı* de Fethi Ahmet Paşa (voir p. 145), *construit à Kuzguncuk à la fin du XVIIIe siècle, est presque invisible depuis la terre. Surnommé le « yali rose », il reçut, entre autres visiteurs, le compositeur Franz Liszt et l'architecte Le Corbusier.*

Les décors du balcon montrent une nette influence baroque.

Le *yalı* de Ethem Pertev (voir p. 147), *de Kanlıca, offre un bel exemple des villas élevées au bord du Bosphore entre 1867 et 1908, période dite « cosmopolite ». Il possède un hangar à bateaux et, plus ouvert sur l'extérieur, présente une décoration très ouvragée.*

Hangar à bateaux

Le consulat d'Égypte (voir p. 146) *de Bebek, palais d'été commandé par le dernier vice-roi d'Égypte vers 1900, est une belle réalisation Art nouveau, le style en vogue en Europe au moment de sa construction.*

Toit à la française

Détails ornementaux inspirés par l'Art nouveau autrichien.

Un quai étroit sépare souvent de la rive les *yalis* du XIXe siècle.

Palais de Küçüksu ❹
Küçüksu Kasrı

Küçüksu Cad, rive asiatique. **Tél**.
(0216) 332 33 03. 🚌 *15 (depuis
Üsküdar) ou 101 (depuis Beşiktaş).*
⭕ *mar.-mer., ven.-dim. 9h-16h30
(hiver), 9h-17h30 (été).*

Ce ravissant petit palais
possède l'une des plus jolies
façades des rives du
Bosphore. En marbre, elle
se pare d'un élégant escalier
à double révolution
conduisant à son entrée
principale côté mer.

Le palais de Küçüksu, élégante demeure bâtie sur le Bosphore en 1856

Le sultan Abdül-Mecit Ier
(p. 30) commanda l'édifice
à l'architecte de la cour
Nikogos Balyan *(p. 128)*
pour y loger son entourage
lorsqu'il se rendait aux Eaux-
Douces d'Asie. Ces prairies
arrosées par les rivières
Küçüksü et Göksu
accueillirent pendant des
siècles les pique-niques
de la noblesse ottomane.
À son achèvement en 1856,
le sultan, trouvant la demeure
trop fade, exigea plus
d'ornementation. Les ajouts
comprirent la gravure de son
monogramme sur la façade.
Celle-ci connut de nouvelles
modifications sous Abdül-Aziz
(p. 30), qui transformèrent
l'architecture d'origine.

La disposition des pièces
obéit à un plan typiquement
ottoman : chaque étage
possède un grand salon
central ouvrant à chaque
angle sur une chambre.
Séchan, qui travailla à l'Opéra
de Paris, réalisa la décoration
intérieure. Les tapis offrent
de beaux exemples de
la production de Hereke
(p. 218-219) et les lustres
sont en cristal de Bohême.

Sur la rive, près du palais,
se dresse l'élégante fontaine
baroque (1796) de la Valide
Sultane Mihrişah.

Juste au sud du palais,
le *yali* Kıbrıslı, construit
en 1760 est, avec sa façade
blanche de plus de 60 m,
le plus long des *yalis (p. 139)*
bordant le détroit. Encore
un peu plus au sud, le *yali*
Rouge (Kırmızı Yali) doit
son nom à sa couleur
pourpre caractéristique et
originale. Il fut édifié vers
1830 pour l'un des jardins
du sultan Mahmut II.

Musée d'Aşiyan ❺
Aşiyan Müzesi

Aşiyan Yolu, Bebek, rive asiatique.
Tél. *(0212) 263 69 86.* 🚌 *25E, 40.*
⭕ *jusqu'en 2012 pour restauration.*

Enseignant, visionnaire
utopiste et grand poète turc,
Tevfik Fikret (1867-1915)
baptisa sa maison Aşiyan, qui
signifie « nid ». Il la construisit
lui-même en 1906 et le
résultat séduira les amateurs
d'architecture populaire.
Le balcon ménage une vue
exceptionnelle.

La demeure abrite une
exposition des possessions
du lettré et un tableau,
Sis (Brouillard), peint
par le calife Abdül-Mecit
(1922-1924) d'après
un poème de Fikret.

Forteresse d'Europe ❻
Rumeli Hisarı

Yahya Kemal Cad, rive européenne.
Tél. *(0212) 263 53 05.* 🚌 *25E, 40.*
⭕ *jeu.-mar. 9h-16h30.* 📷

Mehmet le Conquérant édifia
cette forteresse en 1452
pour préparer la prise de
Constantinople *(p. 26)*.
Dominant le passage le plus
étroit du Bosphore face à
l'Anadolu Hisarı (forteresse
d'Asie) élevée par Beyazıt Ier
au XIVe siècle, elle contrôlait
une des principales voies
d'approvisionnement de
la ville. Mehmet définit lui-
même son plan et confia
à son grand vizir et à
deux autres ministres la
construction de chacune
des trois grosses tours,
tandis qu'il se chargeait des
remparts. L'émulation créée
par cette situation raccourcit
la durée des travaux à
seulement quatre mois.

La forteresse d'Europe construite par Mehmet le Conquérant en 1452

La nouvelle forteresse abritait une garnison de janissaires *(p. 127)* et prit le surnom de Boğazkesen signifiant « coupe-gorge » car ses canons barraient l'accès au détroit comme le prouva la destruction d'une galère vénitienne qui tenta de l'emprunter. Toutefois, la place forte perdit son importance stratégique après la prise de Constantinople et fut utilisée pour détenir des prisonniers de guerre et des émissaires étrangers.

Restaurée en 1953, la forteresse d'Europe accueille aujourd'hui des représentations théâtrales en plein air pendant le Festival de musique et de danse d'Istanbul.

Café servant le fameux yaourt de Kanlıca

Kanlıca ❼

Rive asiatique. 🚌 *15, 101.*

Cette petite ville a pour principal sujet d'orgueil son yaourt crémeux. La mosquée d'İskender Paşa au pied du débarcadère est une œuvre mineure de Sinan *(p. 91),* bâtie pour un vizir de Soliman le Magnifique en 1559-1560. L'édifice a connu plusieurs remaniements, un toit plat remplaçant la coupole en bois ; le porche est un ajout ultérieur.

Juste au sud de Kanlıca subsiste le plus ancien *yalı* du Bosphore : le *yalı* de Köprülü Amcazade Hüseyin Paşa *(p. 139).* Ministre de Mustafa II, le quatrième grand vizir de la famille des Köprülü, Hüseyin Paşa le fit bâtir en 1698 et c'est dans cette demeure que les Ottomans signèrent en 1699 avec l'Autriche, la Pologne,

la Russie et Venise le traité de Karlowitz *(p. 27)* qui entérinait la perte de la Hongrie pour l'empire. Il ne reste de la villa, fermée aux visiteurs, qu'un salon en forme de T à la coupole soutenue par des étais en bois.

Parc d'Emirgan ❽
Emirgan Parkı

Emirgan Sahil Yolu, rive européenne. **Tél**. *(0212) 277 57 82.* 🚌 *25E, 40, 42.* ⏰ *t.l.j. 8h-17h.* 🅿️ *pour les voitures.*

Ce parc doit sa renommée à ses parterres de tulipes, particulièrement éclatants en avril pour la fête dédiée à cette fleur *(p. 44).* La tulipe, qui pousse à l'état sauvage dans les steppes asiatiques, fit un détour par la Hollande où le botaniste Charles de Lécluse l'acclimata en 1593. C'est Mehmet IV (1648-1687), père d'Ahmet III, qui la réintroduisit en Turquie.

À la fin du XIXᵉ siècle, le sultan Abdül-Aziz fit don du parc au khédive d'Égypte *(p. 27)* İsmail Paşa. Trois pavillons, baptisés d'après leur couleur, datent de cette époque. Le Sari Köşk (pavillon Jaune), bâti dans le style d'un chalet suisse et ravagé par un incendie en 1954, a été reconstruit en béton mais présente une façade identique à celle d'origine. Le Beyaz Köşk (pavillon Blanc) est une demeure néoclassique, tandis que le Pembe Köşk (pavillon Rose) respecte la tradition

Le Pembe Köşk du parc d'Emirgan

ottomane. Ces trois édifices ont été rénovés et abritent d'agréables cafés.

Musée Sakıp-Sabancı ❾
Sakıp Sabancı Müzesi

İstinye Cad 22, Emirgan 34467. **Tél.** *(0212) 277 22 00.* 🚌 *40, 41 et 42 depuis Taksim ; tout bus vers İstinye ou Sarıyer.* ⏰ *mar., jeu.-dim. 10h-18h, mer. 10h-20h.* ⛔ *1ᵉʳ janv., 1ᵉʳ jour des fêtes religieuses.* 📷🎧♿🛍️📖 **www**.muze.sabanciuniv.edu

Ménageant de superbes vues sur le Bosphore, le musée Sakip-Sabanci a été aménagé dans une résidence connue sous le nom d'Atli Kösk. Il présente 400 ans de calligraphie ottomane, des trésors artistiques coraniques ou laïques, ainsi qu'une collection de tableaux signés des peintres de cour ottomans et d'artistes européens séduits par la Turquie.

LES OISEAUX DU BOSPHORE

Chaque année en septembre et en octobre, des milliers de cigognes et d'oiseaux de proie tels que l'aigle pomarin et la bondrée apivore franchissent le détroit du Bosphore. Venant de leurs territoires de reproduction en Europe, ils se dirigent vers l'Afrique pour hiverner. Les grands oiseaux préfèrent en général traverser de petites étendues d'eau, leur trajectoire leur permet d'éviter la dangereuse traversée de la Méditerranée. Ils suivent le même itinéraire en sens inverse au printemps mais sont alors moins nombreux.

La cigogne franchit le Bosphore

Serre des pavillons de Maslak

Pavillons de Maslak ❿

Maslak Kasırları

Büyükdere Cad, Maslak. **Tél.** *(0212) 276 10 22.* 🚌 *40 (depuis Taksim).* ⭘ *mar.-mer., ven.-dim. 9h-18h (jusqu'à 15h oct.-mars).*

Construits au début et au milieu du XIXᵉ siècle, quand la cour quitta le palais de Topkapı *(p. 54-59)* au centre d'Istanbul pour les somptueux palais baroques des rives du Bosphore, ces édifices servirent de pavillons de chasse impérial et de résidences de campagne. Très appréciés pour leur cadre verdoyant et les panoramas qu'ils ménagent,

ils dateraient pour la plupart du règne d'Abdül-Aziz (1861-1876). Celui-ci donna Maslak à son fils Abdül-Hamit dans l'espoir que le prince héritier cesserait de pratiquer la voile à Tarabya *(p. 148)*.

Les quatre bâtiments principaux présentent un aspect moins exubérant que la plupart des demeures similaires élevées à l'époque, peut-être à cause du caractère austère d'Abdül-Hamit qui orna de ses mains les balustrades du superbe escalier central du Kasr-ı Hümayun (pavillon du Sultan). Ses initiales en lettres latines, « A H », figurent aussi au-dessus des miroirs. Le salon du pavillon conserve

une atmosphère orientale avec son sofa et son brasero.

Derrière les petits mais élégants Mabeyn-i Hümayun (appartements privés), une grande serre renferme camélias, fougères et bananiers. À l'orée de la forêt se dresse le Çadir Köşkü (pavillon de la Tente) au balcon ouvragé. Il abrite une librairie. Les Paşalar Dairesi (appartements du paşa) se trouvent de l'autre côté du complexe.

Palais du Khédive ⓫

Hıdiv Kasrı

Hıdiv Kasrı Yolu 32, Çubuklu. **Tél.** *(0216) 413 92 53.* 🚌 *15, 15A, 15P (depuis Üsküdar) ou 221 (depuis Taksim), puis 5 min de marche depuis Kanlıca.* ⭘ *t.l.j. 9h-22h (22h30 mai-oct.).* ▢

Construit en 1907 par le dernier khédive (vice-roi héréditaire d'Égypte, *voir p. 29*), Abbas Hilmi II, ce palais d'été est l'un des édifices de son époque les plus intéressants d'Istanbul. Sa tour offre depuis la colline un point de repère sur le Bosphore.

L'architecte Delfo Seminati lui donna la structure d'une villa italienne qu'il agrémenta d'éléments Art nouveau et populaires turcs. Des portes vitrées ouvrent sur la pièce la plus remarquable, un hall d'entrée circulaire où une verrière en vitrail domine une fontaine centrale entourée de huit paires de colonnes.

Rénové par le Touring Club turc (TTOK, *p. 245*), la demeure abrite maintenant un restaurant luxueux *(p. 206, Hıdiv Kasrı)*.

Beykoz ⓬

Rive asiatique. 🚌 *15 (depuis Üsküdar) ou 221 (depuis Taksim).*

Ce village a longtemps dû sa renommée à ses noix (son nom signifie « noix du prince ») et au verre qui y était produit au XVIIIᵉ siècle.

JASON ET LES SYMPLÉGADES

Le débouché du Bosphore dans la mer Noire donna un de ses épisodes au mythe grec de la quête de la Toison d'or. Les Argonautes, compagnons de Jason, ayant débarrassé le roi Phinée des harpies (démons ailés), celui-ci indiqua à ses bienfaiteurs comment franchir les Symplégades, deux rochers qui se rapprochaient pour broyer les embarcations. Il conseilla aux héros d'envoyer une colombe devant eux. Si elle passait, leur navire passerait. L'oiseau n'y laissa que quelques plumes de la queue et l'Argo réussit à se faufiler en ne perdant qu'une partie de sa poupe.

Jason et les Argonautes franchissant les Symplégades sur l'Argo

Fontaine de la grand-place de Beykoz

Principalement opaques, les verreries de Beykoz *(p. 213)* aux riches couleurs et aux motifs gracieux s'admirent dans des musées de toute la Turquie. Aujourd'hui, de nombreux visiteurs viennent surtout à Beykoz pour ses restaurants de poisson qui servent un excellent turbot.

Une belle fontaine décore la place centrale. Commandée par Mahmut Ier *(p. 33)*, elle doit à l'inspecteur des douanes qui l'inaugura en 1780 son nom d'İshak Ağa Çeşmesi. Elle possède une grande coupole et une galerie à colonnade, et l'eau s'écoule de dix conduits.

L'industrialisation, avec des usines de mise en bouteilles et de travail du cuir, n'a pas épargné Beykoz, et seuls quelques édifices évoquent encore sa grandeur passée. Le très intéressant *yali* de Halil Ethem, par exemple, date du XIXe siècle et marie les styles néoclassique et néobaroque sur l'Ibrahim Kelle Caddesi. Il est situé au sud du débarcadère de ferry.

Musée Sadberk-Hanım ⓭
Sadberk Hanım Müzesi

Piyasa Cad 27-29, Büyükdere,
Tél. (0212) 242 38 13. 🚌 25E.
🕐 jeu.-mar. 10h-17h. 📷 🖼
www.sadberkhanimmuzesi.org.tr

Ce musée occupe deux *yalis* en bois caractéristiques des villas des rives du Bosphore. Ouvert en 1981, il fut le premier musée privé de Turquie. Ancienne résidence d'été de la riche famille Koç, le plus grand des deux édifices, l'Azaryan Yali, date de 1911. Haut de quatre étages, il présente, comme beaucoup de constructions de son époque, une forte inspiration européenne. Le treillis de lattes de bois animant sa façade aide à le distinguer des bâtiments voisins. Il abrite une belle collection ethnographique réunie par Sadberk Hanım, l'épouse de l'industriel Vehbi Koç. Elle en découvrit une grande partie au Grand Bazar *(p. 98-99)* et dans les autres marchés d'Istanbul. L'exposition rassemble certaines pièces sous forme de tableaux faisant revivre la société ottomane du XIXe siècle. Ceux-ci incluent une préparation traditionnelle de mariage, des parentes du fiancé décorant de henné les mains de sa promise, et un lit de circoncision sur lequel un jeune garçon porte le costume cérémoniel.

À ne pas manquer non plus dans cette section du musée : les broderies appelées *oya*, dont certaines ont été réalisées au XVIIIe siècle dans les harems impériaux.

Vase attique, musée Sadberk Hanım

Ces chefs-d'œuvre de délicatesse représentent des guirlandes de fleurs, œillets, roses, jacinthes et lys, et ornaient foulards et jupons.

Acheté pour abriter la collection archéologique de Hüseyin Kocabaş, un ami de la famille Koç, l'édifice adjacent, l'aile Sevgi Gönül, date aussi du début de ce siècle. Renouvelée de temps à autre, l'exposition suit l'ordre chronologique depuis la fin du néolithique (5400 av. J.-C.) jusqu'à l'époque ottomane. Elle comprend des tablettes d'inscriptions cunéiformes assyriennes (IIe millénaire av. J.-C.), des objets de métal phrygiens, des poteries grecques, des bijoux en or romains, des reliquaires et des pendentifs byzantins.

Rumeli Kavağı ⓮

Rive européenne. 🚌 25A (depuis Beşiktaş). ⛴ Rumeli Kavağı.

Ce joli village offre un large choix de restaurants spécialisés dans les moules-frites et le poisson. Ils se serrent autour du port d'où la vue porte jusqu'aux approches rocheuses et sauvages de la mer Noire. Sur une colline subsistent les vestiges d'un château érigé par Manuel Ier Comnène *(p. 21)* au XIIe siècle : l'Imros Kalesi.

Plus loin sur le Bosphore, la route côtière conduit de Rumeli Kavağı à la plage d'Altın Kum, petite bande de sable bordée de restaurants très appréciés de la population locale.

Le village de pêcheurs de Rumeli Kavağı

Croisière sur le Bosphore

Portail du palais de Çırağan

Flâner sur le Bosphore est un des grands plaisirs des visiteurs d'Istanbul. Vous pouvez vous inscrire à une croisière commentée ou prendre un petit bateau à Eminönü. Cependant, ce sont les ferrys des lignes maritimes turques (İDO, *voir p. 242-243*) qui offrent le meilleur moyen d'effectuer cette promenade. Ces ferrys proposent tous les jours deux ou trois rotations ponctuées de six arrêts, dont une escale plus longue pour déjeuner à Anadolu Kavağı. Vous pourrez revenir à Eminönü sur le même bateau ou rentrer en ville en autobus, *dolmuş* ou taxi. Vous pouvez aussi partir d'Eminönü ou d'Üsküdar pour une croisière de deux heures.

CARTE DE SITUATION

Mer Noire

EUROPE

ASIE

ISTANBUL

Palais de Dolmabahçe
Ce somptueux palais (p. 128-129) possède en front de mer des portails ouvragés que franchissait le sultan en débarquant de son caïque.

Musée naval
(voir p. 126)

Barbaros Hayrettin Paşa

Beş

Stade d'İnönü

Kabataş

Musée des Beaux-Arts
(voir p. 126)

La mosquée de Dolmabahçe fut achevée comme le palais en 1856 *(p. 126)*.

Vue de la ville
Depuis le ferry, on découvre de nombreux monuments d'Istanbul, telle la mosquée de Soliman.

Pont de Galata

Karaköy

Eminönü

Port d'Eminönü
Les ferrys de Denizyolları partent du plus animé des embarcadères d'Istanbul.

Tour de Léandre
Cette tour proche de la rive asiatique occupe sur un îlot l'emplacement d'une forteresse byzantine du XIIe siècle (p. 130).

↑ Voir pages 146-147

MODE D'EMPLOI

Quai d'Eminönü 3
(Boğaz Hattı). **Plan** 3 D2.
Tél. (0212) 522 00 45.
Eminönü. 🚢 mai-sept. : t.l.j.
10h30 et 13h30 ; oct.-avr. :
10h30. L'aller-retour prend 6 h.
🎫 les tickets s'achètent
sur le quai. 🅿️
www.ido.com.tr

Arnavutköy

L'école militaire de Kuleli jouxte une jolie mosquée en bois.

Mosquée de Mecidiye

Sultan Abdül-Mecit Iᵉʳ fit construire ce sanctuaire baroque sur un promontoire proche d'Ortaköy (voir p. 122).

L'île de Galatasaray comprend une piscine, un bar et un restaurant.

Çengelköy

Le Sadullah Paşa Yalı, (1783) est de couleur rouille comme beaucoup de yalis (voir p. 139).

Ortaköy (voir p. 122)

Parc de Yıldız (voir p. 124-125)

Pont du Bosphore (voir p. 138)

Beylerbeyi

Kuzguncuk

Le palais de Çırağan bâti en 1874 et reconstruit en 1910 après un incendie, abrite un hôtel de luxe (voir p. 123).

Yalı de Fethi Ahmet Paşa (voir p. 139)

Mosquée d'İskele (voir p. 131)

Üsküdar

Palais de Beylerbeyi
Le parc du palais renferme deux pavillons de bains en bord de mer, l'un pour les hommes, l'autre pour les femmes du harem (voir p. 138).

0 _____ 750 m

Mosquée de Şemsi Paşa
Les fenêtres circulaires de ce sanctuaire bâti au XVIᵉ siècle par Sinan (p. 130) font allusion au fait que le nom de Şemsi Paşa dérivait du mot arabe shams (soleil).

LÉGENDE

▬ Autoroute

▬ Route principale

▬ Autre route

▨ Zone construite

⚓ Embarcadère de ferry

- - Itinéraire de la croisière

🏠 Yali (p. 139)

☀ Point de vue

Centre du Bosphore

Fontaine, Küçüksu

Au nord d'Arnavutköy, les faubourgs d'Istanbul cèdent la place à de jolis villages et bourgs tels que Bebek, riche en cafés et bars animés. Le courant qui rend la baignade dangereuse dans le Bosphore devient plus fort à son point le plus étroit (700 m), près du Fatih Köprülü, pont suspendu. C'est à cet endroit que Darius et son armée traversèrent le détroit en 512 av. J.-C. sur des radeaux pour aller combattre les Grecs. Non loin, deux anciennes forteresses se font face, de part et d'autre du Bosphore. Vous admirerez également les nombreux *yalis* qui jalonnent les rives, en particulier près de l'embouchure des rivières arrosant les prairies des Eaux-Douces d'Asie.

CARTE DE SITUATION

Baie d'İstinye
La plus vaste rade du Bosphore sert de dock depuis des siècles. Un marché aux poissons se tient sur le quai chaque matin.

Parc d'Emirgan
Célèbre pour ses tulipes, fêtées au printemps (p. 44), le parc qui s'étend au-dessus du joli village d'Emirgan recèle d'agréables cafés et pavillons (p. 141).

L'université du Bosphore, l'une des plus prestigieuses de Turquie, jouit d'une vue spectaculaire. Une grande part de l'enseignement s'y fait en anglais.

Forteresse d'Europe
Mehmet II éleva cette forteresse (p. 140) en 1452 au point le plus étroit du Bosphore pour préparer la prise de Constantinople (p. 26).

Bebek (voir p. 138-139)
Consulat d'Égypte (voir p. 138)
Kandill
Arnavutköy
Voir pages 144-145

Voir pages
148-149

Yeniköy
*De belles villas du XIXᵉ siècle parent
le front de mer de ce village datant
de l'époque byzantine.*

Yeniköy

Paşabahçe

**Yali de Sait
Halim Paşa**

İstinye

Kanlıca joli village abritant
une mosquée bâtie
par Sinan *(p. 91)*,
est renommé pour
ses yaourts.

Çubuklu

Palais du Khédive
*Au-dessus de Çubuklu, le palais
construit vers 1900 par le dernier
vice-roi d'Égypte (p. 29), Abbas
Hilmi Paşa, est devenu un hôtel-
restaurant* (voir p. 142).

Kanlıca

*Yalı d'Ethem
Pertev
(voir p. 139)*

**Forteresse
d'Asie**
*Beyazıt Iᵉʳ érigea
cette forteresse
quand il assiégea
en vain
Constantinople
en 1396-1397.*

Pont de
atih Sultan
Mehmet

lı de
prülü
ncazade
seyin
şa (voir
141)

**Anadolu
Hisarı**

s de
ksu
p. 140)

Göksu
*Cette jolie petite rivière et la
rivière Küçüksu plus au sud
portent le nom d'Eaux-Douces
de l'Asie (p. 140).*

LÉGENDE

▬	Autoroute
▬	Route principale
▬	Autre route
▬	Zone construite
⛴	Embarcadère de ferry
- -	Itinéraire de la croisière
⛩	*Yalı (p. 139)*
☀	Point de vue

0   750 m

Nord du Bosphore

**Moules de
la mer Noire**

Au XIXᵉ siècle, la rive européenne
du détroit devint entre Tarabya
et Büyükdere le lieu de résidence
d'été des ambassadeurs auprès du
gouvernement ottoman. Un relief plus
abrupt rend ensuite les zones habitées
plus dispersées. Le ferry s'arrête
à Anadolu Kavağı, sur la rive asiatique :
vous aurez le temps de visiter la ville
et d'y déjeuner, puis il rentre à Eminönü. Vous pouvez
aussi rentrer en bus ou en *dolmuş*. Le Bosphore s'étire
encore sur environ 8 km jusqu'à la mer Noire
mais il traverse une zone militaire.

CARTE DE SITUATION

**Musée Sadberk-
Hanım**
*Installé dans deux yalis
en bois, il présente
d'intéressantes
collections d'antiquités
et d'artisanat turcs*
(p. 143).

Sarıyer

Büyükdere

Baie de Tarabya
*Appréciée de riches familles
grecques au XVIIIᵉ siècle, la baie
de Tarabya reste une station
balnéaire chic proposant
des restaurants de poisson
haut de gamme.*

Le Huber K
yali du XIX
appartient
gouvernem

PÊCHE SUR
LE BOSPHORE

D'innombrables bateaux
de pêche sillonnent le
Bosphore, des simples
barques aux gros chalutiers.
Il n'est pas rare d'apercevoir
en le remontant les
flotteurs en demi-cercle
des filets appelés seines.
Les principales espèces
pêchées comprennent
le maquereau, le mulet, le
hamsi (poisson proche de
l'anchois, *voir p. 194*) et la sardine. Les prises qui
n'alimentent pas les restaurants locaux sont pour la plupart
vendues à Istanbul au marché de Kumkapı.

**Bateaux à Sarıyer, principal port
de pêche du Bosphore**

Rumeli Kavağı
Après ce village (p. 143), dernier arrêt du ferry sur la rive européenne, le Bosphore s'élargit jusqu'à la mer Noire.

Anadolu Kavağı
Depuis le dernier arrêt de la croisière, une courte montée conduit à une forteresse en ruine du XIVᵉ siècle : le château Génois. Il ménage une superbe vue du détroit.

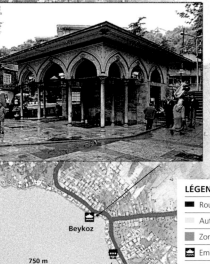

Beykoz
Près de sa grand-place ornée d'une fontaine datant de 1746, le plus gros village de pêcheurs de la rive asiatique abrite plusieurs restaurants de poisson, bondés l'été (voir p.142).

Rumeli Kavağı

Anadolu Kavağı

Beykoz

Yalı de Halil Ethem (voir p. 143)

0   750 m

LÉGENDE

▬	Route principale
	Autre route
	Zone construite
⛴	Embarcadère de ferry
- -	Itinéraire de la croisière
	Yali (p. 139)
✷	Point de vue

Voir pages 146-147

EXCURSIONS DEPUIS ISTANBUL

*S*ituée à un carrefour naturel, Istanbul constitue une bonne base
pour partir à la découverte d'autres sites et d'autres atmosphères,
aussi bien en Thrace européenne qu'en Anatolie asiatique. Que
vous désiriez visiter de superbes mosquées, vous plonger dans l'ambiance
animée d'un bazar, vous détendre sur une île ou observer des oiseaux,
un large choix de destinations aisément accessibles s'offre à vous.

Les jours fériés et les week-ends, les Stamalioutes se pressent dans les stations de villégiature proches afin d'échapper à l'agitation urbaine. Pour de plus longues vacances, ils préfèrent les côtes méditerranéennes, si bien que l'été se prête à l'exploration assez tranquille des pourtours de la mer de Marmara et de la mer Noire.

La campagne entourant Istanbul présente des paysages variés, futaies verdoyantes ou vastes plaines derrière lesquelles se profilent de majestueuses montagnes. La proche forêt de Belgrade permet de se rafraîchir à l'ombre d'essences variées. Les îles des Princes sont à moins d'une heure en ferry ou en hydroglisseur. Leurs pinèdes et leurs monastères

Fenêtre, mosquée de Selimiye, Edirne

peuvent se découvrir en calèche.

Plus éloignée, Edirne, au sein d'un territoire vallonné, ancienne capitale ottomane, occupe un emplacement habité dès le VIIe siècle av. J.-C. Elle possède de belles mosquées, en particulier la Selimiye Camii de Sinan. Au sud de la mer de Marmara, la station thermale de Bursa tire ses origines d'une colonie grecque fondée en 183 av. J.-C. Première capitale ottomane, elle a d'intéressants monuments. Sur la mer Égée, à l'embouchure du détroit des Dardanelles, objet de combats pendant la Première Guerre mondiale, s'étendent les ruines de la cité de Troie dont les vestiges datent de 3600 av. J.-C.

Bateaux de pêche dans le port de Burgaz, l'une des îles des Princes proches d'Istanbul

◁ Le mausolée de Mehmet Ier, l'un des plus célèbres monuments de Bursa

Les environs d'Istanbul

Dans un rayon de 250 km autour d'Istanbul, de nombreuses destinations sont dignes de visite. Au nord-ouest, Edirne recèle plusieurs belles mosquées, dont l'un des chefs-d'œuvre de Sinan. Au sud, la jolie ville de Bursa s'étend au pied de la montagne de l'Uludağ où se pratiquent les sports d'hiver. Plus près d'Istanbul, on découvre les stations balnéaires de Şile, Polonezköy et Kilyos et les îles des Princes. Les cimetières militaires des Dardanelles et le site de Troie exigent un plus long voyage.

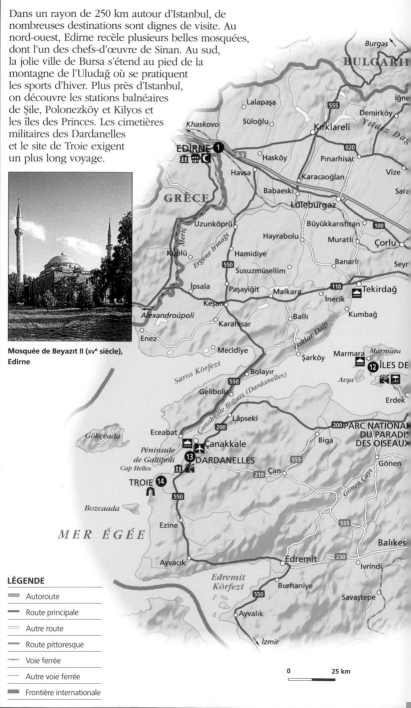

Mosquée de Beyazıt II (xvᵉ siècle), Edirne

LÉGENDE

▬▬	Autoroute
▬	Route principale
═══	Autre route
▬	Route pittoresque
⌁	Voie ferrée
⌁	Autre voie ferrée
▬▬	Frontière internationale

0   25 km

LA RÉGION D'UN COUP D'ŒIL

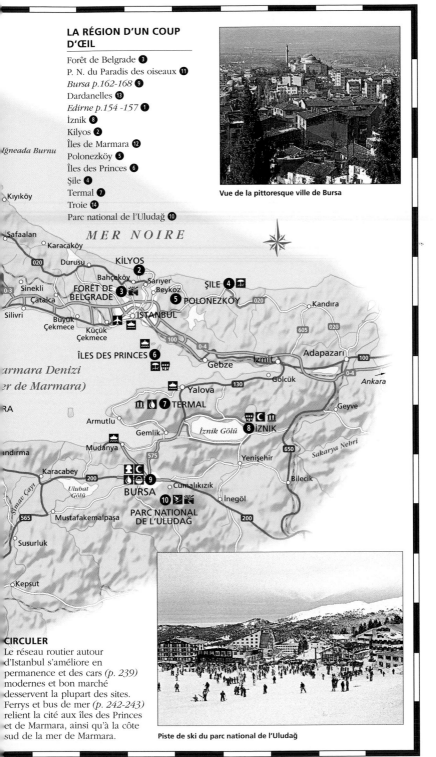

Vue de la pittoresque ville de Bursa

MER NOIRE

Iğneada Burnu

Kıyıköy

Safaalan
Karacaköy
020 Durusu
Sinekli
0-3 Çatalca
Silivri
Büyük Çekmece
Küçük Çekmece

KİLYOS **2**
Bahçeköy
FORÊT DE BELGRADE **3**
Sarıyer
Beykoz
ŞİLE **4**
POLONEZKÖY **5**
İSTANBUL
020
Kandıra
100
0-4
605
020

ÎLES DES PRINCES **6**
Gebze
İzmit
Adapazarı
100
0-4
Ankara

armara Denizi
er de Marmara)

RA

Yalova
130
Gölcük
Geyve

Armutlu
Gemlik
7 TERMAL
İznik Gölü
8 İZNIK
Sakarya Nehri

ndırma
Mudanya
575
Yenişehir
650

Karacabey
Ulubat Gölü
9
BURSA
Cumalıkızık
İnegöl
Bilecik

Smav Çayı
565
Mustafakemalpaşa
10
PARC NATIONAL DE L'ULUDAĞ
200

Susurluk

Kepsut

CIRCULER

Le réseau routier autour d'Istanbul s'améliore en permanence et des cars *(p. 239)* modernes et bon marché desservent la plupart des sites. Ferrys et bus de mer *(p. 242-243)* relient la cité aux îles des Princes et de Marmara, ainsi qu'à la côte sud de la mer de Marmara.

Piste de ski du parc national de l'Uludağ

Edirne ❶

Arrosée par la Tunca près de la frontière avec la Grèce, cette ville universitaire abrite l'un des plus beaux monuments de la Turquie : la mosquée de Selimiye *(p. 156-157)*. Celle-ci témoigne de l'importance historique d'une cité fondée en 125 apr. J.-C. par l'empereur romain Hadrien sous le nom d'Hadrianopolis, qui deviendra Andrinople puis Edirne. Pendant près d'un siècle, de sa conquête par Murat Ier en 1361 jusqu'à la prise de Constantinople en 1453, Edirne fut la capitale des sultans ottomans qui la parèrent de somptueux édifices. Autre titre de gloire : elle accueille en juin le Festival international de lutte turque.

Arc d'entrée, mosquée aux Trois-Galeries

Entrée de la mosquée de Beyazıt II vue de la cour intérieure

❶ Mosquée de Beyazıt II

Beyazıt II Külliyesi Yenimaret Mah, Beyazit Cad. ⬚ *t.l.j.*
Musée de la Santé
Tél. (0284) 224 09 22.
⬚ *t.l.j.* 9h-17h30. 📷 ♿
Ce sanctuaire construit entre 1484 et 1488, peu après que Beyazıt II *(p. 32)* succéda à Mehmet le Conquérant, occupe un quartier tranquille, à 1,5 km du centre-ville sur la rive nord de la Tunca.

Accessibles au public, la mosquée et sa cour intérieure formaient le cœur d'un complexe dont l'ancien hôpital, qui comprenait un asile d'aliénés, abrite désormais le **musée de la Santé**. Eau, couleurs et fleurs aidaient à soigner les patients de l'asile, établissement modèle pour l'époque. L'écrivain turc Evliya Çelebi (1611-1684) rapporta que des chanteurs et des musiciens venaient interpréter pour les patients des morceaux apaisants trois fois par semaine.

Entourée de colonnades, la cour de la mosquée possède une superficie trois fois plus importante que celle de la salle de prière dont la vaste coupole repose sur de grands pendentifs. Remarquez également l'élégante loge du sultan.

❶ Mosquée aux Trois-Balcons

Üç Şerefeli Camii
Hükümet Cad. ⬚ *t.l.j.* 📷
Jusqu'à la chute de Constantinople, l'Üç Şerefeli Camii fut le plus imposant des monuments de l'État ottoman. Achevée en 1447, la mosquée élève vers le ciel quatre minarets, doté chacun d'un style propre. Les trois balcons qui parent celui de sa face sud-ouest ont donné son nom au sanctuaire.

Contrairement aux mosquées construites antérieurement à Bursa *(p. 162-168)*, la mosquée aux Trois-Balcons possède une cour découverte, à l'instar des grandes mosquées impériales d'Istanbul. L'intérieur obéit également à un plan novateur qui permet aux dévots de voir le mihrâb et le minbar de presque toute la salle de prière.

❶ Vieille Mosquée

Eski Cami
Talat Paşa Asfaltı. ⬚ *t.l.j* 📷
La plus ancienne des principales mosquées d'Edirne offre une image réduite de la Grande Mosquée de Bursa *(p. 164)*. C'est le fils aîné de Beyazıt Ier *(p. 32)*, Soliman, qui entreprit sa construction en 1403 et le benjamin, Mehmet Ier, qui l'acheva en 1414. Quatre piliers massifs divisent le sanctuaire de plan carré en neuf sections surmontées de coupoles. Dans l'entrée de la salle de prière, de grandes inscriptions invoquent Allah et Mahomet.

LUTTE TURQUE

Le Kırkpınar Yağli Güreş Festivalı (Festival de lutte turque) se déroule chaque année fin juin-début juillet sur l'île de Sarayiçi. L'événement, célèbre dans toute la Turquie, donne lieu à une semaine de festivités. Les participants enfilent un pantalon en cuir, le *kispet*, et s'enduisent d'huile d'olive diluée. Le maître de cérémonie, ou *cazgır*, invite ensuite les lutteurs, divisés en plusieurs catégories, à participer à une parade d'échauffement dansée au son d'un tambour, le *davul*, et d'un instrument à anche, la *zurna*. Les combats peuvent durer deux heures et comprennent de longues périodes de concentration silencieuse. Les concurrents doivent réussir à maintenir leur adversaire sur le dos.

Parade d'échauffement des lutteurs d'Edirne

⛩ Caravansérail de Rüstem Paşa

Rüstem Paşa Kervansarayı
İki Kapılı Han Cad 57.
Tél. *(0284) 225 21 95.*
Sinan *(p. 91)* dessina ce
caravansérail pour le plus
puissant des grands vizirs
de Soliman le Magnifique
en 1560-1561. Il comprend
deux cours, ou *hans (p. 96).*
La plus vaste, qui abrite
l'hôtel Rüstem Paşa
Kervansaray *(p. 191)*, était
destinée aux marchands
d'Edirne. La plus petite,
transformée en résidence
universitaire, hébergeait
les autres voyageurs.

De l'autre côté de la
Saraçlar Caddesi, des
marchands officient dans
la longue rue étroite bordée
de boutiques du bazar de
Semiz Ali Paşa, construit en
1589 sur des plans de Sinan.

🏛 Musée des Arts turcs et islamiques

Türk ve İslam Eserleri Müzesi
Kadir Paşa Mektep Sok.
Tél. *(0284) 225 16 25.* ◑ *jusqu'en
mars 2012 pour rénovation.*
Cette collection ethnographique
se situe dans l'ancienne

médersa de la mosquée
de Selimiye *(p. 156-157).*

La première salle du musée
est consacrée à la lutte turque
et l'exposition comprend
les agrandissements de
miniatures qui retracent
six siècles de ce sport.
Les combattants y
apparaissent luisants d'huile
d'olive et vêtus du pantalon
de cuir traditionnel.

Parmi les autres objets
présentés figurent les portes
originelles de la mosquée
de Beyazıt II, des objets de
la vie quotidienne, des armes
et des souvenirs militaires,
notamment de superbes
boucliers du XVIIIe siècle.

La mosquée de Muradiye (XVᵉ siècle)

MODE D'EMPLOI

210 km au NO d'Istanbul.
🏰 150 000. 🚊 Ayşekadin,
(0284) 235 26 73. 🚌 Talat Paşa
Cad., *(0284) 225 19 79.*
🏨 Rüstem Paşa Kervansaray
Hotel. 🛈 Hürriyet Meydanı 17,
(0284) 213 92 08. 🗓 lun.-jeu.,
sam. 🤼 Festival de lutte turque
(fin juin) ; fête de la Libération
(25 nov.). **www**.kirkpinar.com

◖ Mosquée de Muradiye

Muradiye Camii
Küçükpazar Cad. ◒ aux heures
de prière seul. ⊘
Ce monument était à l'origine
un *zaviye* (hospice de
derviches tourneurs) bâti par
Murat II en 1421
après qu'il eut rêvé
que le fondateur de
la secte, Celadeddin
Rumi *(p. 104)*,
lui en ordonnait
la construction.
La salle de prière
abrite de grandes
inscriptions
calligraphiques
semblables à celle
de la Vieille
Mosquée et des
carreaux d'İznik.

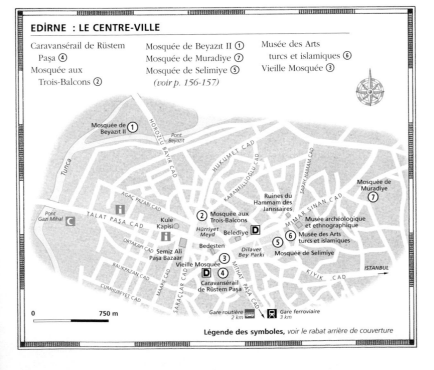

EDİRNE : LE CENTRE-VILLE

Caravansérail de Rüstem
   Paşa ④
Mosquée aux
   Trois-Balcons ②

Mosquée de Beyazıt II ①
Mosquée de Muradiye ⑦
Mosquée de Selimiye ⑤
   (voir p. 156-157)

Musée des Arts
   turcs et islamiques ⑥
Vieille Mosquée ③

Mosquée de Beyazıt ①
Pont Beyazit
HOROZLU BAYIR CAD
HUKUMET CAD
KARANFILLIOĞLU CAD
SARAY HAMAM CAD
TUNCA
AĞAÇ PAZARI CAD
Pont
Gazi Mihal
TALAT PAŞA CAD
Kule
Kapisi
Hürriyet
Meyd
Belediye
② Mosquée aux
Trois-Balcons
Ruines du
Hammam des
Janissaires
MİMAR SİNAN CAD
Musée archéologique
et ethnographique
Mosquée de
Muradiye ⑦
ORTAKAPI CAD
Semiz Ali
Paşa Bazaar
Bedesten
Dilaver
Bey Parki
⑥ Musée des Arts
turcs et islamiques
⑤ Mosquée de Selimiye
BALIKPAZAN CAD
Vieille Mosquée ③
MİTHAT PAŞA CAD
KIYIK CAD
ISTANBUL
CUMHURIYET CAD
MAARIF CAD
SARAÇLAR CAD
④ Caravansérail
de Rüstem Paşa
Gare routière
2 km
Gare ferroviaire
3 km
0   750 m

Légende des symboles, *voir le rabat arrière de couverture*

Mosquée de Selimiye
Selimiye Camii

La plus harmonieuse des mosquées ottomanes marque l'apogée d'une forme d'art et l'aboutissement d'une vie de recherche, celle de l'architecte Sinan (p. 91). Bâtie sur une colline, elle domine la ville et possède pour dépendances une médersa (p. 38) aujourd'hui occupée par le musée des Arts turcs et islamiques (p. 155), une école et le Kavaflar Arasta (marché couvert).

Commencée en 1569, sa construction s'acheva en 1575, un an après la mort du sultan Selim II qui l'avait commandée. Sinan était très fier du dôme dont il disait ceci dans ses mémoires : « Avec l'aide d'Allah et la faveur du sultan Selim Khan, j'ai réussi à construire une coupole six coudées plus large et quatre coudées plus profonde que celle de Sainte-Sophie » (p. 72-75). Il se trompait un peu : la coupole de l'édifice qu'il avait tant voulu surpasser est légèrement plus profonde.

★ Minarets
Les quatre minarets, hauts de 84 m, possèdent trois balcons. Les deux minarets du nord abritent trois escaliers en colimaçon conduisant chacun à un balcon différent.

Fontaine aux ablutions
Des ajours délicats ornent les seize pans de la fontaine aux ablutions (şadırvan) dont l'absence de dais préserve l'équilibre et la simplicité de la cour.

À NE PAS MANQUER

★ Coupole

★ Minarets

★ Minbar

Les colonnes des arcs du portique sont faites de marbre prélevé sur des édifices byzantins.

Portails de la cour
Pour découvrir la mosquée, préférez cet accès où Sinan a su jouer avec beaucoup de sobriété de la courbure des arcs et de la forme des pierres rouges et miel qui les composent.

★ Coupole
S'élevant avec grâce sur huit piliers, la coupole présente en décor des peintures raffinées restaurées au XIXe siècle.

★ Minbar
De nombreux experts considèrent que le minbar de la Selimiye, au dais carrelé et aux panneaux latéraux sculptés, est le plus beau de Turquie.

Mihrab en marbre de Marmara

Salle de prière
Son plan octogonal permit de réduire l'importance des contreforts supportant le poids de la coupole et de percer les murs de nombreuses fenêtres qui inondent l'intérieur de lumière.

Le müezzin mahfili
(*p. 38*), qui couvre une petite fontaine, conserve dans sa partie inférieure des peintures du XVIe siècle.

Entrée depuis le Kavaflar Arasta

Loge du sultan
Portée par des colonnes de marbre vert reliées par des arcs brisés qu'entourent des carreaux d'İznik (p. 161), la loge impériale abrite un mihrab au fond percé d'une fenêtre à volets. À l'achèvement du monument, elle ouvrait sur la campagne.

Entrée principale

Kilyos ❷

27 km au N d'Istanbul.
🏛 *1665.* Ⓓ *depuis Sarıyer.*

Très appréciée, la station
balnéaire la plus proche
d'Istanbul possède une
longue plage de sable sur
la mer Noire. Méfiez-vous
de l'eau limpide, des courants
sous-marins rendent la
baignade dangereuse
hors des endroits surveillés
par des maîtres nageurs.
   Trois tours en ruine
s'élèvent à gauche de la
principale voie d'accès au
village. Elles faisaient jadis
partie du système qui
alimentait la région en eau
depuis la forêt de Belgrade.
Le château Génois du
XIVe siècle qui domine Kilyos
au sommet d'une falaise n'est
pas accessible aux visiteurs.

Le Büyük Bent, réservoir d'origine byzantine de la forêt de Belgrade

Forêt de Belgrade ❸
Belgrad Ormanı

20 km au N d'Istanbul.
🚌 *42, 40 de Taksim à Çayırbaşı,
puis 153 jusqu'à Bahçeköy.*
Parc Tél. *(0212) 226 23 35.*
🚪 *mai-sept. : t.l.j. 5h-20h ;
oct.-avr. : 7h-19h30.* 🅿 ♿

Plantée de pins, de chênes,
de hêtres, de châtaigniers
et de peupliers, la forêt de
Belgrade est l'unique vaste
espace boisé à proximité
immédiate d'Istanbul et la
destination préférée de ses
habitants désireux d'échapper
au bruit et à la pollution.
   Elle renferme un grand parc
qu'il vaut mieux visiter en
semaine pour éviter les
hordes de pique-niqueurs
du week-end. Son
entrée principale
se trouve près
du village de
Bahçeköy. Depuis
ce portail, 30 min
de marche mène
à l'aire de pique-
nique de
Neşetsuyu
d'où partent
de superbes
promenades en
forêt. L'une d'elles
conduit en une
demi-heure de

marche au Büyük Bent
(Grand Réservoir),
le plus ancien des vestiges
du système de captage
qui alimenta Istanbul en eau
pendant plus de mille ans.
Il remonte au début de l'ère
byzantine. Hors du parc
mais proche de son entrée,
le barrage du sultan Mahmut,
belle courbe de marbre,
date de 1839.
   Accessibles en taxi, l'Eğri
Kemer (aqueduc Tordu)
et l'Uzun Kemer (Long
Aqueduc) s'élèvent sur la
route 016 entre Levent et
Kısırmandıra. Le premier date
probablement du XIIe siècle.
Sinan *(p. 91)* bâtit le second
pour Soliman le Magnifique.

Şile ❹

72 km au NE d'Istanbul.
🏛 *25372.* 🚌 *depuis Üsküdar.*

Station balnéaire
caractéristique de la mer
Noire, Şile possède de belles
plages de sable. Connu
sous le nom de Kalpe dans

Le village de Şile, station balnéaire sur la mer
Noire et centre textile

l'Antiquité, son port servait
d'escale pour les bateaux
venant du Bosphore
et se dirigeant vers l'est.
   Le plus grand phare
de Turquie domine la ville
depuis le sommet d'une
falaise. Construit par des
Français pour le sultan
Abdül-Mecit Ier en 1858-1859,
il peut se visiter après
le coucher du soleil.
Un tissu de coton aéré servant
à la fabrication de vêtements
vendus sur l'Üsküdar Caddesi
est produit à Şile.

Polonezköy ❺

25 km au NE d'Istanbul. 🏛 *500.*
🚌 *E-2 de Taksim à Beykoz, puis
dolmuş.*

Ce village s'appelait à
l'origine Adampol, du nom
du prince polonais exilé,
Adam Czartoryski, qui acheta
ici en 1842 de la terre arable
pour d'anciens soldats à son
service. Peu après, en 1853,
ces Polonais formèrent
pendant la guerre de Crimée
un régiment si valeureux
que le sultan Abdül-Mecit Ier
accorda à ces derniers
ainsi qu'à leurs héritiers
une exemption d'impôt.
   Le charme rustique de
Polonezköy en a fait un
endroit très touristique,
et quelques restaurants
(p. 207) continuent de servir
les spécialités européennes,
à base de porc notamment,
qui faisaient la réputation
de la localité. Les bois de
hêtres des alentours offrent
de belles promenades.

Îles des Princes ❻
Kızıl Adalar

12 km au SE d'Istanbul. 🏃 *16171*.
🚢 *8-10 traversées par jour
de Kabataş à Büyükada.*
ℹ *(0216) 382 70 71.*

Les neuf paisibles îles des Princes plantées de pins ne se trouvent qu'à 20 km au sud-est d'Istanbul dans la mer de Marmara. La plupart des ferrys desservent la plus grande, Büyükada, mais aussi Kınalıada, Burgazada et Heybeliada.

Il est facile de découvrir en une journée l'archipel qui doit son nom au palais royal construit en 569 par Justin II sur Büyükada, alors appelée Prinkipio (île du Prince). Les nombreux monastères installés sur les îles pendant l'ère byzantine servirent de lieu d'exil à des membres de la famille impériale.

L'inauguration d'une liaison à vapeur avec Istanbul incita de riches expatriés à construire d'élégantes villas dans l'archipel. De 1929 à 1933, Léon Trotsky habita l'une des plus belles demeures de Büyükada, située au 55 Çankaya Caddesi.

Dotée de plages de sable et d'une élégance fin de siècle, Büyükada est l'île qui attire le plus de visiteurs. Les calèches omniprésentes renforcent son atmosphère surannée et constituent le seul mode de

**Porte du
monastère
Saint-Georges**

transport public (comme sur Heybeliada), car les véhicules à moteur sont interdits sauf pour les services d'urgence. Sur une colline boisée, le monastère Saint-Georges, du XXᵉ siècle, a été élevé sur des fondations byzantines.

Deuxième île de l'archipel par la superficie, Heybeliada abrite, à gauche du débarcadère, l'ancienne Académie navale (Deniz Harp Okulu), édifice imposant bâti en 1942. Sur la colline la plus au nord, l'École grecque orthodoxe de théologie a été construite en 1841. L'institution est désormais fermée, mais sa bibliothèque, célèbre auprès des érudits orthodoxes, est toujours ouverte. L'île possède aussi une plage agréable à Çam Limanı Köyü, sur sa côte sud.

Plus petites et moins développées, les îles de Kınalıada et de Burgazada offrent un cadre paisible pour prendre un repas.

Termal ❼

38 km au SE d'Istanbul. 🏃 *5018.*
🚢 *de Kabataş à Yalova.* ℹ *Yalı Cad,
Termal-Yalova (0226) 675 74 00.*

Les Romains appréciaient déjà les propriétés curatives des sources d'eau chaude de cette petite station thermale située au creux d'une vallée boisée à 12 km du port de Yalova. Abdül-Hamit II donna un

**Fontaine de l'ancienne maison
d'Atatürk à Termal**

nouvel élan à la ville en faisant restaurer au début du XXᵉ siècle les **Bains des thermes de Yalova** qui font désormais partie du complexe du ministère de la Santé. Celui-ci comprend quatre hôtels, cinq bassins, un hammam *(p. 67)*, un sauna et une piscine en plein air.

Atatürk appréciait Termal. La petite maison de style chalet qu'il construisit renferme toujours des objets lui ayant appartenu et est devenue le **musée Atatürk**.

🌀 **Bains des thermes
de Yalova**
Termal. **Tél.** *(0226) 675 74 00.*
🕐 *t.l.j. 8h30-22h30.*

🏛 **Musée Atatürk**
Atatürk Köşkü, Termal. **Tél.** *(0226)
675 70 28.* 🕐 *mai-oct. : 9h-17h
sauf lun. et jeu. ; nov.-avr. : 9h30-16h.*

Port de Burgazada, l'une des pittoresques îles des Princes proches d'Istanbul

İznik ❽

87 km au SE d'Istanbul.
🚋 *20 100.* 🚌 *Yeni Mahalle,
Yakup Sok., (0224) 757 25 83.*
ℹ️ *Belediye Hizmet Binası,
Kılıçaslan Cad 97, (0224) 757 10
10.* 🚢 *mer.* 🎪 *Foire d'İznik (5-10
oct.) ; fête de la Libération (28 nov.).*

L'enceinte fortifiée rappelle
aux visiteurs le riche passé
de cette charmante petite ville
au bord d'un lac.

Portique du Musée archéologique

Un ancien lieutenant
d'Alexandre, Lysimaque,
lui donna vers 300 av. J.-C.
le nom de sa femme, Nikaea.
Nicée entra dans l'histoire en
325, quand Constantin *(p. 20)*
y organisa le premier concile
œcuménique réunissant des
évêques de toute la chrétienté.
Il condamna l'arianisme et
définit le Credo de Nicée
affirmant l'égalité du Père
et du Fils.

Les Seldjoukides *(p. 21)*
s'emparèrent de la cité en
1081 et la rebaptisèrent İznik.
Il ne la conservèrent que
jusqu'en 1097, quand les
chevaliers de la première
croisade la reprirent pour
Alexis Ier Comnène. Pendant
l'occupation de Constantinople
par les Latins, de 1204 à 1261
(p. 24), elle devint la
capitale de l'empire
de Nicée et permit
aux Byzantins
d'entreprendre
la reconquête.
Orhan *(p. 32)*
l'incorpora
à l'Empire
ottoman en
1331. À partir
du XVIe siècle,
de nombreux

artisans venus de Tabriz,
conquise par Selim Ier en
1514, s'y installèrent. İznik
produisit alors les plus belles
céramiques du monde
ottoman. Celles-ci parent
avec éclat de nombreuses
mosquées d'Istanbul.

À l'intérieur de ses remparts,
İznik garde son plan antique,
ses rues dessinant
un quadrillage
à partir de deux
axes principaux
qui forment
une croix.
Construites par
Lysimaque,
les fortifications
furent souvent
améliorées par
les Byzantins
puis par les
Ottomans.

**Porte d'Istanbul à la pointe
nord des remparts**

Théodore Ier Lascaris, doubla
l'enceinte d'un deuxième
rempart au XIIIe siècle. Longs
de presque 5 km, les murs
sont percés de grandes portes.
La plus importante, l'İstanbul
Kapısı, s'ouvre au nord
de la ville. Encadrée de tours
byzantines, elle porte un relief
avec des cavaliers au combat.

Au croisement des deux

axes principaux, l'Atatürk
Caddesi et la Kılıçaslan
Caddesi, subsistent les ruines
de l'église **Sainte-Sophie**
reconstruite après un
tremblement de terre en 1065.
Des fouilles ont mis au jour
les vestiges de sanctuaires qui
la précédèrent, notamment
un pavement en mosaïque
de marbre et une fresque
de la Déisis,
intervention de
la Vierge et de
saint Jean-Baptiste
auprès du Christ.
À quelques pas
de l'extrémité
orientale de
la Kılıçaslan
Caddesi, la
mosquée Verte
(Yeşil Camii) bâtie
au XIVe siècle doit
son nom aux carreaux
couvrant son minaret.
Malheureusement, des copies
modernes de qualité inférieure
ont remplacé ceux d'origine.

En face du sanctuaire,
la Cantine de Dame Nilüfer
(Nilüfer Hatuni / mareti), l'un
des plus jolis édifices d'İznik,
abrite le **Musée archéologique**.
Construit en 1388 et dédié
à l'épouse d'Orhan, l'*Imaret*
servait aussi d'hospice pour
les derviches de passage.
On y pénètre par un spacieux
portique. Les salles, aux
toitures en coupole, abritent
des antiquités romaines,
byzantines et ottomanes,
notamment des faïences d'İznik.

🏛 **Musée de Sainte-Sophie**
Müze Cad. **Tél.** *(0224) 757 10 27.*
⬜ *mar.-dim. 8h-12h, 13h-17h.* 🏷

🕌 **La Mosquée Verte**
Müze Sok. ⬜ *t.l.j. après la prière.*

🏛 **Musée archéologique**
Müze Sok. **Tél.** *(0224) 757 10 27.*
⬜ *mar.-dim. 8h30-17h.* 🏷

La mosquée Verte tient son nom des carreaux verts de son minaret

Céramiques d'İznik

À partir de la fin du XVe siècle, la ville d'İznik commença à produire en grande quantité vaisselle, pots, et plus tard carrelages. Les artisans, puis après 1514, des hommes de l'art venus de Tabriz, acquièrent bientôt une grande maîtrise technique et esthétique. Selon un mode de fabrication égyptien du XIIe siècle, ils utilisaient une pâte dure et claire recouverte d'un engobe blanc et d'un vernis

Lampe de mosquée

transparent pour atteindre un résultat très proche de la faïence. Comme la porcelaine chinoise du XIVe siècle destinée à l'exportation, leurs premières œuvres possédaient un décor blanc et bleu. D'autres couleurs apparurent ultérieurement, notamment un rouge intense. La qualité des céramiques d'İznik fut à son apogée à la fin du XVIe et au début du XVIIe siècle, puis déclina peu après.

Les porcelaines chinoises, *importées à Istanbul à partir du XIVe siècle (Topkapı en possède une très riche collection, voir p. 56), inspirèrent souvent les décors des poteries d'İznik. Au XVIe siècle, les artisans de la ville fabriquèrent même de véritables imitations, telle cette copie d'un plat Ming.*

Bordure de rochers et de vagues

« Porcelaine de Damas » *fut le nom attribué à tort aux céramiques d'İznik produites pendant la première moitié du XVIe siècle. Les carreaux découverts dans la capitale syrienne avaient les mêmes motifs floraux mais des couleurs différentes : turquoise, vert sauge et manganèse.*

Miniature d'un atelier

Le bleu de cobalt et le blanc, *caractéristiques des premières poteries d'İznik (v. 1470-1520), donnaient vie à des décors mêlant inspirations chinoise et arabe, tel ce panneau mural du pavillon des Circoncisions du palais de Topkapı. Représentations florales et animales connaissaient une grande vogue à l'époque.*

Le bol arménien, *émail d'un rouge soutenu, commença à être utilisé vers 1550. De nouveaux motifs apparurent, notamment des tulipes réalistes. La céramique d'İznik connut alors son âge d'or jusque vers 1630.*

Les carreaux muraux *ne furent produits en grandes quantités qu'à partir de Soliman le Magnifique (1520-1566) qui en para le dôme du Rocher à Jérusalem. Les mosquées d'Istanbul, notamment celle de Soliman (p. 90-91) et celle de Rüstem Paşa (p. 88-89), ont conservé de magnifiques carreaux. Ceux-ci ornent la mosquée Bleue (p. 78-79).*

Bursa ⑨

Fondée, selon la tradition, au IIIᵉ siècle avant J.-C. par le roi de Bithynie Prousias Iᵉʳ, Bursa (Brousse) s'étend au pied des contreforts septentrionaux de l'Uludağ. Exploitées dès l'époque romaine, ses sources minérales alimentent quelque 3 000 bains. Après sa conquête en 1326 par Osman Gazi *(p. 25)*, la ville devint la première capitale de l'Empire ottoman, statut qu'elle conserva jusqu'en 1402.

Jatte, musée des Arts turcs et islamiques

Bursa s'étage à flanc de colline

Bursa est aujourd'hui un important chef-lieu de province et l'un des premiers centres d'industrie et de commerce de Turquie, comme en témoignent ses larges boulevards, ses boutiques et ses bazars animés. La mosquée Verte et le tombeau Vert font de Yeşil, sur la rive orientale de la Gök, à l'écart du centre-ville commerçant *(p. 164-165)*, le quartier le plus intéressant.

C Mosquée de Yildirim Beyazıt

Yıldırım Beyazıt Camii
Yıldırım Cad. ⏱ *t.l.j.*

Le sultan Beyazıt Iᵉʳ, surnommé « Yildirim » (la Foudre) pour sa vitesse de réaction face à ses ennemis, fit élever ce sanctuaire en 1389, peu après avoir accédé au pouvoir suprême. La mosquée, qui servait aussi à l'origine de lieu de réunion à des derviches tourneurs *(p. 104)*, possède un gracieux portique coiffé de cinq belles coupoles.

À l'intérieur, la première salle préfigure les cours à ciel ouvert qui caractérisent les grandes mosquées ottomanes des périodes ultérieures. Un arc imposant, qui s'élève au-dessus de deux niches, la sépare de la salle de prière aux murs décorés d'intéressants motifs calligraphiques *(p. 95)*.

🏛 Tombeau Vert

Yeşil Türbe
Yeşil Cad. ⏱ *t.l.j.* 🖼 *contribution.*

Construit entre 1414 et 1421, le mausolée octogonal de Mehmet Iᵉʳ se dresse au-dessus de la mosquée au milieu de hauts cyprès. Son style est beaucoup plus proche de l'architecture seldjoukide *(p. 21)* que du classicisme ottoman. Les carreaux qui parent l'extérieur et lui valent son nom datent principalement d'une restauration du XIXᵉ siècle. Quelques porcelaines plus anciennes subsistent autour du portail d'entrée.

Deux portes en bois superbement sculptées donnent sur l'intérieur. De dimensions réduites, celui-ci possède une ornementation saisissante par la profondeur des couleurs et la finesse des détails. Les panneaux de faïence du mihrab sont particulièrement remarquables. Le sultan repose dans un magnifique sarcophage orné de carreaux délicats et d'une longue inscription coranique. Les autres tombeaux renferment les dépouilles de ses fils, de ses filles et de sa gouvernante.

C Mosquée Verte

Yeşil Cami
Yeşil Cad. ⏱ *t.l.j.*

Commandé par Mehmet Iᵉʳ en 1412, le plus célèbre monument de Bursa, inachevé à la mort du sultan en 1421, reste dépourvu de portique. C'est cependant la plus belle mosquée ottomane édifiée avant la conquête de Constantinople.

Le haut portail principal doté d'un dais finement sculpté ouvre sur un vestibule. Il faut passer sous la loge du sultan parée de céramiques aux motifs verts, bleus, jaunes et or créés grâce à la technique de la *cuerda seca* pour accéder à la première salle. Coiffée d'une coupole, elle abrite en son centre une fontaine.

Une volée de trois marches conduit à la salle du mihrab. Ali İbn İlyas Ali, qui apprit son art à Samarcande, en exécuta les carrelages muraux. Utilisée pour la première fois à une telle échelle dans une mosquée

Le tombeau Vert et la mosquée Verte

ottomane, cette décoration ouvrira la voie aux chefs-d'œuvre créés ultérieurement grâce à la production d'İznik *(p. 161)*. La teinte des carreaux octogonaux, bien éclairés par les fenêtres, donna son nom à la mosquée. Leur sobriété met en valeur la somptueuse ornementation du mihrab où quelques touches d'or relèvent des motifs végétaux et géométriques dominés par le turquoise, le bleu profond et le blanc. Les niches des salles latérales permettaient aux derviches tourneurs de déposer leurs vêtements.

Les céramiques qui jadis couvraient aussi l'extérieur du sanctuaire ont aujourd'hui disparu, mais de délicates arabesques agrémentent toujours les fenêtres de la façade en marbre.

⌂ Musée des Arts turcs et islamiques

Türk ve İslam Eserleri Müzesi Yeşil Cad. **Tél.** (0224) 327 76 79. ◯ mar.-dim. 8h-12h, 13h-17h. 📷
C'est l'ancienne médersa *(p. 38)* de la mosquée Verte

MODE D'EMPLOI

90 km au S d'İstanbul. 🏛
1 995 000. ✈ 20 km. 🚌 Kıbrıs Şehitler Cad., (0224) 261 54 00. 🚇 Atatürk Cad ; Osman Gazi Cad. 🛈 Ulucami Parkı, Orhangazi Altgeçidi 1 (0224) 220 18 48. 🎭 Foire aux textiles (mi-avr.) ; festival de Bursa (12 juin-12 juil.). **www**.bursafestivali.org

qui abrite le musée ethnographique. Une colonnade entoure sur trois côtés sa cour intérieure d'où rayonnent les cellules transformées en salles d'exposition. Au fond de la cour s'ouvre la vaste salle coiffée d'une coupole qui servait de classe principale.

Les pièces les plus anciennes datent du XIIe siècle : céramiques seldjoukides et ottomanes, corans ouvragés, vêtements traditionnels et marionnettes en peau de chameau du théâtre d'ombres Karagöz *(p. 168)*. À voir aussi : une exposition sur les bains turcs *(p. 67)* et la reconstitution d'une chambre de circoncision.

Façade du musée des Arts turcs et islamiques

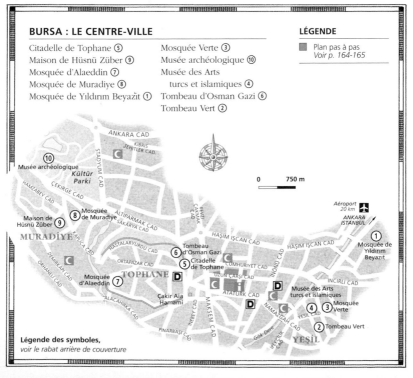

BURSA : LE CENTRE-VILLE

Citadelle de Tophane ⑤
Maison de Hüsnü Züber ⑨
Mosquée d'Alaeddin ⑦
Mosquée de Muradiye ⑧
Mosquée de Yıldırım Beyazit ①
Mosquée Verte ③
Musée archéologique ⑩
Musée des Arts turcs et islamiques ④
Tombeau d'Osman Gazi ⑥
Tombeau Vert ②

LÉGENDE

■ Plan pas à pas *Voir p. 164-165*

Légende des symboles, voir le rabat arrière de couverture

Bursa : quartier du marché

Dédale de ruelles et de caravansérails *(bans)*, le quartier au centre des activités commerciales de Bursa est révélateur de l'atmosphère de la ville. Vous pourrez y acheter les produits textiles qui ont fondé la réputation de Bursa, en particulier dentelles, linges de bain et soieries. Introduit au VIe siècle, l'élevage des vers à soie demeure une activité importante et, toute l'année, le Koza Hanı abrite un marché aux cocons. Peintes à la main, les figurines de théâtre d'ombres Karagöz *(p. 168)* en cuir de chameau sont aussi d'agréables souvenirs.

★ **Bazar couvert**
Édifié par Mehmet Ier au XVe siècle, il se compose d'un long hall animé par quatre renfoncements à coupole et d'une haute salle voûtée. Le Bedesten abrite des bijouteries.

★ **Grande Mosquée**
Une fontaine aux ablutions coule sous la coupole centrale de l'Ulu Cami élevée entre 1396 et 1399.

Íengül Hamamı (bain turc)

FEVZI ÇAKMAK CAD

Le Bey Han (ou Emir Hanı) appartenait à la mosquée d'Orhan qui en tirait des revenus servant à son entretien.

Cafés

KOZA PARKI

ATATÜRK CAD

Le Bey Hamamı, (1339) le plus vieux bain turc du monde, abrite désormais des ateliers.

Parc Koza
Devant le Koza Hanı, bancs, fontaines et tables de café agrémentent ces jardins où se côtoient touristes et habitants de Bursa.

★ Koza Han
L'édifice le plus intéressant du quartier joue un rôle central dans le commerce de la soie depuis sa construction en 1491 par Beyazıt II.

Marché aux fleurs
Ses étals colorés apportent une note de gaieté dans les rues animées entourant l'hôtel de ville.

Le Geyve Han s'appelle aussi l'İvaz Paşa Hanı.

Le Fidan Han fut commandé vers 1470 par un grand vizir de Mehmet le Conquérant.

İçkoza Han

0   40 m

BORSA SOK

UZUN ÇARŞI CAD

ÇÖMLEK SOK

BELEDIYE CAD

À NE PAS MANQUER

★ Bazar couvert

★ Grande Mosquée

★ Koza Han

Le Belediye, l'hôtel de ville de Bursa, évoque un chalet suisse à colombage et offre un spectacle pittoresque dans ce quartier ancien.

Mosquée d'Orhan Gazi
Édifiée en 1339, juste treize ans après la conquête ottomane de Bursa, c'est la plus ancienne mosquée impériale de la ville.

LÉGENDE

– – – Itinéraire conseillé

Bursa : Tophane et Muradiye

Tour de l'Horloge de Tophane

Au pied de la tour de l'Horloge érigée au sommet d'une colline, Tophane, la partie la plus ancienne de Bursa, conserve des vestiges des remparts byzantins. Le quartier porte d'ailleurs aussi le nom de Hisar, qui signifie « forteresse » en turc. Deux kilomètres plus à l'ouest, sur l'autre rive de la Cılımboz, s'étend un autre quartier historique : Muradiye. La mosquée de Murat II qui lui a donné son nom date du début du XVe siècle. Le cimetière renferme douze mausolées où reposent des membres de la famille impériale, pour la plupart assassinés.

À la découverte de Tophane

La section la mieux conservée des remparts élevés sur un affleurement rocheux marque la limite nord du quartier. L'agréable parc, aménagé au sommet renferme la haute tour de l'Horloge et les tombeaux des fondateurs de la dynastie ottomane. On y trouve également des cafés. En dessous s'étend la partie la plus basse de Tophane, aux rues sinueuses encore bordées de nombreuses maisons traditionnelles. Elles mènent au sud jusqu'à la Pınarbaşı Kapısı, la porte que franchit Orhan Gazi quand il entra dans Bursa en 1326.

⊞ Citadelle de Tophane

Hisar
Osman Gazi Cad. ◯ t.l.j. ♿
Les murailles de la ville qui délimitaient l'ancienne Bursa peuvent se contempler depuis une volée de marches grimpant de l'intersection de la Cemal Nadir Caddesi et de l'Atatürk Caddesi. Cet escalier

mène jusqu'aux cafés en plein air du sommet. Après avoir réussi à forcer les défenses byzantines de la cité, Orhan Gazi fit réparer les remparts et construisit un palais à l'intérieur. Il encouragea aussi le développement de Bursa, jusqu'ici confinée à l'intérieur de son enceinte, et fonda l'actuel quartier marchand situé plus à l'est.

Les rues au sud de la Hastalaryurdu Caddesi conservent de vieilles maisons ottomanes *(p. 61)* dotées pour la plupart d'une *çıkma*, encorbellement caractéristique peint de couleurs vives. La Kaleiçi Sokağı, accessible en descendant la Karadut Sokağı depuis la Hastalaryurdu Caddesi, rassemble le plus grand nombre de maisons ottomanes.

⚑ Tombeaux d'Osman et Orhan Gazi

Osman & Orhan Gazi Türbeleri
Ulu Cami Cad. ◯ t.l.j.
🖼 contribution.
Osman Gazi, le chef de tribu turc qui établit les bases de l'Empire ottoman au XIIIe siècle, ne put s'emparer de Bursa. C'est son fils Orhan qui prit la ville juste avant la mort de son père. Il l'enterra dans le baptistère d'une ancienne église dont la nef accueillit plus tard sa propre sépulture. Un tremblement de terre détruisit le sanctuaire en 1855, les mausolées rococo visibles aujourd'hui datent de 1868. Des fragments du pavement de mosaïque de l'église subsistent dans le tombeau d'Orhan Gazi.

Tombeau d'Osman Gazi, fondateur de la dynastie ottomane

⚑ Mosquée d'Alaeddin

Alaeddin Camii
Alaeddin Mahallesi. ◯ aux heures de prière seul. 📷
La mosquée la plus vieille de la ville fut commandée par Alaeddin Bey, frère et vizir *(p. 39)* d'Orhan Gazi, moins de dix ans après la prise de Bursa. Elle se présente comme un sobre bâtiment de plan carré coiffé d'une coupole. Les quatre colonnes et les chapiteaux du portique sont d'origine byzantine.

À la découverte de Muradiye

À l'ouest de Tophane, ce quartier verdoyant et principalement résidentiel renferme, près de la mosquée qui lui a donné son nom, deux beaux exemples de demeures traditionnelles turques : la maison de Hüsnü Züber et la maison Ottomane. Au nord, le Kültür Parkı propose, entre autres attractions, un lac où l'on peut canoter et le Musée archéologique.

⚑ Mosquée de Muradiye

Muradiye Külliyesi
Murat II Cad. ◯ t.l.j. 🖼 contribution.
Murat II, père de Mehmet le Conquérant, fit construire ce sanctuaire et ses dépendances

Café du parc aménagé au-dessus du quartier de Tophane

Mausolée de Mustafa dans le jardin de la mosquée de Muradiye

au début du XVe siècle. Un gracieux portique à coupole précède la mosquée aux portes en bois finement sculptées. Des céramiques d'İznik *(p. 161)* parent l'intérieur. De plan carré, la médersa voisine sert désormais de dispensaire. Ses cellules entourent un jardin central. Richement ornée de carreaux, la classe principale, ou *dershane*, possède une superbe façade en brique.

Le jardin de la mosquée offre un lieu de retraite particulièrement serein. Achevé en 1437, le mausolée de Murat II, qui fut le dernier sultan ottoman à choisir Bursa comme lieu de sépulture, se dresse près de la mosquée et de la médersa. Le sarcophage empli de terre se trouve sous une ouverture dans le toit pour être lavé par la pluie. Les corniches au-dessus du porche du XVIe siècle ont conservé leur ravissant décor peint d'origine.

Le jardin, quant à lui, renferme onze autres tombes, notamment celle de Mustafa, le fils de Soliman le Magnifique que son père fit assassiner à l'instigation de Roxelane pour ouvrir la voie du trône à son demi-frère, le futur sultan Selim II l'Ivrogne *(p. 76)*. Selon une inscription, c'est Selim qui fit édifier le mausolée octogonal de Mustafa. Des panneaux d'İznik ornent l'intérieur.

⊞ Maison de Hüsnü Züber

Hüsnü Züber Evi, Yaşayan Müze
Uzunyol Sok 3, Muradiye.
Tél. (0224) 221 35 42.
⬤ date de réouverture inconnue.
Maison Ottomane Tél. (0224)
285 48 13. ⬜ mar.-dim. 10h-17h.

Cette demeure vieille de 150 ans, dont le 1er étage est en aplomb sur la rue, fait partie des nombreuses maisons anciennes bien conservées du quartier de Muradiye. Construite à l'origine pour loger des dignitaires en visite, elle abrita ensuite le consulat de Russie puis, plus récemment, une résidence privée. Son propriétaire actuel, l'artiste Hüsnü Züber, l'a transformée en musée. La maison est un un bel exemple d'habitation ottomane.

Mosquée de Muradiye bâtie par Murat II

Une loggia, jadis ouverte mais aujourd'hui fermée par des vitres, domine la cour intérieure autour de laquelle s'organisent les pièces. Celles-ci renferment des plafonds en bois, dont certains sont ornés de bordures peintes à la main. Hüsnü Züber y présente sa collection privée d'objets en bois sculptés tels que cuillères, instruments de musiques et même ustensiles agricoles, décorés de motifs anatoliens gravés au feu. Malheureusement, la maison de Hüsnü Züber est fermée au public.

La **maison Ottomane** (Osmanlı Evi), bâtie au XVIIIe siècle, se dresse sur la place en face de la mosquée de Muradiye. Cette belle demeure traditionnelle présente au 1er étage un parement en brique élaboré. Volets et grilles cachent les fenêtres.

Maison de Hüsnü Züber édifiée au milieu du XIXe siècle

🏛 Musée archéologique

Arkeoloji Müzesi
Kültür Parkı. **Tél.** (0224) 234 49 18.
⬜ mar.-dim. 8h-12h, 13-17h. 🖼

Les vestiges exposés dans ce musée couvrent une période allant du IIIe millénaire av. J.-C. à la prise de Bursa par les Ottomans. La première salle contient des pièces datant de l'époque phrygienne. On verra aussi des poteries et des bijoux romains et hellénistiques, des statues de Cybèle, un bronze d'Apollon, ainsi que des pièces de monnaie et des objets religieux byzantins.

Bursa : Çekirge

Le faubourg de Çekirge, dont le nom signifie littéralement « royaume des cigales », continue de valoir à Bursa l'épithète de *yeşil* (verte). Ses sources minérales chaudes y attirent des curistes depuis l'Antiquité et, au VIe siècle, l'empereur Justinien *(p. 20)* y fit bâtir des thermes où sa femme Théodora se rendit accompagnée d'une suite de 4 000 personnes. Çekirge, dont la situation à flanc de colline ménage de spectaculaires panoramas, abrite la plupart des meilleurs hôtels de la ville.

Les Vieux Bains de Çekirge datent de la fin du XIVe siècle

🌢 Nouveaux Bains

Yeni Kaplıca
Mudanya Yolu 6. **Tél.** (0224) 236 69 68. ⏲ *t.l.j. 7h-22h30.*
Malgré son nom, ce hammam a une longue histoire. Selon la légende, sa reconstruction, effectuée en 1522 par Rüstem Paşa, le grand vizir de Soliman le Magnifique, aurait été ordonnée par le sultan après sa guérison dans les thermes byzantins qui à l'époque occupaient le site.
Dans l'étuve, des niches ornées de beaux carreaux d'İznik *(p. 161)*, hélas abîmés, entourent le bassin central en marbre. Son accès est réservé aux hommes, mais l'établissement propose aux femmes les bains modernes de Kaynarca et aux couples les bains de Karamustafa.

🛏 Hôtel Çelik Palas

Çelik Palas Otel
Çekirge Cad 79.
Tél. (0224) 233 38 00.
Ce palace cinq étoiles bordant depuis 1933 l'une des grandes artères de Bursa, est le plus ancien et le plus prestigieux de la ville. Atatürk fréquentait ses bains. Ouverts aux deux sexes, ils ont pour pôle principal un joli bassin circulaire aménagé dans une grande salle en marbre.

🌢 Vieux Bains

Eski Kaplıca
Hôtel Kervansaray, Çekirge Meydanı, Kervansaray. **Tél.** (0224) 233 93 00. ⏲ *t.l.j. 7h-22h.*
Fondé par Murat Ier à la fin du XIVe siècle et rénové en 1512 pendant le règne de Beyazıt II, ce hammam incorpore les vestiges d'un bâtiment antérieur, notamment des colonnes byzantines et leurs chapiteaux dans l'*hararet* (étuve) de la partie réservée aux hommes. Ils pourraient dater du règne de l'empereur Justinien. L'accès aux thermes se fait par l'hôtel Kervansaray Termal. De l'eau à 45 °C, recommandée pour lutter contre les maladies de peau et les rhumatismes, remplit les bassins. Les bains des femmes, moins anciens et moins somptueux que ceux des hommes, sont cependant les plus jolis bains ouverts aux femmes à Bursa.

🄲 Mosquée de Murat Ier Hüdavendigar

Murat I Hüdavendigar Camii
Murat Cad, Çekirge. ⏲ *t.l.j.*
Murat Ier, qui s'attribua le titre de Hüdavendigar (créateur de l'univers), édifia cette mosquée en 1385. Son plan n'a pas d'équivalent dans le reste du monde ottoman : une médersa entoure à l'étage la salle de prière située au rez-de-chaussée.
La façade avec un portique de cinq arcs surmonté d'une colonnade, elle-même agrémentée de doubles fenêtres séparées par des colonnes byzantines, ressemble plus à un palais qu'à un lieu de culte musulman. À l'intérieur, la galerie supérieure dessert les cellules de la médersa. À cet étage, des passages conduisent, des deux côtés de la mosquée, jusqu'à une pièce située au-dessus du mihrab et dont la fonction originale reste inconnue.

THÉÂTRE D'OMBRES KARAGÖZ

Suspendu au-dessus de la Çekirge Caddesi, un imposant monument rend hommage aux deux célèbres souffre-douleur de Bursa : Karagöz et Hacıvat. Orhan Gazi aurait fait exécuter les deux hommes au XIVe siècle parce que leurs disputes distrayaient les autres ouvriers bâtissant la mosquée qui porte son nom *(p. 165)*. Pris de remords, il en fit les héros d'une pièce de théâtre d'ombres. En réalité, cette forme d'expression n'arriva en Turquie que plus tard et naquit probablement en Asie du Sud-Est : Selim Ier l'introduisit à Istanbul en 1517. Hautes de 35 à 40 cm, les figurines en cuir de chameau teint de couleurs vives sont encore fabriquées. Vous pourrez en acquérir au Bedesten dans la boutique de İnasi Çelikkol, qui, à l'occasion, donne des représentations.

Cadi, une sorcière du théâtre Karagöz

Le parc national de l'Uludağ devient une station de ski en hiver

Parc national de l'Uludağ ❿

Uludağ Milli Parkı

100 km au S d'Istanbul. **Tél.** (0224) 283 21 97. 🚠 téléphérique jusqu'à Sarıalan, puis dolmuş. 🔵 t.l.j. ♿ seul. pour les véhicules.

Ancien mont Olympe de la Bithynie, royaume qui s'étendait à l'est et au sud-est de la mer de Marmara pendant l'Antiquité, la montagne de l'Uludağ sert de lieu de retraite à plusieurs ordres contemplatifs pendant l'époque byzantine. Abandonnant leurs monastères après la conquête de Bursa par les Ottomans, ils furent remplacés par des derviches (p. 104). Il ne reste aujourd'hui aucune trace de ces communautés religieuses.

La visite du parc national de l'Uludağ est très agréable au printemps et en été, la fraîcheur de l'air en altitude en fait un lieu de pique-nique apprécié des Turcs. La réserve naturelle renferme 67 000 ha boisés. En gagnant en altitude, hêtres, chênes et noisetiers cèdent la place à des genévriers et à des trembles, puis à des genévriers nains. En automne, jacinthes et crocus tapissent les pentes. En hiver, l'Uludağ, et surtout la région d'Oteller qui possède de bons hôtels de style alpin, devient la station de sports d'hiver la plus chic de Turquie.

Selon la légende, Osman Gazi (1280-1324) fonda dans la région de Bursa sept villages pour ses sept fils et leurs compagnes. **Cumalıkızık**, au bas des flancs de la montagne, est le mieux préservé des cinq villages encore visibles. Accessible depuis Bursa en minibus, il abrite des maisons à colombage vieilles de 750 ans, protégées par le statut de monument national.

Parc national du Paradis des oiseaux ⓫

Kuşcenneti Milli Parkı

115 km au SO d'Istanbul. **Tél.** (0266) 735 54 22. 🚌 depuis Bandırma. 🔵 t.l.j. 8h-18h. ♿

Les ornithologues ont recensé 255 espèces d'oiseaux dans cette réserve naturelle créée au bord du Kuş Gölü, le lac jadis appelé Manyas Gölü. La végétation aquatique et des eaux peuplées d'au moins vingt sortes de poissons différentes offrent aux oiseaux des conditions très favorables sur la voie de migration entre l'Europe et l'Asie.

Spatule sur le lac du parc national du Paradis des oiseaux

À l'entrée du parc, un petit musée propose une exposition d'animaux naturalisés. Les visiteurs peuvent se procurer des jumelles au comptoir avant de rejoindre une plate-forme d'observation.

Deux principaux groupes d'oiseaux fréquentent le lac : ceux qui viennent s'y reproduire, de mars à juillet – pélican frisé menacé d'extinction, spatule blanche, héron, cormoran, butor et grèbe huppé –, et ceux qui font simplement escale au cours de leur migration vers le sud, en novembre, ou vers le nord, en avril et mai – cigogne, grue, pélican, épervier et aigle criard.

Plage de sable à Avşa, la plus appréciée des îles de Marmara

Îles de Marmara ⓬

Marmara Adaları

120 km au SO d'Istanbul. 🚢 depuis Yenikapı. ℹ️ Neyire Sıtkı Cad 31/3, Erdek, (0266) 835 11 69.

Ce superbe archipel de la mer de Marmara attire de nombreux vacanciers turcs, en particulier les Stambouliotes.

La plus jolie des îles, Avşa, grâce à ses plages de sable et à des liaisons régulières depuis Istanbul en été, connaît un succès croissant auprès des visiteurs étrangers. Le ferry accoste à Türkeli sur la côte ouest. Un train rustique permet de rejoindre la plage la plus populaire à Mavikoÿ. Célèbre depuis l'Antiquité pour ses carrières de marbre, Marmara, la plus grande île, n'a qu'une plage, à Çınarlı, au nord du bourg principal.

Dardanelles ⑬
Çanakkale Boğazı

200 km au SO d'Istanbul.
⛴ ferry Çanakkale-Eceabat.
🚌 Çanakkale. 🏠 Çanakkale İskele
Meydanı 27, (0286) 217 11 87.

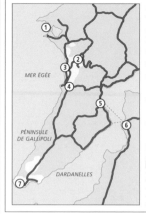

CARTE DE SITUATION

Anzac Cove ③
Baie de Suvla ①
Çanakkale ⑥
Cap Helles ⑦
Centre d'information
de Kabatepe ④
Centre d'information
du parc national ⑤
Chunuk Bair ②

LÉGENDE

☐ Zone des mémoriaux de guerre
▬ Route
--- Ligne de ferry

Nommé d'après le fondateur légendaire de Troie, le roi Dardanos, le détroit qui sépare l'Europe de l'Asie entre mer Égée et mer de Marmara mesure 40 km de long et à peine plus de 1 km de large à son point le plus étroit. Son importance stratégique lui vaut d'être entré dans la mythologie comme dans l'histoire et d'avoir souvent vu couler le sang.

Le bras de mer a pour ancien nom « Hellespont » d'après la jeune Hellé, cousine de Jason qui tomba dans ses eaux alors qu'elle le franchissait sur le dos d'un bouc ailé pour échapper à sa belle-mère Ino. Léandre s'y noya également en tentant de rejoindre sa bien-aimée Héro. En 1810, le poète Byron, qui effectuait la même traversée à la nage, s'étonna de la violence des courants.

Vieille ville située au point le plus étroit des Dardanelles, **Çanakkale** possède deux musées. À courte distance du débarcadère, le **Musée militaire et naval** conserve, entre autres, la montre de gousset qui sauva la vie d'Atatürk *(p. 30-31)* en arrêtant un éclat d'obus. Le **Musée archéologique**, au sud du centre, expose des découvertes faites à Troie.

Monument aux morts turcs de Çanakkale, Şehitleri

À l'ouest, côté européen, un parc national, dont le centre d'information se trouve près d'Eceabat, protège une grande partie de la belle **péninsule de Gallipoli** (Gelibolu). Désormais tranquille, elle fut le théâtre de terribles combats qui s'y déroulèrent en 1915 quand les Alliés l'attaquèrent dans le but de s'assurer le contrôle du détroit, de prendre Istanbul et d'ouvrir une voie stratégique d'approvisionnement vers la Russie. La campagne commença le 25 avril par le débarquement de troupes françaises et britanniques au **cap Helles**, tandis que les hommes de l'Anzac *(Australia and New Zealand Army Corps)* installaient une tête de pont sur ce qu'ils croyaient être la plage de Kabatepe. Ils avaient en réalité dérivé vers le nord jusqu'à un lieu aujourd'hui appelé **Anzac Cove**, près d'Arı Burnu, où ils se retrouvèrent sous le feu des unités ottomanes commandées par Atatürk. Celles-ci réussirent à conserver leur position dominante à **Chunuk Bair**, où la bataille dura trois jours, coûtant la vie à 28 000 soldats. Des forces anglaises débarquèrent en

renfort le 6 août dans la **baie de Suvla**. Cette nouvelle offensive aurait pu apporter la victoire si les commandants alliés, qui sous-estimaient les Turcs et la difficulté du terrain, n'avaient pas été aussi incompétents. La terrible guerre de tranchée se poursuivit jusqu'au 19 décembre et jusqu'à l'évacuation des assaillants. Ils furent plus de 500 000, soldats alliés et combattants turcs, à perdre la vie ici.

Toute la péninsule abonde de champs de bataille et de mémoriaux.

Mémorial de Mehmetcik près de l'Anzac Cove

Le **centre d'information de Kabatepe** est le meilleur endroit pour commencer une visite des monuments et des cimetières. Il abrite une petite collection de souvenirs comprenant armes et uniformes des différents belligérants. Au nord s'ouvre l'**Anzac Cove** entourée de cimetières. La paisible pinède de Chunuk Bair domine la plage. Un monument à la mémoire des soldats néo-zélandais s'y dresse près d'une reconstitution de tranchées turques. Le mémorial britannique est situé au cap Helles, la pointe de la péninsule. La côte à l'est conduit au monument français puis au grand mémorial de Çanakkale Şehitleri, dédié aux Turcs qui périrent en défendant Gallipoli.

🏛 **Musée militaire et naval**
Çimenlik Kalesi, Çanakkale. *Tél. (0286) 217 24 60.* ⬜ *mar.-mer., ven.-dim. 9h-12h, 13h30-16h30.* 🖼

🏛 **Musée archéologique**
Atatürk Cad., Çanakkale. *Tél. (0286) 217 67 40.* ⬜ *t.l.j. 8h-17h.* 🖼

🆘 **Centre d'information du parc national**
Près d'Eceabat. *Tél. (0286) 814 11 28.* ⬜ *lun.-ven. 9h-17h. Parc* ⬜ *t.l.j.* 🖼

🆘 **Centre d'information de Kabatepe**
Près de Kabatepe. *Tél. (0286) 814 12 97.* ⬜ *t.l.j. 9h-18h.* 🖼

Troie ⓮

Truva

350 km au SO d'Istanbul. 🚌 *depuis Çanakkale.* 🆘 *Çanakkale İskele Meydanı 27, (0286) 217 11 87.* ⬜ *lun-ven. 8h-17h30, sam.-dim 9h30-19h30.* 🖼

La cité que les Grecs assiègent pendant dix ans dans *L'Iliade* pour reprendre à Pâris la belle Hélène fut longtemps considérée comme imaginaire, au même titre qu'Achille, Hector et les autres héros de l'épopée d'Homère. Cependant, pour quelques archéologues du XIXᵉ siècle, l'auteur s'était inspiré de faits réels survenus

Réplique du légendaire cheval de Troie

dans une cité proche des Dardanelles. En 1865, l'Anglais Frank Calvert, consul des États-Unis, entama des fouilles sur la colline de Hisarlık. Ces recherches intéressèrent Heinrich Schliemann qui mit bientôt au jour des vestiges d'époques différentes, dont certains dataient du temps d'Homère. La plupart des historiens s'accordent à reconnaître que cette cité a inspiré Homère, qu'elle a pu

s'appeler Troie et être assiégée à l'époque décrite dans *L'Iliade*.

Sur le site, l'histoire de la cité (3 000 ans d'habitation) se décompose en neuf couches principales (de Troie I à Troie IX), mais il faut faire preuve d'imagination pour se représenter la ville mythique.

La cité de *L'Iliade* correspond probablement à Troie VI (1800-1250 av. J.-C.), tandis que Troie VIII (700-300 av. J.-C.) et Troie IX (300 av. J.-C.-1 apr. J.-C) correspondent aux niveaux grec et romain.

Les ruines comprennent les vestiges d'un mur de défense, de palais et de villas de différentes époques, de deux temples datant probablement du VIIIᵉ siècle av. J.-C. et d'un théâtre romain. La plus grande habitation, la maison aux Piliers, se trouve près de la porte sud. Selon certains, il s'agirait du palais du roi Priam mentionné par Homère.

Le fleuron de la visite n'a rien d'antique ; il s'agit de la reconstitution du célèbre cheval de bois qui aurait permis aux assaillants de se glisser par ruse dans la cité. Le centre d'information diffuse un document vidéo et abrite une maquette du site.

HEINRICH SCHLIEMANN ET TROIE

L'Allemand Heinrich Schliemann utilisa sa fortune pour réaliser un rêve d'enfant : trouver le site de Troie. Les découvertes faites par Frank Calvert l'incitèrent à commencer

Épouse de Schliemann parée de bijoux de Troie

des fouilles à Hisarlık en 1870. Archéologue amateur, il creusa une grande tranchée dans la colline, détruisant certains murs. Il s'empressa de déclarer qu'il avait trouvé la ville mythique, ce que ses découvertes ne confirmaient pas. Il baptisa « trésor de Priam » *(p. 65)* les bijoux et la vaisselle d'or qu'il mit au jour alors que ceux-ci avaient un millénaire de plus que la Troie d'Homère. Sorti en fraude du pays, ce trésor disparut pendant la dernière guerre. Il a réapparu en Russie en 1994.

TROIS PROMENADES À PIED

Baignant dans une atmosphère frénétique, avec ses cafés pittoresques à chaque coin de rue et des sites historiques témoignant des civilisations qui l'ont dominé au fil des siècles, Istanbul est une ville merveilleuse pour les flâneurs.

Dans les pages suivantes, nous vous proposons trois itinéraires qui vous conduiront dans trois quartiers de la ville à la découverte des principaux sites. Ces promenades vous conduiront dans les vieux quartiers grec et juif de Balat et de Fener, où les synagogues d'hier se cachent au milieu des triperies, jusqu'aux merveilleuses odeurs de cafés, d'épices et de poisson frais flottant dans les rues de Galata. Côté chic, une balade sur l'İstiklâl Caddesi vous confirmera qu'Istanbul préfère mettre ici à l'honneur son visage européen plutôt qu'asiatique, le musée d'Art moderne *(p. 107)* étant quant à lui le meilleur endroit de la ville pour l'art contemporain. Ces itinéraires sont prévus pour se promener d'un pas tranquille ; nous suggérons également de nombreux endroits où faire une pause.

Enfin, au chapitre *Quartier par quartier* de ce guide, une promenade est indiquée sur la carte *Pas à pas* pour chacun de ces quatre quartiers.

Enseigne du musée d'Art moderne

CHOISIR SON ITINÉRAIRE

Épices au Grand Bazar d'Eminönü *(p. 88)*

Trois promenades
Les pointillés indiquent le parcours des trois promenades proposées dans les principaux quartiers touristiques d'Istanbul.

La colline de Beyoğlu vue depuis la Corne d'Or *(p. 100-107)*

Beyoğlu

De Taksim au musée d'Art moderne
(p. 174-175)

Balat et Fener
(p. 173)

Quartier du bazar

La Pointe du Sérail

Sultanahmet

0   1 km

De Beyazıt à Galata
(p. 176–177)

LÉGENDE

······ Itinéraire

45 minutes de promenade dans Balat et Fener

Balat et Fener incarnent la diversité culturelle et la tolérance qui étaient la marque des Ottomans. Fener était surtout investi par les Grecs, Balat par les juifs. Cet itinéraire vous guide à travers un dédale de rues pittoresques vers les vieilles églises et les synagogues, les hammams et les mosquées. Ces édifices ont connu des jours meilleurs, mais un programme de rénovation devrait rendre à Balat et à Fener leur charme d'antan.

CARNET DE ROUTE

Départ : synagogue d'Ahrida.
Longueur : 1,5 km.
Pour s'y rendre : au terminus des bus d'Eminönü, prenez le 99 ou tous ceux qui indiquent Eyüp ou Ayvansaray. Demandez au chauffeur de vous laisser à Balat. Il y a aussi plusieurs arrêts du ferry à Fener et à Balat.
Où faire une pause : l'hôtel Daphnis ⑬ est une bonne adresse pour le déjeuner.

Hôtel Daphnis ⑬

Cette balade commence au cœur de Balat par la synagogue Ahrida ① *(p. 110)*, fondée avant la conquête ottomane en 1453. Sa dernière restauration date de 1992. Bâtie au XIXᵉ siècle, la synagogue de Yanbol ② est aujourd'hui fermée, mais son emplacement témoigne de son importance. Érigée à la période byzantine, l'église des Archanges ③ abrite une source sacrée. Chaque année, le 14 septembre, les pèlerins de toutes les communautés y prient pour leur guérison.

Poursuivez jusqu'à Leblebiciler Sokak. Au n° 51, à droite, voici Merkez şekerci ④, une pâtisserie fondée en 1871. Un peu plus loin, Agora ⑤ est la plus ancienne taverne *(meyhane)* d'Istanbul. Tournez à gauche sur Hızır Çavuş Köprü Sokak et

LÉGENDE

• • • Itinéraire

⛴ Embarcadère de ferry

descendez jusqu'à Köfteci Arnavut ⑥. Ce restaurant de boulettes typiques sert une clientèle fidèle depuis 1947.

Prenez à droite, puis à gauche sur Vodina Caddesi. À votre droite, le hamam Tahtali Minare ⑦, parmi les plus anciens de la ville, date du XVIᵉ siècle. Notez la cheminée de la chaufferie sur le toit. Non loin de là, sur votre droite, se dresse la mosquée Tahtali Minare ⑧, que le sultan Mehmet II fit édifier en 1458. À côté se trouve le tombeau de Hazreti

Hüseyin Sadık ⑨, enterré avec les honneurs d'un *gazi* (guerrier de la foi) dans les années 1450. Descendez jusqu'à la croix de l'église Aya Yorgi Metokhi ⑩ (fermée au public) qui surplombe la façade. Au bout de la rue, tournez à gauche. Sur votre droite se trouve le patriarcat grec orthodoxe ⑪ *(p. 111)*, siège de l'église grecque depuis 1601. Admirez le bâtiment en briques rouges au-dessus des remparts. Il s'agit de l'école de garçons de Fener ⑫, fondée à l'époque byzantine. Sur la gauche, voici l'hôtel Daphnis ⑬. Prenez à gauche sur Abdülezel Paşa Caddesi. L'immeuble sur votre droite est la bibliothèque des Œuvres féminines ⑭. Un peu plus haut, se dresse l'église Saint-Étienne-des-Bulgares ⑮ *(p. 110)*. De là, le ferry à l'embarcadère de Fener vous ramènera dans le centre-ville.

Petites rues du quartier de Balat

90 minutes de promenade de la place Taksim au musée d'Art moderne d'Istanbul

Au XIXᵉ siècle, la population cosmopolite de Constantinople vivait et travaillait dans ce quartier de Pera : ambassades et résidences somptueuses reflétaient le train de vie du palais de Topkapı, sur l'autre rive de la Corne d'Or. Dans cette partie de la ville, surnommée le « Paris de l'Orient », l'activité se concentrait dans la rue principale, l'actuelle İstiklâl Caddesi. Le temps semble s'être arrêté sur les marchés d'Avrupa Pasaji et de Balik Pazar, surtout comparé au musée Pera et aux lignes épurées du musée d'Art moderne d'Istanbul.

Un restaurant dans Çiçek Pasaji ④

Boutiques de l'Avrupa Pasaji ⑥

Le long de l'İstiklâl Caddesi

Rendez-vous place de Taksim ① au pied du monument de l'Indépendance. Réalisé par Perto Canonica en 1928, il représente Atatürk et les héros de l'indépendance. Avant de descendre l'İstiklâl Caddesi en suivant la ligne du vieux tramway, jetez un œil sur Maksem ②, à l'angle de Taksim Caddesi. Bâtie en 1832, cette tour octogonale servait jadis de réservoir : on aperçoit encore les nichoirs taillés dans la pierre et les vestiges d'une fontaine. Elle abrite aujourd'hui une galerie d'art. À droite se tient le Centre culturel français, puis, plus bas à gauche au n° 127, la célèbre confiserie Haci Bekir, datant de 1777. Saray Muhallebicisi ③ propose aux gourmands ses délicieuses douceurs.

Flânerie au marché

Longez Yeşilcam Sokak, le fief du cinéma turc, puis tournez au niveau de Şarabi, un bar à vins, et enfoncez-vous dans l'ancien marché aux fleurs. Œuvre de l'architecte italien Michel Capello en 1856, Çiçek Pasaji ④ regorge de restaurants. Arrivé au Stop Restaurant, prenez à gauche puis à droite sur Şahne Sokak, l'allée centrale du marché aux poissons, le Balik Pazar ⑤. Revenez sur Sahne Sokak et flânez sous les arcades du passage d'Europe, Avrupa Pasaji ⑥, surnommé le « passage des glaces », sur la droite. L'intérieur néo-Renaissance avec ses dalles de marbre et ses statuettes bénéficiait d'un éclairage au gaz qu'amplifiaient les miroirs.

Tournez à droite, puis à gauche, sur Meşrutiyet Caddesi. Descendez cette rue, passez l'immeuble de la TRT (télévision publique turque) et le Grand Hôtel de Londres,

dont le lustre s'est terni, jusqu'au charmant musée Pera ⑦ (ancien hôtel Bristol) où les Koç, une famille de mécènes, exposent leur collection d'art et de faïence turque.

Le dôme de la mosquée Kılıç Ali Pasa ⑤

Demeures historiques

Après les arcades d'Okadule, tournez à gauche sur l'İstiklâl Caddesi. Face au lycée de Galatasaray se situe l'ancienne poste de Beyoğlu ⑧. Cet édifice baroque en marbre vient de rouvrir après rénovation et abrite un musée consacré à Galatasaray. Ancienne demeure d'un riche marchand, cette maison est dotée d'une très grande fontaine au dernier étage, à ne pas manquer.

Musée d'Art moderne d'Istanbul ⑲

Prenez la deuxième à droite qui donne sur Turnacıbaşı Sokak et vous conduit jusqu'à la belle église orthodoxe grecque de Zogaphrion ⑨ sur votre gauche. Devant vous se trouve le hammam de Galatasaray ⑩.

Descendez Çapanoğlu Sokak, une ruelle pavée abrupte à côté du hammam qui se termine par un escalier. Tournez à droite sur Harbiye Sokak et vous tomberez à gauche dans Fransız Sokağı ⑪, la rue française, où l'élégance s'ajoute au chic de Beyoğlu. Déjeunez ou dégustez un verre de vin dans l'un de ses nombreux et accueillants cafés. Poursuivez jusqu'au bout de la rue et tournez à droite sur Boğazkesen Caddesi, puis redescendez la colline à gauche jusqu'à la mosquée de Tomtom Kaptan ⑫. Sa fontaine du XVIIᵉ siècle est hélas à l'abandon.

L'intérieur de la fonderie Tophane ⑮

CARNET DE ROUTE

Départ : place de Taksim.
Longueur : 2,5 km.
Pour s'y rendre : de Sultanahmet, prenez le tramway pour Karaköy où vous pourrez emprunter le funiculaire du Tünel, arrêtez-vous place du Tünel, puis remontez l'İstiklâl Caddesi avec le Nostaljik tram jusqu'à Taksim.
Où faire une pause : plusieurs restaurants se trouvent au marché aux poissons sur Sahne Sokak.

Shopping et musées

La Çukurcuma Caddesi et la Tomtom Kaptan Sokak se croisent ici, bordées de boutiques de bibelots et autres curiosités comme Tüterler ⑬ au n° 57A. Au bout de cette rue, à l'angle de Defterdar Yokuşu, se trouve Tophane ⑭, l'ancienne fonderie de canons ottomane.

Traversez Necatibey Caddesi au-delà de la ligne de tramway jusqu'à la mosquée Kılıç Ali Paşa ⑮ (p. 106). Édifiée au XVIᵉ siècle, c'est l'une des dernières œuvres de l'architecte Sinan. En face, la fontaine Tophane ⑯ (p. 106), construite en 1732, fournit une eau minérale locale. De là, on admirera un beffroi baroque ⑰.

Continuez à gauche sur Salı Pazarı ⑱ avec ses boutiques, ses restaurants et ses fumeurs de narguilé. Un panneau indique la direction du musée d'Art moderne d'Istanbul ⑲ (p. 107).

Pour revenir dans le centre, prenez le tramway, direction ouest, qui vous emmènera à Sultanahmet, de l'autre côté du pont de Galata.

TAKSIM MEYDANI ①
TAKSIM CAD
KURABIYE SOK ②
MIS SOKAGI
İSTİKLALCADDESI
MESELIK SOKAGI
İPEK SOK
NUN GALIP SOKAGI
TEL SOKAGI
ÇUKURLU
BILLURCU SOK
SIRASELVILER CADDESI
MAÇ SOKAGI
LIVA SOK
AGA HAMAMI SOKAGI
ALASKA SOK
TURA SOK
ÇÜ CAD
TÜFEKÇI SALIH SOK
DEFTERDAR YOKUSU
BATARYA SOK
SANATKARLAR CADDESI
SANATKARLAR MEKTEBI SOK
MECLİSİ MEBUSAN CADDESI
⑯ ⑱ ⑰ ⑲

M Taksim

0 _____ 250 m

LÉGENDE

•••• Itinéraire

Ⓜ Station de métro

Musée Pera ⑦

90 minutes de promenade de Beyazıt à Galata

Istanbul mêle avec charme l'ancien et le moderne, le religieux et le laïc. Cet itinéraire vous en donnera une idée. De la tour de Beyazıt, dans le quartier historique, vous irez dans les rues commerçantes, débordant d'énergie, de l'autre côté du pont de Galata qui offre une vue splendide sur le Bosphore. À Beyoğlu et dans le quartier branché de Tünel, boutiques, bars et cafés valent à Istanbul sa réputation d'élégance.

La façade grandiose de la mosquée de Soliman

L'architecture de Mimar Sinan

En partant de Sami Onar Caddesi, vous pourrez voir l'étonnante tour de Beyazıt ①, visible de presque partout dans le quartier. Édifiée en 1828 pour la surveillance des incendies, elle se dresse sur le domaine de l'université d'Istanbul ②, qui abritait autrefois le ministère de la Guerre et dont les superbes portes monumentales valent

---

CARNET DE ROUTE

Départ : *la tour de Beyazıt.*
Longueur : *1 km.*
Pour s'y rendre : *prenez la ligne de tram reliant Zeytinburnu, près de l'aéroport, et Eminönü et descendez à Beyazıt, ou prenez le bus 61B, qui vont de la place de Taksim à Fatih.*
Où faire une pause : *on est toujours près d'un café ou d'un bar à Istanbul, mais l'idéal est de s'arrêter dans l'un de ceux du pont de Galata. Le quartier de Tünel compte plusieurs tavernes (meyhanes) et des restaurants élégants si vous voulez terminer la promenade en déjeunant ou en dînant tranquillement, ou méditer devant un verre de vin.*

à elles seules une pause photo. Remontez Prof Siddik Sokak, à droite, et admirez la superbe mosquée de Soliman ③ *(p. 90-91)*. Conçu par l'architecte Mimar Sinan *(p. 91)*, ce joyau a été achevé en 1557. Poursuivez jusqu'à Şifahane Sokak. Prenez à droite et si la soif ou la faim vous tiraille, faites une halte au restaurant Dârüzziyafe ④ *(p. 201)*. Ses voûtes datent du XVIe siècle et sont celles des anciennes cuisines de la mosquée de Soliman

Continuez jusqu'au bout de Mimar Sinan Caddesi, à votre droite. Au coin de la rue, en face de vous, se trouve le tombeau de l'architecte Mimar Sinan ⑤, un bel hommage à ce grand homme, bien que modeste comparé à son héritage.

Café et épices

Tournez à gauche sur Ismetiye Caddesi et encore à gauche sur Uzunçarsi Caddesi. Tout au bout se trouve Tahtakale Caddesi, une rue animée où visiteurs et locaux se bousculent, marchandant tout ce qui se vend, de l'électroménager aux vêtements. Le Tahtakale Hamami Çarsisi ⑥, sur la droite, fut bâti il y a 500 ans. Ce hammam abrite un centre commercial depuis sa rénovation. Vous pourrez aussi vous reposer dans son joli café, sous la coupole.

Toutes les rues à gauche donnent sur Hasircilar Caddesi ⑦, célèbre pour ses magasins d'épices, ses kiosques à café et ses *delis*. Un peu avant la fin de la rue, prenez Tahmis Caddesi à gauche, et découvrez le

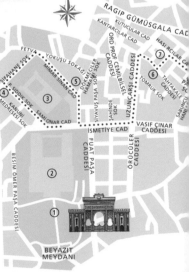

BEYAZIT
MEYDANI

Kurukahreci Mehmet Efendi ⑧, un café traditionnel fondé en 1871, réputé pour ses mélanges.

Le pont de Galata

Dirigez-vous vers le pont de Galata ⑨ et profitez du panorama somptueux. Flânez sur le pont supérieur et observez les pêcheurs amateurs plonger leurs lignes

Pêcheurs sur le pont de Galata

**Machine à café,
Kurukahveci
Mehmet Efendi ⑧**

LÉGENDE

• • • Itinéraire

⛴ Station du funiculaire

0   250 m

dans l'espoir d'une belle
prise, ou promenez-vous
au niveau inférieur, pour
ses bars, ses cafés et ses
restaurants. Après une petite
pause devant le fabuleux
spectacle du Bosphore,
poursuivez votre route
jusqu'au grouillant marché
aux poissons de Karaköy ⑩,
où vous trouverez le poisson
le plus frais et le moins cher
d'Istanbul.

Du judaïsme à l'islam
Remontez Harraççi
Ali Sokak jusqu'au
Musée juif de
Turquie ⑪. Cette
ancienne synagogue
du XVIIe siècle abrite
désormais une fascinante
collection de photographies
anciennes, de documents
et d'objets religieux liés à la
population juive de la ville.
  De là, remontez Camekan
Sokak jusqu'à l'hôpital de
style gothique de Beyoğlu ⑫,
bâti en 1904 pour la marine
anglaise. En continuant,
vous arriverez à la tour de
Galata ⑬ (p. 105)), sur la
place de Galatasaray, au cœur
de ce quartier. La galerie
panoramique en haut
de la tour offre certainement
le meilleur point de vue,
découvrant presque toute la
ville qui s'étend à vos pieds.
  Tournez maintenant à
droite, puis à gauche jusqu'à
Yüsek Kaldırım Caddesi ⑭,
une rue pavée abrupte
bordée de boutiques de
musique qui regorgent
d'instruments inimaginables :

du plus traditionnel au plus
moderne. En retrait, à droite,
sur Galip Dede Caddesi,
se cache le monastère
des Mevlevi ⑮ (p. 104),
qui appartenait autrefois
aux derviches tourneurs.

Chic Tünel
En haut de cette rue,
sur la place du Tünel, vous
pouvez prendre le funiculaire
souterrain ⑯ qui redescend
directement à Karaköy.
Inauguré en 1876,
il est le troisième métro
à avoir été construit après
ceux de Londres et New York.
Toutefois, ne ratez pas
l'occasion de découvrir
ce quartier à la mode. Juste
en face du funiculaire, Tünel
Geçidi est un passage bordé
de maisons ottomanes, la
plupart accueillent désormais
des appartements au-dessus
de cafés et de boutiques
en rez-de-chaussée. Si vous
êtes tenté par un café frappé
dans un superbe cadre à
la viennoise, entrez au KV
restaurant ⑰, avant
de vous dirigez vers ARtrium
⑱ pour y choisir
une antiquité
de prix.
  Pour rejoindre
la ville depuis la
place du Tünel,
prenez le tramway
ou le bus 47
qui retourne
à Sultanahmet,
ou marchez jusqu'à
l'embarcadère
des ferrys
de Kasımpaşa,
laissez-vous porter
et descendez à
l'arrêt Haliç Hatti.

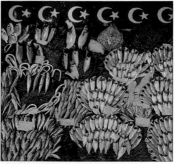

Pêche du jour au marché de Karaköy

LES BONNES ADRESSES

HÉBERGEMENT

Le développement du tourisme a vu fleurir beaucoup d'hôtels à Istanbul. Ceux-ci sont adaptés à tous les goûts et à toutes les bourses : hébergement bon marché, suite dans un palace, chambre dans une maison en bois traditionnelle… Vous pourrez même dormir dans une ancienne prison ! Tous ces établissements se concentrent dans les quartiers les plus touristiques. Sultanahmet renferme de nombreux hôtels et des pensions historiques, ainsi que des hôtels-boutiques plus récents.

Portier du Hilton (p. 190)

De l'autre côté de la Corne d'Or, Beyoğlu est le quartier idéal pour les trois et quatre étoiles, ainsi que les anciens palaces du XIXe siècle au charme suranné. Les pages 184 à 191 présentent des établissements, choisis parmi les meilleurs de leur catégorie, à l'aide d'une brève description et de certains critères pour guider votre choix. Consultez aussi le site Internet www. istanbulhotels.com où figurent bon nombre d'hôtels recensés. Pour les autres formes d'hébergement, voir p. 183.

CHOISIR UN HÔTEL

Le système de classement du ministère de la Culture et du Tourisme turc va de une à cinq étoiles. Les établissements hors catégorie, dits « à licence spéciale », occupent des édifices historiques où certains aménagements comme les ascenseurs sont interdits. Une nouvelle catégorie a reçu l'agrément de la municipalité d'Istanbul. Ces hôtels, tout à fait convenables, suivent des normes moins strictes.

À courte distance à pied des principaux sites touristiques, Sultanahmet renferme de nombreuses pensions bon marché le long de la Divanyolu Caddesi, l'artère principale, et sur les pentes descendant jusqu'à la mer de Marmara. Ses rues résidentielles recèlent d'élégants hôtels à licence spéciale. Le centre abrite des hôtels de milieu de gamme.

Salon du Ceylan Intercontinental de Taksim (p. 189)

Un court trajet en tram conduit, à l'ouest de Sultanahmet, aux quartiers de Beyazıt, Laleli et Askaray où les hôtels une, deux ou trois étoiles sont très nombreux. Les moins chers attirent principalement une clientèle constituée de petits négociants venus de Russie et d'Asie centrale. Beaucoup de trois étoiles accueillent des groupes voyageant en séjour organisé.

Beyoğlu et Taksim, l'ancien pôle européen d'Istanbul, renferment d'innombrables hôtels bon marché mais corrects, ainsi que les succursales de grandes chaînes internationales.

Principalement résidentielle, la rive asiatique recèle peu d'hôtels et ceux-ci sont d'un confort souvent spartiate. À Kadiköy, il existe cependant quelques établissements de meilleur standing, plus fréquentés par des Turcs que par des visiteurs.

Le luxueux Four Seasons occupe une ancienne prison (p. 187)

HÔTELS DE LUXE

Les hôtels de luxe se sont multipliés à Istanbul et la majorité des grandes chaînes internationales est aujourd'hui représentée. Presque tous les cinq étoiles offrent une vue spectaculaire sur la mer de Marmara ou sur le Bosphore et leurs restaurants comptent parmi les meilleures tables de la ville. Ces hôtels luxueux possèdent en général une piscine et un club de remise en forme. Beaucoup abritent un hammam. Les clients disposent aussi de salles de conférence et souvent de lieux de détente. Ils réservent tous des étages ou des sections aux non-fumeurs, proposent des accès Internet Wi-Fi ainsi que des équipements spéciaux pour les voyageurs handicapés. Certains accordent un intérêt particulier aux enfants et à leurs distractions (p. 182).

◁ Pêcheur cuisinant des poissons sur son bateau à Eminönü (p. 208)

HÔTELS À LICENCE SPÉCIALE

Les édifices anciens restaurés et transformés en hôtels ne permettent pas, pour la plupart, l'installation de certains équipements telle la climatisation. Ils possèdent donc une licence spéciale et sont sous gérance privée. Malgré ces restrictions, ces établissements de charme, souvent situés dans les rues résidentielles de quartiers historiques, offrent une forme d'hébergement particulièrement agréable. Qu'il s'agisse de petites maisons en bois traditionnelles aux tarifs abordables ou de somptueuses demeures ottomanes, ils proposent en général un service équivalent à celui d'un trois ou quatre étoiles. Leur mobilier d'époque donne aux plus grands une ambiance chaleureuse.

Fenêtre d'un hôtel à licence spéciale

Beaucoup n'existent que grâce aux efforts du Touring et Automobile Club turc, le Turkiye Turing ve Otomobil Kurumu (TTOK, *p. 245*), et à l'œuvre entreprise par son directeur, Çelik Gülersoy, pour sauvegarder l'atmosphère ottomane de certaines parties de la ville.

Le Yeşil Ev *(p. 187),* hôtel à licence spéciale

Les hôtels à licence spéciale de la Soğukçesme Sokağı *(p. 61)* constituent un bon exemple de ce travail de préservation et de rénovation.

Les nouveaux hôtels-boutiques choisissent de plus en plus de ne pas appliquer la tarification officielle et le classement par étoiles. Mais cela n'enlève rien à leurs prestations ou à leurs aménagements. Au contraire, ces établissements ne cessent d'améliorer la qualité de l'hébergement et du confort. Tous ont un site Internet permettant une visite virtuelle, la comparaison des prix et la réservation des chambres.

HÔTELS BON MARCHÉ

Istanbul abrite de nombreux établissements bon marché où le confort répond aux exigences du ministère de la Culture et du Tourisme. Il est néanmoins préférable de visiter une chambre même si l'entrée paraît soignée.

Les hôtels une étoile offrent seulement les services de base mais possèdent souvent des chambres dotées d'une douche et de toilettes privées. Plus confortables, les hôtels deux ou trois étoiles abritent généralement un café ou un bar. Dans les trois étoiles, téléviseurs et minibars équipent souvent les chambres.

Les conditions de séjour dans les pensions sont très variables. La plupart fournissent draps et serviettes, les

Terrasse d'hôtel dominant Sultanahmet

meilleures ont des chambres avec salle de bains et toutes devraient mettre à disposition une cuisine commune. Les plus petites n'ont de l'eau chaude qu'à certaines heures.

LES PRESTATIONS

Tous les hôtels sélectionnés dans ce guide sont confortables et chaleureux. Le personnel d'accueil parle le plus souvent anglais ou quelques mots de français et saura vous renseigner sur les sites touristiques et les moyens de transport.

Deux lits simples équipent d'habitude les chambres d'hôtels d'Istanbul et si vous souhaitez un lit à deux places, mieux vaut le préciser.

Si les ascenseurs sont fréquents à partir de trois étages, de plus en plus d'hôtels ont des accès pour les fauteuils roulants.

Même dans des établissements de standing, le bruit peut se révéler gênant dans les quartiers animés ou en bordure d'une rue fréquentée ; en règle générale, choisissez une chambre sur l'arrière. Si celle que vous occupez ne vous satisfait pas, n'hésitez pas à en demander une autre.

Le petit déjeuner est inclus dans le prix de la nuitée et comprend souvent un buffet avec un choix assez vaste. Beaucoup de grands établissements servent aussi d'autres repas. Si les hôtels de luxe disposent d'au moins une salle de restaurant pour le dîner, ce n'est pas le cas de tous les hôtels de catégorie inférieure. Vérifiez avant votre réservation et confirmez celle-ci par fax ou par e-mail.

Réception du Hilton d'Istanbul *(p. 190)*

PRIX ET RÉDUCTIONS

Les prix sont indiqués en euros et en livres turques (TL), parfois en dollars US. Ils s'entendent par chambre et non par personne et comprennent les taxes et souvent le petit déjeuner. En dehors des hôtels haut de gamme, les tarifs chutent de 40 % et parfois plus en basse saison, de la fin octobre à avril, hormis pendant la brève période de Noël et du jour de l'an où les barèmes d'été s'appliquent à nouveau. Il n'existe pas de chambre pour une personne, mais tous les hôtels louent aux voyageurs solitaires des chambres doubles pour un peu plus de la moitié du prix normal.

Salon de l'Empress Zoe *(p. 185)*

On peut toujours essayer de marchander le prix d'une chambre, mais ne comptez pas sur un rabais sauf peut-être pour les séjours d'une semaine ou plus. Certains hôtels proposent une réduction en cas de réservation via Internet, de règlement en espèces ou hors saison. Mais dans ces conditions, ne vous attendez pas à avoir en prime une belle vue.

RÉSERVER

Alors que vous trouverez toujours une chambre en basse ou moyenne gamme, mieux vaut réserver dans les meilleurs hôtels, surtout en haute saison. Ce guide indique pour chacun des établissements cités les numéros de téléphone, de fax, et parfois l'e-mail. Beaucoup d'hôtels proposent aussi un formulaire d'enregistrement sur Internet. On vous demandera peut-être le numéro de votre carte bancaire pour garantir une réservation. Si ne souhaitez pas chercher seul un hébergement, des agences comme **Gazella Travel Designer**, **Meptur**, **VIP Tourism** ou **Plan Tours** *(p. 239)* vous aideront depuis Istanbul.

Les offices de tourisme *(p. 229)* de l'aéroport, de la gare de Sirkeci, de la place Sultanahmet ou du terminal maritime international de Karaköy vous aideront à trouver un hôtel mais ne prendront pas de réservation en votre nom.

LIBÉRER LA CHAMBRE ET PAYER

Les chambres doivent être libérées à midi, mais les hôtels refusent rarement de garder les bagages plus longtemps. Tous acceptent les principales cartes bancaires internationales, les livres turques et d'autres devises. Le prix comprend toujours taxes et service mais il est d'usage de donner un pourboire au petit personnel. Il faut savoir que celui-ci est très mal payé : quelques euros ou leur équivalent pour la femme de chambre, ou une somme plus importante au réceptionniste qui partagera entre tous, seront très appréciés. Attention, les appels téléphoniques et les boissons prises dans le minibar sont en sus.

ENFANTS

Beaucoup d'hôtels ne font pas payer les enfants de moins de six ans et appliquent 50 % du tarif entre six et douze ans. On peut négocier le prix pour les plus grands qui partagent la chambre de leurs parents. Des lits bébé sont souvent mis à disposition. Certains organisent des animations spéciales enfants. Le Swissôtel *(p. 190)* propose un forfait week-end.

AUBERGES DE JEUNESSE

Ceux qui ont un budget serré trouveront plusieurs auberges de jeunesse bon marché, du côté de Sultanamet.

Suite du Kariye, hôtel à licence spéciale *(voir p. 189)*

Détente à la Yücelt Interyouth Hostel

Le **Sultan Hostel**, au cœur de Sultanahmet, sur Akbıyık Caddesi, est proche de Sainte-Sophie, du palais de Topkapı et du Grand Bazar. L'auberge de jeunesse offre un hébergement confortable, pratique et abordable. Vous aurez le choix entre des chambres en dortoirs à 6, 18 et 26 lits ou des chambres individuelles, doubles ou triples. Le Sultan est affilié à la Fédération internationale des auberges de jeunesse (FIAJ) et offre des réductions aux membres de la fédération. Vous profiterez de ses nombreux équipements : salle commune et bibliothèque, barbecue, cadenas, réception ouverte 24 h/24, consigne pour les bagages et accès gratuit à Internet. Une agence de voyages peut également vous aider à organiser vos déplacements ou à changer de l'argent. Dans la même rue, **Orient Guesthouse** est une auberge moderne avec tout le confort, dont un café en terrasse sur le toit, un bar et des coffres. Le soir, un spectacle de danse orientale est offert aux hôtes afin qu'ils s'immergent dans l'atmosphère d'Istanbul.

CAMPING

Le camping et le caravaning ont gagné en popularité ces dernières années en Turquie. On trouve un choix de plus en plus vaste d'excellents campings avec location de bungalows ouverts en haute saison, de mai à octobre. Le **Londra Kamping**, ouvert toute l'année, dispose de nombreux équipements : une laverie et une cuisine, un fast-food, un bar, un billard et un terrain de football. Outre les installations classiques des campings, on y trouve aussi deux bungalows en location. Au bord de la mer Noire, l'**Akkaya Camping** est situé à 15 km de Şile *(p. 158)*. Ouvert toute l'année, il possède de nombreux équipements : douches chaudes, cuisine, restauration sur place et possibilité de location de bungalows.

Pour plus d'informations, contactez l'**Association turque de camping et caravaning**, qui est très compétente, ou consultez la liste des campings sur son site Internet.

La mosquée de Dolmabahçe vue du Swissôtel *(p. 190)*

LOCATIONS

Istanbul possède aussi quelques établissements qui louent des appartements meublés près de divers quartiers d'affaires.

À Etiler, dans la galerie marchande Akmerkez *(p. 211)*, l'**Akmerkez Residence Apart Hotel** s'adresse à des hommes d'affaires. Ses logements luxueusement décorés et climatisés disposent de tout l'équipement domestique. L'**Entes Apart Hotel** propose des studios et des deux-pièces modernes.

Les agences immobilières de réseaux internationaux comme **Century 21** et **Remax** vous aideront à trouver une location à Istanbul à court ou à long terme.

Choisir un hôtel

Les hôtels ont été choisis dans une large gamme de prix pour leur bon rapport qualité/prix, leur situation et leurs prestations. Ils sont présentés par quartier, dans le même ordre que le guide, puis alphabétiquement par catégorie de prix. Une brève description de chaque hôtel vous aidera dans votre choix.

CATÉGORIES DE PRIX
Les prix sont indiqués par nuit pour une chambre double avec petit déjeuner et service compris :

€ moins de 70 €
€€ de 70 € à 100 €
€€€ de 100 € à 150 €
€€€€ de 150 € à 200 €
€€€€€ plus de 300 €

POINTE DU SÉRAIL

Ayasofya Konakları
€€€

Soğukçeşme Sok, Sultanahmet, 34122 **Tél.** *(0212) 513 36 60* **Fax** *(0212) 513 43 93* **Chambres** *64* **Plan** *3 E4 (5 F3)*

Situé dans une rue pavée, derrière Sainte-Sophie, ce charmant hôtel est installé dans un ensemble de neuf maisons aux tons pastel portant de jolis noms : Jasmin, Chèvrefeuille ou Rose. Les chambres élégantes sont meublées d'antiquités. Réservation indispensable. **www.ayasofyapensions.com**

Kybele
€€€

Yerebatan Cad 35, 34410 **Tél.** *(0212) 511 77 66* **Fax** *(0212) 513 43 93* **Chambres** *16* **Plan** *3 E4 (5 E3)*

Ce minuscule hôtel aménagé sur plusieurs étages se situe en plein quartier touristique. Antiquités et objets artisanaux de toutes sortes s'y mêlent pour créer une atmosphère chaude et conviviale. Le petit déjeuner, somptueux, est servi dans le jardin en été, dans une salle élégante en hiver. De quoi faire de nombreux adeptes. **www.kybelehotel.com**

SULTANAHMET

Antea
€

Piyerloti Cad 21, Çemberlitaş, 34400 **Tél.** *(0212) 638 11 21* **Fax** *(0212) 517 79 49* **Chambres** *42* **Plan** *3 D4 (4 C4)*

Situé dans une petite rue paisible de Sultanahmet, l'Antea occupe comme ses voisins un bâtiment restauré. Les chambres, modernes, sont meublées avec goût. Le restaurant propose une cuisine turque et internationale. C'est l'endroit idéal pour se détendre après une journée de visite et de shopping. **www.anteahotel.com**

Apricot
€

Amiral Tafdil Sok 18, Sultanahmet, 34122 **Tél.** *(0212) 638 16 58* **Fax** *(0212) 458 35 74* **Chambres** *6* **Plan** *3 E5 (5 E5)*

Ce charmant petit hôtel a été restauré à l'avantage de l'immeuble ottoman qu'il occupe. Les lits sont confortables, les chambres bien meublées et les parquets cirés. Il dispose d'un accès à Internet et de bien d'autres équipements. Vous pourrez y déjeuner ou y dîner si vous prévenez à l'avance. **www.apricothotel.com**

Mina
€

Piyerloti Cad, Dostluk Urdu Sok 6, Sultanahmet, 34122 **Tél.** *(0212) 458 28 00* **Chambres** *46* **Plan** *3 D4 (4 C4)*

L'hôtel Mina se cache dans une petite rue à l'abri de l'animation touristique. Ses propriétaires accueillants et sympathiques, ses chambres confortables et bien meublées, sans être trop chargées, en font une base idéale pour visiter Istanbul, à quelques pas des principales attractions de Sultanahmet. **www.minahotel.com.tr**

Orient Hostel
€

Akbıyık Cad 9, Sultanahmet, 34400 **Tél.** *(0212) 517 94 93* **Fax** *(0212) 518 38 94* **Chambres** *15* **Plan** *3 E5 (5 E5))*

Voici le légendaire paradis des routards : l'endroit le moins cher et le plus gai où séjourner dans Sultanahmet. L'hôtel ne compte que quelques chambres, qui ressemblent plus à des dortoirs à trois ou quatre lits. Ici pas de lustres ou de salle de bains privée, mais de l'eau chaude et des voyageurs fatigués, comme vous. **www.orienthostel.com**

Şebnem
€

Adliye Sok 1, Sultanahmet, 34122 **Tél.** *(0212) 517 66 23* **Fax** *(0212) 638 10 56* **Chambres** *15* **Plan** *3 E4 (5 F4)*

Petite mais accueillante, cette pension évoque une maison de poupées. Ses jolies chambres sont très colorées et ornées de meubles en bois fonctionnels. Sa terrasse panoramique qui domine les toits de Sultanahmet donne sur l'autre rive du Bosphore et la mer de Marmara. **www.sebnemhotel.net**

Sidera
€

Kadirga Meydani, Dönüş Sok 14, Sultanahmet **Tél.** *(0212) 638 34 60* **Fax** *(0212) 518 72 62* **Chambres** *18* **Plan** *2 C5 (4 B5)*

Cette maison en bois du XIXe siècle a été peinte avec un joli vert. On se sent ici davantage comme chez des amis que dans un hôtel. Les chambres sont un peu sombres, mais l'emplacement, dans une rue étroite bordée de maisons de style ottoman, fait partie du charme désuet du Sidera. **www.hotelsiderapalace.com**

Légende des symboles, *voir le rabat arrière de couverture*

Sultanahmet
⬛ 🍽 🧍 ▤   €

Divanyolu Cad 20, Sultanahmet, 34122 **Tél.** *(0212) 527 02 39* **Fax** *(0212) 512 11 33* **Chambres** *20* **Plan** *3 D4 (5 D5)*

Cet hôtel pour petit budget a l'avantage d'être proche de tous les grands sites. Malgré quelques fioritures, il est propre et net, et les meubles sont fonctionnels. La vue de la jolie terrasse où l'on sert le dîner et des en-cas est convenable. L'hôtel est bien géré et le personnel toujours disponible. **www.hotelsultanahmet.com**

Ararat
🧍 ▤   €€

Torun Sok 3, Sultanahmet, 34122 **Tél.** *(0212) 458 20 31* **Fax** *(0212) 518 52 41* **Chambres** *12*   **Plan** *3 E5 (5 E5)*

Tenu par une famille, voici un hôtel de caractère qui sort de l'ordinaire. Chaque chambre affiche un décor différent. Le propriétaire est en outre prodigue de conseils et attentif à sa clientèle. Proche de la mosquée Bleue, l'Ararat possède une terrasse au dernier étage donnant sur la mer de Marmara et la rive d'en face. **www.ararathotel.com**

Aziyade
🍽 🏊 🧍 ▤   €€

Piyerloti Cad 62, Çemberlitaş, 34490 **Tél.** *(0212) 638 22 00* **Fax** *(0212) 518 50 65* **Chambres** *105*   **Plan** *3 D4 (4 B4)*

L'Aziyade a quelques atouts que l'on s'attend plutôt à trouver dans un établissement plus luxueux, dont une petite piscine sur le toit (la seule dans ce quartier). Ses chambres sont décorées avec élégance. Quant au café, il évoque la salle des Fruits du harem du palais de Topkapı *(p. 58)*. **www.aziyadehotel.com**

Dersaadet
⬛ 🧍 ▤ 🅿   €€

Küçük Ayasofya Cad, Kapıağası Sok 5, 34122 **Tél.** *(0212) 458 07 60/61* **Chambres** *17*   **Plan** *3 E5 (5 D5)*

Cet hôtel impeccable a été un des premiers à être entièrement reconstruit et remeublé par des artisans de la ville. Son propriétaire veille en permanence à vous garantir un séjour mémorable. La suite Sultan rehausse depuis peu le dernier étage. **www.hoteldersaadet.com**

Empress Zoe
⬛ 🍽 🧍 ▤   €€

Akbıyık Cad, Adliye Sok 10, 34122 **Tél.** *(0212) 518 25 04* **Fax** *(0212) 518 56 99* **Chambres** *25*   **Plan** *3 E4 (5 F4)*

On dit que l'impératrice Zoé a vraiment vécu ici. Restaurés, les deux bâtiments de l'hôtel ont beaucoup de style et d'élégance, et accueillent plusieurs suites spacieuses. Le jardin est idyllique et s'enorgueillit d'un hammam datant de 1483 ; après une journée de visite, un bain de vapeur est le bienvenu. **www.emzoe.com**

Historia
🧍 ▤   €€

Amiral Tafdil Sok 23, 34122 **Tél.** *(0212) 517 74 72* **Fax** *(0212) 516 81 69* **Chambres** *27*   **Plan** *3 E5 (5 F5)*

Ce charmant hôtel en bois ménage une superbe vue de sa terrasse, sur le toit. La plupart des chambres sont sobres, mais bien décorées et confortables. Certaines ont un balcon qui donne sur le jardin derrière l'hôtel. Le petit déjeuner est servi dans un patio retiré et ombragé. **www.historiahotel.com**

Nena
⬛ 🍽 🧍 ▤   €€

Binbirdirek Mahallesi, Klodfarer Cad 8-10, 34122 **Tél.** *(0212) 516 52 64* **Chambres** *29*   **Plan** *3 D4 (5 D4)*

L'hôtel Nena accueille ses clients dans un cadre byzantin très confortable, décoré avec goût. Certaines chambres possèdent un balcon donnant sur la mer et la mosquée. Baigné de soleil, son superbe jardin d'hiver abrite des meubles en verre et en fer forgé entourés de luxuriantes plantes tropicales. **www.istanbulhotelnena.com**

Nomade
🍽 🧍 ▤   €€

Ticarethane Sok 15, Çağaloğlu, 34122 **Tél.** *(0212) 513 81 72* **Fax** *(0212) 513 24 04* **Chambres** *16*   **Plan** *3 E4 (5 D3)*

L'hôtel Nomade, l'un des plus anciens du quartier, a été magnifiquement restauré de fond en comble. Les propriétaires se sont inspirés de décorateurs contemporains pour les salles de bains et les chambres à thème. Les repas et les boissons de l'après-midi sont servis en terrasse sur le toit. **www.hotelnomade.com**

Sarı Konak
🧍 ▤   €€

Mimar Mehmet Ağa Cad 42-46, Sultanahmet, 34122 **Tél.** *(0212) 638 62 58* **Chambres** *17*   **Plan** *3 E5 (5 E5)*

Sari veut dire « jaune » en turc, d'où le nom de cette charmante maison en bois reconnaissable entre toutes. Vous serez aussi séduit par son joli patio, sa fontaine en marbre et ses balcons treillissés. Les chambres sont décorées avec goût ; les suites ont un accès à Internet haut débit. **www.istanbulhotelsarikonak.com**

Sarnıç
🧍 ▤ 🅿   €€

Küçük Ayasofya Cad 26, 34122 **Tél.** *(0212) 518 23 23* **Fax** *(0212) 518 24 14* **Chambres** *21*   **Plan** *3 D5 (5 D5)*

Le Sarnıç est un établissement propre et rangé, à l'atmosphère accueillante. Doté de murs rosés, il partage avec ses voisins le même héritage historique. Il est pourvu de chambres joliment décorées, d'un restaurant et d'un bar en terrasse, sur le toit. Blanchisserie, baby-sitting et voiturier complètent ses services. **www.sarnichotel.com**

Spectra
⬛ 🧍 ▤   €€

Şehit Mehmet Paşa Sok 2, Sultanahmet, 34122 **Tél.** *(0212) 516 35 46* **Chambres** *19*   **Plan** *3 D5 (5 D5)*

Proche de tous les grands sites, le Spectra a un atout de poids : archéologue à la retraite, le maître des lieux est un puits de sagesse et connaît bien sa ville. Les chambres confortables sont bien aménagées. Le petit déjeuner est servi sur la terrasse qui donne sur la mosquée Bleue. Accès à Internet gratuit. **www.hotelspectra.com**

Alzer
⬛ 🍽 🧍 ▤   €€€

At Meydanı 72, Sultanahmet, 34122 **Tél.** *(0212) 516 62 62/63* **Fax** *(0212) 516 00 00* **Chambres** *22* **Plan** *3 D4 (5 D4)*

Cet hôtel particulier est d'une élégance rare. Les chambres meublées avec goût sont bien équipées. L'été, les tables sont sorties au rez-de-chaussée, mais le meilleur atout de ce petit bijou est son restaurant panoramique au dernier étage. Le service est très attentionné. **www.alzerhotel.com**

Avicenna

Amiral Tafdil Sok 31-33, 34122 **Tél.** *(0212) 517 05 50-54* **Fax** *(0212) 516 65 55* **Chambres** *50* **Plan** *3 E5 (5 E5)*

Logé dans deux édifices ottomans rénovés avec goût, cet hôtel de catégorie intermédiaire, bien situé, cache un intérieur luxueux avec un mobilier élégant, de superbes tissus, des tapis et des marqueteries de facture traditionnelle. Les chambres sous les combles ont une superbe vue sur la mer. **www.avicenna.com.tr**

Citadel Best Western

Kennedy Cad, Sahil Yolu 32, Ahırkapı, 34122 **Tél.** *(0212) 516 23 13* **Chambres** *31* **Plan** *3 E5 (5 F5)*

Aujourd'hui dans le giron du groupe Best Western, l'hôtel Citadel occupe une grande bâtisse en pierre rosée en contrebas des remparts de la ville. Petites, les chambres sont cependant agréablement meublées et dotées de l'essentiel. Certaines sont non-fumeurs. D'autres donnent sur la mer. **www.citadelhotel.com**

Hotel Alp Guest House

Akbıyık Cad, Adliye Sok 4, Sultanahmet, 34122 **Tél.** *(0212) 517 70 67* **Chambres** *14* **Plan** *3 E4 (5 F4)*

La vue est magnifique du haut de la terrasse de cette pension cachée derrière la mosquée Sainte-Sophie. Réputée pour son accueil et la qualité de son service, elle a été restaurée pour atteindre aujourd'hui un excellent niveau de prestations. Ses chambres ont été dotées de mobilier traditionnel. **www.alpguesthouse.com**

İbrahim Paşa

Terzihane Sok 5, Sultanahmet, 34122 **Tél.** *(0212) 518 03 94* **Fax** *(0212) 518 44 57* **Chambres** *16* **Plan** *3 D4 (5 D4)*

Ce charmant hôtel en pierre se situe en face du musée des Arts turcs et islamiques *(p. 77)*. Les chambres, meublées chacune dans un style différent, et sa terrasse sur le toit sont d'une grande élégance. La décoration intérieure allie avec succès la période Art déco et les influences turques traditionnelles. **www.ibrahimpasha.com**

Mavi Ev

Dalbastı Sok 14, Sultanahmet, 34122 **Tél.** *(0212) 638 90 10* **Fax** *(0212) 638 90 17* **Chambres** *27* **Plan** *3 E5 (5 E5)*

Sous la même direction que le Pudding Shop, un gage de raffinement, voici une *konak* bleue Wedgwood restaurée à l'ancienne, à deux pas de Sultanahmet. Le calme règne dans cet hôtel de caractère doté d'un jardin luxuriant et d'un restaurant réputé au dernier étage. Vue imprenable sur la mer de Marmara. **www.bluehouse.com.tr**

Pierre Loti

Piyerloti Cad 5, Çemberlitaş, 34122 **Tél.** *(0212) 518 57 00* **Fax** *(0212) 516 18 86* **Chambres** *38* **Plan** *3 D4 (4 C4)*

Cet hôtel qui rend hommage à l'auteur romantique qui vécut à Istanbul est désormais un établissement de catégorie supérieure. Bien qu'il donne sur la rue principale, le café dans le jardin d'été est à l'abri de l'agitation alentour. Les chambres sont petites, mais très confortables. **www.pierrelotihotel.com**

Side

Utangaç Sok 20, Sultanahmet, 34122 **Tél.** *(0212) 458 5870* **Fax** *(0212) 517 6590* **Chambres** *36* **Plan** *3 E4*

Tenu par une famille, cet établissement est composé d'une pension pour petits budgets et d'un hôtel plus élégant. Côté pension, les prix plus serrés justifient l'absence de climatisation et des équipements moindres. Côté hôtel, les chambres sont plus confortables, celles dotées d'un Jacuzzi sont un peu plus chères. **www.sidehotel.com**

Valide Sultan Konağı

Kutlugün Sok 1, Sultanahmet, 34122 **Tél.** *(0212) 638 06 00* **Fax** *(0212) 638 07 05* **Chambres** *17* **Plan** *3 E4 (5 F4)*

Proche du palais de Topkapı, le Valide Sultan se classe depuis longtemps parmi les hôtels préférés des visiteurs et, comme son voisin, il a su préserver son apparence. Les chambres à thème sont exiguës mais confortables. Sa merveilleuse terrasse ménage une jolie vue en été. **www.hotelvalidesultan.com**

Armada

Ahır Kapı Sok 24, Sultanahmet, 34122 **Tél.** *(0212) 455 44 55* **Fax** *(0212) 455 44 99* **Chambres** *110* **Plan** *3 E5 (5 F5)*

Certainement l'un des mieux gardés d'Istanbul, l'Armada est à la fois solennel et très accueillant. Les chambres sont décorées avec élégance dans des tons apaisants. Son restaurant est une adresse à ne pas manquer si on est gourmet. Musique live et soirées tango sont aussi au programme. **www.armadahotel.com.tr**

Kalyon

Sahil Yolu, Cankurtaran, 34122 **Tél.** *(0212) 517 44 00* **Fax** *(0212) 638 11 11* **Chambres** *112* **Plan** *3 E5 (5 F5)*

Le Kalyon n'accueille pas que les visiteurs : c'est aussi un excellent hôtel d'affaires fréquenté par les Stambouliotes. Son emplacement à l'écart du centre de Sultanahmet en fait un lieu paisible juste en face de la mer de Marmara. Ses chambres sont superbement aménagées et son restaurant est d'un bon niveau. **www.kalyon.com**

Seven Hills

Tevkifhane Sok 8/A, Sultanahmet, 34122 **Tél.** *(0212) 516 94 97* **Fax** *(0212) 517 10 85* **Chambres** *20* **Plan** *3 E5 (5 D5)*

Voici un hôtel qui met tout en œuvre pour que votre séjour dépasse vos espérances. Les chambres sont superbement décorées et les suites spacieuses sont toutes dotées d'un Jacuzzi et d'équipements de remise en forme. La terrasse qui accueille un restaurant raffiné *(p. 198)* offre un somptueux spectacle. **www.hotelsevenhills.com**

Sultanahmet Palace

Torun Sok 19, Sultanahmet, 34122 **Tél.** *(0212) 458 04 60* **Fax** *(0212) 518 62 24* **Chambres** *36* **Plan** *3 E5 (5 E5)*

Voici l'endroit idéal pour vous faire plaisir. Malgré un mobilier moins authentique comparé à celui d'autres établissements, il n'en est pas moins raffiné et mérite son titre de palace. Les dômes de la mosquée Bleue se dressent juste à côté. Le jardin est parfait et le service aussi discret qu'irréprochable. **www.sultanahmetpalace.com**

Catégorie de prix, *voir p. 184* **Légende des symboles,** *voir le rabat arrière de couverture*

Yeşil Ev

🔧 🍴 ♿ 🗐   €€€€

Kabasakal Sok 5, Sultanahmet, 34122 **Tél.** *(0212) 517 67 85* **Fax** *(0212) 517 67 80* **Chambres** *19* **Plan** *3 E4 (5 E4)*

Bien connu des Stambouliotes, Yeşil Ev – la maison verte – est l'incarnation du luxe ottoman. Les chambres sont meublées d'antiquités – l'une d'elles a même son hammam privé – et le service est sans faille. L'hôtel possède aussi un jardin retiré et un restaurant remarquable. **www.istanbulyesilev.com**

Eresin Crown

🔧 🍴 ≋ ♿ 🗐 🅿   €€€€€

Küçük Ayasofya Cad 40, Sultanahmet, 34122 **Tél.** *(0212) 638 44 28* **Chambres** *60*   **Plan** *3 D5 (5 D5)*

Cet hôtel de luxe très prisé se situe sur l'ancien site du Grand Palais *(p. 82)*. Les trésors byzantins et les mosaïques découverts lors de sa création sont désormais exposés dans son propre musée. Les clients auront le choix entre plusieurs bars et salles de restaurant. C'est, à n'en pas douter, un hôtel hors pair. **www.eresincrown.com.tr**

Four Seasons

🔧 🍴 ≋ ♿ 🗐   €€€€€

Tevkifhane Sok 1, Sultanahmet, 34110 **Tél.** *(0212) 402 30 00* **Fax** *(0212) 402 30 10* **Chambres** *65* **Plan** *3 E4 (5 F4)*

Ancienne prison réservée aux écrivains dissidents en 1917, le Four Seasons est désormais un havre de luxe néoclassique. Chaque chambre est décorée selon un thème alliant traditions turques et confort contemporain. À quelques minutes à pied des principaux sites de Sultanahmet, son emplacement est idéal. **www.fshr.com**

QUARTIER DU BAZAR

Antik

🍴 ♿ 🗐   €€€

Ordu Cad, Darphane Sok 10, Beyazıt, 34130 **Tél.** *(0212) 638 58 58* **Chambres** *96*   **Plan** *2 C4 (4 A3)*

Édifié autour d'un réservoir d'eau construit il y a 1 500 ans, l'Antik offre une jolie vue sur la mer de Marmara. On l'apprécie aussi pour son pub, son bar à vins et son restaurant original. Le réservoir abrite aujourd'hui un night-club en sous-sol. L'Antik est un hôtel vivant et dynamique où l'on se sent chez soi. **www.antikhotel.com**

Bulvar Palas

🔧 🍴 ≋ ♿ 🗐   €€€

Atatürk Bul 152, Saraçhane, 34470 **Tél.** *(0212) 528 58 81* **Fax** *(0212) 528 60 81* **Chambres** *70*   **Plan** *2 A3*

Dans un cadre gai et agréable depuis sa rénovation, le Bulvar Palas propose un centre de beauté et de remise en forme, un salon de coiffure et un hammam. Le mobilier traditionnel n'en fait pas moins un excellent hôtel pour un prix raisonnable. Il est doté d'un vaste restaurant qui sert de bons plats turcs. **www.hotelbulvarpalas.com**

President

🔧 🍴 ♿ 🗐   €€€

Tiyatro Cad 25, Beyazıt, 34126 **Tél.** *(0212) 516 69 80* **Fax** *(0212) 516 69 98* **Chambres** *204*   **Plan** *2 C4 (4 A4)*

Premier hôtel d'Istanbul à disposer d'un pub anglais, le President jouit d'une excellente réputation. Au cœur de la ville, il propose un service de qualité et des chambres bien aménagées. Certaines ont un accès à Internet, également disponible à la réception. Ses soirées turques et de danse orientale sont réputées. **www.thepresidenthotel.com**

BEYOĞLU

Galata Residence Camondo Apart Hotel

🍴   €

Felek Sok 2, Beyoğlu, 34420 **Tél.** *(0212) 292 48 41* **Fax** *(0212) 244 23 23* **Chambres** *15*   **Plan** *7 D5*

Situé dans le centre, mais loin des lieux touristiques, cet hôtel particulier du XIXᵉ siècle appartenait autrefois à la célèbre famille de banquiers Camondo. Il abrite des appartements tout équipés, vastes et confortables, bien qu'un peu démodés, ainsi qu'un bar et un restaurant grec à l'étage. **www.galataresidence.com**

Hôtel Pera Hill

🔧 ♿ 🗐   €

Meşrutiyet Cad 95, Beyoğlu, 34430 **Tél.** *(0212) 245 66 06* **Fax** *(0212) 245 66 42* **Chambres** *35*   **Plan** *7 D4*

Au cœur du quartier culturel de Beyoğlu, cette solide bâtisse en pierre abritait autrefois le consulat de Libye. Modeste mais confortable, c'est désormais un hôtel réputé pour son emplacement et ses prix serrés. Les chambres sont simples mais d'une propreté impeccable. **www.hoteltheperahill.com**

La Casa di Maria Pia

€

Yeni Çarşı Cad 37, Galatasaray, 34425 **Tél.** *(0541) 624 54 62* **Chambres** *6*   **Plan** *7 D4*

Situés dans une rue calme, derrière une porte ornée de plantes, ces confortables meublés peuvent accueillir chacun cinq personnes. Les épiceries et les restaurants ne manquent pas dans ce quartier de Pera réputé pour sa bohème. Le propriétaire sympathique occupe l'appartement du bas et est prêt à conseiller ses hôtes.

Galata Antique

🔧 🗐   €€

Meşrutiyet Cad 119, Tünel, 34430 **Tél.** *(0212) 245 59 44* **Fax** *(0212) 245 59 47* **Chambres** *23*   **Plan** *7 D5*

Ce petit hôtel de charme tenu par une famille a du cachet. Il occupe un édifice français de la période ottomane conçu par le célèbre architecte Alexandre Vallaury. Il est idéal pour explorer Beyoğlu. Le personnel, très serviable, organise pour vous des visites et des excursions d'une journée. **www.galataantiquehotel.com**

House Hotel Galatasaray

Bostanbasi Cad19, Çukurcuma, 34440 **Tél.** *(0212) 244 34 00* **Fax** *(0212) 245 23 07* **Chambres** *20*   **Plan** *7 E4*

Se dressant au milieu des rues pittoresques et tortueuses de Çukurcuma, quartier huppé d'Istanbul connu pour ses boutiques d'antiquaires, cet hôtel offre des chambres élégantes et luxueuses à des prix raisonnables. Datant de 1890, l'édifice a été restauré avec amour par les créateurs du populaire House Café *(p. 205)*. **www.thehouse-hotels.com**

La Villa

Topçu Cad 12, Taksim, 80090 **Tél.** *(0212) 256 56 26/27* **Fax** *(0212) 297 53 28* **Chambres** *28*   **Plan** *7 E3*

La Villa est un petit hôtel bon marché séduisant, à l'ombre de voisins prestigieux et imposants. Il dispose de tout ce qu'on attend d'un hôtel moderne, y compris l'accès à Internet, des chambres non-fumeurs et un room service 24h/24. On pourra réserver pour vous une excursion ou une soirée turque. **www.boutiquehotellavilla.net**

Santa Ottoman

Zambak Sok 1, Taksim, 34500 **Tél.** *(0212) 252 28 78* **Fax** *(0212) 252 28 89* **Chambres** *18*   **Plan** *7 E3*

Ses chambres confortables et rénovées et son personnel amical et serviable font de cet hôtel de charme un havre de paix sur la place de Taksim très animée. Son café La Bohème sert des plats français et turcs, entre autres, dans une atmosphère rappelant celle d'une brasserie. **www.santaottomanboutiquehotel.com**

Seminal

Şehit Muhtar Bey Cad 25, Taksim, 80090 **Tél.** *(0212) 297 34 34* **Fax** *(0212) 297 28 18* **Chambres** *88*   **Plan** *7 E3*

Sa réputation n'est plus à faire. Voici un hôtel agréable, au personnel sympathique, près des magasins et des sites touristiques. Il dispose d'une petite salle de remise en forme, d'une chambre adaptée aux handicapés et d'une jolie piscine. Ses dix chambres ont vue sur la mer. **www.seminalhotel.com**

Suite Home Cihangir

Pürtelaş Sok 12, Taksim, 34433 **Tél.** *(0212) 243 31 01* **Fax** *(0212) 243 29 05* **Chambres** *13*   **Plan** *7 E4*

Ces immeubles du quartier de Taksim, dont l'un borde l'artère animée d'İstiklâl Caddesi, abritent des appartements confortables et pratiques. Les chambres disposent du Wi-Fi et les clients des deux hôtels bénéficient du sauna et des salles de remise en forme. Un parking payant est à leur disposition. **www.istanbulsuite.com**

Taxim Hill

Sıraselviler Caddesi 5, Taksim, 80090 **Tél.** *(0212) 334 85 00* **Fax** *(0212) 334 85 98* **Chambres** *58*   **Plan** *7 E4*

Facilement repérable à l'angle de la place de Taksim, voici un très bon hôtel, entièrement rénové, pour les hommes d'affaires. Il est également doté de Jacuzzi et d'un club de gymnastique parfaitement équipé. Les chambres sont joliment décorées et confortables. Certaines donnent sur le Bosphore.

Villa Zurich

Akarsu Yokuşu 44/6, Cihangir, 34437 **Tél.** *(0212) 293 06 04* **Fax** *(0212) 249 02 32* **Chambres** *42*   **Plan** *7 E5*

Au cœur du quartier de Cihangir qui regorge de cafés, de galeries, de restaurants et de magasins d'antiquités, cet hôtel abrite des chambres spacieuses, bien meublées, disposant d'un accès gratuit à Internet. Le petit déjeuner est servi sur la terrasse qui donne sur le Bosphore. Celle-ci devient un bar animé le soir. **www.hotelvillazurich.com**

Lamartine

Lamartin Cad 25, Taksim, 80090 **Tél.** *(0212) 254 62 70* **Fax** *(0212) 256 27 76* **Chambres** *67*   **Plan** *7 E5*

Le Lamartine rend hommage au poète romantique qui séjourna à Istanbul. L'hôtel se trouve tout près des sites touristiques de Taksim et de ses boutiques, et à quelques pas du quartier culturel animé de Beyoğlu. Le Lamartine garantit un bon niveau de confort à un prix abordable. **www.lamartinehotel.com**

Tomtom Suites

Tomtom Kaptan Sok 18, Beyoğlu, 34413 **Tél.** *(0212) 292 49 49* **Fax** *(0212) 292 42 30* **Chambres** *20*   **Plan** *7 D5*

Occupant un magnifique édifice historique dans une rue paisible, cet hôtel mérite une mention spéciale pour son service irréprochable, ses chambres modernes – certaines dotées d'un Jacuzzi et d'un balcon – et la vue superbe qu'offre sa terrasse. Le restaurant est de premier ordre. **www.tomtomsuites.com**

Central Palace

Lamartin Cad 18, Taksim, 34437 **Tél.** *(0212) 313 40 40* **Fax** *(0212) 313 40 39* **Chambres** *54*   **Plan** *7 E3*

Le style ottoman tardif s'allie au luxe moderne dans cet éminent établissement. Les chambres sont somptueuses, incroyablement confortables, et le restaurant met l'accent sur une cuisine saine. Ici, vous ne pourrez ni acheter ni boire de l'alcool dans les parties communes, mais il est autorisé dans les chambres. **www.thecentralpalace.com**

Germir Palas

Cumhuriyet Cad 7, Taksim, 34437 **Tél.** *(0212) 361 11 10* **Fax** *(0212) 361 10 70* **Chambres** *49*   **Plan** *7 E3*

On raterait facilement l'entrée de ce trésor, sur la rue principale. Le hall de réception et les bars ont beaucoup de style et les chambres s'ornent de belles étoffes. En été, on apprécie le restaurant en terrasse, sur le toit, qui ménage une jolie vue sur le Bosphore. Sur la rue, le Vanilla Café ne manque pas de chic. **www.germirpalas.com**

Marmara Pera

Meşrutiyet Cad, Tepebaşı, 34437 **Tél.** *(0212) 251 46 46* **Fax** *(0212) 249 80 33* **Chambres** *200*   **Plan** *7 D5*

Ce luxueux hôtel comblera tous vos désirs. Sa vue à 360 degrés sur la ville est superbe. L'établissement dont les chambres sont équipées du Wi-Fi séduira notamment les hommes d'affaires. Le hall de l'établissement est orné d'une somptueuse fresque. **www.themarmarahotels.com**

Catégorie de prix, *voir p. 184* **Légende des symboles,** *voir le rabat arrière de couverture*

Witt Istanbul Suites  €€€€

Defterdar Yokuşu 26, Cihangir, 34433 **Tél.** *(0212) 393 79 00* **Fax** *(0212) 310 24 94* **Chambres** *15* **Plan** *7 E5*

Vastes, bien meublées et équipées de kitchenettes, ces suites luxueuses situées dans un lieu calme bénéficient pour certaines de terrasses et d'une vue sur la mer. Tout près de là, l'arrêt de tramway Tophane permet d'aller facilement à Sultanahmet. Le quartier de Cihangir est, quant à lui, accessible à pied. **www.wittistanbul.com**

Ceylan Intercontinental €€€€€

Asker Ocağı Cad 1, Taksim, 34435 **Tél.** *(0212) 368 44 44* **Fax** *(0212) 368 44 99* **Chambres** *390* **Plan** *7 F3*

Voici l'un des meilleurs hôtels d'Istanbul offrant des installations de première classe pour les groupes, les touristes et les hommes d'affaires. L'après-midi, la tradition se perpétue au salon de thé, où résonne le son de la harpe. L'ambiance est plus moderne au bar City Lights. **www.interconti.com.tr**

Marmara Taksim €€€€€

Taksim Meydanı, Taksim, 34437 **Tél.** *(212) 251 46 96* **Fax** *(0212) 244 05 09* **Chambres** *458* **Plan** *7 E4*

Les chambres sont extrêmement confortables et superbement décorées. Le personnel est serviable et joyeux. Au dernier étage, le restaurant Panorama est une adresse prestigieuse et le café est l'un des rendez-vous branchés d'Istanbul. **www.themarmarahotels.com**

Pera Palas €€€€€

Meşrutiyet Caddesi 52, Tepebaşı, 34430 **Tél.** *(0212) 377 40 00* **Fax** *(0212) 377 40 77* **Chambres** *145* **Plan** *7 D5*

Nombre de personnalités ont séjourné dans cet hôtel de légende *(p. 104)*, à l'instar d'Agatha Christie dont la chambre est restée telle qu'elle était du temps de la romancière anglaise. L'établissement est luxueux et si le passé vous séduit, vous adorerez l'atmosphère que lui confèrent les équipements d'origine. **www.perapalas.com**

GRAND ISTANBUL

Hush Hostel €

Miralay Nazım Sok 20, Kadıköy, 34710 **Tél.** *(0216) 330 91 88* **Chambres** *13*

Cette maison ottomane rénovée abrite une auberge de jeunesse agréable et bon marché. Les clients ont le choix entre un dortoir ou des chambres particulières et disposent du jardin, de la cuisine et du salon avec téléviseur, lecteur de DVD et instruments de musique. Signalons aussi la galerie d'art. **www.hushhostelistanbul.com**

Büyük Ada Princess €€

23 Nisan Cad, Büyük Ada **Tél.** *(0216) 382 16 28* **Fax** *(0216) 382 19 49* **Chambres** *24*

Fondé en 1895, le Princess occupe un élégant édifice en pierre néoclassique sur la place principale de la plus grande des îles des Princes. Ses chambres confortables ont parfois un balcon qui donne sur la mer. L'hôtel possède aussi une piscine découverte et un terrain de jeux pour enfants. L'ambiance est décontractée. **www.buyukadaprincess.com**

Polka Countryl €€

Cumhuriyet Yolu 20, Polonezköy, 81650 **Tél.** *(0216) 432 32 20* **Fax** *(0216) 432 32 21* **Chambres** *15*

Cette maison à colombage a beaucoup de caractère. Fondée par des émigrants polonais au XIXe siècle, le village et ses environs ont été épargnés par le progrès. L'endroit est très animé le week-end. On peut s'y promener, faire du vélo, de la randonnée, pique-niquer ou jouer aux échecs. **www.polkahotel.com**

Taşhan €€

Taşhan Cad 57, Bakırköy, 34142 **Tél.** *(0212) 543 65 75* **Fax** *(0212) 561 09 88* **Chambres** *40*

Autrefois modeste hôtel blotti dans un quartier résidentiel verdoyant, le Taşhan fait partie de la chaîne Best Western. À l'abri de l'agitation, il se situe non loin de la marina d'Ataköy et du centre commercial Galleria *(p. 220)*, et à 10 min en voiture de l'aéroport. Le personnel est accueillant et efficace. **www.tashanhotel.com.tr**

Güneş €€€

Nadide Cad, Günay Sok 1, Merter, 34173 **Tél.** *(0212) 483 30 30* **Fax** *(0212) 483 30 45* **Chambres** *130*

Situé dans une paisible banlieue résidentielle, à 10 km seulement de l'aéroport, le Günes est un hôtel de luxe bien coté. L'arrêt du tramway qui dessert les principaux sites touristiques est à 5 min à pied. Vous bénéficierez d'une réduction si vous réservez votre chambre sur Internet. **www.guneshotel.com.tr**

Kariye €€€

Kariye Cami Sok 6, Edirnekapı, 34240 **Tél.** *(0212) 534 84 14* **Fax** *(0212) 521 66 31* **Chambres** *27* **Plan** *1 B1*

Situé dans l'ombre de l'église Saint-Sauveur-in-Chora, le Kariye est une *konak* en bois rénovée dans le style du début des années 1900. Les chambres possèdent de jolis parquets en bois et des fenêtres à treillis. Son restaurant Asitane *(p. 204)* est réputé pour ses recettes ottomanes rares. **www.kariyeotel.com**

Splendid Palace €€€

23 Nisan Cad 53, Büyük Ada, 81330 **Tél.** *(0216) 382 69 50* **Fax** *(0216) 382 67 75* **Chambres** *70*

Inauguré en 1908, le Splendid Palace a été influencé par l'Art nouveau mais son architecture mêle l'Orient et l'Occident. Les chambres s'ordonnent autour d'une cour lumineuse dotée de colonnes. Les coupoles argentées et les volets rouges apportent une touche de gaieté à l'hôtel. **www.splendidhotel.net**

Village Park Country Resort

€€€

Ayazma Mahallesi 19, Ishaklı Köyü, Beykoz, rive asiatique 81680 **Tél.** *(0216) 434 59 31* **Chambres** *20*

Havre de paix pour ceux qui ne veulent pas séjourner en ville, le Village Park propose des forfaits week-end et des activités de plein air comme l'équitation. Des niches sont prévues pour les chiens. Son restaurant, plusieurs bars et une aire de pique-nique agréable en font une retraite très demandée. **www.villagepark.com.tr**

Barceló Eresin Topkapı

€€€€

Millet Cad 186, Topkapı, 34093 **Tél.** *(0212) 631 12 12* **Fax** *(0212) 631 37 02* **Chambres** *231*

Malgré son nom, le Barceló n'a rien à voir avec le palais de Topkapı. Gérée par un conglomérat espagnol, cette belle bâtisse en pierre, en dehors du quartier des hôtels, offre un service à la hauteur de son cadre grandiose et un excellent restaurant. À proximité des transports en commun et des principaux sites. **www.barcelointokapi.com**

Bentley

€€€€

Halaskargazi Cad 75, Harbiye, 34367 **Tél.** *(0212) 291 77 30* **Fax** *(0212) 291 77 40* **Chambres** *50* **Plan** *7 F1*

L'élégance et le luxe se déclinent à l'hôtel Bentley, établissement situé au cœur de la ville. Ses suites superbement meublées ont accueilli un nombre de vedettes impressionnant. La cuisine fusion de son restaurant et son bar à la décoration hors du commun lui ont valu d'être primé. **www.bentley-hotel.com**

Çınar

€€€€

Şevketiye Mahallesi, Fener Mevkii, Yeşilköy 34149 **Tél.** *(0212) 663 29 00* **Fax** *(0212) 663 29 21* **Chambres** *220*

Profitez de la situation de cet hôtel en front de mer et demandez une chambre avec vue. L'établissement compte plusieurs bars et de merveilleux restaurants, une piscine découverte et une terrasse en été. Les clients pourront partager la piste de jogging qui borde la rive. L'aéroport est à 5 min seulement. **www.cinarhotel.com.tr**

Hilton

€€€€€

Cumhuriyet Cad, Harbiye, 34367 **Tél.** *(0212) 315 60 00* **Fax** *(0212) 240 41 65* **Chambres** *499* **Plan** *7 F2*

Parmi les premiers hôtels de luxe de Turquie, cet établissement allie le confort et un service irréprochable. Il possède de jolies chambres, plusieurs restaurants et bars ainsi que plusieurs cours de tennis et un élégant centre de conférence. Son paisible et charmant jardin abrite une piscine et une piste de jogging. **www.hilton.com**

Istanbul International Airport Hotel

€€€€€

Terminal de l'aéroport Atatürk, Yeşilköy, 34831 **Tél.** *(0212) 465 40 30* **Fax** *(0212) 465 47 30* **Chambres** *131*

Voici le premier hôtel dans l'enceinte de l'aéroport Atatürk que l'on peut rejoindre à pied depuis la zone de retrait des bagages. Il est bien équipé mais les prix sont élevés. Cependant, les bars, la cuisine et la qualité de son service dépassent de loin ses voisins dans le secteur. **www.airporthotelistanbul.com**

Swissôtel The Bosphorus

€€€€€

Bayıldım Cad 2, Maçka, 34104 **Tél.** *(0212) 326 11 00* **Fax** *(0212) 326 11 22* **Chambres** *600* **Plan** *8 A4*

Géré par le Swisshôtel/Raffles Group, The Bosphorus est l'adresse préférée de nombreux globe-trotters. Situé dans un domaine de 26 ha, donnant sur le Bosphore, il propose plusieurs bars et restaurants, un Spa, un centre de bien-être et des cours de tennis. Sa prestigieuse galerie marchande tentera les accros du shopping. **www.swissotel.com**

W Hotel

€€€€€

Süleyman Seba Cad 22, Akaretler, 34357 **Tél.** *(0212) 381 21 21* **Fax** *(0212) 381 21 81* **Chambres** *160* **Plan** *8 B4*

Idéalement situé près de Nişantaşi, le quartier des boutiques branchées d'Istanbul, le W occupe une rangée de maisons bâties en 1875 pour loger les officiers supérieurs de l'Empire ottoman. Les chambres très luxueuses offrent tout le confort et quelques raffinements comme des draps en coton très fin. **www.wistanbul.com.tr**

LE BOSPHORE

Bebek

€€€€

Cevdet Paşa Cad 34, Bebek, rive européenne, 34342 **Tél.** *(0212) 358 20 00* **Fax** *(0212) 263 26 36* **Chambres** *21*

Le Bebek, qui domine la baie, jouit d'un cadre somptueux. Rénové, il propose des chambres spacieuses au design contemporain. Son bar est une légende depuis plusieurs décennies, son restaurant est de premier ordre et les clubbers seront comblés. **www.bebekhotel.com.tr**

Four Seasons Hotel Istanbul at the Bosphorus

€€€€€

Çırağan Cad 28, Beşiktaş, rive asiatique **Tél.** *(0216) 381 40 00* **Fax** *(0212) 381 40 10* **Chambres** *170*

Sur la rive européenne du Bosphore, cet hôtel de luxe a été récemment aménagé dans un palais du XIXe siècle. Du lobby aux chambres en passant par le restaurant et le Spa, la décoration y est aussi raffinée qu'à l'époque ottomane. La terrasse agrémentée d'une piscine donne sur le Bosphore. **www.fourseasons.com/bosphorus**

Sumahan

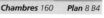

€€€€

Kuleli Cad 51, Çengelköy, rive asiatique, 34684 **Tél.** *(0212) 422 80 00* **Chambres** *20*

Ce petit hôtel de luxe se dresse dans un lieu étonnant, au bord du Bosphore, sur la rive asiatique d'Istanbul. Il comprend un hammam luxueux et offre toute une gamme de soins dans un cadre romantique et intime. Un service de bateaux-taxis permet à ses hôtes de gagner le centre-ville. **www.sumahan.com**

Catégorie de prix, *voir p. 184* **Légende des symboles,** *voir le rabat arrière de couverture*

EN DEHORS D'ISTANBUL

Anzac

Saat Kulesi Meydanı 8, Çanakkale **Tél.** *(0286) 217 77 77* **Fax** *(0286) 217 20 18* **Chambres** *27*

L'Anzac est presque aussi légendaire que l'événement auquel il doit son nom *(p. 170)*. Le décor des chambres propres et nettes s'inspire de Gallipoli. Stambouliotes et étrangers aiment sa terrasse sur le toit où l'on peut prendre un en-cas pour un prix raisonnable. L'endroit est bondé vers le 25 avril (jour de la commémoration). **www.anzachotel.com**

Çamlık Motel

Sahil Yolu, İznik, 16860 **Tél.** *(0224) 757 13 62* **Fax** *(0224) 757 16 31* **Chambres** *26*

Ce motel aux chambres propres et simples a pour principal atout son emplacement près d'un lac, dans le paisible village d'İznik. Certaines chambres possèdent des balcons surplombant le lac. Le restaurant de poisson sert des plats préparés avec soin à des prix raisonnables. **www.iznik-camlikmotel.com**

Geçim Pansiyon

Türkeli, Avşa Ada **Tél.** *(0266) 896 14 93* **Fax** *(0266) 896 23 45* **Chambres** *15*

Cet hôtel familial réputé est l'une des meilleures adresses de Türkeli. Situé dans un quartier paisible, en retrait de la plage, la pension propose des appartements meublés bien équipés, très pratiques quand on voyage en famille. C'est une base idéale pour profiter des plaisirs d'Avşa.

Maşukiye

Soğuksu Mahallesi, Sarmaşık Sok 18, Maşukiye, Kartepe, Kocaeli, 41295 **Tél.** *(262) 354 21 74* **Chambres** *10*

L'hôtel, douillet, incite au romantisme et mérite son nom qui signifie le « village des amoureux ». Niché au milieu de forêts, de lacs et de montagnes, le Maşukiye a tout pour séduire. Il propose quantité d'activités de plein air en hiver comme en été et une cuisine sublime accompagnée de vins du terroir. **www.hotelmasukiye.com**

Rüstem Paşa Kervansaray

İki Kapılı Han Cad 57, Eski Camii Yanı, Edirne, 22100 **Tél.** *(0284) 212 61 19* **Fax** *(0284) 214 85 22* **Chambres** *75*

Ce caravansérail a été créé par le grand architecte impérial Sinan *(p. 155)* au XVIᵉ siècle, ce qui en fait le plus ancien d'Edirne. Il arbore d'épais murs de pierre, des chambres en enfilade et le confort de son époque. Les marchands pouvaient autrefois y passer la nuit sous la protection du sultan. **www.edirnekervansarayhotel.com**

Safran

Ortapazar Cad Arka Sok 4, Bursa, 16040 **Tél.** *(0224) 224 72 16* **Fax** *(0224) 224 72 19* **Chambres** *10*

Facilement repérable à sa couleur safran, ce charmant hôtel situé dans le centre de Bursa a déjà plus d'un siècle. Les chambres sont petites mais astucieusement aménagées. Réputé pour sa bonne cuisine et ses *meze*, le restaurant est parfois animé par des musiciens. **www.safranotel.com**

İznik Çini Vakfı

Sahil Yolu Vakıf Sokak 13, İznik, 16860 **Tél. et Fax** *(0224) 757 60 25* **Chambres** *9*

Cette pension retirée est gérée par la Fondation pour la préservation de la faïence d'İznik. Ne vous attendez pas à des installations cinq étoiles, mais l'endroit est calme, suffisamment confortable et vous y rencontrerez une clientèle cultivée dans une ambiance artistique.

Sığınak (The Retreat)

İbrice Limanı Yolu, Mecidiye, Keşan, 22800 **Tél.** *(0284) 783 43 10* **Fax** *(0284) 783 43 86* **Chambres** *8*

En face de la péninsule de Gallipoli, sur le golfe de Saroz, s'étend une région très peu peuplée de la Turquie. Cette « retraite » isolée est à quelques minutes d'une plage déserte. Les chambres accueillantes s'ornent de quelques objets typiques. Les clients profitent ici du bon air, d'une cuisine savoureuse et de bons vins. **www.siginak.com**

Acqua Verde

Kurfallı, Şile, 81740 **Tél.** *(0216) 721 71 43* **Fax** *(0216) 721 71 33* **Chambres** *25*

Cet établissement tranquille se niche dans la verdure au bord de l'Agva, à Şile. Son côté sauvage, les arbres, la faune et la flore de l'endroit en font une adresse réputée. Avec ses bungalows et plusieurs aires de pique-nique, ainsi qu'un excellent restaurant, il attire les citadins le week-end. Préférez la semaine pour la tranquillité. **www.acquaverde.com.tr**

Almira

Ulubatlı Hasan Bulvarı 5, Bursa, 16200 **Tél.** *(0224) 250 20 20* **Fax** *(0224) 250 20 38* **Chambres** *235*

L'Almira a subi de nombreuses transformations qui en ont fait un hôtel confortable, tout en préservant son style Régence. Les chambres sont spacieuses et bien meublées, et ses salons aux belles proportions ne manquent pas de caractère. L'Almira abrite un excellent restaurant et plusieurs bars. **www.almira.com.tr**

Çırağan Palace Kempinski

Çırağan Cad 32, Beşiktaş, rive européenne, 34349 **Tél.** *(0212) 326 46 46* **Fax** *(0212) 259 66 87* **Chambres** *315*

Conçu pour faire de ses hôtes de véritables sultans, le Çırağan est l'un des meilleurs hôtels de la ville. Restaurée, cette résidence qui appartenait aux derniers sultans ottomans en a gardé la splendeur et l'opulence. Les eaux du Bosphore viennent caresser sa superbe terrasse d'été. **www.kempinski.com/istanbul**

RESTAURANTS, CAFÉS ET BARS

Les restaurants à Istanbul vont des modestes *lokanta* et *kebapçı*, établissements populaires proposant à presque tous les coins de rues des grillades et des plats chauds déjà préparés, jusqu'aux *restoran* gastronomiques des grands hôtels. Quelques tables proposent également de la cuisine étrangère, du Japon à la France, à des prix moyens ou élevés. Les pages 194-197 montrent les plats turcs les plus typiques et le lexique des

Vendeur de simit

pages 279-280 vous aidera à déchiffrer le menu. Vous trouverez page 197 un guide des boissons courantes. Les restaurants *(p. 198-207)* ont été choisis parmi les meilleurs d'Istanbul et vont du simple café au restaurant primé. Ils ont été choisis pour leur cuisine et leur rapport qualité/prix. Partout, vendeurs de rues, kiosques de sandwichs, pâtisseries et cafés permettent d'apaiser une petite faim. Les en-cas qu'ils proposent sont décrits pages 208 et 209.

OÙ CHERCHER ?

Les restaurants les plus élégants et les plus chers d'Istanbul se concentrent dans la partie européenne de la ville : le long du Bosphore à Ortaköy, à Taksim et ses alentours, dans les quartiers commerçants chic de Nişantaşı, Maçka, Bebek et Teşvikiye, ainsi que dans les banlieues résidentielles modernes de Levent et d'Etiler à l'ouest du Bosphore. Les hôtels cinq étoiles abritent les meilleures tables de cuisine turque ou étrangère.

Beyoğlu renferme les restaurants, cafés et fast-foods bon marché les plus animés, fréquentés par les jeunes Stambouliotes, en particulier autour de l'İstiklâl Caddesi *(p. 102-103)*. Sultanahmet et les quartiers voisins de Sirkeci, Eminönü et Beyazıt, qui abondent en restaurants

populaires, ont vu s'ouvrir des établissements plus chic.

Les faubourgs excentrés comme Fatih, Fener, Balat et Eyüp abritent de nombreux restaurants bon marché.

TYPES DE RESTAURANTS

Le *lokanta*, établissement populaire très répandu, propose des plats préparés à l'avance. Sur la carte peuvent aussi figurer des recettes de *sulu yemek* (bouillon ou ragoût) et d'*et* (viande grillée).

Tout aussi fréquents, les *kebapçı* et *ocakbaşı* sont spécialisés dans les grillades de mouton. La plupart, comme les *lokanta*, servent également des mets simples tels que le *lahmacun*, mince feuille de pâte couverte de viande hachée, d'oignons émincés et de sauce tomate, et le *pide*, sorte de pizza garnie d'ingrédients variés tels que fromage, œufs ou

Café Pierre Loti à Eyüp (p. 120)

agneau haché. Il existe des restaurants spécialisés dans ce plat typiquement turc.

Au terme d'une soirée trop arrosée, vous apprécierez peut-être une soupe de tripe (*işkembe*), le remède turc contre la gueule de bois. Les *işkembe salonu* restent ouverts jusqu'aux premières heures du matin.

Les innombrables restaurants de poisson (*balık lokantası*) d'Istanbul possèdent toujours une atmosphère décontractée et animée. Les meilleurs se trouvent sur les rives du Bosphore *(p. 205-207)* et à Kumkapı, sur la mer de Marmara où, en été, leurs tables à l'extérieur semblent ne former qu'une immense terrasse. La plupart n'acceptent pas les réservations, mais si vous ne trouvez pas de place dans l'un, vous pourrez tenter votre chance plus loin.

Un repas typique commencera par un assortiment de hors-d'œuvre (*meze, p. 196*) proposé avant que vous

Le luxueux restaurant Poseidon domine le Bosphore (p. 207)

Catégorie de prix, *voir p. 198* **Légende des symboles,** *voir le rabat arrière de couverture*

Dîner au Konyalı, restaurant du palais de Topkapı *(p. 198)*

ne commandiez votre plat principal choisi parmi la pêche du jour. Frits ou grillés et souvent accompagnés d'une généreuse salade et d'une bouteille de *rakı* *(p. 197)*, les poissons les plus populaires sont la bonite *(palamut)*, la sardine *(sardalya)* et le bar *(levrek)*. Viennent ensuite le *hamsi* de la mer Noire (proche de l'anchois), l'*istavrit* (thon rouge) et le *mezgil* (merlu blanc). Le poisson devenant plus rare et plus cher, les Turcs boudent de moins en moins les poissons d'élevage comme l'*alabalık* (truite) et la *çipura*, une variété de daurade.

Les innovations culinaires internationales incitent certains chefs turcs à se montrer inventifs. Les meilleurs offrent des mets originaux et délicieux dans un cadre superbe. Les Stamboulotes aisés fréquentent les restaurants étrangers, nombreux dans certains quartiers, tandis que les cafés Starbucks et Gloria Jean se multiplient. Une *meyhane* est une sorte de taverne servant de l'alcool et des *meze* variés. Plus décontractée qu'un restaurant, elle accueille souvent une clientèle plus jeune et met l'accent sur les boissons. On y écoute de la musique *fasıl* et des airs traditionnels joués à la cithare et au tambour.

HEURES D'OUVERTURE

Les Turcs déjeunent entre 12 h 30 et 14 h et dînent vers 20 h. Un *lokanta* ou un *kebapçı* sert normalement de 11 h à 23 h, tandis que les restaurants de poisson restent ouverts plus tard. Les restaurants internationaux ont des horaires plus stricts, en général de midi à 15 h 30 et de 19 h 30 à minuit. Une *meyhane* ouvrira vers 19 h et fermera bien après minuit. La plupart des établissements sont ouverts tous les jours de la semaine ou ferment le dimanche ou le lundi. Pendant le ramadan *(p. 47)*, les musulmans jeûnant du lever au coucher du soleil, beaucoup de restaurants n'ouvrent que le soir et servent des plats spéciaux. Certains, en particulier dans des quartiers très religieux comme Fatih et Eyüp, sont fermés tout le mois. Cependant, vous pourrez toujours vous restaurer. dans les zones touristiques.

À SAVOIR

Depuis juillet 2009, il est interdit de fumer dans les établissements, bien qu'on observe quelques écarts à cette règle. Certains restaurants bon marché et vendeurs de kebabs ne servent pas d'alcool ou à un prix parfois prohibitif. L'accès en fauteuil roulant reste difficile. Nombre de restaurants comptent plusieurs étages et même pour entrer dans les salles du rez-de-chaussée, il faut souvent gravir des marches. Les ascenseurs sont rares, hormis dans les grands hôtels et les immeubles de bureaux. Les restaurants sont nombreux à proposer des formules végétariennes. Dans les quartiers les plus conservateurs ou en banlieue, femmes et enfants doivent s'asseoir dans l'aile *salonu*, la salle qui leur est réservée. Les femmes seules seront mal à l'aise dans la salle principale.

Les Turcs sont fiers de leur hospitalité et de leur service. Celui-ci est effectivement irréprochable dans les établissements haut de gamme, beaucoup moins dans les restaurants de base.

Choix de pâtisseries

SERVICE ET PAIEMENT

Les principales cartes bancaires sont acceptées partout sauf dans les restaurants bon marché comme les *kebapci*, les *büfe* (kiosques de rue) et certaines *lokanta*. Un autocollant ou un panneau vous renseignera à l'entrée. La TVA (RDV en turc) est toujours incluse. Certains établissements ajoutent 10 % pour le service, d'autres le laissent à la discrétion des clients.

Marchand de maquereaux frits et grillés, au quai d'Eminönü *(p. 208)*

Saveurs d'Istanbul

La Turquie est l'un des rares pays autonomes pour son alimentation. Le thé est cultivé dans les montagnes qui surplombent la mer Noire ; les bananes poussent sous la chaleur du sud. Au centre, dans la plaine d'Anatolie, s'étendent les champs de blé et les riches pâturages où vient paître le bétail, source de produits laitiers et d'une viande exceptionnelle. Partout, les fruits et les légumes abondent, et les mers qui baignent Istanbul grouillent de poissons. Sa cuisine variée provient de toutes les cultures dominées par l'Empire Ottoman pendant cinq siècles.

Nar **(grenades)**

Étal au Bazar égyptien, l'un des plus vieux marchés d'Istanbul

STEPPE ANATOLIENNE

La steppe qui s'étend de l'Asie centrale à l'Anatolie est l'une des plus anciennes régions habitées au monde. La variété des plats de cette vaste étendue reflète sa diversité ethnique, offrant une cuisine simple et traditionnelle. Pour répondre au mode de vie nomade, la cuisine devait se préparer rapidement et facilement. Les aliments de base turcs que sont le yaourt, le *pide* et les kebabs proviennent de cette région. On doit aussi l'utilisation courante de fruits comme les grenades, les figues et les abricots dans les plats salés aux influences perses qui ont imprégné les tribus originaires du nord de la steppe. Plus au sud, les nomades venus du Moyen-Orient ont introduit le feu du piment, un ingrédient autrefois essentiel pour conserver la viande dans le désert brûlant.

CUISINE OTTOMANE

C'est de la vapeur des immenses cuisines du palais de Topkapı que sont sorties les cohortes de plats délicieux qui devaient rivaliser avec les cuisines française et chinoise.

Chiche kebab   Aubergines farcies   Crevettes grillées
Kebab au poulet   Sauce au piment   Brochette d'agneau   Döner kebab

Une sélection de kebabs typiques en Turquie

PLATS ET SPÉCIALITÉS LOCALES

Midye dolması *Moules fourrées de riz aux épices, cuites à la vapeur, arrosées d'un filet de jus de citron.*

La mer qui borde Istanbul fournit le poisson frais, vedette de tous les menus de la ville. Depuis des siècles, le Bosphore est réputé pour l'abondance de sa pêche. L'hiver, les filets regorgent de poissons à chair grasse : tassergal, daurade, bonite, bar, rouget et maquereau. Istanbul profite aussi des grosses moules et des *hamsi* (variété d'anchois) de la mer Noire. Vendues partout, y compris par les marchands ambulants et dans les kiosques à sandwichs, les pâtisseries sont également à l'honneur. Elles se dégustent toute la journée. Istanbul est notamment réputée pour ses *baklavas*, un carré de pâte feuilletée enrobé de sirop et fourré de pistaches ou de noisettes pilées.

Loukoums

Splendides fruits, légumes et produits séchés au marché aux épices

CULTURE DU BAZAR

Impossible de visiter Istanbul sans passer par le marché autour du Bazar égyptien *(p. 88)*. Chaque jour, les meilleurs produits arrivent des fermes alentour. Figues, abricots, pastèques et cerises côtoient les légumes : piments, oignons, aubergines et tomates. De beaux morceaux d'agneau et de bœuf voisinent avec le fromage, les légumes marinés, les aromates, les épices, les desserts et les pâtisseries luisantes de miel.

À l'apogée de l'Empire ottoman, au XVIe et XVIIe siècle, des légions de marmitons s'escrimaient jour et nuit pour le sultan. Certains préparaient les soupes, d'autres grillaient les viandes et les poissons, mariaient les légumes, faisaient le pain, ou préparaient desserts et sorbets. La domination ottomane s'étendant jusqu'en Afrique du Nord, les Balkans et une partie du sud de la Russie, la cuisine impériale subit les influences de ces régions lointaines. Des recettes élaborées de légumes et de viandes farcies, aux saveurs subtiles baptisées de noms évocateurs comme l'« extase de l'imam », les « lèvres de belle » ou le « doigts de vizir » virent le jour. Nombre de restaurants perpétuent

cette tradition à Istanbul où des plats comme le *karniyarik* (demi aubergine farcie de viande d'agneau hachée et de pignons) ou le *hünkar begendili köfte* (boulettes servies avec une purée d'aubergines fumées au fromage) figurent au menu.

Prise du jour venant du Bosphore sur un étal de Karaköy

POISSONS AU MENU

La variété des espèces dans les eaux qui entourent Istanbul en font le paradis des amateurs de poisson.

Barbunya Rouget de roche

Çupra Daurade

Dilbaliği Sole

Hamsi Anchois

Kalamar Calamar

Kalkan Turbot

Kefal Rouget barbet

Kiliç Espadon

Levrek Bar

Lüfer Tassergal

Midye Moules

Palamut Bonite

Uskumru Maquereau

İmam bayıldı *Aubergines farcies à la tomate, à l'ail et aux oignons, cuites au four et très fondantes.*

Levrek pilakisi *Ragoût à base de filets de bar, pommes de terres, carottes, ail et oignons longuement mijotés.*

Kadayıf *Une pâte vermicelle avec un mélange de noix pilées, arrosée de miel : une pâtisserie délicieuse !*

Meze

Le repas turc, comme dans bien d'autres pays méditerranéens, commence au centre de la table par un assortiment de hors-d'œuvre partagé entre les convives : les *meze*. Dans une *meyhane*, ils seront composés d'olives, de fromage et de melon en tranche ; dans un restaurant de catégorie supérieure, le choix sera beaucoup plus varié. Composés surtout de légumes froids et de diverses salades, les *meze* comprennent aussi des entrées chaudes comme les *börek* (feuilletés au fromage), les moules frites ou les calamars. On les accompagne de pain et de *rakı*, une anisette allongée d'eau.

Houmous et *pide*

Zeytinyağlı
(cœurs d'artichauts)

Çoban salatası
(concombre, tomate et oignon rouge en salade)

Ayşe fasulye
(haricots verts à la sauce tomate)

Melon au beyaz peynir
(melon au fromage blanc, ou feta)

Yalancı yaprak dolması
(feuilles de vigne farcies)

Tarama (œufs de poisson, ail et huile d'olive)

PAINS TURCS

En Turquie, le pain est la clef de voûte de chaque repas. On en trouve de toutes les formes et de toutes les sortes. L'*ekmek* (miche croustillante), le *yufka* et le *pide* sont les plus courants. Typiques des communautés nomades, les *yufka* sont faites de couches de pâte finement roulées, cuites sur le gril puis séchées pour les conserver. On peut ensuite les réchauffer pour accompagner le repas principal. Le *pide* est un pain plat que l'on sert en général avec les *meze* et les *kebab* au restaurant. On forme une abaisse ronde ou ovale, dorée à l'œuf battu et saupoudrée de graines de sésame ou de cumin noir que l'on cuit au four. Le *pide* est un aliment de base lors des fêtes religieuses. Pendant le ramadan, un repas sans *pide* ne serait pas complet. Autre favori, le *simit* est un anneau de pain croustillant couvert de graines de sésame.

Livraison de *simit* à peine sortis du four.

Que boire à Istanbul

Le thé *(çay)* est la boisson la plus répandue en Turquie. Il se boit dans de petits verres en forme de tulipe et joue un rôle essentiel dans les relations sociales. Il est souvent offert en signe de courtoisie par les commerçants. Il accompagne également le petit déjeuner. Le café *(kahve)*, préparé en décoction et servi avec son marc, se boit à partir du milieu de la matinée et après les repas. Il existe aussi de très nombreux jus de fruits et sirops. Le pays produit des vins et de la bière mais la boisson alcoolisée la plus populaire, servie avec les *meze*, est le *rakı*, une anisette que les Turcs boivent parfois pure entre deux gorgées d'eau.

Vendeur de jus de fruits

BOISSONS NON ALCOOLISÉES

Mieux vaut éviter l'eau du robinet à Istanbul, mais l'eau minérale en bouteille *(su)*, très appréciée des Turcs, est disponible partout. Vous pouvez aussi essayer un verre d'*ayran* à

Vişne suyu　　　**Ayran**

base de yaourt salé, boisson recommandée avec un kebab, ou goûter au *boza* tiré du pilpil de blé *(p. 92)*. Il existe de nombreux jus de fruits et de légumes tels que le jus de cerise *(vişne suyu)*, le jus de navet *(şalgam suyu)* et le *şira* fabriqué avec du raisin fermenté.

CAFÉ ET THÉ

Décoction de marc moulu très fin, le café turc *(türk kahvesi)* se boit sucré, *az*, *orta* ou *çok* (peu, moyennement ou très sucré), à préciser à la commande. Il existe aussi du café instantané *(neskafe)*. Le thé *(çay)* est omniprésent. On le sert avec du sucre mais sans lait, dans un petit verre tulipe. Le thé à la pomme *(elma)* est le plus prisé, suivi du thé au tilleul *(ihlamur)*, au cynorrhodon *(kuşburnu)* et à la menthe *(nane)*.

Samovar traditionnel pour le thé

BOISSONS ALCOOLISÉES

Largement consommé, bien que l'islam interdise l'alcool, le *rakı*, une anisette transparente, prend le nom de « lait de lion » lorsqu'on l'additionne d'eau. Il accompagne les *meze* et le poisson. La Turquie commence à produire quelques bons vins servis dans de nombreux restaurants. Doluca et Kavaklıdere sont les marques principales. Les crus étrangers sont facilement disponibles mais à un prix élevé. L'Efes Pilsen est une bonne bière locale. La plupart des *lokanta* et *kebapçı* ne servent pas d'alcool.

Rakı　　　**Bière**　　　**Vin rouge**　　　**Vin blanc**

Le café turc se boit une fois le marc déposé au fond de la tasse.

Thé à la pomme　　　**Tilleul**

Le *sahlep* a pour base de la racine d'orchidée écrasée.

Choisir un restaurant

Les restaurants présentés ont été choisis pour leur bon rapport qualité/prix, la qualité de leur cuisine ou leur situation. Ils sont classés par ordre alphabétique dans chaque catégorie de prix. Quelques informations fournies pour chaque établissement (terrasse, musique live, etc.) vous aideront à faire votre choix.

CATÉGORIES DE PRIX
Les prix sont indiqués pour un repas de trois plats, incluant les taxes et le service.

€ moins de 15 €
€€ de 15 € à 20 €
€€€ de 20 € à 30 €
€€€€ de 30 € à 40 €
€€€€€ plus de 40 €

POINTE DU SÉRAIL

Sultanahmet Fish House   €€

Prof Kasim İsmail Gürkan Cad 14, Sultanahmet, 34110 **Tél.** *(0212) 527 44 41*   **Plan** *3 E4*

Dans ce lieu simple et décontracté, vous dégusterez de bons poissons et des *meze* à des prix raisonnables. À midi, le menu (soupe de poissons, salade et poisson du jour) est un bon choix, mais il y a aussi des kebabs et des ragoûts variés. Les lampes anciennes et les textiles colorés égayent l'atmosphère. On y sert de l'alcool.

Faros   €€€

Hudavendigar Cad 5, Sultanahmet, 34110 **Tél.** *(0212) 514 98 28*   **Plan** *3 E3*

Le restaurant de l'hôtel Faros sert une cuisine turque savoureuse, ainsi qu'un bon choix de plats végétariens dans une ambiance conviviale avec musique et dancing. Le *mahmudiye* (poitrine de poulet grillé accompagné de riz parfumé aux amandes, à la cannelle, aux raisins secs et au miel) est une spécialité. On y sert de l'alcool.

Konyalı   €€€

Palais de Topkapı, Sultanahmet, 34110 **Tél.** *(0212) 513 96 96*   **Plan** *3 F3*

Ouvert depuis quatre décennies et d'ores et déjà primé, ce pilier de la gastronomie propose de savoureux *meze* aux côtés de plats de viande, de poisson et de salades. Situé à l'intérieur du palais de Topkapı, il offre une vue imprenable sur le Bosphore. Sa formule « thé de l'après-midi » est délicieuse. Le Konyalı est fermé le soir et le mardi.

Sarnıç   €€€€

Soğukçeşme Sok, Sultanahmet, 34110 **Tél.** *(0212) 512 42 91*   **Plan** *3 E4 (5 F3)*

Ancien réservoir byzantin couronné d'une coupole et soutenu par de hauts piliers, le Sarnıç est éclairé à la lueur de lustres en fer forgé et de bougies offrant une lumière tamisée. La cheminée est impressionnante et le piano résonne souvent le soir. Malgré une carte variée, on y vient plus pour le cadre que pour la cuisine.

SULTANAHMET

Doy-Doy   €

Şifa Hamamı Sok 13, Sultanahmet, 34110 **Tél.** *(0212) 517 15 88*   **Plan** *3 D5 (5 E5)*

Vous trouverez ici un choix impressionnant de soupes, kebabs, *pide*, salades variées, plats végétariens et desserts préparés dans la tradition turque. L'endroit est sympathique et les prix très abordables, mais on n'y sert pas d'alcool. La terrasse sur le toit est idéale en été, pour la vue comme pour sa petite brise maritime.

Group   €

İşehit Mehmet Paşa Yokuşu 4, Sultanahmet, 34110 **Tél.** *(0212) 517 47 00*   **Plan** *3 D5 (5 D5)*

Mi café-restaurant, mi-boutique de cadeaux, le restaurant en perpétuelle effervescence attire de nombreux visiteurs. Réputé pour son café et ses pâtisseries, on y sert aussi des plats plus substantiels. Le menu propose de généreuses portions de ragoûts, des grillades et des salades à des prix raisonnables. On peut y boire de l'alcool.

Sofa Café   €

Mimar Mehmet Ağa Cad 32, Sultanahmet, 34122 **Tél.** *(0212) 458 36 30*

À Sultanahmet, les visiteurs apprécieront ce café confortable à l'ambiance décontractée. On y déguste des mets turcs comme l'*alinazik* (purée d'aubergines au yaourt et à la viande hachée) ou des kebabs, en sirotant une bière Efes ou du vin du pays.

Sultanahmet Köftecisi   €

Divanyolu Cad 12A, Sultanahmet, 34110 **Tél.** *(0212) 520 05 66*   **Plan** *3 E4 (5 E4)*

Le restaurant qui a ouvert ses portes dans les années 1920 est une institution dans Sultanahmet. Il affiche quelques plats phares tout simples comme le *köfte* (boulettes), les *piyaz* (haricots en sauce) et le *pilav* (riz). Une clientèle d'habitués s'y rue à l'heure du déjeuner et la file d'attente induit un service rapide.

Légende des symboles, *voir le rabat arrière de couverture*

Tamara

Küçük Ayasofya Cad 14/1, Sultanahmet, 34400 **Tél.** *(0212) 518 46 66* **Plan** *3 E5 (5 E4)*

Vous y savourerez des plats savoureux typiquement turcs : large choix de brochettes, de *pide* (pizzas ovales turques) et de plats en sauce. Le restaurant dispose d'une belle terrasse d'où l'on peut admirer Sainte-Sophie et la mer de Marmara. L'endroit est parfait si l'on veut déjeuner vite et bien.

Amedros

Hoca Rüstem Sok 7, Sultanahmet, 34400 **Tél.** *(0212) 522 83 56* **Plan** *3 E4*

Ce bistrot de style occidental sert des plats internationaux et turcs, y compris des spécialités ottomanes comme le *testi kebab* (savoureux mélange d'agneau et de légumes cuits dans un pot en terre). Vous apprécierez en outre son intérieur clair et spacieux et son personnel agréable et élégant. On y sert de l'alcool.

Dubb Indian

İncili Çavuş Sok 10, Sultanahmet, 34110 **Tél.** *(0212) 513 73 08* **Plan** *3 E4 (5E3)*

C'est l'un des meilleurs restaurants indiens d'Istanbul. Installé sur trois étages dans une maison ottomane entièrement restaurée, l'établissement sert de très bons tandooris et currys. La terrasse sur le toit permet de jouir d'une vue remarquable sur Sainte-Sophie. Il est recommandé de réserver, surtout en été.

Khorasani

Divanyolu Cad, Ticarethane Sok 39-41, Sultanahmet, 34110 **Tél.** *(0212) 519 59 59* **Plan** *3 E4*

L'établissement se situe un cran au-dessus du restaurant de kebabs habituel. Vous découvrirez dans une salle attrayante des plats des régions méridionales de Gaziantep et d'Antakya ainsi que quelques mets végétariens. Un feu de bois permet de dîner dehors en hiver. Des musiciens viennent jouer occasionnellement.

Valide Sultan Konağı

Kutlugün Sok 1, Sultanahmet, 34110 **Tél.** *(0212) 638 06 00* **Plan** *3 E4 (5 E4)*

Installé sur la terrasse de l'hôtel du même nom (*p. 186*), ce restaurant en arc de cercle ménage une vue imprenable sur la mer et le quartier historique alentour. On y propose un bel assortiment de viandes, légumes, *meze*, kebabs, et ragoûts. Les légumes farcis sont aussi bons qu'originaux. Fruits de mer et pizzas sont également au menu.

Ahırkapı Lokanta

Hôtel Armada, Ahır Kapı Sok, Sultanahmet, 34110 **Tél.** *(0212) 638 13 70* **Plan** *3 F3 (5 F5)*

Vous prendrez votre repas dans le cadre d'une taverne turque des années 1930 au son de la musique *fasıl*. En accord avec le décor, on y sert une cuisine traditionnelle à commencer par de délicieux *meze* et des plats tels que le *yoğurtlu yaprak dolması* (feuilles de vigne garnies de viande hachée et yaourt). La terrasse sur le toit donne sur Sultanahmet.

Djazzu

İncili Çavus Çikmazi 5-7, Sultanahmet, 34110 **Tél.** *(0212) 512 22 42* **Plan** *3 E4 (5 E4)*

Chic mais sans prétention, le Djazzu sert une cuisine internationale de grande qualité réalisée par un chef japonais formé en France. Le soir, on vient y déguster des plats variés : sushis, spaghettis, kebabs, etc. Très agréable, le lieu ne désemplit jamais grâce à sa terrasse en été et à sa salle douillette chauffée en hiver par la cheminée.

Balıkcı Sabahattin

Seyt Hasankuyu Sok 1, Sultanahmet, 34110 **Tél.** *(0212) 458 18 24* **Plan** *3 E3 (5 F5)*

Tout est parfait dans ce charmant restaurant de poisson qui a eu le temps, depuis 1927, de peaufiner sa carte et de l'allonger. Le poisson et les fruits de mer sont à tomber ; les courges aux épices et au yaourt, une merveille de créativité. La qualité est au rendez-vous.

Kathisma

Yeni Akbıyık Cad 26, Sultanahmet, 34400 **Tél.** *(0212) 518 97 10* **Plan** *3 E5 (5 C3)*

Ce restaurant très chic doit son nom au pavillon de l'empereur byzantin qui donnait autrefois sur l'Hippodrome (*p. 80*). La carte affiche des spécialités turques tels que le *mücver* (courgettes frites), le *firinda kuzu* (agneau rôti) et quelques desserts typiques comme le *sakizli sutlaç* (riz au lait à la gomme arabique).

Rumeli Café

Ticarethane Sok 8, Sultanahmet, 34110 **Tél.** *(0212) 512 00 08* **Plan** *3 E4 (5 D3)*

Un délicieux petit restaurant à côté de la rue animée de Divanyolu. Logé dans une ancienne imprimerie, le Rumeli mêle des influences grecques aux arômes de Méditerranée. On l'apprécie pour ses plats végétariens et des spécialités comme l'agneau grillé servi avec des sauces variées. Tomates, herbes et yaourt agrémentent de nombreux plats.

Seasons

Tevkifhane Sok 1, Sultahahmet, 34110 **Tél.** *(0212) 402 30 00* **Plan** *3 E5*

Aussi luxueux que l'hôtel Four Seasons (p. 187), le restaurant sert dans sa jolie salle et dans sa cour des plats méditerranéens agrémentés d'une légère note asiatique. Laissez-vous tenter, le vendredi soir, par la dégustation de vins locaux avec fromages, pain et fruits ou, le week-end dans l'après-midi, par un thé copieux.

Giritli Restoran

Keresteci Hakkı Sok 8, Ahır Kapı Sokak, Sultanahmet, 34122 **Tél.** *(0212) 458 22 70* **Plan** *3 E5 (5 F5)*

Le menu constitué de plusieurs plats est le seul choix dans ce restaurant crétois, mais les hors-d'œuvre chauds et froids et les poissons merveilleusement préparés sont variés. La bière locale, le vin ou le *rakı* (sorte d'anisette) sont servis à volonté. Le jardin clos et la salle élégante constituent un cadre agréable.

QUARTIER DU BAZAR

Havuzlu

Gani Çelebi Sokak 3, Grand Bazar, Beyazıt, 36420 **Tél.** *(0212) 527 33 46*   **Plan** *3 C4 (4 B3)*

C'est l'endroit idéal quand la faim vous tiraille en plein shopping. Ce petit restaurant propose une cuisine honnête préparée tous les matins. Soupes, *domal* (feuilles de vigne farçies), kebabs et grillades de toutes sortes caleront votre petit creux. Le nom *Havuzlu* qui signifie « avec un bassin » vient de la fontaine qui orne l'intérieur.

İskender Saray

Atatürk Bulvarı 116, Aksaray, 36420 **Tél.** *(0212) 520 34 04*   **Plan** *2 A3)*

Ce restaurant classique propose des *döner kebabs* et des spécialités comme l'*iskender kebab* (*döner kebab* sur du pain nappé de sauce) et le *sac kavurma* (agneau et légumes flambés à la table). Les nappes blanches et le personnel accueillant ajoutent une touche de professionnalisme. Le service à emporter est rapide. On n'y sert pas d'alcool.

Karaca

Gazi Sinan Paşa Sok, Vezir Han 1/A, Nuruosmaniye, 36420 **Tél.** *(0212) 512 90 94*   **Plan** *3 D4 (4 C3)*

Logé dans un authentique caravansérail ottoman, ce vaste restaurant est fréquenté par les marchands du Grand Bazar. On y savoure de généreuses portions de classiques comme les *pazi dolmasi* (bettes à carde farçies) ou l'*islim kebbabi* (agneau aux aubergines). Le *kabak tatlisi* est un riche dessert à base de potiron.

Özbolu

Hoca Paşa Sok 33, Sirkeci, 34430 **Tél.** *(0212) 522 46 63*   **Plan** *2 E3 (5 D2)*

Dans une rue qui regorge de *kebapçi*, celui-ci se distingue par son choix incroyable de plats froids et chauds. Les grillades, ragoûts, poissons et desserts sont aussi frais que nourrissants, sans parler des délicieux kebabs, la spécialité. L'ambiance est conviviale. Le jus de cerise et différentes boissons non alcoolisées remplacent l'alcool.

Sefa Lokantası

Nuruosmaniye Cad, Cağaloğlu, 34110 **Tél.** *(0212) 520 06 70*   **Plan** *3 D4 (4 C3))*

Mangez comme les Stambouliotes dans ce petit restaurant « *ev yemek lokantası* » (de cuisine maison) prisé par les marchands et les commerçants du Grand Bazar voisin. Les portions de ragoûts, kebabs et plats végétariens fraîchement préparés sont généreuses et offertes à des prix raisonnables. On n'y sert pas d'alcool.

Şehmuz Kebab

Mollafenari Mh. Atik Ali Paşa Sok, Çemberlitaş 34400 **Tél.** *(0212) 526 16 13*   **Plan** *3 D4*

La spécialité de ce petit restaurant de kebabs, le *Seymuz Kebab*, n'est servie nulle part ailleurs. Composé de viande hachée, de tomates fraîches et d'épices, c'est un délice tout en rondeur. Leur *kadayıf*, un dessert au miel et aux cheveux d'anges, est excellent. Le restaurant est ouvert uniquement à midi.

Borsa Lokanta

Yalı Köşkü Cad, Yalı Köşkü Han 60, Sirkeci, 36420 **Tél.** *(0212) 511 80 79*   **Plan** *3 D2 (5 D1)*

Cet établissement deux en un est l'une des succursales Borsa Lokanta présentes à Istanbul. Il abrite un fast-food et un self-service au rez-de-chaussée ainsi qu'un restaurant traditionnel à l'étage. Il a fait du *beğendili kebabı* (viande de bœuf sur une purée d'aubergines) sa spécialité. Le personnel est très qualifié. On y sert de l'alcool.

Hamdi

Kalçın Sok 17, Eminönü, 34110 **Tél.** *(0212) 528 03 90*   **Plan** *3 D2 (4 C1)*

Ce restaurant populaire, situé derrière le Bazar égyptien, est surtout apprécié pour sa vue spectaculaire sur la Corne d'Or depuis ses étages. Vous l'admirerez en savourant une grande variété de kebabs bien préparés et un succulent *baklava*. On y sert de l'alcool.

Dârüzziyafe

Şifahane Cad 6, Süleymaniye, 36420 **Tél.** *(0212) 511 84 14 ou (0212) 511 84 15*   **Plan** *4 A1 (2 B2)*

Cet excellent restaurant occupe les anciennes cuisines de la mosquée de Soliman et propose des plats ottomans élaborés ainsi que des *meze* et des plats maison nourrissants comme la soupe aux épinards, aux légumes et à la viande. Le *keşkül* (crème de riz aux pistaches et aux amandes) est à découvrir. Réservation conseillée. Pas d'alcool.

BEYOĞLU

Falafel House

Şehit Muhtar Cad 19/1A, Beyoğlu, 34437 **Tél.** *(0212) 253 77 30*   **Plan** *7 E3*

Dans ce restaurant minuscule, les falafels, l'houmous, le taboulé et les autres plats du Moyen-Orient sont simples, bon marché et bien préparés. Les serveurs sont sympathiques et on peut voir les chefs à l'œuvre dans la salle. Des tables sont aussi dressées sur les pavés ronds. On n'y sert pas d'alcool.

Catégorie de prix, *voir p. 198* **Légende des symboles,** *voir le rabat arrière de couverture*

Klemuri
Tel Sok 2/1, Beyoğlu 34430 **Tél.** *(0212) 292 35 72* — **Plan** *7 E4*

Dans un cadre simple mais chaleureux, le Klemuri sert d'excellentes spécialités de la mer Noire, telles que le riz aux anchois (les mercredis seulement), du *silo* (pâte recouverte de viande et de yaourt) et du *laz böreği* (dessert). L'établissement propose aussi des plats internationaux. Le tout est servi par un personnel sympathique.

Özkonak
Akarsu Yokuşu Sok 46B, Cihangir , 34433 **Tél.** *(0212) 249 13 07* — **Plan** *7 E5*

Journalistes, écrivains célèbres et top-modèles affluent ici pour la fraîcheur des ragoûts, des *pilavs* (riz cuisiné), des salades et des desserts au four. D'autres traversent la ville pour le *tavuk göğsü* (crème de lait au blanc de poulet émincé). On y vient plutôt pour déjeuner car le service est rapide. On y sert pas d'alcool.

Smyrna
Akarsu Cad 29, Cihangir, 34430 **Tél.** *(0212) 244 24 66* — **Plan** *7 E5*

Cet ancien magasin d'antiquités dans Cihangir est désormais un café-restaurant. Les petites tables en face du bar sont idéales pour boire un café en lisant le journal. Passé le bar, on découvre une belle salle aux hautes fenêtres. Cihangir étant le repaire des expatriés de la ville, le Smyrna accueille surtout une clientèle étrangère.

Zencefil
Kurabiye Sok 8A, Taksim, 34430 **Tél.** *(0212) 243 82 34* — **Plan** *7 E4*

C'est l'un des premiers restaurants végétariens de la ville. Les plats du jour sont affichés au tableau noir. Tout est frais et sain, et le service est de qualité. Légumes au four, pain fait maison, soupes et infusions ne vous décevront pas. Les desserts, délicieux, raviront les amateurs de sucre. On y sert de l'alcool.

Ara Café
Tosbağ Sok 8A, Galatasaray, 34433 **Tél.** *(0212) 245 41 05* — **Plan** *7 D4*

Avec son patio vaste et animé et ses salles charmantes réparties sur plusieurs étages, ce lieu est idéal pour siroter un café, déguster une salade ou un plat copieux. Le buffet turc traditionnel, servi pour le petit déjeuner, est un délice. Les murs et les sets de table sont ornés de photos du célèbre photographe turc Ara Güler. On n'y sert pas d'alcool.

Chez Vous
Cezayir Sok 21, Galatasaray, 34430 **Tél.** *(0212) 245 95 32* — **Plan** *7 D4*

Pris dans la vague de renouveau qui a balayé Beyoğlu, ce petit café (logé dans une maison ottomane) s'accroche aux escaliers abrupts de la rue française. On y mange sur le pouce une salade ou un en-cas. Les vins de table sont chers, mais à la mode. L'endroit, comme le quartier, est branché et très amusant.

Cuppa
Yeni Yuva Sok 22/A, Cihangir, 80090 **Tél.** *(0212) 249 57 24* — **Plan** *7 E5*

Si la visite de la ville vous a mis en appétit, rendez-vous au Cuppa pour un « shoot » de jus de germes de blé. Ce café sympathique vous donnera de l'énergie grâce à un jus de grenade pressée ou au *smoothie* de votre choix. À la carte : concoctions anti-âge ou anti-crampes, et petit déjeuner à la turque à composer soi-même.

Ficcin
Kallavi Sok 13/1, Beyoğlu, 34433 **Tél.** *(0212) 293 37 86* — **Plan** *7 D4*

Ce restaurant en retrait apprécié pour sa cuisine de *meyhane* (et pour sa bière et son *rakı*) est moins bondé que ceux du quartier de Nevizade. L'influence circassienne se fait sentir dans les *meze* traditionnels. Ne manquez pas la tourte à la viande et les *manti* rebondis (raviolis turcs). Une musique *fasıl* entraînante s'échappe du restaurant.

Gani Gani
Kudu Sok 13, Taksim, 34433 **Tél.** *(0212) 244 84 01* — **Plan** *7 E4*

Les plats traditionnels sont à l'honneur dans ce lieu décontracté où l'on dîne sur des coussins colorés. Servis sur une table basse, les plats les plus appréciés sont les *manti* (raviolis turcs avec une sauce au yaourt), le *pide* (pizza turque) et le *künefe*, dessert au fromage, arrosé de miel et nappé de crème. On n'y sert pas d'alcool.

Hacı Baba
İstiklâl Cad 39, Taksim, 34430 **Tél.** *(0212) 244 18 86* — **Plan** *7 E4*

Installé sur deux étages, ce restaurant animé et populaire propose les mets les plus savoureux et les plus intéressants de la ville avec plus de 40 plats chauds, des *meze* variés et 25 desserts. La spécialité de la maison est le *kuzu tandır* (agneau lentement cuit au four). Le personnel est raffiné et compétent. Le cadre, en revanche, est un peu terne.

Konak
İstiklâl Cad 153, Beyoğlu, 34433 **Tél.** *(0212) 249 14 86* — **Plan** *7 D4*

Idéal pour goûter les kebabs turcs, le Konak offre un choix de plats de viandes bien préparés, du *beyti kebab* dans du *lavash* (pain plat) à l'*iskender kebab* à la sauce au yaourt et à la tomate. Ce restaurant animé sert aussi un excellent *lahmacun* (pain plat garni de viande hachée) et de l'*ezme* (sauce épicée à la tomate), mais pas d'alcool.

Natural Grill House
Şehit Muhtar Cad 30/A, Taksim, 34430 **Tél.** *(0212) 238 33 61* — **Plan** *7 E3*

On vient ici pour les tables rustiques et un chef talentueux qui vous régale les yeux autant que les papilles. Salades fraîches, viandes grillées et légumes au four sont au menu. Les steaks mexicains sont la spécialité du Grill House fréquenté par les Stambouliotes et la clientèle des hôtels du quartier. Vous y trouverez un bon choix de bières.

Taksimoda Café

Siraselviler Cad 5/A, Taksim, 34430 **Tél.** *(0212) 334 85 00*   **Plan** *7 E4*

Le Taksimoda affiche un large choix de plats, y compris de délicieux gâteaux et pâtisseries à l'heure du thé. Logé dans l'hôtel Taksim Hill, il est parfait pour un rendez-vous ou une petite pause. La qualité des plats fait oublier la frénésie du service, parfois peu efficace. On y sert de l'alcool ; il y a même un petit bar.

11 Leblon

Asmalı Mescit Sok 7, Tünel, 34430 **Tél.** *(0212) 252 86 36*   **Plan** *7 D5*

Célèbre pour son apparition dans le film turc *Issiz Adam*, ce restaurant aux murs de brique n'avait nul besoin de cette publicité pour attirer les clients, car ses plats internationaux de viande, de poisson et de pâtes sont excellents. La carte des vins est bonne. Il est possible de danser en soirée.

Asır Restoran

Kalyoncu Kulluk Cad 94, Beyoğlu, 34430 **Tél.** *(0212) 297 05 57*   **Plan** *7 D4*

L'Azir est un endroit convivial et sympathique. Le personnel est chaleureux et la cuisine aussi savoureuse que bon marché. On y trouve plus de 50 variétés de *meze* et des plats créatifs à base de poisson, de poulet et de pois chiches. Fidèle à la tradition, cette *meyhane* (bar à vins) propose de la musique *fasıl* le soir.

Cezayir

Hayriye Cad 12, Beyoğlu, 34425 **Tél.** *(212) 245 99 80*   **Plan** *7 E4*

Sa salle à manger et son salon au haut plafond superbes, ainsi que son vaste jardin, ouvert en été, constituent un décor agréable et décontracté pour dîner ou boire un verre. La cuisine méditerranéenne et moderne est agrémentée de notes turques. Des menus sont également proposés. On y sert de l'alcool.

Galata House

Galata Kulesi Sok 15, Galata, 34420 **Tél.** *(0212) 245 18 61*   **Plan** *7 C5*

L'emplacement et la cuisine de ce restaurant géorgien situé dans une vieille maison, qui fut une prison britannique au début des années 1900, sont inhabituels. Les plats de boulettes sont à ne pas manquer. Les amateurs de blinis et de borchtch seront aux anges. On y sert de l'alcool.

Leb-i-Derya

İstiklâl Cad, Kumbaracı Yokuşu, Kumbaracı Han 57/6, Beyoğlu, 34430 **Tél.** *(0212) 293 49 89*   **Plan** *7 D5*

Il est difficile de trouver plus beau point de vue sur Istanbul. Le verre, le bois et les lumières tamisées servent de cadre à un déluge de hors-d'œuvre et à de savoureuses salades, légumes et plats à la méditerranéenne. Le bar animé du Leb-I-Derya ne désemplit pas au moment de l'*happy hour*.

Picante

General Yazgan Sok 8/B Asmalımescit-Tünel, Beyoğlu, 34430 **Tél.** *(0212) 252 4753*   **Plan** *7 D5*

Cet établissement chic et branché propose un vaste choix de classiques tex-mex, d'Amérique latine et de Colombie. La maison mère a ouvert ses portes à Bodrum en 1993. Logée dans un bel édifice, cette succursale d'Ortaköy est réputée pour ses *fajitas* et ses *margaritas*.

Refik

Sofyalı Sok 7-10-12, Tünel, 34430 **Tél.** *(0212) 243 28 34*   **Plan** *7 D5*

Le Refik est un emblème de la bohème de Beyoğlu. Il a gardé ses nappes en plastique passées et le cadre d'antan. Intellectuels et personnalités médiatiques s'y retrouvent chaque soir. C'est une authentique *meyhane* qui met l'accent sur la cuisine de la mer Noire. Les *meze* sont assez copieux pour faire un repas. On y sert de nombreux alcools.

Zindan

İstiklâl Cad, Emir Nevruz Sok, Olivya Geçida 5/5A, Beyoğlu, 34430 **Tél.** *(0212) 252 73 40*   **Plan** *7 F4*

Briques en terre cuite et plafonds voûtés composent le cadre intérieur du Zindan. Près de Taksim, il offre d'étonnantes variations de classiques ottomans : des mets rares et savoureux comme le *börek* (feuilleté) aux orties ou les kebabs agrémentés de fruits. Chaque plat est aussi bon qu'il est appétissant. Les vins sont également de qualité.

Fischer

İnönü Cad 41/A, Gümüşsuyu, 34430 **Tél.** *(0212) 245 25 76*   **Plan** *7 E4*

Le Fischer est l'un des plus anciens restaurants d'Europe de l'Est d'Istanbul. Sa clientèle lui est fidèle depuis des décennies. *Borscht*, *schnitzel*, *pirogis* et *strüdels* sont savoureux. Le cadre est un peu terne, voire austère, mais les propriétaires ne semblent pas avoir envie de changer la recette qui a fait leur succès.

Şeref

Cumhuriyet Cad 36/A Elmadağ, 34430 **Tél.** *(0212) 291 99 55*   **Plan** *7 F2*

Ce nouveau pub très stylé affiche une carte soigneusement élaborée. Les hors-d'œuvre, les hamburgers et les pizzas sont bonnes ; les steaks, les légumes cuisinés, les ragoûts, les frites et les salades sont servis généreusement. Le Seref propose la cuvée de la maison et un bar bien achalandé.

Sofyalı

Sofyalı Sok 9, Tünel, Beyoğlu, 34430 **Tél.** *(0212) 245 03 62*   **Plan** *7 D5*

En retrait dans une rue verdoyante où la compétition est rude, le Sofyali a pour lui de délicieux *meze* maison, de jolies tables et une solide réputation basée sur son professionnalisme. La carte est limitée mais de qualité : le poisson farci ou les légendaires bettes à carde farcies, arrosées d'un vin de pays ou d'un autre alcool, sont à découvrir.

Catégorie de prix, *voir p. 198* **Légende des symboles,** *voir le rabat arrière de couverture*

Yeni Hong Kong €€€€

Dünya Sağlik Sok 12/B, Taksim, 34430 **Tél.** *(0212) 252 42 68* **Plan** *7 F4*

Reconnaissable à sa grande porte évoquant une pagode, ce restaurant exhale le parfum de la Chine impériale au cœur de Taksim. Dragons, lanternes et nombreux bibelots composent le décor. Côté cuisine, les plats aux épices de Sichuan, le bœuf pimenté aux pickles et le riz sont délicieux. On pourra les arroser de bière chinoise ou de saké.

Asmalımescit Balıkçısı €€€€€

Sofyalı Sok 5/A, Tünel, 34430 **Tél.** *(0212) 251 39 39* **Plan** *7 D5*

Le pouls de Beyoğlu bat dans ce restaurant de poisson populaire. Nappes en tissu, couverts en argent et chandeliers ajoutent à l'élégance du cadre chic et chaleureux. On y sert du poisson du jour, les desserts sont bons et la carte de vins très convenable. Tous les mois, de nouveaux tableaux s'exposent sur les murs de pierre.

Ayazpaşa Rus Lokantasi €€€€€€

Inönü Cad 77a, Gümüşsuyu, 34430 **Tél.** *(0212) 243 48 92* **Plan** *7 F4*

Voici l'adresse idéale, près de la place de Taksim, pour ceux qui souhaitent s'offrir un petit « sari vodka » : la boisson favorite des Russes à Istanbul pendant la Première Guerre mondiale. On la sert dans des carafes fraîches et de petits verres à pied. Les serveurs, véritables piliers du lieu vous aideront à déchiffrer la carte.

Flamm €€€€€

Sofyalı Sok 12/1, Asmalımescit, 34430 **Tél.** *(0212) 245 76 04/05* **Plan** *7 D5*

Un pionnier parmi les « nouveaux » du quartier, le Flamm est un petit restaurant intimiste doublé d'un bar à cocktails décontracté. Originaire de Bodrum, le propriétaire a rapporté dans ses bagages des plats baignés du soleil méditerranéen, dont mille façons de préparer les pâtes et le riz. On y revient pour la qualité et la convivialité.

Mikla €€€€€

Hôtel Marmara Pera, Meşrutiyet Cad 167/185, Tepebaşı, Beyoğlu, 34430 **Tél.** *(0212) 293 56 56* **Plan** *7 D5*

Impossible d'oublier le Mikla – si toutefois vous avez réussi à réserver. La carte met l'accent sur les fruits de mer et d'autres recettes où de multiples influences se mêlent, offrant un résultat exquis. Le cadre est chic et l'ambiance calme. Situé au dernier étage de l'hôtel Marmara Pera, son bar ménage une jolie vue sur la ville.

The Panorama €€€€€

Hôtel Marmara, place Taksim, Taksim, 34430 **Tél.** *(0212) 251 46 96* **Plan** *7 E4*

Situé au dernier étage de l'hôtel Marmara, le Panorama est l'un des premiers restaurants stamboulotes à avoir adopté la cuisine internationale et s'est forgé une réputation pour ses recettes créatives qui ne se dément pas. Les clients se délectent de sa succulente cuisine française et italienne. Jazz live et musique dance le week-ends.

GRAND ISTANBUL

Beyti €€

Orman Sok 8, Florya, 34710 **Tél.** *(0212) 663 29 90*

Le Beyti est une institution née il y a 60 ans, qui a acquis ses lettres de noblesse avec un prix récompensant sa viande et ses kebabs. Avec douze salles et plusieurs alcôves privées, il est bondé au déjeuner et au dîner. Quant au service, il est à la hauteur de sa cuisine dont la qualité ne se dément pas. La spécialité du lieu est le *beyti kebab*.

Çiya Kebap €€

Güneşlibahçe Sok 48/B, Kadıköy 34710 **Tél.** *(0216) 336 30 13*

Les gourmets turcs et étrangers affluent à « l'empire Çiya » : trois restaurants situés dans la même rue animée. La carte change souvent et inclut des plats de toute la Turquie. Nous vous conseillons de goûter l'un des ragoûts originaux à la viande, au coing et aux marrons, ou le dessert aux noix confites. On n'y sert pas d'alcool.

Da Mario €€

Dilhayat Sok 7, Etiler, 56730 **Tél.** *(0212) 265 15 96*

Voici l'un des meilleurs restaurants italiens de la ville, reconnu pour ses mets savoureux et raffinés. Le cadre très élégant s'accorde à la cuisine contemporaine : le veau est particulièrement bien cuisiné. De délicieux desserts, des crus intéressants et un service irréprochable couronnent le tout. La réservation est conseillée.

Karaköy Lokantası €€

Kemankeş Cad 37, Karaköy 95230 **Tél.** *(0216) 292 44 55*

Nous vous conseillons de prendre le déjeuner plutôt que le dîner dans ce restaurant à proximité des quais de Karakoï, car on y sert un excellent plat, le *hünkar beğendi*. Ce met est composé de purée d'aubergines et de sauce tomate fraîche sur lesquelles on dispose de la viande d'agneau fondante. *Meze* et plats chauds sont servis le soir.

Koşebaşı Ocakbaşı €€

Çamlık Sok 15/3, Levent, **Tél.** *(0212) 270 24 33* **Plan** *7 F1*

Primé pour sa cuisine, cet établissement réputé dans le monde entier possède plusieurs succursales à Istanbul et en Turquie. Clair et spacieux, on y sert de délicieux kebabs dans la tradition de la Turquie orientale. Nulle part à Istanbul on ne prépare le *künefe* (dessert aux cheveux d'ange et au fromage fondu) comme ici.

Zeyrekhane

  ©©

Sinanağa Mahallesi, Ibadethane Arkası Sok 10, Zeyrek, Fatih, 35600 **Tél.** *(0212) 532 27 78* **Plan** *2 B2*

Installé dans une demeure ottomane restaurée, ce café où l'on sert de bons snacks et des repas légers se conjugue avec un restaurant qui n'a pas son pareil pour les recettes ottomanes traditionnelles. L'été, on pourra manger dans une cour intérieure ombragée. La réservation est conseillée le soir. On y sert de l'alcool.

Akdeniz Hatay Sofrasi

  ©©©

Ahmediye Cad 44/A, Fatih, 34093 **Tél.** *(0212) 531 33 33* **Plan** *1 B4*

Ce restaurant vaste et convivial sert de délicieux mets du sud-est de la Turquie : kebabs juteux à la pistache d'un mètre de long et agneau accompagné de riz cuit dans une coquille de sel que l'on brise à table. L'houmous tiède accompagné de *pastırma* (pastrami turc) est un régal. On n'y sert pas d'alcool.

Cercis Murat

  ©©©

Yazmacı Tahir Sok 22, Suadiye, 34740 **Tél.** *(0216) 410 92 22*

Le service et la présentation impeccables ajoutent au plaisir de savourer des mets de choix. Choisissez une assiette d'une douzaine de salades, de sauces et autres *meze* aux saveurs variées, ou l'agneau tandoori. Pour y aller, vous pouvez soit prendre le ferry, soit marcher un peu si vous êtes sur la rive européenne. On y sert de l'alcool.

Develi

  ©©©

Gümüşyüzük Sok 7, Samatya, Kocamustafapaşa, 35420 **Tél.** *(0212) 529 08 33*

Nous ne craignons pas de le dire : vous n'avez jamais mangé de kebab tant que vous n'avez pas essayé ceux du Develi. Ils sont préparés ici de façon originale. Le service est raffiné et rien ne manque pour faire de votre repas un grand moment de votre séjour à Istanbul.

Hünkar

  ©©©

Givelek Sok 29, Feriköy 21 35600 **Tél.** *(0212) 247 5502*

Ce restaurant familial a la réputation de servir une savoureuse cuisine turque et des spécialités ottomanes rares. Des bocaux de fruits et une petite fontaine, très rafraîchissante, ornent la salle à manger. *Böreks* (feuilletés), *köfte* (boulettes), *pilavs* et salades figurent au menu.

Sedef

©©©

Fevzipaşa Cad 35A, Fatih, 35600 **Tél.** *(212) 491 1732* **Plan** *1 C3*

Ce restaurant vaste et spacieux est fier de ses plats de viande. Les grillades sont réputées mais les mijotés de légumes valent aussi le détour. Le chef fait des merveilles avec les hamburgers et, bien sûr, les kebabs. Le Sedef propose des portions pour les enfants. Comme beaucoup d'établissements dans le quartier de Fatih, il ne sert pas d'alcool.

Uludağ Et Lokantası

©©©

Istanbul Cad 12, Florya, 34710 **Tél.** *(0212) 624 95 90*

Parmi les *kebapçı* réputés d'Istanbul, celle-ci propose une recette de kebab bien à elle. Située en front de mer, près de l'aéroport, elle peut recevoir plus de 1 000 personnes. On y vient pour passer une soirée turque typique, en étant sûr de ne pas être déçu par son assiette. Le service est stylé et les vins raisonnables.

Asitane

  ©©©©

Hôtel Kariye, Kariye Cami Sok 18, Edirnekapı, 38100 **Tél.** *(0212) 635 79 97* **Plan** *1 B1*

Voici un restaurant remarquable spécialisé dans la cuisine ottomane. On y prépare de rares et d'obscures recettes inspirées des archives du palais de Topkapı. Steaks, poissons et plats de riz inventifs s'affichent souvent à la carte. Les becs sucrés garderont de la place pour les desserts.

Denizkızı

©©©©

Çakmaktaşı Sok 3/5, Kumkapı, 28601 **Tél.** *(0212) 518 86 59* **Plan** *2 C5*

Les rues pavées du vieux quartier des pêcheurs de Kumpaki grouillent de restaurants de poisson et de *meyhane*. Le Denizkızı (« sirène » en turc) est de ceux-là. Quand vous aurez choisi votre poisson dans l'aquarium, le chef le préparera pour vous frit, grillé ou à la vapeur, avec des légumes. Des tables sont dressées dehors en été.

Doğa Balık

©©©©

Akarsu Cad 46, Cihangir, Taksim, 34433 **Tél.** *(0212) 293 91 44* **Plan** *7 E5*

Le Doğa Balik est un restaurant de poisson très réputé, situé dans un quartier attrayant. L'ambiance est sympathique et la salle à manger, confortable. Le menu comme les *meze* varient chaque jour. Les salades sont magistrales. On y boit du vin turc, mais le *rakı* s'accorde mieux à ses nombreux plats de poisson.

Hacıbey

©©©©

Teşvikiye Cad 156/B, Teşvikiye, 80400 **Tél.** *(0212) 343 97 74* **Plan** *8 A2*

Installé sur deux étages, ce restaurant moderne et lumineux accueille les clients venus faire leurs courses dans le quartier commerçant. Le *bursa kebab* au beurre et à la sauce tomate, nappé de yaourt, est délicieux. Toutes les grillades sont cuites à l'ancienne, au charbon de bois. L'endroit est animé, mais parfois bruyant.

La Maison

©©©©

Müvezzi Cad 43, Beşiktaş, 82500 **Tél.** *(0212) 227 42 63* **Plan** *9 D3*

Ce restaurant sans chichis est une bonne adresse. Il propose des classiques de la cuisine française, il offre de surcroît une superbe vue sur la rive asiatique du Bosphore. On y vient aussi bien pour un solide déjeuner que pour une réception ou un dîner en tête-à-tête. La Maison est très réputée aussi la réservation est-elle conseillée.

Catégorie de prix, *voir p. 198* **Légende des symboles,** *voir le rabat arrière de couverture*

Mezzaluna

Abdi İpekçi Cad 38/1, Nişantaşı, 80400 **Tél.** *(0212) 231 31 42* **Plan** 8 A3

Le Mezzaluna accueille les promeneurs et les accros du shopping à midi et des habitués plus chic le soir.
Cette enseigne est présente dans plusieurs villes turques : sa cuisine continentale séduit une clientèle d'affaires.
Les spécialités italiennes tiennent la vedette – les moules sont un régal. Une *grappa* finira le repas en beauté.

Café du Levant

Rahmi M. Koç Müzesi, Hasköy Cad 27, Hasköy, 69800 **Tél.** *(0212) 369 66 07*

Le Café du Levant a lancé la mode de la gastronomie dans l'enceinte des musées bien avant les autres. Ses critères
de qualité n'ont pas changé avec les ans et ce bistrot demeure l'un des meilleurs de la ville. Ce n'est pas bon marché
mais la cuisine merveilleusement inspirée, aux influences turques et internationales, vaut largement les prix pratiqués.

Halat

Rahmi M. Koç Müzesi, Hasköy Cad 2, Hasköy, 69800 **Tél.** *(0212) 369 66 07*

Le Halat est fier de sa cuisine française teintée de saveurs et d'influences méditerranéennes au gré des humeurs
du chef. Le steak est un régal. La carte des desserts comporte des chefs-d'œuvre de créativité.
Un repas sur la terrasse du Halat, avec les eaux de la Corne d'Or en contrebas, vous laissera un souvenir inoubliable.

Şans

Hacı Adil Cad 6, Aralık, Levent **Tél.** *(0212) 280 38 38*

On vient au Şans pour son cadre douillet et son jardin reposant. Rien dans ce restaurant primé n'est laissé au hasard.
La carte principalement méditerranéenne se renouvelle régulièrement, mais on y retrouve les plats phare (comme les
pousses d'épinards). La carte des vins, interminable, affiche des crus de tous les pays.

LE BOSPHORE

Bodrum Manti

1 Cadde 111, Arnavutköi **Tél.** *(0212) 263 2918*

C'est l'une des meilleures adresses d'Istanbul pour déguster des *manti* frits (raviolis couverts de yaourt), fourrés
à la viande ou aux épinards. Le restaurant est ouvert 24 h/24. La décoration est assez succincte mais la carte
bien garnie. Quelques tables dressées sur la terrasse permettent de regarder les pêcheurs, le long du Bosphore.

Adem Baba

Satışmeydanı Sok 2 et 5, Aranvutköy **Tél.** *(0212) 263 2933*

Le service de ce restaurant de poisson bon marché est toujours impeccable. On y sert essentiellement de savoureux
poissons de saison grillés ainsi que des beignets de moules et de calamars. Du pain de maïs accompagne les plats.
Les *baklavas* maison et la vue sur le Bosphore aux 1er et 2e étages sont à ne pas manquer.

Çınaraltı

İskele Meydanı 44, Ortaköy, rive européenne **Tél.** *(0212) 261 46 16* **Plan** 9 F3

Parmi les nombreux restaurants qui bordent le pittoresque front de mer d'Ortaköy, le Çınaraltı, apprécié d'une
clientèle branchée, ne désemplit pas, surtout le week-end. *Meze*, salades composées, viandes et poissons sont
frais du jour. Les tables sont collées les unes aux autres, le service est rapide. À éviter si vous recherchez l'intimité.

Kantin

Akkavak sok 30 Nişantaşı 34365 **Tél.** *(0212) 219 31 14*

Cette petite brasserie assez sobre sert essentiellement des plats de la mer Égée. Les plats du jour inscrits sur l'ardoise
suivent le fil des saisons et la carte propose des plats turcs classiques toute l'année. Au rez-de-chaussée, le restaurant
propose des plats et des desserts à emporter. Attention ! Le service du soir se termine relativement tôt.

Abracadabra

İskelenin Çapraz 50/1, Arnavutköy, 34275 **Tél.** *(0212) 358 60 87*

Occupant une superbe vieille maison au bord du Bosphore, dans le quartier paisible d'Arnavutköy, ce restaurant chic
offre une carte variée de plats fusion où les produits bio, de saison et du terroir sont à l'honneur, fait rare
à Istanbul. Parmi les desserts originaux, citons la mousse de banane au curry. On y sert de l'alcool.

House Café

Salhane Sok 1, Ortaköy, 34349 **Tél.** *(0212) 227 26 99* **Plan** 9 F3

Le restaurant symbolise la renaissance d'Istanbul. Les salades multicolores, les en-cas et les plats principaux sont
excellents. La décoration de la salle à manger avec son bar sculpté et ses chandeliers représentant des pieuvres
est surprenante. Le House Café attire les célébrités et est toujours bondé.

Ismet Baba

Çarşı Cad 1/A, 89, Kuzguncuk, rive asiatique **Tél.** *(0216) 553 1232*

Installé depuis 50 ans sur la rive asiatique, l'Ismet Baba sert des produits délicieusement frais, cuisinés avec simplicité
et raffinement. Tout en profitant de la vue sur le Bosphore, vous aurez le choix entre des poissons grillés
de saison, des *meze*, des *böreks* (feuilletés) et des salades de poulpes.

Kanaat Lokantasi €€€

Selmanipak Cad 25, Üsküdar, rive asiatique 34349 **Tél.** *(0216) 553 37 91*

Le restaurant fondé en 1933 propose plus d'une centaine de spécialités. Les plats sont présentés dans une vitrine dans la grande salle climatisée. Le restaurant est souvent bondé, et il est préférable d'y venir à midi plutôt que le soir. Un repas type est composé d'un légume farci en entrée, d'une viande avec riz pilaf et d'une baklava.

Deniz €€€€

Kefeliköy Cad 46, Kefeliköy, rive européenne **Tél.** *(0212) 262 04 07*

Situé en front de mer, le Deniz adapte ses spécialités de poisson et de fruits de mer à la saison. C'est l'adresse idéale pour apprécier un bon repas au bord du Bosphore (en plein air l'été), doublé d'un service soigné et diligent. Le Deniz est très fréquenté par la population locale. La réservervation est conseillée.

Feriye €€€€

Çirağan Cad 40, Ortaköy, rive européenne **Tél.** *(0212) 227 22 16* **Plan** *9 A3*

Occupant un édifice ottoman du XIXe siècle, ce restaurant branché offre une vue spectaculaire sur la mer et jouit d'un personnel attentif et discret. Poisson grillé au safran, poulpe à la cannelle et poulet à la pistache comptent parmi les spécialités. Signalons aussi un brunch délicieux le week-end et un bon choix de vins servis au verre.

G by Karaf €€€€

Suada-Galatasaray Adası, Kuruçeşme **Tél.** *(0212) 327 0707*

Ce restaurant, situé au milieu du Bosphore, sur l'île artificielle de Galatasaray, propose de délicieux plats à base de produits de la mer : poissons grillés ou marinés, calmars, poulpes. Ce menu raffiné s'accorde à merveille avec le cadre tout à fait exceptionnel. En été, les tables sont dressées sur la terrasse.

Hidiv Kasrı €€€€

Hidiv Yolu 32, Çubuklu, rive asiatique **Tél.** *(0216) 413 96 44*

Perché au sommet d'une colline offrant une vue dégagée sur le détroit, cet ancien palais se détache au cœur d'un magnifique parc. Il abrite un vaste restaurant élégant qui entretient la tradition culinaire turque. Le week-end, sa terrasse s'ouvre pour le buffet du brunch. On y vient pour la vue et pour la petite brise. On n'y sert pas d'alcool.

Kız Kulesi €€€€

Tour de Léandre, au départ du quai d'Üsküdar, rive asiatique **Tél.** *(0216) 342 47 47* **Plan** *10 A3*

Situé sur une petite île baignée par le Bosphore au large d'Üsküdar, ce vieil édifice fait office de cafétéria self-service le jour, et se métamorphose la nuit en restaurant gastronomique, animé de musique live. La réservation est conseillée pour le restaurant comme pour le ferry.

Kordon €€€€

Kuleli Cad 51, Çengelköy, rive asiatique **Tél.** *(0216) 321 04 75*

Cet établissement romantique est situé dans un entrepôt modernisé, aménagé avec élégance. On y sert des fruits de mer présentés avec art et un excellent choix de poissons du jour. Le Kordon allèche autant pour sa cuisine que pour la vue somptueuse qu'il ménage sur la rive européenne d'Istanbul. Sa terrasse vous attend en été.

Sardunya Fındıklı €€€€

Meclisi Mebusan Cad 22, Salıpazarı, Fındıklı, rive européenne **Tél.** *(0212) 249 10 92* **Plan** *7 F4*

La cuisine italienne régionale est ici à l'honneur aux côtés de spécialités internationales inattendues que l'on pourra savourer en terrasse, en été. À noter : le personnel est très professionnel dans le service des vins. Le restaurant jumeau du même nom à Gayrettepe a lui aussi beaucoup de succès.

A'jia ⑤⑤⑤⑤⑤

A'jia Hotel, Kanlıca, rive asiatique **Tél.** *(0216) 413 93 53*

Loin de l'agitation urbaine, ce joli restaurant est logé dans l'hôtel du même nom qui occupe un *yali* restauré sur la rive asiatique du Bosphore. On y sert des mets fabuleux dans un cadre minimaliste. La carte met l'accent sur les classiques italiens et sur une cuisine nouvelle méditerranéenne colorée aux saveurs subtiles. Réservation conseillée.

Changa  €€€€€

Sakıp Sabancı Cad 22, Emirgan, rive européenne **Tél.** *(0212) 323 09 01*

Haut lieu gastronomique d'Istanbul, le Changa a pour cadre le musée Sakıp-Sabancı au bord du Bosphore. Son jardin est luxuriant, son décor sublime et ses plats fusion excellents. Nous recommandons le wasabi et les tortellinis au saumon ainsi que le confit de canard aux grenades et aux raisins secs. On y sert de l'alcool.

İskele Çengelköy €€€€

Quai n°10, Çengelköyü, rive asiatique **Tél.** *(0216) 321 55 06*

La décoration intérieure joue la carte marine, mais la jolie terrasse ou le jardin en été sont plus séduisants. L'air marin et l'atmosphère de petit village de pêcheurs s'accordent à l'excellent choix de poissons frais et de fruits de mer, merveilleusement préparés, offert par ce restaurant réputé. Le service est raffiné, les vins à prix raisonnables.

Les Ambassadeurs €€€€€

Bebek Hotel, Cevdet Paşa Cad 34, Bebek, rive européenne **Tél.** *(0212) 358 15 65*

L'air marin et la vue en front de mer se payent, mais Les Ambassadeurs propose aussi une carte bien choisie et une multitude de plats turcs et internationaux, aux côtés de quelques spécialités russes accompagnées de vodka. Bebek est un petit village au bord de la mer : on dînera ici en toute intimité dans une ambiance de province.

Catégorie de prix, *voir p. 198* **Légende des symboles,** *voir le rabat arrière de couverture*

Poseidon

€€€€€

Cevdet Paşa Cadd 58, Bebek, rive européenne **Tél.** *(0212) 287 95 31*

Avec ses jolies tables dressées sur un ponton en bois orné de géraniums, amarré au-dessus du Bosphore, le Poseidon jouit d'une situation rêvée. La carte propose un large choix de spécialités turques et internationales, mais les serveurs vous conseilleront le poisson. La soupe de poissons est à tomber. Évidemment, c'est assez cher.

Sardinella

€€€€€

Kireçburnu Cad 13, Tarabya, rive européenne **Tél.** *(0212) 262 00 24*

Le restaurant, surtout connu pour ses merveilleux fruits de mer, est une bonne adresse sur la rive européenne. Le service est raffiné et le personnel soucieux de satisfaire les clients. Le chef incroyablement doué et débordant d'imagination propose des plats très stylés, colorés et servis généreusement. Vous ne serez pas déçu.

EN DEHORS D'ISTANBUL

Doyum Pide ve Kebap

€

Cumhuriyet Meydanı 13, Çanakkale, 17100 **Tél.** *(0286) 217 48 10*

On ne plaisante pas plus ici avec les *pide* et leurs accompagnements qu'avec les *döner kebabs*. La cuisine simple, nourrissante et savoureuse qui fait l'ordinaire de la Turquie est préparée à la perfection, dans le respect de la tradition. Si le restaurant est plein, commandez un plat à emporter. On n'y sert pas d'alcool.

Kebapçı İskender

€

Ünlü Cad 7, Bursa, 16020 **Tél.** *(0224) 221 46 15*

La population locale fréquente depuis longtemps ce restaurant de kebabs qui est l'un des plus anciens de Bursa. Chacun y est le bienvenu et l'on s'y sent comme en famille. On y sert des kebabs et rien d'autre. Le *patlican kebabi* (aux aubergines) servi en plat principal est le meilleur. Comme souvent, on n'y boit pas d'alcool.

Kitap Evi

€

Burç üstü 21, Tophane, Bursa, 16020 **Tél.** *(0224) 225 41 60*

Voici l'adresse idéale à Bursa. Le Kitap Evi abrite un centre culturel, une salle de lecture, une librairie et un café. Il y a toujours un journal à lire, un café à siroter, des gens avec qui discuter, et une multitude d'en-cas et de délicieux gâteaux pour caler un petit creux. Ambiance garantie.

Yalova Liman

€€

Gümrük Sok 7, Çanakkale, 17100 **Tél.** *(0286) 217 10 45*

Donnant sur le port de Çanakkale, ce restaurant ne manque pas de caractère. La population locale y vient pour les ragoûts et les soupes au déjeuner, et afflue le soir pour les grillades, le poisson et les steaks, dégustés dans une atmosphère plus posée. On y sert de l'alcool à table et au bar à l'étage inférieur.

Yusuf

€€

Kültür Parkı içinde, Bursa, 16020 **Tél.** *(0224) 234 49 54*

Ouvert de longue date à Bursa, le Yusuf est aussi l'un des meilleurs restaurants de la ville. L'agneau *tandir* (agneau cuit dans un four au charbon de bois), ainsi qu'un vaste choix de *meze*, grillades et soupes végétariennes attirent une clientèle nombreuse. Les tables empiètent sur le jardin en été. On y sert de l'alcool.

Çamlık Motel

€€€

Sahil Yolu, İznik **Tél.** *(0224) 757 13 62*

İznik est un village magnifique, entouré de lacs et de montagnes. Le Çamlik Moteli est une adresse rare que l'on voudrait garder pour soi : cette retraite de campagne simple et tranquille, bénéficie d'un jardin isolé. Les *inegöl köfte* (boulettes), spécialités de la région, vous donneront envie de revenir.

Çanakkale Balık

€€€

En face de la fontaine de Piri Reis, Çanakkale, 17100 **Tél.** *(0286) 218 04 41/42*

Près du campus de l'université, l'établissement sert de savoureux poissons. L'*ahtapot sis* (kebab de poulpe) tient la vedette, mais on y sert aussi un large choix de *meze* et de salades, et de l'alcool. Gardez de la place pour les desserts traditionnels comme la compote de coings et de potiron. Une adresse vivement conseillée.

Lalezar

€€€

Karaağaç Yolu, Edirne **Tél.** *(0284) 213 06 00*

Ce restaurant est sûrement l'un des plus plaisants à Edirne. Il est un peu en dehors de la ville, mais après une balade touristique, se restaurer au bord du Meriç (insistez pour être dehors) est un délice. La carte n'a rien d'exotique, mais les *meze*, kebabs et autres plats principaux sont préparés avec soin et bien servis.

Leonardo

€€€€

Köyiçi Sok 32, Polonezköy **Tél.** *(0216) 432 30 82*

Ouvert de longue date, non loin du centre, le Leonardo, de plus en plus populaire, est souvent bondé. Son joli jardin, ses aires de pique-nique et la piscine y sont sûrement pour quelque chose. La carte mêle des influences françaises et autrichiennes. Un généreux buffet est proposé pour le brunch le week-end.

Repas légers et snacks

Manger dans la rue fait partie du mode de vie des Stambouliotes et, partout, cafés, éventaires et marchands ambulants proposent aux passants de quoi caler leurs petits creux. À tous les coins de rue se dresse un *büfe* ou *simit sarayı* (kiosque à sandwichs). *Kebab, lahmacun, pide* et *börek* (p. 192-197), sucreries et gâteaux se dégustent à tout moment de la journée. Si vous désirez vous asseoir, essayez un *kahve* traditionnel, ou l'un des cafés de style européen qui se sont multipliés ces dernières années dans les quartiers les plus chic et les plus cosmopolites. Il existe aussi des douzaines de fast-foods vendant hamburgers et pizzas.

VENDEURS DE RUE

Le *simitçi*, vendeur de *simit*, petits pains ronds parsemés de graines de sésame, est un des personnages typiques des rues d'Istanbul. Les *simitçi* les plus modestes portent sur la tête un plateau en bois où s'empile leur marchandise. Leurs confrères plus fortunés poussent un chariot rempli de *poğaça* (feuilletés au fromage ou au hachis), de *su böreği* alternant couches de pâte et fromage blanc, d'*açma* (sortes de *simit* souple) et de *çatal* (petits pains sucrés sans graines de sésame).

Des marchands ambulants vendent en été du maïs *(mısır)* grillé ou bouilli et, en hiver, des marrons grillés *(kestane)*.

Le *kağıt helvası*, vendu en été, est une délicate pâtisserie sucrée et fondante.

Le *kumpir*, pomme de terre cuite recouverte de toutes les garnitures imaginables, est vendue à Ortaköy.

SANDWICHS ET EN-CAS

Les *büfe*, petits kiosques installés près des arrêts de bus, permettent de déguster de nombreux sandwichs, allant du simple toast à la version locale du hot dog : le *sosisli sandviç* garni de cornichons et de ketchup.

Les snack-bars d'Ortaköy (p. 122) proposent des crêpes du sud de la Turquie à la viande, au fromage ou aux légumes, *gözleme* et *dürüm*. La pâte des *dürüm* est cuite avant d'être garnie, celle des *gözleme* est cuite avec les ingrédients à l'intérieur puis pliée en triangle.

POISSON ET MOULES

Sur les quais d'Eminönü, pêcheurs et marchands attirent les passagers des ferrys avec de délicieux poissons frais grillés ou frits, souvent des sardines ou des maquereaux, servis dans un morceau de pain. On peut aussi déguster, en sandwich ou en brochette, des *midye tava* (moules frites) aux noisettes pilées, à l'huile et à l'ail.

Des sandwichs au poisson ou aux moules sont proposés devant le marché aux poissons de Galatasaray (p. 215) à Beyoğlu. On peut aussi goûter au *midye dolma* (moules farcies aux pignons, riz et raisins secs, p. 194). Restez cependant vigilants sur la fraîcheur, surtout en été : les aliments restent parfois trop longtemps sur les étals.

KAVHEVANE

Le café turc traditionnel, le *kavhevane* (ou *kahve*), est un lieu réservé aux hommes. Cependant, dans les quartiers touristiques comme Beyazıt et Sultanahmet, les étrangères sont admises. Nom originel, pour café turc, *kıraathane* signifie « endroit où lire », mais les clients s'y retrouvent pour jouer aux cartes et au jaquet, fumer le narguilé ou boire café et thé tout en discutant. On n'y sert ni alcool ni nourriture. Le **café de la Citerne Basilique** offre un cadre inhabituel et rafraîchissant (p. 76).

Le **Çorlulu Ali Paşa Medresesi** (p. 96) est apprécié des artistes et des étudiants, tandis que Pierre Loti aurait

longuement contemplé la ville depuis le café qui a pris son nom à Eyüp (p. 120). Le **Café Kafka** est le rendez-vous des universitaires et des intellectuels. On y sert un délicieux café, des gâteaux et des en-cas dans un cadre convivial. Au bord du Bosphore à Kanlıca (p. 141), l'**İsmail Ağa Café** doit son renom à ses délicieux yaourts.

Dans l'ombre de la mosquée, près de l'embarcadère de Bebek (p. 138), le **Bebek Kahvesi** attire étudiants et membres de la classe moyenne qui viennent le dimanche lire le journal sur la terrasse en profitant de la brise marine.

PÂTISSERIES

La plupart des pâtisseries d'Istanbul font aussi office de salons de thé. Les meilleures se trouvent dans deux hôtels de Beyoğlu : le Divan et le Pera Palas (p. 104). **Divan** est réputé pour ses chocolats. La **Pâtisserie de Pera**, qui a gardé son décor du XIXe siècle, propose une bonne sélection de thés anglais et de savoureux biscuits. L'**İnci Pâtisserie**, qui a bâti sa renommée sur ses profiteroles et ses *baklavas*, attire toujours une importante clientèle, malgré un aspect délabré.

À côté du centre culturel Atatürk (p. 220), le **Gezi Istanbul Café** vend des confiseries artisanales telles que des truffes au chocolat.

Les commerces appelés *muhallebici*, telles les succursales de **Sütiş Muhallebicisi**, ont pour spécialité les desserts au lait.

GLACIERS

Épaisse et très sucrée, parfumée au chocolat ou aux fruits, la crème glacée turque, *dondurma*, est proposée en cornet un peu partout par les marchands ambulants dans la ville. Les meilleures glaces se trouvent chez **Mado**, qui a plusieurs magasins, ou bien enore chez **Mini Dondurma** à Bebek.

BRASSERIES

Les brasseries proposant des plats tels que salades, croque-monsieur, omelettes et crêpes sont de plus en plus répandues à Istanbul. Les douceurs incluent souvent gâteau au fromage blanc, biscuit au chocolat, tiramisu et crème glacée en été.

Beyoğlu *(p. 102-103)* renferme les meilleurs établissements de ce genre autour de Taksim et de l'İstiklâl Caddesi. Datant de la fin du XIXe siècle, **Lebon** sert de somptueuses pâtisseries viennoises.

Sultanahmet abrite quelques cafés chic et branchés. On y mange pas toujours bien et les prix sont souvent en rapport avec le décorum des des établissements. Fréquenté par les hippies dans les années 1970, le **restaurant Lale** sert aujourd'hui des plats bon marché : ragoûts, poulet grillé et crème au lait.

Dans le quartier commerçant huppé de Nişantaşı, le **Zanzibar**, qui propose légumes grillés et salades, attire une clientèle jeune et élégante. La **brasserie Nişantaşi** est un restaurant français chic. Dans sa salle aux hauts plafonds ornée d'un immense lustre, vous dégusterez un carpaccio de bœuf ou de saumon et des desserts français raffinés

Le quartier autour d'Ortaköy *(p. 122)*, avec son marché, ses artisans et sa vie nocturne animée propose de nombreux en-cas typiquement turcs.

Les amateurs de thés et de *scones* apprécieront à Rumeli Hisarı, au bord du Bosphore, le **Tea Room**, décoré dans un style colonial. Le **Galata Konak Café**, dans une petite rue à côté de la tour de Galata, offre une vue sur le Bosphore à couper le souffle et une cuisine savoureuse.

Parmi les nombreux cybercafés *(p. 234)* qui fleurissent partout dans la ville, citons l'**Antique**, un des plus connus. Des cafés à l'européenne commencent à ouvrir sur la rive asiatique.

BARS

Malgré l'interdit islamique sur l'alcool, Istanbul compte de nombreux débits de boisson. La plupart des cafés chic font bar le soir, seule change la musique d'ambiance. Outre la possibilité de boire un verre, on peut généralement manger pâtes, steaks, grillades et salades au comptoir, y compris dans les bars qui ne sont pas des cafés dans la journée. Situé dans une ruelle en retrait de Beyoğlu, **Pano Şaraphanesi** est un des vieux bars à vin de la ville à l'ambiance conviviale. On y sert des vins au verre ou à la bouteille. Quelques bars d'hôtel, tel le **City Lights** du Ceylan Intercontinental *(p. 189)*, proposent aussi des plats plus élaborés. D'autres établissements comme le **360**, comportent une section restaurant. Beaucoup accueillent des concerts de rock ou de jazz *(p. 221)*.

ADRESSES

KAHVEHANES

Bebek Kahvesi
Cevdet Paşa Cad 137,
Bebek.
Tél. (0212) 257 54 02.

Café de la Citerne Basilique
Yerebatan Sarayı,
Yerabatan Cad 13,
Sultanahmet. **Plan** 3 E4.
Tél. (0212) 257 54 02.

Café İsmail Ağa
Simavi Meydanı, Kanlıca.

Café Kafka
Yeni Çarşi Cad 26/1,
Galatasaray. **Plan** 7 D4.
Tél. (0212) 245 19 58.

Café Pierre Loti
Gümüşsuyu Karyağdı
Sok 5 (cimetière d'Eyüp),
Eyüp. **Tél.** *(0212) 581 26 96 96.*

Çorlulu Ali Paşa Medresesi
Yeniçeriler Cad 36,
Çemberlitaş.
Plan 2 C4 (4 B3).
Tél. (0212) 528 37 85.

PÂTISSERIES

Café Gezi Istanbul
İnönü Cad 5/1, Taksim.
Plan 7 F4.
Tél. (0212) 292 53 53.

Divan
Cumhuriyet Cad 2,
Elmadağ. **Plan** 7 F3.
Fermé jusqu'en 2012.

Pâtisserie de Pera
Hôtel Pera Palas,
Meşrutiyet Cad 52,
Tepebaşı. **Plan** 7 D5.
Tél. (0212) 377 4040.

Pâtisserie İnci
İstiklâl Cad 56 H,
Beyoğlu. **Plan** 7 E4.
Tél. (0212) 243 24 12.

Sütiş Muhallebicisi
Sütiş Muhallebicisi,
İstiklâl Cad 7. **Plan** 7 E4.
Tél. (0212) 231 3205.

GLACIERS

Mado
Osmanzade Sok 26,
Ortaköy. **Plan** 9 F3.
Tél. (0212) 227 38 76.

Mini Dondurma
Cevdet Paşa Cad 107,
Bebek.
Tél. (0212) 257 10 70.

BRASSERIES

Antique
Kutlugün Sok 51,
Sultanahmet.
Plan 3 E4.
Tél. (0212) 517 67 89.

Galata Konak Café
Hacı Ali Sok 2,
Kulebidi Galata.
Tél. (0212) 252 53 46.

Restaurant Lale
Divanyolu Cad 6,
Sultanahmet.
Plan 3 E4 (5 E4).
Tél. (0212) 522 29 70.

Lebon
Richmond Hotel,
İstiklâl Cad 231A,
Beyoğlu.
Plan 7 D5.
Tél. (0212) 252 54 60.

Brasserie Nişantaşi
Abdi Ipakçi Cad 23/1
Nişantaşı. **Plan** 7 D5.
Tél. (0212) 343 0443.

Zanzibar
Teşvikiye Cad 43-57,
Reassürans Çarşısı 60,
Teşvikiye.
Plan 8 A2.
Tél. (0212) 233 80 46.

BARS

City Lights
Hôtel Ceylan
Intercontinental,
Asker Ocağı Cad 1,
Taksim.
Plan 7 F3.
Tél. (0212) 231 21 21.

Pano Şaraphanesi
Hamalbaşı Cad,
Beyoğlu. **Plan** 7 D4.
Tél. (0212) 292 66 64.

360
Istiklâl Ca Mısır,
Apt n° 311 k8,
Beyoğlu.
Plan 7 D4.

BOUTIQUES ET MARCHÉS

Animés et bruyants presque à toute heure du jour, les boutiques et marchés d'Istanbul regorgent de denrées provenant de toute la Turquie et du monde entier. Une visite de la ville ne saurait d'ailleurs être complète sans une exploration du Grand Bazar et des bazars qui l'entourent *(p. 214-215)*, et sans se prêter à la cérémonie du marchandage. Les tapis turcs sont très réputés mais le pays fabrique aussi de nombreux autres tissus et un large éventail d'articles en cuir. Il faut se méfier des contrefaçons de marques connues, leur importation par un particulier est passible d'amende en France et les objets se révèlent presque toujours de piètre qualité. Des centres commerciaux modernes permettent désormais de trouver dans un même espace produits étrangers et locaux.

Verrerie contemporaine

Lanternes brillamment décorées dans le Grand Bazar

HEURES D'OUVERTURE

Les marchés en plein air commencent à 8 h et les boutiques ouvrent en général de 9 h à 20 h du lundi au samedi. Les plus importantes et les grands magasins lèvent leurs rideaux un peu plus tard le matin. Le Grand Bazar et le Bazar égyptien sont ouverts de 8 h 30 à 19 h et les galeries marchandes de 10 h à 22 h.

Les boutiques ne ferment pas pour le déjeuner sauf quelques petits magasins dont le propriétaire s'absente brièvement aux heures de prière, notamment à midi le vendredi. La plupart des commerces ferment pour les fêtes religieuses de Íeker Bayramı et Kurban Bayramı mais pas lors des fêtes nationales *(p. 44-47)*.

MODES DE PAIEMENT

Les devises étrangères sont acceptées dans la plupart des boutiques fréquentées par les visiteurs et le paiement en espèces induit souvent un rabais. Les cours du jour sont indiqués dans les magasins et dans les quotidiens.

Les commerçants refusent de plus en plus les chèques de voyage, mais à l'exception des marchés et des petites échoppes, les cartes bancaires sont acceptées, en principe sans commission. À vous de ne pas céder si le vendeur tente de prendre un petit pourcentage. Il n'est pas rare que l'on vous demande de tirer du liquide sur votre carte. Au marché ou au bazar, on règle en espèces et on marchande. Commencez par offrir la moitié du prix. Sur les marchés ruraux, les devises étrangères sont parfois acceptées.

DÉTAXE

Au-delà de 118 TL d'achat dans un magasin, vous pouvez demander le remboursement de la taxe sur la valeur ajoutée (KDV) d'un montant de 18 % environ. Plus de 2 200 boutiques affichent aujourd'hui l'autocollant « *Tax Free Shopping* ». Le détaillant vous remettra un chèque de remboursement que vous pourrez encaisser à la douane en le présentant avec la facture et vos achats, avant de quitter la Turquie.

Fez en vente sur un étal de rue

TAILLES ET MESURES

Chaussures et vêtements turcs suivent les tailles européennes. Les aliments et les boissons se paient selon les mesures du système métrique.

ACHETER DES ANTIQUITÉS

Avant d'acheter une antiquité, vous devez savoir ce que vous êtes autorisé ou non à sortir du pays. Si l'objet a plus de cent ans, on vous demandera

Confiseries et douceurs vendues au poids sur un étal de marché

Boutique d'antiquités de Çukurcuma

achat. En théorie, un vendeur doit avoir répertorié auprès d'un musée tous les objets vieux de plus de cent ans.

En pratique, les vendeurs ne demandent cette autorisation qu'après la vente. Autrefois, on pouvait sortir des antiquités de Turquie sans certificat. Malgré les nouvelles lois, l'exportation n'est pas interdite. Si les autorités compétentes autorisent l'exportation, que votre achat ait cent ans ou pas, vous pouvez soit l'emporter dans vos bagages, soit passer par un transporteur. Sachez cependant que sortir une antiquité du pays sans autorisation est passible de poursuites. Les chats de Van et les chiens Kangal sont sous le coup de cette réglementation.

qu'un certificat, mentionnant son âge et autorisant sa sortie du territoire, ait été agréé par les autorités compétentes. Ce certificat est délivré par les musées et le ministère de la Culture à Ankara, qui authentifient au besoin l'ancienneté et la valeur de l'objet. L'antiquaire vous indiquera le musée agréé pour l'exportation de votre

GALERIES MARCHANDES ET GRANDS MAGASINS

Les familles turques et les visiteurs fréquentent les galeries marchandes modernes d'Istanbul pour leurs boutiques, mais aussi leurs cinémas multisalles, leurs fast-foods et leurs cafés.

Akmerkez rassemble dans un gratte-ciel à Etiler des succursales de grandes marques de prêt-à-porter turques et de célèbres griffes internationales. **Forum**, à Bayrampaşa, abrite 265 magasins et un aquarium. Près du port de plaisance d'Ataköy, **Galleria** rassemble des boutiques de vêtements et une patinoire *(p. 222)*. Le Printemps y a ouvert un magasin.

Kanyon, dans le Levent, séduit avec 160 boutiques, un cinéma, plusieurs bons restaurants et même un club de fitness. On y trouve également un magasin Harvey Nichols.

Enseignes turques et internationales à Akmerkez

SOLDES

Les soldes *(indirim)* d'été commencent en juin ou juillet et continuent jusqu'à fin septembre. Ceux d'hiver durent de début janvier jusqu'à mi-avril. Ils concernent principalement les boutiques de vêtements, bien que les grands magasins et quelques enseignes spécialisées en proposent également. Les soldes sont inconnus dans les bazars où une bonne affaire doit se marchander.

MARCHANDER

Les prix se discutent rarement dans les magasins haut de gamme d'Istanbul, mais le marchandage est de règle dans le Grand Bazar et les boutiques des quartiers de Sultanahmet et Beyazıt. Voici quelques conseils :
• Évitez tout intermédiaire, sa commission serait ajoutée à ce que vous paieriez.
• Prenez le temps de visiter plusieurs boutiques proposant des articles similaires et essayez de vous faire une idée des tarifs en vigueur.
• Soyez souriant, le marchandage est aussi un jeu. Accepter une tasse de thé relève de la simple courtoisie et ne vous engage souvent à rien.
• C'est au vendeur de faire la première proposition. Osez répliquer avec une offre correspondant à la moitié du prix demandé, vous pourrez toujours l'augmenter.
• Ne vous sentez pas gêné si le commerçant met sa boutique sens dessus dessous pour vous présenter d'autres marchandises, il le fera souvent avec fierté.
• Si un vendeur accepte un prix que vous avez avancé, vous êtes moralement tenu d'acheter.
• Si vous ne parvenez pas à un accord, le marchand vous rattrapera avant que vous ne partiez ou vous proposera autre chose, sinon, rien ne vous interdit de revenir plus tard.

Marchandage d'un tapis

Où faire des achats à Istanbul

Caviar au Bazar égyptien

Les commerces spécialisés dans le même genre d'articles se regroupent souvent à Istanbul. C'est vrai pour les nombreuses boutiques de tapis, de *kilims*, de bijoux et de vêtements en cuir du Grand Bazar *(p. 98-99)*. La Nişantaşı Caddesi et l'İstiklâl Caddesi, sur la rive européenne, et la Bağdat Caddesi, sur la rive asiatique, abritent une large gamme de magasins de vêtements et de chaussures. Pour les épices et les aliments, rien n'égale le Bazar égyptien *(p. 88)* et le marché aux poissons de Galatasaray *(p. 215)*.

TAPIS ET KILIMS

Le Grand Bazar est l'un des meilleurs endroits pour acheter des tapis et des *kilims*. Il offre un immense choix avec des boutiques comme **Şişko Osman** ou **Tradition**. **Nakkas** propose des tapis et *kilims* de toutes les tailles et de toutes les couleurs. Le **bazar de la Cavalerie** *(p. 71)* et ses échoppes proposent des *kilims*, ainsi que **Hazal Hali**, dans Ortaköy, magasin tenu par une merveilleuse experte qui connaît l'histoire de presque tous les tapis.

TISSUS

Vous trouverez à Istanbul des tissus colorés aux motifs traditionnels fabriqués dans toute la Turquie et l'Asie centrale. **Sivaslı Yazmacısı** vend des tissus villageois

Tentures traditionnelles *suzani* d'Asie centrale

traditionnels, des foulards au crochet et des broderies. **Khaftan** dispose d'un vaste choix de tissus traditionnels ottomans. **Aslı Günşiray** commercialise des habits brodés ottomans, qu'il s'agisse d'originaux ou de copies.

BIJOUX

Dans le Grand Bazar, le quartier des orfèvres a pour pôle la Kalpakçılar Başı Caddesi. Les bijoux en or sont vendus au poids, un petit complément payant la façon qui est généralement de bonne qualité. Le Grand Bazar renferme aussi des boutiques proposant des bijoux en argent ou incrustés de pierres précieuses.

Icônes en vente au Grand Bazar

Vous trouverez chez **Urart** des créations en or et en argent inspirées de modèles issus de très anciennes civilisations, tandis que **Goldaş** propose des bijoux plus classiques et contemporains.

CUIR

Les vêtements et articles de cuir, souvent en agneau, sont de prix modérés et de qualités diverses, notamment au Grand Bazar où plusieurs boutiques vendent ces produits. **Koç Deri** offre un choix de prêt-à-porter et accepte les commandes sur mesure. **Hotiç** vend des chaussures et de beaux sacs à main, **Desa** offre des modèles classiques et à la mode.

ANTIQUITÉS

Pour chiner à Istanbul, il faut se rendre à Çukurcuma *(p. 107)*, dans le quartier de Beyoğlu. Vous trouverez de nombreux objets vintage dans la boutique **Onsekiz (18)**. Le Grand Bazar propose un grand choix, de dinanderie, meubles anciens et céramiques sans oublier les vases ou les services à café turc.

Les amateurs d'antiquités islamiques, turques ou occidentales iront chez **Chalabi antique**.

Parmi les bonnes librairies, citons **Galeri Kayseri** et **Robinson Crusoë**, toutes deux dotées d'un vaste rayon d'ouvrages européens et de livres d'art.

ARTISANAT ET SOUVENIRS

Au Grand Bazar, l'artisanat traditionnel vous procurera d'innombrables souvenirs : chapeaux, gilets et mules brodés aux couleurs chatoyantes, boîtes incrustées de nacre, pipes en écume de mer, perles de prière façonnées dans des pierres semi-précieuses, objets en albâtre ou en onyx, bijoux contre le mauvais œil, narguilés et reproductions d'icônes.

Vous verrez les calligraphes à l'ouvrage au **centre artisanal d'Istanbul** *(p. 76)*. **Alfa** à Beyoğlu et le **bazar aux Livres** vendent des calligraphies anciennes ou des copies, du papier marbré *(ebru)* et des reproductions de miniatures ottomanes.

POTERIE ET VERRERIE

Vaisselle et céramiques traditionnelles emplissent des centaines de boutiques du Grand Bazar. De nombreuses pièces reprennent les motifs bleus et blancs caractéristiques des anciens ateliers d'İznik *(p. 161)*, d'autres, au style plus libre, proviennent de Kütahya. Les artisans de Çanakkale *(p. 170)* utilisent des dessins plus modernes, souvent dans les jaunes et les verts. **Yıldız Çini Ve Porselen**, à Beşiktaş, commercialise un large choix de poteries. La majorité des boutiques de musée vendent de la poterie, en particulier des reproductions d'ancien.

C'est au Grand Bazar et au bazar de la Cavalerie *(p. 215)* que les visiteurs disposent du plus vaste choix d'articles en cuivre ou en laiton. Le plus grand fabricant de verrerie de

Turquie, **Paşabahçe**, produit de délicats vases *çeşmibülbül* (ornés de bandes bleues et or) et des objets dans le style de Beykoz (avec une décoration dorée).

ÉPICES ET DOUCEURS

Aucun endroit n'égale le Bazar égyptien *(p. 88)* pour acheter des fruits secs (en particulier des pistaches), des aromates, des épices, des confitures (entre autres de rose), des loukoums et des

tisanes à la sauge *(adaçayı)*, au tilleul *(ıhlamur)* et à la camomille *(papatya)*. Vous y trouverez également de nombreuses spécialités salées et même du caviar. Le pittoresque marché au poisson de Galatasaray propose les mêmes produits.

Parmi les magasins spécialisés, **Şekerci Hacı Bekir** doit sa réputation à ses loukoums et à ses *baklavas*, tandis que **Bebek Badem Ezmesi**, sur le Bosphore, est renommé pour ses fondants à la pistache et aux amandes. Après plus d'un siècle d'activité, **Kurukahveci Mehmet Efendi** *(p. 86)* est devenu un des grands noms du café turc. Toutes les épiceries vendent du *rakı (p. 197)*. Le Kulüp Rakısı et l'Altınbaş sont plus forts que le Yeni Rakı.

Conserves de fruits et de légumes vendues sur les marchés

Marchés d'Istanbul

Céramique, bazar de la Cavalerie

Que vous désiriez vous perdre dans les parfums d'épices exotiques, fouiner parmi des livres d'occasion à la recherche de gravures et de miniatures anciennes ou acheter des souvenirs ou des spécialités culinaires, il existe à Istanbul un marché ou un bazar qui répondra à vos aspirations. Le Grand Bazar est le plus grand, mais d'autres marchés méritent une visite pour leurs marchandises plus spécialisées ou leur atmosphère. Partout dans la ville se tiennent des marchés de voisinage, généralement hebdomadaires, proposant à la clientèle locale un immense choix de produits aux prix les plus bas possible.

Bazar égyptien
Un cadre exotique où l'on achète herbes aromatiques, épices et autres spécialités (p. 88).

Marché du mercredi
Ce marché populaire se tient près de la mosquée de Fatih (p. 113) et vend aussi bien produits frais, bulbes et graines qu'ustensiles domestiques.

CORNE D'OR

QUARTIER
DU BAZAR

SULTANAHM

Bazar aux Livres
Voisin du Grand Bazar, le Sahaflar Çarşısı propose des publications très variées en diverses langues, depuis des guides touristiques jusqu'à des ouvrages académiques et de vieux magazines (p. 94).

Grand Bazar
Le plus grand marché couvert du monde existe depuis des siècles et abrite près de 4 000 boutiques. Véritable labyrinthe, il rassemble tout ce que produit la Turquie, des bijoux coûteux aux aliments de base (p. 98-99).

Marché bio de Şişli Feriköy
Le plus ancien des marchés bio d'Istanbul s'anime tous les samedis dans Feriköy. Tous les dimanches, les antiquaires prennent la place des marchands bio.

Marché aux puces d'Ortaköy
Chaque dimanche, la place principale d'Ortaköy s'emplit d'étals vendant des souvenirs pour tous les budgets (p. 122).

BEYOĞLU

BOSPHORE

Marché aux poissons de Galatasaray
Une ruelle historique abrite le meilleur marché aux poissons d'Istanbul. Il offre aussi la possibilité d'acheter de nombreux autres aliments (p. 103).

RIVE ASIATIQUE

POINTE U SÉRAIL

Marché de Kadıköy
Le marché principal sur la rive asiatique se tient dans le quartier d'Asanpaşa. On y vend des vêtements le mardi et de la nourriture le vendredi.

Bazar de la Cavalerie
D'anciennes écuries renferment sous la mosquée Bleue (p. 78-79) des échoppes vendant principalement des tapis (p. 218-219) mais aussi de l'artisanat et des bijoux (p. 71).

0   500 m

Qu'acheter à Istanbul

Mules turques

Les habitants d'Istanbul ont la passion du commerce et leur cité est un paradis pour le chasseur de souvenirs. Si vous cherchez à faire une affaire, cuir et bijoux devraient vous permettre de faire des économies. Si vous désirez un objet typiquement turc, céramiques et objets en laiton ou en cuivre inspirés de modèles traditionnels abondent. Les antiquaires de la ville méritent également une visite. Si vous achetez un tapis ou un *kilim*, vérifiez sa qualité *(p. 218-219)*.

Cuivre et laiton

Les pièces anciennes peuvent se révéler très chères, les récentes sont bien meilleur marché.

Gobelets

Pipes

Narguilés et pipes en écume de mer sont des souvenirs décoratifs, même quand on ne fume pas.

Bijoux

Boucles d'oreilles et pendentifs restent souvent abordables. Les perles de verre en forme d'œil sont supposées protéger de la malchance.

Pendentifs porte-bonheur

Bouilloire ancienne

Céramiques

La céramique tient une grande place dans les traditions artistiques turques. Les décors blanc et bleu reprennent le style d'İznik (p. 161). D'autres centres de production comme Kütahya et Çanakkale (p. 170) ont leurs propres motifs.

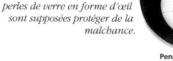

Poterie de Kütahya

Pots verts de Çanakkale

Assiette bleue et blanche

Carreau de style d'İznik

Miniatures

Les miniatures furent très à la mode sous l'Empire ottoman, et les musées d'Istanbul, en particulier le palais de Topkapı (p. 57), présentent notamment de superbes scènes de cour. Les miniatures en vente sont des reproductions.

Miniature en vente
au Grand Bazar

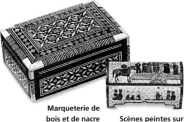

Marqueterie de
bois et de nacre

Scènes peintes sur
des incrustations

Marqueterie

De petits objets en bois incrusté de nacre ou d'os, telles ces boîtes à bijoux, font de charmants cadeaux.

Textiles

Coupons d'ikat au fil teint pendant le tissage, broderies et tricots figurent parmi les tissus artisanaux disponibles dans les magasins.

Écharpes brodées
appelées *oyalı*

Coupons d'*ikat* en coton

Verrerie

Cette carafe élégante offre un bel exemple du verre dit ceşmibülbül *fabriqué par les ateliers de Paşabahçe (p. 147).*

Carafe
ceşmibülbül

Spécialités culinaires

La réputation des friandises turques, halva, loukoums ou baklavas, n'est plus à faire. De très nombreux fruits secs et aromates se vendent au poids dans les bazars.

Halva

Fruits secs
au miel

Loukoums

Mûres

Graines de tournesol
et de courge

Pois chiches

Piments et
aubergines
séchées

Abricots

Amandes

Pistaches

Tapis et kilims turcs

Halı (tapis noués) et *kilims* (tissés à plat) sont fabriqués depuis des siècles en Turquie où ils étaient le mobilier le plus précieux des nomades. Les pièces anciennes ne doivent pas leur valeur qu'à leur rareté. Elles offraient aux villageoises qui les tissaient la possibilité d'exprimer leur sensibilité, ce que ne permet plus l'organisation actuelle de la production. Certaines pièces récentes sont vieillies artificiellement pour leur ressembler. Les tapis turcs offrent un très large choix de couleurs et de dessins, mais les magasins d'Istanbul proposent aussi des tapis étrangers, perses notamment.

Un tapis fait main se reconnaît d'un tapis fait mécaniquement en repliant la face supérieure sur elle-même. La base des nœuds doit être visible et le poil impossible à arracher.

Les tapis sont tissés de trois manières différentes : laine sur laine, soie sur soie et laine sur coton.

Fabrication d'un tapis
Les brins de laine sont noués autour des fils de chaîne puis immobilisés par des fils de trame. La confection de tapis demeure souvent dans les campagnes une activité d'appoint pour les femmes.

TAPIS
Cette réplique d'un *halı* d'Uşak, du XVIe siècle, est dite « tapis de prière Bellini à double entrée ».

PRODUCTION EN TURQUIE OCCIDENTALE

La fabrication de tapis et de *kilims* reste concentrée en Turquie dans quelques régions. Elles ont toutes leurs motifs traditionnels mais, pour répondre à la demande, les ateliers reproduisent aussi ceux d'autres régions.

TAPIS
① Hereke
② Çanakkale
③ Ayvacık
④ Bergama
⑤ Yuntdağ
⑥ Balıkesir
⑦ Sındırgı
⑧ Milas
⑨ Antalya
⑩ Isparta

KILIMS
⑪ Denizli
⑫ Uşak

TAPIS ET KILIMS
⑬ Konya

Indigo

Garance

Camomille

Teintures
Avant l'introduction des teintures chimiques en 1863, des extraits de plantes de garance et de camomille donnaient leurs couleurs aux fibres.

Le « dessin de prière » s'inspire
du mihrab, niche d'une mosquée
indiquant la direction de
La Mecque *(p. 38-39)*.

L'arbre de vie
au centre du *kilim*
symbolise l'immortalité.

ACHETER UN TAPIS OU UN KILIM

Plutôt que de chercher à faire une bonne
affaire, achetez un tapis ou un *kilim* qui
vous plaît. Vérifiez qu'il repose bien
à plat sur le sol sans plis ni bosses et
assurez-vous que les deux extrémités
du tissage soient à peu près de la même
largeur. Les couleurs doivent être
nettement tranchées, la répartition des
motifs équilibrée. La qualité d'un tapis
dépend du nombre de nœuds au cm^2
(30 suffisent amplement). Évitez les tapis
au velours en coton mercerisé *(floş)*
qui imitent le lustre de la soie, mais
résistent mal à l'usage. Sachez qu'un
kilim s'abîme vite si l'on marche dessus
avec des chaussures.

Marchander *(p. 211)* est obligatoire,
le vendeur annonçant un prix supérieur
d'au moins 50 % à ce qu'il espère.
Mieux vaut être un expert pour se risquer
à acquérir une pièce ancienne. Elle devra
porter un petit sceau en plomb
garantissant qu'elle est authentique
et peut être exportée. Exigez un reçu.

KILIM

Des fentes verticales marquent
les changements de couleur sur
les *kilims*, nattes au tissage plat.

La largeur de la pièce dépend
de celle du métier qui doit
pouvoir trouver sa place
dans une maison de village.

Les *kilims*
sont
également
utilisés
comme
housse de
coussins
vendus dans les
boutiques de tapis.

Bardane

Coffre

Motifs

*Souvent très anciens, les motifs récurrents
des tapis et des* kilims *ont parfois des
origines surprenantes. Beaucoup dérivent,
par exemple, des marques qui permettaient
aux nomades de reconnaître leur bétail.*

Crabe, scorpion ou
empreinte de loup

Silhouette humaine
moderne

SE DISTRAIRE À ISTANBUL

Istanbul offre beaucoup de distractions, qui vont des centres sportifs aux manifestations artistiques, en passant par la musique traditionnelle et la danse orientale. Les temps forts du calendrier culturel sont les festivals internationaux organisés par la Fondation pour la culture et les arts *(p. 44-46)*. Ils se déroulent entre mars et novembre et attirent un public nombreux. Toute l'année, le centre culturel Atatürk (AKM) et le Cemal Reşit Rey (CRR), Haghia Eirene, ainsi que d'autres salles de spectacle de moindre importance,

Danse orientale, tour de Galata

programment opéras, ballets, musique traditionnelle turque, musique classique occidentale et pièces de théâtre. Beyoğlu est le grand pôle de la vie nocturne. Le quartier possède la plus forte concentration de cinémas et abrite plusieurs centres culturels. Des musiciens se produisent le soir dans les cafés. Ortaköy, sur la rive européenne du Bosphore, est aussi un lieu en vogue, surtout en été, avec ses restaurants, ses bars et ses boîtes de nuit. Aux beaux jours, la fête se prolonge jusqu'au petit matin.

The Guide en anglais

SOURCES D'INFORMATION

Bimensuel de langue anglaise vendu chez les principaux marchands de presse et libraires du centre, ainsi que dans certains hôtels, *The Guide* publie les programmes de l'AKM et du CRR, et fournit des informations sur d'autres manifestations culturelles, des bars et des night-clubs. Les anglophones peuvent aussi consulter le quotidien *Turkish Daily News* distribué dans les kiosques.

Les offices de tourisme *(p. 229)* diffusent des listes d'événements prévus dans certains théâtres et centres culturels. Le magazine de la Turkish Airlines présente les grandes manifestations organisées à Istanbul. Le quotidien *Hürriyet* donne la liste des programmes en turc.

ACHETER SA PLACE

Les places pour les spectacles du centre culturel Atatürk (AKM) et du Cemal Reşit Rey (CRR) sont disponibles à partir d'une semaine à l'avance à leurs billetteries. Pour réserver et régler un spectacle, un concert ou autre, **Biletix** est l'un des moyens les plus pratiques et les plus rapides. Les billets pour les grands concerts de rock et de jazz et pour les représentations du centre culturel Atatürk et du CRR sont également en vente dans les galeries marchandes comme **Galleria**, **Akmerkez** et **Capitol**.

TRANSPORTS DE NUIT

Les derniers bus et *dolmuş* partent de Taksim à minuit. Des taxis circulent toute la nuit. En juin et juillet, pendant les festivals de musique, un service spécial de bus relie les lieux de spectacle aux quartiers du centre.

FESTIVALS

La Fondation pour la culture et les arts d'Istanbul organise cinq festivals, quatre annuels et un bisannuel. Le Festival du film a lieu de mars à avril tous les ans, le Festival de théâtre se tient en mai et juin, le Festival de musique et de danse, le plus important, se déroule en juin et juillet, et le Festival de jazz en juillet.

La Biennale des beaux-arts a lieu en automne. Les billets s'achètent sur les lieux de spectacle ou, par téléphone, auprès du **Comité des festivals (IKSV)** qui fournit aussi les programmes.

Les festivals de Yapı Kredi, de jazz d'Akbank et de blues d'Efes Pilsen ont également lieu en automne *(p. 46)*.

MUSIQUE ET DANSE CLASSIQUES OCCIDENTALES

Chaque saison, les compagnies nationales d'opéra, de ballet et de théâtre d'Istanbul, ainsi que l'orchestre symphonique national, interprètent un riche répertoire d'œuvres classiques et modernes. Elles partagent le même siège, le **centre culturel Atatürk** (900 places). Le **Cemal Reşit Rey** propose des concerts de musique classique occidentale ainsi qu'un large éventail

Concert classique dans l'église Sainte-Irène *(p. 60)*

Danse traditionnelle au club réputé, le Kervansaray

de musiques et de danses du monde entier. D'autres salles plus petites programment également des concerts, des opérettes et des ballets.

Des enregistrements d'opéras, de ballets et de concerts classiques ont lieu presque tous les jours entre 14 h et 18 h au **centre culturel Aksanat** qui accueille parfois des représentations.

ROCK ET JAZZ

Un nombre croissant de bars et de clubs reçoivent de bons groupes, tel le bar Hayal Kahvesi dédié au jazz, au rock et au blues, où se produisent aussi bien des Turcs que des étrangers. Il possède en été une succursale en plein air près du Bosphore, à Çubuklu. Dans le Çiragan Palace Hotel, le très huppé **Q Jazz Bar** invite très souvent des jazzmen réputés. Le Nardis Jazz Club est aussi une adresse pour les férus de jazz.

En plein cœur de Beyoğlu, **Babylon** programme durant toute la saison hivernale des artistes de jazz, pop et rock, venus du monde entier. Les artistes turcs sont nombreux à se produire pour des concerts acoustiques à **Ghetto**, situé dans le quartier de Galatasaray.

Musiciens du festival de Jazz

Le **Vivaldi**, à Taksim, programme de la variété turque. Le **Jolly Jocker Balans**, programme des concerts live et de la musique de variété turque le week-end.

NIGHT-CLUBS

Ouvert seulement en été, le luxueux **Club 29** est sans doute le plus séduisant des night-clubs d'Istanbul. Il possède un restaurant et un jardin éclairé par des torches, et offre une vue superbe du Bosphore. Toutes les demi-heures, un bateau assure la navette entre le club et İstiniye, sur la rive européenne. Le bar se transforme en discothèque après minuit. Au bord du Bosphore, **Reina**, plus grande discothèque à ciel ouvert de la ville, qui comprend aussi bars et restaurants huppés, accueille la jet-set stambouliote tout l'été. Le **Majesty** est un restaurant-bar chic, proche du Bosphore, avec une superbe terrasse. Des groupes jouent au bar et l'on danse au son de musiques caribéennes. À quelques pas de là, à Ortaköy, le **Supperclub** ouvre ses portes aux night-clubbers sur des rythmes électro et techno endiablés.

MUSIQUE ET DANSE TURQUES TRADITIONNELLES

Le Cemal Reşit Rey propose régulièrement des concerts d'œuvres classiques ottomanes, ainsi que de la musique mystique soufi et des musiques folkloriques de différentes régions de la Turquie. En été, des récitals de musique turque ont lieu dans la Citerne Basilique (*p. 76*). L'office de tourisme de Sultanahmet (*p. 229*) fournit le programme.

Généralement jouée par des tsiganes sur des instruments incluant le violon, le *kanun* (cithare), le *tambur* et l'*ut*, tous deux similaires au luth, la musique *fasıl* s'écoute dans des *meyhane* telles qu'**Ece**, **Istanbulin Dinner Show**, et dans le quartier de Nevizade.

De nombreux night-clubs proposent des spectacles de danse orientale, danse souvent sous-estimée par les visiteurs alors qu'elle est considérée comme un art en Orient. La soirée comprend généralement un repas. Les établissements les plus réputés sont le restaurant de la **Tour de Galata** (*p. 105*), le **Kervansaray** et l'**Orient House** à Beyazit.

Le dernier dimanche de chaque mois, au monastère des Mevlevi (*p. 104*), une troupe de derviches tourneurs exécutent l'extraordinaire danse rituelle destinée à leur permettre d'entrer en communion avec Dieu.

L'*ut*, instrument utilisé par les interprètes de musique *fasıl*

CINÉMAS

Projetées en version originale sous-titrée, les grosses productions étrangères sortent en général à Istanbul en même temps que dans le reste de l'Europe. Rares sont les salles à présenter des films turcs.

La majorité des cinémas se trouvent sur l'İstiklâl Caddesi. Parmi ceux-ci, l'**Atlas**, l'**AFM** et le **Beyoğlu** programment des films d'art et d'essai. Sur la rive asiatique, les salles se concentrent à Kadiköy. Par ailleurs, tous les grands centres commerciaux abritent des multiplexes.

Logo de l'équipe de Galatasaray

La première séance de la journée et les séances du mercredi sont à tarif réduit. Les étudiants ont droit à une réduction à toutes les séances. Un entracte interrompt en général le film.

THÉÂTRE

La saison dure de juin à septembre. Les théâtres d'Istanbul proposent aussi des pièces étrangères mais toujours en langue turque. La compagnie nationale a pour siège le **centre culturel Atatürk (AKM)**. Celui-ci, étant en cours de rénovation, la troupe se produit dans les différents théâtres de la ville.

CENTRES SPORTIFS ET CLUBS DE SANTÉ

Les principaux hôtels cinq étoiles possèdent de bonnes piscines et acceptent les non-résidents en échange d'un droit d'entrée, tout comme certains gymnases tels que l'**Alkent Hillside Club** et le **Centre Cihangir Sports**.

En bordure de la forêt de Belgrade, le **Kemer Country Riding and Golf Club** propose de pratiquer l'équitation et le golf sur un neuf trous. L'**Istanbul Sailing Club** permet de naviguer sur le Bosphore.

La patinoire du centre commercial **Galleria** (p. 211) ouvre au public à 19 h. Les clubs de yoga très à la mode sont bon marché. Citons le **Cihangir Yoga**.

RENCONTRES SPORTIVES

Le football compte de nombreux supporters en Turquie et les trois équipes d'Istanbul, **Beşiktaş**, **Fenerbahçe** et **Galatasaray**, jouent en ville presque chaque dimanche. Des courses de chevaux se déroulent à l'hippodrome **Veli Efendi** le mercredi et le week-end, entre le 14 avril et le 31 octobre. Sur la rive asiatique, le circuit ultramoderne **Formula One** accueille le Grand Prix de Formule 1 de Turquie au mois d'août. Des régates ont lieu en été sur la mer de Marmara (p. 45). Le Festival de lutte turque d'Edirne (p. 154) permet de découvrir un sport très populaire mais peu connu à l'étranger.

PLAGES

Pour nager, faire du ski nautique ou de la planche à voile, choisissez les îles des Princes (p. 159). La baignade n'est pas dangereuse sur la Yörükali Plajı, à Büyükada, elle est surveillée. Les îles de Marmara (p. 169) sont plus lointaines.

À une demi-heure de voiture du centre d'Istanbul, il existe de grandes plages à Kilyos, Gümüşdere et Şile (p. 158). Méfiez-vous des grosses vagues et des courants traîtres quand la mer Noire est agitée, bien que ce soit rare.

ENFANTS

Istanbul n'est pas une ville dont l'aménagement tient compte des enfants. Mais de plus en plus de sites et d'activités peuvent les séduire. Les Turcs adorent les enfants et les accueilleront presque partout.

Les compagnies nationales d'opéra et de ballet proposent à l'**AKM** des comédies musicales pour jeune public le samedi à 11 h ou à 15 h.

Le Musée archéologique (p. 62-65) a une section, destinée aux enfants, qui retrace l'histoire de l'humanité.

L'**Aquarium Turkuazoo**, au Forum Istanbul (p. 211) ouvert tous les jours, comporte un tunnel sous-marin long de 80 m.

Istanbul possède deux parcs à Yıldız (p. 124-125) et à Emirgan (p. 141). À côté de celui d'Emirgan, le **parc Orman** boisé offre des aires de pique-nique, une piscine et un théâtre. Le **parc Miniatürk** à Sütlüce est un village miniature réussi qui propose restaurants, magasins et piscine. Il reproduit de grands sites culturels turcs. Sur les îles des Princes, où les voitures sont interdites, les enfants peuvent faire du vélo en sécurité, se promener en calèche ou à dos d'âne. Le **musée du Jouet** de Göztepe est une première en Turquie. À 45 km d'Istanbul, le **zoo de Faruk Yalcım** de Darica présente des animaux exotiques dans leurs habitats naturels.

Un parc d'attractions près d'Istanbul

ADRESSES

RÉSERVATIONS

Akmerkez
Nispetiye Cad, Etiler.
Tél. (0212) 282 01 70.

Biletix
Tél. (0216) 556 98 00.
www.biletix.com

Capitol
Tophanelioğlu Cad. 1,
Altunizade.
Tél. (0216) 554 77 77.

Galleria
Sahil Yolu, Ataköy.
Tél. (0212) 559 95 60.

COMITÉ DES FESTIVALS

IKSV
Tél. (0212) 334 07 00.

MUSIQUE ET DANSE OCCIDENTALES

Centre culturel Aksanat
İstiklâl Cad 16, Taksim.
Plan 7 D4.
Tél. (0212) 252 35 00.

Centre culturel Atatürk (AKM)
Taksim Meydanı, Taksim.
Plan 7 F3.
Tél. (0212) 251 56 00.

Salle de concert Cemal Reşit Rey (CRR)
Darülbedayi Cad,
Harbiye. **Plan** 7 F1.
Tél. (0212) 232 9830.

ROCK ET JAZZ

Babylon
Seybender Sok 3, Tünell
Tél. (0212) 292 73 68.

Çiragˇan Bar
Çırağan Palace Hotel
Kempinski, A Blok,
Beşiktaş. **Plan** 9 D3.
Tél. (0212) 326 46 46

Ghetto
Kalyoncu Kulluk Cad 10,
Tél. (0212) 251 75 01.

Hayal Kahvesi (Beyoğlu)
Büyükparmakkapı Sok
19, Beyoğlu. **Plan** 7 E4.
Tél. (0212) 244 25 58.

Hayal Kahvesi (Çubuklu)
Burunbahçe Mevkii,
Çubuklu. ☐ *mai-oct.*
Tél. (0216) 413 68 80.

Jolly Joker Balans
Balo Sok 22, Beyoğlu.
Tél. (0212) 251 77 62.

Nardis Jazz Club
Kuledibi Sok 14, Galata.
Tél. (0212) 244 63 27.

Q Jazz Bar
Çiragan Palace Hotel
Kempinski, A Blok,
Beşiktaş.
Plan 9 D3.

Riddim
Sıraselviler Cad 35/1,
Taksim. **Plan** 7 E4.
Tél. (0212) 251 27 23.

Vivaldi
Büyükparmakkapı Sok
21, Taksim. **Plan** 7 E4.
Tél. (0212) 293 25 99.

NIGHT-CLUBS

Club 29
A. Adnan Saygun Cad,
Ulus Parki içi, Ulus.
Tél. (0212) 358 29 29.
www.club-29.com

Majesty
Muallim Naci Cad 142,
141. Kuruçeşme.
Plan 9 F3.
Tél. (0212) 236 57 57.

Milk
Akarsu Yokuşu 5,
Galatasaray.
Plan 7 E5.
Tél. (0212) 292 11 19.

Reina
Muallim Naci Cad,
Kuruçeşme/ Ortaköy.
Plan 9 F3.
Tél. (0212) 259 59 19.

Supperclub
Muallim Naci
Cad 65, Ortaköy.
Tél. (0212) 2611 988.

MUSIQUE ET DANSE TURQUES

Ece
Tramvay Cad 104,
Kuruçeşme.
Tél. (0212) 265 96 00.

Tour de Galata
Galata-Tünel.

Plan 3 D1.
Tél. (0212) 293 81 80.

Hasır
Beykoz Korusu, Beykoz.
Tél. (0216) 322 29 01.

Istanbulin Dinner Show
Cumhuriyet Cad,
Cebel Topu Sok 2,
Harbiye.
Tél. (0212) 291 84 40.
www.istanbulin.com

Kervansaray
Cumhuriyet Cad 30,
Elmadağ.
Plan 7 F2.
Tél. (0212) 247 16 30.

Orient House
Tiyatro Cad 27, près du
President Hotel, Beyazıt.
Plan 2 C4 (4 A4).
Tél. (0212) 517 61 63.
www.orienthouse
istanbul.com

CINÉMAS

Atlas
İstiklâl Cad 131,
Atlas pasaji, Beyoğlu.
Plan 7 E4.
Tél. (0212) 252 85 76.

Beyoğlu
İstiklâl Cad 62, Halep
Pasajı, Beyoğlu.
Plan 7 E4.
Tél. (0212) 251 32 40.

AFM
İstiklâl Cad 12,
Beyoğlu. **Plan** 7 D4.
Tél. (0212) 251 2020.

CENTRES SPORTIFS ET CLUBS DE SANTÉ

Alkent Hillside Club
Alkent Residential
Complex, Tepecik Yolu,
Etiler.

Centre Cihangir Sports
Sıraselviler Cad 188,
Mavi Plaza, Cihangir.
Tél. (0212) 245 12 55.

Cihangir Yoga
Meclisi Mebusan
Yokuşu 51, Cihangir.
Tél. (0212) 243 1993.
www.cihangiryoga.com

Istanbul Sailing Club
Fenerbahçe.
Tél. (0216) 336 93 72.

Kemer Country Riding and Golf Club
Göktürk Beldesi, Uzun
Kemer Mevkii, Eyüp.
Tél. (0212) 239 70 10.

RENCONTRES SPORTIVES

Beşiktaş FC
Spor Cad 92,
Beşiktaş. **Plan** 8 A4.
Tél. (0212) 227 87 90.

Fenerbahçe FC
Fenerbahçe Spor Kulübü,
Kızıltoprak, Kadıköy.
Tél. (0216) 542 19 00.

Formula One
www.istanbulparkcircuit.
com

Galatasaray FC
Hasnun Galip Sok 7,
Galatasaray. **Plan** 7 E4.
Tél. (0212) 251 57 07.

Veli Efendi Hipodromu
Türkiye Jokey Kulübü,
Osmaniye, Bakırköy.
Tél. (0212) 542 24 80.

ENFANTS

Aquarium Turkuazoo
Bayrampaşa, centre
commercial Forum
www.turkuazoo.com

Miniatürk
İmrahor Cad, Sütlüce.
Tél. (0212) 222 28 82.
www.miniaturk.com.tr

Musée du jouet
Dr. Zeki Zeren Sok 17,
Göztepe.
Tél. (0216) 359 45 50.

Parc Orman
Büyükdere
Cadderi-Maslak
Maslak Cad, Maslak.
Tél. (0212) 328 20 00.
www.parkoman.com

Zoo de Faruk Yalçım
Bayramoglu,
Darica-Gebze.
Tél. (0262) 653 46 64
*(à 1h de route
d'Istanbul !).*

RENSEIGNEMENTS PRATIQUES

ISTANBUL MODE D'EMPLOI

Istanbul se développe vite et jouit des transports publics, ainsi que des infrastructures bancaires et médicales d'une grande ville moderne. Mais dans les banlieues éloignées et les lieux moins visités du quartier du Grand Bazar, les banques et les distributeurs sont rares. Munissez-vous d'argent pour les besoins de la journée. La carte de transport AKBİL (p. 241), un portable ou/et une carte de téléphone se révéleront

Panneau d'un office de tourisme

aussi utiles. Certains aspects de la culture turque surprendront ceux qui ne sont jamais allés dans un pays musulman. Dévisager quelqu'un n'est pas grossier pour les Turcs et dans les lieux peu touristiques, les visiteurs attirent l'attention. Les Stambouliotes (Istanbullus) vivent comme les habitants d'autres villes modernes. Ils sont généralement amicaux et hospitaliers, surtout quand on respecte leurs traditions.

CONSEILS AUX VISITEURS

À Istanbul, les étés sont chauds et humides, et les hivers froids et pluvieux. Les meilleurs mois pour visiter la ville à pied sont mai et juin, ou septembre et octobre, quand le temps chaud et ensoleillé permet de profiter des cafés en plein air. Cela dit, il est rare au milieu de l'été qu'il fasse plus de 30 °C et il est possible d'explorer la ville à pied en évitant les heures les plus chaudes. N'oubliez pas de couvrir vos épaules et vos genoux quand vous visitez une mosquée (p. 227). La cité est moins animée (et meilleur marché) en hiver et les sites touristiques sont moins bondés. Emportez un imperméable et un parapluie, car le brouillard et la pluie ne sont pas exclus.

Visiteurs sur les marches du palais de Dolmabahce, un jour ensoleillé

DOUANES

Seuls les postes de douane situés dans les aéroports et aux frontières routières sont ouverts en permanence. Dans les principaux ports et marinas, ils ouvrent de 8 h 30 à 17 h 30, en semaine. En dehors de ces horaires, le service d'un douanier sera payant. Il est possible d'acheter des produits détaxés à l'aéroport. Les visiteurs majeurs peuvent emporter une grande quantité de café, cinq bouteilles de parfum, 5 litres d'alcool et 200 cigarettes. Le montant des espèces en devises ou en livres turques n'est pas limité à l'entrée du pays, mais ne doit pas dépasser 5 000 $ à la sortie. Cette loi est rarement appliquée.

La Turquie est intraitable en matière de drogues. Dans les aéroports d'Atatürk et de Sabiha Gökçen des chiens les détectent. Une autorisation est nécessaire pour exporter des antiquités (p. 212).

VISAS ET PASSEPORTS

Pour les séjours n'excédant pas trois mois, la carte nationale d'identité en cours de validité est suffisante. Nous vous conseillons cependant de prendre votre passeport. Le visa n'est pas nécessaire pour les Français, les Suisses et les Luxembourgeois. Le visa de tourisme est en revanche obligatoire pour les Belges (15 €) et les Canadiens (60 $ ou 45 €). Il est délivré

à la frontière ou à l'aéroport. Au-delà de ce délai, l'amende infligée augmente vite. Les citoyens de certains pays doivent obtenir leur visa avant de partir.

Office de tourisme à Sirkeci

La procédure est plus compliquée quand on arrive par bateau. Comme les formalités changent souvent, contactez le consulat de Turquie ou consultez le site **www.mfa.gov.tr.** pour être bien informé.

INFORMATION TOURISTIQUE

Le sigle signalant un office du tourisme est un « i » blanc sur un fond vert dans un carré blanc. Les noms des offices sont en anglais et en turc. Les brochures sont rares mais dans le principal office de tourisme, place Sultanahmet, on répondra à toutes vos questions. À Edirne, Bursa, İznik et Çanakkale, les bureaux sont situés dans le centre. La plupart des offices de tourisme sont ouverts de 9 h à 17 h du lundi au samedi, parfois plus tard en été. Celui de l'aéroport d'Atatürk fonctionne 24 h/24.

◁ La zone comprise entre la Nouvelle Mosquée et le pont de Galata, à Eminönü, est un carrefour animé

BILLETS D'ENTRÉE ET HEURES D'OUVERTURE

Les prix des billets pour visiter un musée ou un site sont comparables à ceux pratiqués en Europe ou beaucoup moins élevés. Dans certains musées, il faut s'acquitter d'un supplément pour visiter une section en particulier, comme le harem de Topkapı *(p. 54-59)*.

La plupart des sites ferment un jour par semaine : le lundi ou le mardi. Les légendes des pièces exposées sont souvent en turc et en anglais. Les musées sont ouverts de 8 h 30 ou 9 h jusqu'à 17 h ou 18 h, les plus petits fermant pour le déjeuner. Évitez les mosquées à l'heure de la prière *(voir ci-dessous)*.

Les boutiques ouvrent de 8 h 30 ou 9 h à 19 h ou 20 h *(p. 210)*. Reportez-vous à la page 232 pour connaître les horaires des banques et des points de change *(döviz)*.

Les administrations ferment le week-end et certains magasins ne sont pas ouverts le dimanche, mais les centres commerciaux, les supermarchés et les épiceries sont ouverts tous les jours.

SAVOIR-VIVRE

À Istanbul, la plupart des femmes se couvrent les bras, les jambes et la tête en public. Les habitants des quartiers pieux comme Fatih *(p. 110-113)* risquent d'être choqués si vos bras et vos jambes sont nus. Dans les quartiers comme Beyoğlu *(p. 101-107)*, les femmes s'habillent à leur gré, sauf pour entrer dans une

La superbe mosquée Bleue *(p. 78-79)*

mosquée *(voir ci-dessous)*. Bien que les lieux comme Beyoğlu soient bordés de bars et de restaurants, la plupart des Turcs boivent de l'alcool avec modération et l'ivrognerie est désapprouvée. Les voyageurs transgressant cette règle seront mal vus. Les traditions du savoir-vivre et de l'hospitalité perdurent. Soyez respectueux à l'égard d'Atatürk *(p. 31)* dont vous verrez souvent le portrait. Les visiteurs homosexuels ne devraient pas être importunés s'ils se montrent discrets. Istanbul possède une communauté gay, mais les effusions en public sont rares.

Depuis 2009, il est interdit de fumer à l'intérieur des lieux administratifs, des transports, des restaurants, des bars et même des cafés où des narguilés sont proposés.

VISITE DES MOSQUÉES

Bien que les grandes mosquées soient ouvertes toute la journée et ne ferment que le soir après la dernière prière, les plus petites ne sont accessibles qu'aux heures des cinq prières *(namaz)* auxquelles les non-musulmans n'ont pas le droit d'assister. Pour les visiter, il faudra qu'un gardien vous fasse entrer.

Les heures de prière changent selon les saisons en fonction du lever et du coucher du soleil. Indiquées sur un panneau à l'extérieur

ou à l'intérieur des mosquées, elles sont toujours signalées par un appel *(ezan)* lancé par le haut-parleur du minaret.

Hommes et femmes doivent porter une tenue correcte. Les règles à respecter sont affichées en anglais à l'entrée de la plupart des mosquées : se couvrir la tête si on est une femme, ne pas porter de jupe au-dessus du genou ou de short, ne pas avoir les épaules nues, se déchausser. Certaines mosquées fournissent des foulards. Il faut généralement laisser ses chaussures sur des étagères à l'entrée ou les garder dans un plastique, car les vols sont possibles. Dans certaines mosquées, il faut enfiler des chaussons en plastique par-dessus ses chaussures. Soyez aussi discrets que possible à l'intérieur et respectez ceux qui prient.

TAXES ET POURBOIRES

Le taux de la TVA (KDV en turc) varie entre 8 % et 23 %, bien que le plus courant soit de 18 %. Il est inclus dans le tarif des hôtels et dans les prix de la plupart des biens et services.

Le service est facturé entre 10 % et 15 % dans les restaurants et les cafés huppés ayant une licence. Dans ces lieux, il est d'usage de laisser un pourboire de 5 % aux serveurs. Mais dans les endroits plus simples, les pourboires sont aussi de mise.

Le port du voile est une affaire de choix individuel en Turquie

LANGUE

Les Turcs font généralement des efforts pour communiquer avec les étrangers. Dans les lieux touristiques, il est facile de trouver un interlocuteur parlant l'anglais, mais mieux vaut apprendre quelques mots et expressions en turc. Reportez-vous au lexique pages 279-280.

TOILETTES PUBLIQUES

Rares, elles sont souvent situées dans les passages souterrains les plus fréquentés et aux terminus des transports. Des panneaux indiquent *Bay* pour les hommes et *Bayan* pour les femmes. On paie en sortant (un écriteau indique généralement le montant). Le gardien vous donnera peut-être du papier, mais mieux vaut avoir des mouchoirs en papier sur soi.

Toilettes publiques

Heureusement, vous trouverez des toilettes pour hommes et femmes dans la quasi-totalité des mosquées (et elles sont nombreuses à Istanbul). Vous devrez donner un peu d'argent au gardien.

Si les toilettes à la turque vous rebutent, allez dans celles plus modernes de la plupart des restaurants, hôtels et cafés. Vous trouverez aussi des toilettes dans les musées et sur les grands sites. Celles des aires d'autoroutes sont gratuites et très propres.

VOYAGEURS HANDICAPÉS

Les handicapés risquent de souffrir du manque d'équipements et de l'état des rues. Peu de mosquées et de musées disposent d'accès pour eux. Les toilettes adaptées sont rares. En revanche, le personnel du musée et les Turcs, généralement serviables, sont là pour les aider. Enfin, il existe des cabines téléphoniques

et des bus accessibles aux handicapés *(p. 239)*. Les tramways sont également aménagés pour faciliter l'accès des handicapés. Si certaines stations souterraines sont d'un accès difficile, d'autres ont des rampes adaptées *(p. 240)*. L'**Association turque pour les handicapés** *(Türkiye Sakatlar Derneği)* aide les handicapés résidant à Istanbul et organise des visites guidées en car pour les petits groupes. L'Association des paralysés de France (APF) peut vous aider à organiser un séjour spécifiquement adapté à votre handicap et saura vous conseiller (www.apf.asso.fr).

FEMMES SEULES

Les femmes qui voyagent seules courent rarement de danger, en revanche, elles sont souvent importunées par les hommes. Pour éviter tout problème, il est conseillé de s'habiller de façon décente, de marcher d'un air résolu et ne pas sortir seule la nuit.

Les cafés traditionnels *(p. 208-209)* sont souvent réservés aux hommes, tandis que certains restaurants réservent des sections aux femmes et aux familles *(p. 193)*. Les quartiers de Beyazit et d'Aksaray sont déconseillés la nuit, car ils comptent de nombreuses

Étudiants près de la porte de style mauresque de l'université d'Istanbul

prostituées, venues des pays balkaniques. En revanche, dans le quartier de Beyoğlu et dans de nombreuses banlieues prospères d'Istanbul, les femmes peuvent flâner seules, même la nuit.

ÉTUDIANTS

La carte internationale d'étudiant offre peu de réductions sauf sur le réseau ferré. Les hébergements bon marché ne manquent pas. En juillet et en août, adressez-vous à l'office de tourisme de Sultanahmet pour trouver un lit en dortoir. Il existe aussi quelques auberges de jeunesse *(p. 182-183)*, des hôtels et des pensions à bas prix dans le centre-ville *(p. 184-191)*.

Groupes d'amis dans un café de Beyoğlu

PHOTOGRAPHIE

Dans les musées, un supplément est souvent exigé pour l'emploi d'une caméra vidéo. Les flashs et les trépieds sont généralement interdits. Dans certaines mosquées, le flash n'est pas autorisé, mais il est possible de faire des photos à condition d'être discret. Avant de photographier quelqu'un, demandez-lui la permission. En cas de refus, ayez la délicatesse de ne pas insister.

Étalage coloré de fruits et de légumes sur un marché

DÉCALAGE HORAIRE

La Turquie est en avance d'une heure sur la France. L'heure d'été a cours de mars à octobre. Quand il est midi à Paris, il est 13 h à Istanbul.

ÉLECTRICITÉ

Le courant est de 220 volts et les prises acceptent des fiches à deux broches rondes. En outre, vous trouverez des adaptateurs.

TOURISME RESPONSABLE

Traditionnellement, le recyclage des déchets est assuré par des Roms.

Ceux-ci récupèrent les éléments recyclables dans les énormes bennes à ordures des rues et les mettent dans les chariots qu'ils poussent. Le plastique, le papier, le métal et le verre sont vendus à des entreprises privées. Faites comme certains Stambouliotes et facilitez leur ramassage en les abandonnant à côté des bennes.

L'écologie progresse en Turquie. Le tri sélectif des ordures a été instauré dans certaines rues d'Istanbul et d'autres villes. Les visiteurs sont invités à respecter ces nouvelles mesures.

L'électricité est chère et beaucoup de Turcs utilisent l'énergie solaire pour avoir de l'eau chaude. Si vous défendez l'écologie, vérifiez que votre logement dispose d'un système de ce type. Pour la même raison, les ampoules à faible consommation sont très utilisées en Turquie.

Les marchés sont nombreux à Istanbul *(p. 214-215)*. Si vous y faites vos achats, vous contribuerez à la réduction des emballages, omniprésents dans la grande distribution. Le marché du mercredi – Çarşamba Pazzan – à Fatih, propose d'excellents produits.

ADRESSES

OFFICES DE TOURISME

En France

Office du tourisme de Turquie
102, av. des Champs-Élysées, 75008 Paris
Tél. 01 45 62 78 68.

En Turquie

Aéroport Atatürk
Hall des arrivées internationales.
Tél. (0212) 465 31 51.

Gare de Sirkeci
Sirkeci İstasyon Cad, Sirkeci. **Plan** 3 E3 (5 E1).
Tél. (0212) 511 58 88.

Karaköy
Gare maritime internationale
(Terminal 2). **Plan** 3 E1.
Tél. (0212) 249 57 76.

Place de Sultanahmet
Divanyolu Cad 3, Sultanahmet.
Plan 3 E4 (5 E4).
Tél. (0212) 518 87 54.

Taksim
Nete Cad 6, Seren Apt.
Plan 7 E3
Tél. (0212) 243 56 13.

CONSULATS

France
İstiklâl Cad 8, Taksim.
Tél. (0212) 334 87 30.

Belgique
Siraselviler Cad 39, Taksim.
Tél. (0212) 243 33 00.

Suisse
Büyükdere Cad 173, 1. Levent Plaza, A Blok,
Tél. (0212) 283 12 82.

Canada
Büyükdere Cad 209, tour Tekfen, 16. Kat, Levent 4.
Tél. (0212) 385 97 00.

SERVICES RELIGIEUX

Église catholique Saint-Antoine-de-Padoue
İstiklâl Cad 325, Galatasaray.
Plan 7 D4.
Tél. (0212) 244 09 35.

Église grecque orthodoxe Cathédrale Saint-Georges
Sadrazam Ali Paşa Cad 35, Fener.
Tél. (0212) 525 21 17.

Culte juif Synagogue Neve Shalom
Büyük Hendek Cad 61, Sişhane. **Plan** 6 C5.
Tél. (0212) 293 75 66.

Église anglicane Christ Church
Serdar-ı Ekrem Sok 82, Tünel. **Plan** 7 D5.
Tél. (0212) 251 56 16.

Église presbytérienne All Saints Church
Yusuf Kamil Sok Paşa 10, Moda.

VOYAGEURS HANDICAPÉS

Association turque pour les handicapés
Tél. (0212) 521 49 12
www.tsd.org.tr

Santé et sécurité

Badge de la police

La ville d'Istanbul est plus sûre que nombre de villes européennes et les visiteurs sont rarement victimes d'agressions. Istanbul est toutefois une cité en plein essor avec de grandes disparités sociales entre riches et pauvres, d'où une augmentation du nombre des cambriolages et des vols. Ne quittez donc pas des yeux vos affaires dans les lieux bondés et évitez de flâner seul très tard. Le service de santé est très bon et les hôpitaux privés excellents. Un pharmacien vous conseillera en cas de petit souci.

POLICE

La Turquie compte plusieurs forces de police, facilement reconnaissables à leurs uniformes. Les agents de la Sécurité *(Emniyet Polisi),* la police principale, portent des uniformes et des casquettes bleu foncé, et des chemises bleu pâle. La police touristique *(Tourizm Polisi)* est une branche de la Sécurité. La plupart des agents connaissent une ou deux langues européennes. Le poste de la police touristique de Sultanahmet, en face de la Citerne Basilique *(p. 76),* est ouvert 24 h/24. Un interprète turc/anglais s'y trouve du lundi au vendredi de 8 h 30 à 17 h.

Branche d'intervention motorisée de la Sécurité, les Dauphins *(Yunus Polisi)* portent un uniforme de cuir noir avec une bande rouge.

Les agents de la police de la route *(Trafik Polisi)* possèdent le même uniforme que leurs collègues de la Sécurité mais ils portent en plus une ceinture, une casquette et des gants blancs. Ils patrouillent dans des voitures noires et blanches équipées de haut-parleurs. Vêtue de bleu marine, la police municipale *(Zabıta)* surveille les marchés et les quartiers commerciaux.

Badge des Dauphins

La police militaire *(Askeri İnzibat),* portant un uniforme de l'armée et un casque blanc sur lequel est inscrit « As İz », est chargée du contrôle des soldats. Les gendarmes *(Jandarma)* sont chargés d'assurer la sécurité des personnes vivant dans les campagnes.

PRÉCAUTIONS

Comme dans n'importe quelle grande ville, méfiez-vous des pickpockets, surtout sur les marchés, dans les transports et aux terminus de ces derniers. Mettez vos espèces dans un sac « banane » et ne laissez pas en vue appareils photo et portables. Gardez vos sacs en bandoulière devant vous. En cas de problème, criez *« imdat ! »* (au secours !). Si nécessaire, contactez la police touristique. Les femmes voyageant seules ou en groupe doivent être vigilantes. Quand il fait nuit, il faut éviter les quartiers bordant les vieux remparts où l'on risque de se faire agresser. Le quartier de Tarlabaşı est un lieu de vols, de trafic de drogue et de prostitution, et la place de Taksim, surtout près du Tarlabaşı Bulvarı, n'est pas sûre la nuit. Ne laissez pas de biens ayant de la valeur en évidence dans votre chambre d'hôtel (utilisez le coffre) et n'oubliez pas d'avoir toujours sur vous votre carte d'identité, de préférence votre passeport (ou une photocopie). Les guides officiels portent autour du cou une carte avec leur photo et leur nom. Évitez ceux qui ne l'ont pas. Enfin, vérifiez que le chauffeur de taxi met en marche son compteur avant de démarrer.

SOINS MÉDICAUX

En cas d'urgence, vous trouverez les numéros à composer sur la page ci-contre. Si votre état est grave, vous devriez être pris en charge immédiatement, mais vous devez avoir votre assurance sur vous afin de prouver que vous êtes solvable. L'hôpital public **Taksim Ilkyardım Hartanesi** (hôpital des urgences de Taksim) a une bonne réputation. Les hôpitaux américains et allemands disposent de services d'urgence dentaires.

Agent de la Sécurité   **Policier de la route**   **Dauphin**

Camion de pompier

Voiture de la Sécurité (Emniyet Polisi)

Ambulance d'État

SÉCURITÉ DES BIENS

Les Turcs sont en général honnêtes et feront tout pour restituer un objet perdu. Retournez à l'endroit où vous l'avez perdu ou contactez la police touristique. En cas de perte dans un transport public, adressez-vous à la compagnie de **bus IETT**. En cas de vol, la police touristique vous fera rédiger et signer une déclaration que vous remettrez à votre assurance.

HÔPITAUX ET PHARMACIES

Les hôpitaux publics et privés turcs sont bien équipés. Les premiers sont souvent bondés et assez bureaucratiques. Les seconds, en général plus efficaces et plus confortables,

Şişli Etfal Hastanesi

Panneau d'un hôpital public de Sisli

Enseigne de pharmacie, Istanbul

disposent d'un plus grand nombre de médecins parlant anglais et d'un service d'ambulances. Pour les soins bénins, rendez-vous dans un dispensaire (poliklinik)

ou chez un généraliste (tibbi doktorlar). En cas de problèmes mineurs, allez d'abord dans une pharmacie (eczane). Bien formés, les pharmaciens parlent souvent anglais et délivrent des antibiotiques sans ordonnance. L'adresse de la pharmacie de garde (nöbetçi eczane) la plus proche est habituellement indiquée dans la vitrine.

PRÉCAUTIONS SANITAIRES

Avant de partir, mettez à jour vos vaccins (diphtérie, polio, typhoïde et tétanos), voire hépatites A et C. Ne buvez pas d'eau du robinet (de l'eau minérale est en vente partout) et choisissez les restaurants où vous prenez vos repas et les plats que vous commandez avec soin. Évitez les aliments qui ne semblent pas frais, surtout les fruits de mer, et ne mangez de salade que dans les restaurants chic.

Certains visiteurs ont l'estomac dérangé en raison de l'abondance de l'huile dans les plats et de l'eau du robinet. Si tel est le cas, ne mangez que du pain, du yaourt et du riz pendant quelques jours. Buvez beaucoup et évitez l'alcool. Pour soigner les maux d'estomac, vous trouverez en pharmacie du Lomotil, du Ge-Oral et du Buscopan. Si au bout de 24 heures, vos douleurs n'ont pas cessé, c'est qu'il s'agit d'une intoxication et qu'il faut des antibiotiques. Les piqûres de moustiques peuvent gêner légèrement votre séjour. Emportez un produit répulsif contre les moustiques ou achetez un diffuseur d'insecticides, une fois sur place.

ASSURANCE VOYAGE

Il existe peu d'accords entre le système de santé turque et celui des autres pays. Comme les frais sont souvent élevés dans les hôpitaux privés, contractez une assurance médicale avant de partir.

ADRESSES

URGENCES

Ambulance
Tél. 112.

Hôpital centre d'appel
Tél. (0212) 444 09 11.

Police
Tél. 155.

Police touristique
Yerebatan Cad 6, Sultanahmet.
Plan 3 E4. *Tél.* (0212) 527 45 03.

Pompiers
Tél. 110.

OBJETS TROUVÉS

Compagnie de bus IETT
Tünel, Beyoğlu. **Plan** 7 D5.
Tél. (0212) 245 07 20.

HÔPITAUX

Ayasofya Eczanesi
Divanyolu Cad 28,
Sultanahmet. **Plan** 3 D4.
Tél. (0212) 513 72 15.

Hôpital allemand
Sıraselviler Cad 119, Taksim.
Plan 7 E4.
Tél. (0212) 2448 26 18.

**Hôpital américain
(Admiral Bristol)**
Güzelbahçe Sok 20,
Nişantaşı. **Plan** 8 A2.
Tél. (0212) 444 37 77.

Hôpital Cerrahpaşa
Koca Mustafa Paşa Cad,
Fatih. **Plan** 1 C5.
Tél. (0212) 414 30 00.

**Hôpital européen
(Avrupa)**
Mehmetçik Cad, Cahit Yalçın
Sok 1, Mecidiyeköy. **Plan** 8 A1.
Tél. (0212) 212 88 13.

İstiklâl Eczanesi
İstiklâl Cad 423, Beyoğlu
Plan 7 D4.
Tél. (0212) 2448 26 18.

**Taksim Ilkyardim
Hastanesi**
Sıraselviler Cad, Taksim.
Plan 7 E4. *Tél.* (0212) 252 4300.

Banques et monnaie

Le montant des devises étrangères ou turques n'est pas limité à l'entrée en Turquie. En janvier 2005, après des années d'inflation, la nouvelle livre turque (*Yeni* Türk Lirası ou YTL) est entrée en vigueur, faisant disparaître les nombreux zéros de l'ancienne devise. Quatre ans plus tard, après avoir lutté contre l'inflation (qui était de 10 %), le gouvernement a rétabli la livre turque. Celle-ci s'est bien comportée lors de la crise économique de 2009 en se maintenant face aux autres devises, voire en s'appréciant mieux. Les visiteurs peuvent régler la plupart de leurs achats avec des cartes de crédit, retirer de l'argent aux distributeurs ou réaliser des transactions bancaires.

Distributeur de billets avec des instructions en plusieurs langues

BANQUES ET BUREAUX DE CHANGE

La plupart des banques privées comme Garanti et Yapıkredi ouvrent de 9 h à 17 h du lundi au vendredi. Les plus grandes ouvrent aussi le samedi. Les banques d'État, comme Ziraat, ferment entre 12 h 30 et 13 h 30. Il existe des agences dans les principaux quartiers dans la Divanyolu Caddesi à Sultanahmet et dans l'İstiklâl Caddesi à Beyoğlu. L'İş Bankası, à l'aéroport d'Atatürk, est ouverte 24 h/24. Istanbul compte aussi de nombreuses banques étrangères comme Citibank ou HSBC.

Dans la plupart des banques, il faut prendre un ticket au distributeur (dans les bureaux de change, il faut presser le bouton *döviz*) et attendre que votre numéro s'affiche sur l'écran lumineux.

Plusieurs banques turques ont dans les aéroports des agences offrant les services bancaires habituels. L'inflation étant faible, vous n'avez plus besoin d'attendre le taux le plus favorable. Les bureaux de change (*döviz*) sont moins nombreux qu'autrefois. Ils sont ouverts plus tard que les banques et le samedi, mais offrent souvent de moins bons taux. Les bureaux les plus anciens sont Bamka Döviz à Taksim et Çetin Döviz dans l'İstiklâl Caddesi.

DISTRIBUTEURS AUTOMATIQUES

Des distributeurs sont situés à l'extérieur des banques ainsi qu'à proximité des principaux sites touristiques et des commerces. Acceptant la plupart des cartes de paiement (MasterCard, Visa, etc.), ils vous permettent de retirer environ 170 € par jour. Les instructions sont aussi en anglais. N'oubliez pas qu'une commission est prélevée lors d'un retrait.

CHÈQUES DE VOYAGE ET CARTES BANCAIRES

L'essor des cartes bancaires et des distributeurs a rendu les chèques de voyage presque obsolètes. Sachez qu'ils sont difficilement échangeables en Turquie. Si vous avez besoin d'une grosse somme d'argent, recourez au transfert (*havale*) via Western Union par exemple qui a passé des accords avec la poste turque (PTT, *p. 235*) et certaines banques. C'est un moyen sûr et rapide, mais coûteux.

Les cartes bancaires Visa, MasterCard et, dans une moindre mesure, American Express et Diners Club sont acceptées dans les hôtels, les

ADRESSES

BUREAUX DE CHANGE

Bamka Döviz
Cumhuriyet Cad 23, Taksim.
Plan 7 E3. **Tél.** *(0212) 253 53 00.*

Çetin Döviz
İstiklâl Cad 39, Beyoğlu.
Plan 7 E4. **Tél.** *(0212) 252 64 28.*

Ziraat Bankası
Yeniçeriler Cad 55, Beyazıt.
Plan 2 C4 (4 B3).
Tél. *(0212) 517 06 00.*

EN CAS DE PERTE DE CARTE BANCAIRE

Diners Club, Visa, MasterCard et Eurocard
Tél. *(0212) 351 99 00.*

American Express
Tél. *(0212) 444 25 25.*

Une agence de HSBC à Istanbul

magasins et les restaurants. Mais le paiement par carte est parfois refusé dans les petits restaurants et les épiceries. Certaines cartes délivrées par des banques internationales comme HSBC et Citibank sont aussi acceptées, mais il vaut mieux vérifier leur validité à l'étranger avant de partir. N'oubliez pas votre code, car votre carte ne pourra être utilisée sans ce dernier.

Les billets

Il existe des coupures de 200 TL, 100 TL, 50 TL, 20 TL, 10 TL et 5 TL. Chacune se distingue par sa couleur. Toutes portent l'effigie d'Atatürk sur une face et, sur l'autre, d'autres personnalités turques.

Informez votre banque de votre voyage afin de ne pas avoir de problème sur place.

Aucune commission n'est prélevée sur les cartes bancaires, mais des hôtels accordent des rabais en cas de paiement en espèces (*p. 182*). Si vous achetez un billet d'avion dans une agence de voyages, sachez que celle-ci prélèvera une commission de 3 %.

DEVISES

La monnaie est la livre turque (TL) ou plus officiellement TRY. La livre est divisée en kuruş, 100 kuruş équivalant à 1 livre. Le plus petit billet est celui de 5 TL, le plus gros celui de 200 TL. Ne vous inquiétez pas si l'on vous donne de vieux YTL qui n'ont plus cours depuis le 1er janvier 2009, vous pourrez les changer dans une agence d'État. Certains Turcs parlent encore en anciennes livres. Ils vous demanderont ainsi *bir milyon* (un million de livres) pour un verre de thé (1 livre). On peut sortir jusqu'à 3 500 € de Turquie en espèces.

50 livres

20 livres

10 livres

5 livres

Les pièces

Il existe des pièces de 5 kuruş, de 10 kuruş, de 25 kuruş, de 50 kuruş et d'1 livre (100 kuruş). Atatürk est représenté sur chacune d'elles.

1 livre   **50 kuruş**   **25 kuruş**   **10 kuruş**   **5 kuruş**

Communications et médias

Logo de la poste

Toutes les grandes villes de Turquie possèdent un réseau Internet haut débit efficace et des connexions à larges bandes. Les cybercafés sont nombreux, mais ils sont concurrencés par les lieux disposant d'un accès Wi-Fi, en nette augmentation. La compagnie d'État Türk Telekom a le monopole des lignes fixes.

Les bureaux de poste sont signalés par le sigle PTT. Le service postal est lent mais assez fiable. Téléphoner d'une cabine de la poste est économique. Dans un bureau, vous pourrez changer de l'argent ou en envoyer et en recevoir via Western Union.

De nombreux journaux turcs, des pro-islamistes au plus résolument laïques, rivalisent pour attirer l'attention des lecteurs. La télévision par satellite a révolutionné les chaînes turques autrefois guindées et peu ouvertes sur l'extérieur. Beaucoup de chaînes en langue étrangère sont disponibles.

APPELS INTERNATIONAUX ET LOCAUX

Istanbul a deux indicatifs locaux : 0212 (rive européenne) et 0216 (rive asiatique). Si vous appelez sur la même rive, vous n'avez pas à composer l'indicatif en question, mais vous aurez à le faire avant le numéro si la personne que vous désirez joindre habite sur la rive opposée.

Pour appeler une autre ville de Turquie, composez l'indicatif approprié : 0224 pour Bursa. Pour l'étranger, faites le 00 puis l'indicatif du pays : le 33 pour la France, le 32 pour la Belgique, le 1 pour le Canada et le 41 pour la Suisse.

TÉLÉPHONES PORTABLES

Les portables sont essentiels dans la Turquie moderne. Le marché est dominé par trois opérateurs : **Türkcell**, **Vodafone** et **Avea**. La plupart des visiteurs peuvent se servir de leur téléphone sans problème, car le réseau turc utilise des bandes de fréquences standard 900 MHz et 1800 MHz. Cependant, les téléphones d'Amérique du Nord ne sont pas toujours compatibles et ne fonctionnent pas.

Il est aussi possible d'acheter sans trop de formalités une carte SIM prépayée à des opérateurs locaux, notamment près de la gare de Sirkeci à Eminönü. Il suffira de glisser la puce dans votre téléphone, après avoir débloqué ce dernier. Les appels vous reviendront beaucoup moins cher qu'avec votre carte SIM. Sachez toutefois que ces cartes sont périmées au bout de deux semaines.

TÉLÉPHONES PUBLICS

Les cabines publiques, les bureaux de poste (PTT) et les centres de Türk Telekom (TT) acceptent les cartes téléphoniques. L'Alokart vous permet d'appeler depuis n'importe quelle ligne fixe en Turquie. Vous pouvez acheter des cartes Türk Telekom Kontörlü de 50, 100, 200 et 350 unités dans les bureaux de poste et les centres TT et, moyennant un supplément, dans les kiosques ou auprès des vendeurs de rue.

Carte téléphonique de Türk Telekom Kontörlu

ACCÈS À INTERNET

Istanbul regorge de cybercafés. Précisons cependant qu'ils sont peu nombreux dans le quartier touristique de Sultanahmet. Le **Robin Hood** de Beyoğlu et le **Cyber Café** de Sultanahmet sont très populaires. Les tarifs modestes sont généralement à l'heure, mais on peut négocier une connexion d'une demi-heure. Le clavier turc peut vous dérouter. N'hésitez pas à demander de l'aide. Méfiez-vous des « 1 » sans point qui peuvent transformer vos adresses mail. Le signe « @ » est généralement obtenu en pressant les touches « alt » et « q » en même temps.

Une connexion sans fil (Wi-Fi) est maintenant disponible dans de nombreux hôtels et pensions. Elle est en général gratuite sauf dans certains

Cabines téléphoniques d'Istanbul

Femme profitant du Wi-Fi

hôtels de luxe. La plupart des hôtels possèdent des postes fixes où vous pourrez consulter vos e-mails. De nombreux cafés offrent un accès gratuit au Wi-Fi. Le protocole de voix sur réseau IP (VoIP) permet d'émettre des appels dans le monde entier depuis votre ordinateur à condition d'avoir installé le bon logiciel.

SERVICES POSTAUX

Il y a des bureaux de poste dans toute la ville. Les plus grands proposent un nombre plus important de services. Ils se trouvent à **Sirkeci**, **Taksim**, **Beyoğlu** et **Karaköy**. Les autres sont signalés sur les cartes (p. 247-256). Tous ouvrent généralement de 8 h 30 à 17 h 30 du lundi au vendredi et de 8 h 30 à 12 h le samedi. Les timbres s'achètent uniquement dans les bureaux de poste.

Confiez vos lettres et colis au guichetier ou glissez-les dans les boîtes aux lettres jaunes avec l'inscription « PTT ». Il existe des boîtes pour les envois dans la même ville (Şehiriçi), en Turquie (Yurtiçi) et à l'étranger (Yurtdışı).

Pour l'étranger, utilisez un envoi par avion (uçak ile), car le service normal est lent. Envoyez vos colis en recommandé (kayıtlı). Prenez du scotch pour les fermer sur place, car leur contenu sera inspecté. Les lettres et les cartes mettent environ une semaine pour arriver en Europe, mais il faut compter le double pour les autres continents. Le service APS, disponible dans les bureaux de poste, garantit leur acheminement en trois jours en Turquie. Pour le même prix, des sociétés locales comme **Aras** et **Yurtiçi** livrent lettres et colis en une journée. Si vous désirez recevoir du courrier en poste restante, indiquez sur l'enveloppe le nom du destinataire, puis la mention « poste restante », Büyük Postane, Büyük Postane Caddesi, Sirkeci, Istanbul, Turquie. La réception sera payante.

JOURNAUX ET MAGAZINES

Trois quotidiens sont publiés en anglais : *Today's Zaman,* libéral et pro-islamiste, *Hürriyet Daily,* laïque et nationaliste et *Today's Zaman,* son concurrent. Ils couvrent les actualités turques et étrangères. Des journaux et des revues étrangers sont en vente dans les kiosques des lieux touristiques ou fréquentés par des étrangers. L'un des plus pratiques est situé à la sortie du Tünel (p. 241) dans l'İstiklâl Caddesi. Pour être au courant des événements culturels, achetez dans les grands kiosques et les librairies *The Guide* (p. 220) qui propose de bonnes rubriques sur Istanbul et la culture turque.

Kiosque de journaux près du palais Topkapı

TÉLÉVISION ET RADIO

La télévision satellite est en plein essor en Turquie et les chaînes sont nombreuses. BBC World, CNN et Al Jazira figurent parmi les chaînes étrangères. CNBCE, E2, BBC Entertainment et MTV proposent des divertissements en anglais, Eurosport et Spormax, du sport. La plupart des hôtels bénéficient de la télévision satellite mais vérifiez avant de réserver.

La télévision d'État TRT (Türk Radyo ve Televizyon) comprend six chaînes et trois stations de radio. La chaîne TRT2 et la station de radio TRT3 (FM 88.2) diffusent des bulletins d'information en français, anglais et allemand.

ADRESSES

TÉLÉPHONIE MOBILE

Avea
Tél. 0444 15 00.
www.turkcell.com.tr

Türkcell
Tél. 444 05 32.
www.turkcell.com.tr

Vodaphone
Tél. (0212) 444 05 42.
www.vodafone.com.tr

ACCÈS À INTERNET

Cyber Café
Küçük Çayıroğlu Sok 9, Sultanahmet.
Tél. (0212) 516 58 28.

Robin Hood
Yeni Çarşı Cad 24, Beyoğlu.
Tél. (0212) 244 89 59.

BUREAUX DE POSTE

www.ptt.gov.tr

Aras
Alayköşku Cad 2. **Plan** 3 E4.

Beyoğlu
Yeni Çarşı Cad. **Plan** 7 D4.

Karaköy
Kürekçiler Cad 25-27. **Plan** 3 D1.

Sirkeci
Şehin Şah Pehlevi Cad. **Plan** 5 D1.

Taksim
Taksim Meydanı. **Plan** 7 E3.

Yurtiçi
Meşrutiyet Cad 102. **Plan** 7 ED4.

ALLER À ISTANBUL

L'avion est le moyen le plus simple d'aller à Istanbul, via l'aéroport international d'Atatürk (rive européenne) ou celui de Sabiha Gökçen (rive asiatique). Turkish Airlines propose des vols réguliers et directs depuis plus de 100 villes. Plusieurs compagnies européennes (Air France, Lufthansa, etc.) offrent aussi des vols bon marché. L'aéroport d'arrivée est en général celui d'Atatürk, mais de nombreuses compagnies charters et low-cost utilisent celui de Sabiha Gökçen. Il existe des liaisons fréquentes en train et en car depuis plusieurs métropoles européennes, mais il vous faudra être patient. Il n'y a pas de liaison directe en ferry depuis l'Europe, bien que les croisières en mer Égée et en Méditerranée fassent souvent une escale d'un jour à Istanbul.

Logo de Turkish Airlines

Avions à l'aéroport d'Atatürk

ARRIVER EN AVION

Turkish Airlines, la compagnie nationale turque, assure trois ou quatre vols directs par jour au départ de Paris et plusieurs vols par semaine au départ de Lyon, Nice, Bruxelles, Bâle, Genève et Zurich. **Air France** propose trois liaisons par jour au départ de Paris pour Istanbul. **Lufthansa** fait de même au départ des grandes villes européennes via Munich ou Frankfort. Les aéroports de la cité turque accueillent également des compagnies low-cost. **Easyjet** assure des liaisons entre Bâle-Mulhouse et de Sabiha Gökçen ; **Pegasus Airlines** (compagnie turque) programme des vols tous les jours au départ de Paris, Bâle-Mulhouse, Zurich et Bruxelles, et quatre vols par semaine depuis Marseille et Saint-Étienne. **Tuifly** assure deux ou trois vols par jour au départ de Zurich. N'hésitez pas à utiliser un comparateur de prix sur Internet. On peut y faire de bonnes affaires.

Voyages-sncf.com propose ses meilleurs prix sur les billets d'avion, hôtels, location de voitures, séjours clé en main ou Alacarte®. Vous avez aussi accès à des services exclusifs : l'envoi gratuit des billets à domicile, Alerte Résa qui signale l'ouverture des réservations, le calendrier des meilleurs prix, les offres de dernière minute et promotion. www.voyages-sncf.com

AÉROPORT D'ATATÜRK

L'**aéroport d'Atatürk** (*Atatürk Hava Limanı*) est à 25 km à l'ouest du centre-ville, à Yesilköy. Le terminal des vols internationaux (*Dis Hatları*) et celui des lignes intérieures (*Iç Hatları*) sont reliés en 5 minutes par une série de tapis roulants. Le terminal international abrite plusieurs services : une banque ouverte 24 h/24, des agences de location de voiture, un office de tourisme et un comptoir de réservations hôtelières. Prévoyez bien deux heures pour l'enregistrement car l'aéroport est bondé.

Les taxis (*p. 238*) attendent à la sortie. Comptez 40 TL pour Taksim ou Sultanahmet. Moins coûteux, un bus part toutes les demi-heures entre 4 h et 1 h. Le trajet dure 30 à 40 minutes et coûte 10 TL. Depuis l'arrêt « Havaş », à l'extérieur du hall des arrivées, le bus s'arrête à Aksaray (où vous prendrez un tramway ou un taxi jusqu'à Sultanahmet) et termine sa course place Taksim (*p. 107*).

Le transport urbain sur rail (*hafif metro*) et le tramway sont moins chers. Achetez deux jetons à la station du *hafif metro* : allez avec l'un à Zeytinburnu, puis, avec l'autre, prenez le tramway jusqu'à Karaköy (direction Taksim/Beyoğlu) via Sultanahmet et la Corne d'Or.

AÉROPORT DE SABIHA GÖKCEN

De nombreuses compagnies turques et charters desservent cet aéroport situé sur la rive asiatique, à 32 km au sud-est du centre-ville. Il abrite agences de location de voiture, banques, boutiques de produits détaxés et cafés.

Le trajet d'une heure en taxi jusqu'à Taksim coûte près de 95 TL. Des bus Havaş font la navette jusqu'à Taksim toutes les demi-heures entre 4 h et minuit. Comptez 13 TL pour un trajet d'1 heure.

La solution la moins chère consiste à prendre le bus E3 de l'IETT (*p. 239*) jusqu'à IV Levent, puis le métro jusqu'à Taksim, ou bien le

La superbe façade de la gare Sirkeci

bus E10 jusqu'à Kadıköy et le ferry jusqu'à Eminönü (pour aller à Sultanahmet). L'E3 part toutes les 15 minutes entre 6 h et 23 h 10, l'E10 est très fréquent entre 5 h et 3 h 30.

ARRIVER EN TRAIN

Même si l'Orient-Express *(p. 66)* ne va plus jusqu'à Istanbul, un train part toujours de Paris et met trois jours en passant par Vienne, Budapest et Bucarest. Pour plus d'informations, consultez le site **The Man in Seat 61**, mais mieux vaut réserver via **European Rail**.

Istanbul compte deux grandes gares. Les trains en provenance d'Europe arrivent à celle de **Sirkeci** *(p. 66)*, ceux d'Anatolie et du Moyen-Orient à celle de **Haydarpasa** *(p. 133)*, d'où un ferry rejoint la rive européenne.

ARRIVER EN CAR

Les principales compagnies de cars turcs **Ulusoy** et **Varan** assurent des liaisons directes entre Istanbul et plusieurs grandes villes d'Europe, les billets étant vendus sur Internet.

Les cars arrivent à la gare routière *(otogar)* d'Esenler, à 10 km au nord-ouest du centre-ville. C'est aussi le principal terminus des lignes intérieures *(p. 244)*. Les compagnies proposent en général une navette gratuite jusqu'au centre. Sinon, allez à Aksaray en *hafif metro (p. 240-241)*, à Eminönü en prenant le bus 91, ou à Taksim dans le 830.

ARRIVER EN VOITURE

Les automobilistes doivent présenter leur carte grise et leur permis de conduire pour entrer en Turquie. Un tampon apposé sur votre passeport indique que

Panneau de signalisation pour les routes turques

vous êtes entré dans un véhicule et vous ne pourrez pas quitter le pays sans ce dernier. Les douaniers turcs vous délivreront aussi un certificat que vous devrez garder sur vous avec votre passeport et votre permis. Vous devez avoir une assurance si vous venez d'Europe, ainsi qu'un extincteur, une trousse d'urgence et deux triangles de signalisation.

Il est pénible de conduire à Istanbul et les parkings publics *(otopark* ou *katlıotopark)* sont rares et bondés en permanence.

Le pont du Bosphore, l'un des deux grands ponts routiers

CIRCULER À ISTANBUL

Le centre est bien desservi par les lignes de métro et de tramway. Bus et *dolmuş* circulent dans toute la ville, mais aux heures de pointe, il y a du monde dans les rues et les embouteillages sont fréquents. Les ferrys et les bateaux-taxis font la navette sur le Bosphore et, dans une moindre mesure, la Corne d'Or. Une immense

Panneau de rue à un carrefour de Sultanahmet

voie ferrée dont les travaux devraient s'achever en 2013 reliera les rives asiatique et européenne. Longue de plus de 70 km, elle sera souterraine dans le centre-ville et permettra de désengorger le centre. Pour en savoir plus sur le réseau des transports publics en plein essor d'Istanbul, consultez le plan sur la quatrième de couverture.

Touristes flânant devant la mosquée Bleue *(p. 78-79)*

TOURISME VERT

Il est possible de gagner à pied les principaux sites d'Istanbul *(ci-dessous)* et les plus éloignés sont généralement accessibles par les transports publics. Malheureusement, en raison des embouteillages et du manque de pistes cyclables, peu de Stambouliotes ou de visiteurs se risquent à vélo dans la ville. Certains bus et la plupart des taxis roulent au gaz naturel. Les métrobus *(p. 239)* ont des moteurs hybrides écologiques et économiques.

ISTANBUL À PIED

Le développement de zones semi-piétonnes comme l'İstiklâl Caddesi et le centre de Sultanahmet, ainsi que de sentiers pédestres le long de la mer de Marmara et du Bosphore ont rendu les balades à pied plus agréables dans certaines parties

d'Istanbul. Le trafic est rare dans des quartiers plus calmes comme Eyüp *(p. 120-121)* et certains coins de Fatih, Fener et Balat *(p. 110-113)*. Des agences de voyages offrent des promenades guidées (*(p. 239)*.

Les véhicules ne s'arrêtent qu'aux passages protégés contrôlés par des feux. Pour traverser les grandes artères, il faut emprunter les passerelles et les souterrains.

À Istanbul, comme ailleurs, il y a des lieux à éviter *(p. 230)*. Si vous voulez sortir des sentiers battus, demandez conseil à des Turcs et évitez les lieux inconnus la nuit.

Panneau de passage souterrain

TAXIS

Les taxis sont omniprésents à Istanbul et ils sont bon marché par rapport à ceux

d'autres grandes villes d'Europe. Ils circulent jour et nuit. Vous pouvez les arrêter dans la rue ou aller les chercher à une station *(p. 246-256)*. Vous pouvez aussi vous adresser au personnel des hôtels et des restaurants.

Les taxis sont jaune vif, avec l'inscription « taksi » sur le toit. Ils peuvent prendre jusqu'à quatre passagers. Le compteur fixe le tarif de la course. Si vous empruntez le pont du Bosphore, vous paierez le péage en plus de la course. Ne donnez pas de pourboire que si le chauffeur a chargé vos bagages. Cependant, il est normal d'arrondir la somme due. Les chauffeurs parlant anglais sont rares. Prenez un plan où le nom de votre destination figure, car les sites moins fréquentés ne sont pas toujours connus.

File de taxis sur le quai

Bus de Plan Tours

DOLMUS

Ce sont des taxis collectifs aux itinéraires fixes. Leur nom vient du mot turc *dolmuş* (« plein ») et les chauffeurs attendent en effet que les véhicules soient remplis avant de démarrer. Ceux-ci circulent dans la journée jusqu'au milieu de la soirée, plus tard dans les lieux animés.

Leur point de départ et leur terminus sont affichés sur le pare-brise. Le prix d'un trajet est compris entre 3 et 6 TL. Pour payer, donnez l'argent au chauffeur ou à un autre passager pour qu'il le fasse passer. Pour vous arrêter, dites simplement « *Inecek var* » (« Quelqu'un veut descendre »).

Les stations de *dolmuş* sont signalées par des panneaux bleus avec « D » noir sur fond blanc. Les véhicules partent de Taksim, au bout de Tarlabaşı Bulvarı, et de l'endroit où l'Ismet İnönü Caddesi rejoint Taksim, en direction d'Aksaray, Beşiktaş, Kadıköy et Topkapı.

ISTANBUL EN BUS

En ville, les bus dépendent de deux compagnies relevant de la municipalité. Les bus de l'**IETT** sont rouges, ou verts quand ils sont écologiques *(yesil motor)*, et roulent au gaz naturel. Ceux d'Özel Halk (publics) sont principalement bleus et/ou vert clair. Les bus de l'IETT n'acceptent que la carte d'abonnement AKBİL *(p. 241)*, mais si vous êtes étranger, le chauffeur acceptera des espèces. La carte s'achète dans les principaux points de départ, les kiosques à journaux et

auprès des revendeurs privés à côté des Abribus. Des pass hebdomadaires ou bimensuels sont disponibles dans les stations principales.

La montée se fait par l'avant et la sortie par l'arrière. Pressez le bouton au-dessus de la porte ou sur les barres pour demander à sortir. La liste des arrêts est affichée sur un panneau latéral ou sur un écran vidéo. La plupart des bus circulent de 6 h à 22 h ou 23 h. Les métrobus empruntent les couloirs qui leur sont réservés. La première ligne achevée offre peu d'intérêt pour les touristes, mais la seconde située entre Edirnekapı et Vezneciler devrait relier les remparts de la cité au quartier du Bazar.

VISITES EN CAR

Plusieurs agences de tourisme proposent la visite en car de sites, ainsi que des visites de la ville et de ses environs. **Plan Tours** offre aussi des excursions à Gallipoli, Troie et Bursa, des visites consacrées à l'héritage juif et des croisières le long du

---

LIGNES DE BUS UTILES

15 Üsküdar – Beykoz
15/A Beykoz – Anadolu Kavağı
22 Kabataş – İstinye
25/A Levent Metro – Rumeli Kavağı
28 Edirnekapı – Beşiktaş
28/T Topkapı – Beşiktaş
37/E Eminönü – Edirnekapı
40 Taksim – Sariyer
80 Eminönü – Yedikule
81 Eminönü – Yeşilköy
86/V Vezneciler – Edirnekapı

Bosphore *(p. 144-149)*. Parmi ces agences offrant des tours de la ville, citons **Backpackers Travel**, **Fest Travel** et **Turista**. Vous en trouverez d'autres *(p. 245)*.

Si quelqu'un veut vous servir de guide, vérifiez qu'il a sa carte avec une photo, et dites clairement ce que vous voulez voir et à quel prix. Si vous avez du temps et ne souhaitez pas prendre les transports en commun, vous pouvez négocier avec un chauffeur la visite de la ville ou le trajet jusqu'à un site. Pour cela, mieux vaut passer par votre hôtel.

ADRESSES

RÉCLAMATIONS TAXI

Tél. (0212) 325 15 15.

COMPAGNIES DE BUS

IETT (Compagnie d'omnibus d'Istanbul)
Erkan-ı Harp Sok 4, Beyoğlu.
Plan 7 D5.
Tél. (0800) 211 60 68,
(0800) 211 61 20.
www.iett.gov.tr

VISITES GUIDÉES

Backpackers Travel
Yeni Akbıyık Cad 22,
Sultanahmet. **Plan** 3 D4 (5 D3).
Tél. (0212) 638 63 43.
www.backpackerstravel.net

Fest Travel
Barbaros Bulvan, 74/20,
Beşiktaş. **Plan** 8 C2.
Tél. (0212) 638 216 10 36.
www.festtravel.com.tr

Plan Tours
Cumhuriyet Cad 83/1, Elmadağ.
Plan 7 F3. *Tél. (0212) 234 77 77.*
www.plantours.com

Bureau de Sultanahmet (en face de Sainte-Sophie)
Plan 3 E4 (5 E4).
Tél. (0212) 458 18 00.

Turista Travel
Divanyolu Cad 16, Sultanahmet.
Plan 3 D4 (5 D4).
Tél. (0212) 518 65 70.
www.turistatravel.com

Circuler en métro, en tramway et en train

Logo du métro

Le transport ferroviaire est de plus en plus efficace à Istanbul. Le projet de Marmaray devrait le révolutionner. Le réseau permettant un acheminement lent des passagers est en cours d'amélioration et une partie devrait être souterraine. Le tunnel sous le Bosphore relie les rives européenne et asiatique tandis que Beyoğlu sera accessible depuis la vieille ville par le métro, un tunnel passant sous la Corne d'Or.

le pont de Galata (voir le rabat arrière de la couverture) jusqu'à Kabataş. Achetez un jeton (*jeton*) et glissez-le dans la fente du tourniquet (qui accepte aussi la carte AKBİL).

Les tramways circulent sur le côté droit de la rue. Assurez-vous d'être sur le bon quai. Il y en a à toutes les 5 minutes de 6 h à minuit.

HAFIF METRO ET MÉTRO

Le *hafif metro* assure la liaison entre l'aéroport Atatürk et le centre, mais il n'est souterrain qu'en partie. Il circule de 6 h à 0 h 30. Les principaux arrêts sont Zeytinburnu (qui est aussi le point de départ du tramway) et Otogar (gare d'autobus). Le terminus est Aksaray, d'où il faut marcher un peu avant de prendre le tramway. Attention ! Si vous avez des bagages, sachez que vous aurez à emprunter un pont. Le métro d'Istanbul est souterrain. Reliant Şişhane, au bout de l'İstiklâl Caddesi

Tramway moderne d'Istanbul

TRAMWAY

Le réseau de tramways est moderne et efficace, mais il est souvent bondé aux heures de pointe, pendant la semaine. La ligne part de Zeytinburnu (où elle est reliée au *hafif metro* qui dessert l'aéroport d'Atatürk), passe par Aksaray et Sultanahmet, puis emprunte

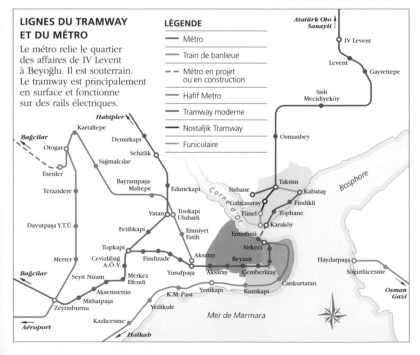

LIGNES DU TRAMWAY ET DU MÉTRO

Le métro relie le quartier des affaires de IV Levent à Beyoğlu. Il est souterrain. Le tramway est principalement en surface et fonctionne sur des rails électriques.

LÉGENDE

— Métro
— Train de banlieue
-- Métro en projet ou en construction
— Hafif Metro
— Tramway moderne
— Nostaljik Tramway
— Funiculaire

Atatürk Oto Sanayii
IV Levent
Levent
Gayrettepe
Sisli Mecidiyeköy
Osmanbey
Habipler
Kartaltepe
Bağcılar
Otogar
Demirkapi
Sehitlik
Sağmalcılar
Esenler
Bayrampaşa-Maltepe
Edimekapi
Sishane
Taksim
Kabataş
Bosphore
Terazidere
Findikli
Galatasaray
Tünel
Tophane
Vatan
Tookapi Ulubatli
Karaköy
Davutpaşa Y.T.Ü.
Fetihkapi
Emniyet Fatih
Eminönü
Topkapi
Sirkeci
Merter
Cevizlibağ A.Ö.Y.
Findizade
Aksaray
Beyazit
Haydarpaşa
Bağcılar
Seyit Nizam
Merkez Efendi
Yusufpaşa
Aksaray
Çemberlitaş
Söğütlücesme
Cankurtaran
Aksemsettin
K.M. Pasa
Yenikapi
Kumkapi
Osman Gazi
Mithatpaşa
Zeytinburnu
Yedikule
Mer de Marmara
Kazlicesme
Aéroport
Halkab
Corne d'or

à IV Levent, en banlieue,
il circule de 6 h 15 à 0 h 30.
Il est propre, bien entretenu
et climatisé. En 2013,
il devrait passer sous la Corne
d'Or et aller jusqu'à Yenikapı.
Glissez les jetons
achetés à l'entrée
dans la fente du
tourniquet pour
prendre le *hafif
metro* et le métro,
ou utilisez la carte
AKBİL.

TÉLÉPHÉRIQUE
ET FUNICULAIRE

**Sigle des chemins de
fer turcs sur un train**

Un téléphérique
relie les rives de la Corne
d'Or à Eyüp au cimetière
et aux jardins de thé d'Eyüp.
Il circule de 8 h à 22 h.
Un autre téléphérique
existe au parc Maçka :
il fonctionne de 8 h à 20 h.
Inauguré en 1875, le Tünel
est un funiculaire de
construction française reliant
à flanc de colline Karaköy
et la place de Tünel à
Beyoğlu, où l'on peut prendre
le vieux tramway circulant
sur l'İstiklâl Caddesi.
La station Karaköy est en
retrait de la rue principale,
à côté du pont de Galata
(*p. 101*). Le Tünel ferme
à 21 h. Un funiculaire
moderne relie la place de
Taksim au terminal des ferrys
de Kabataş de 6 h à minuit.

NOSTALJIK TRAMWAY

Le *Nostaljik Tramway*
parcourt un peu plus de 1 km
sur l'Istiklâl Caddesi, reliant
la place du Tünel à celle de
Taksim. Sur la rive asiatique,
il part de Kadıköy et suit
Bahariye Caddesi jusqu'à
Moda. Il circule dans les
deux cas de 7 h à 20 h.
Il est constitué de voitures
du début du XXᵉ siècle,
abandonnées en 1966, mais
remises en service en 1989.
Les receveurs sont en
costume d'époque. La
carte AKBİL est disponible
aux terminus.

TRAINS DE BANLIEUE

Lents et délabrés, les trains de
banlieue (*banliyö*) longent la
mer de Marmara entre Sirkeci

et Halkalı sur la rive
européenne. Leur seul intérêt
est qu'ils s'arrêtent à Yedikule
(pour le musée de Yedikule,
p. 115) et à Ataköy
(à proximité du centre
commercial
Galleria, *p. 211*).
Sur la rive asiatique,
les trains de
banlieue relient
Haydarpasa à
Gebze via Bostancı,
un des points
d'embarquement
pour les îles
des Princes.
Ils circulent
de 6 h à 23 h 30
et n'acceptent que la carte
AKBİL et les jetons.
Les deux lignes seront
transformées une fois le projet
de Marmaray terminé. Pour
en savoir plus sur le réseau
ferré, consultez la carte sur le
rabat arrière de la couverture.

LE PASS AKBİL

Ce pass peut être utilisé dans
tous les transports publics
d'Istanbul : *hafif metro,*
tramway, métro, trains de
banlieue, bus, ferrys, bateaux
à moteur et bus de mer.
Abréviation de *akıllı bilet*
ou « billet intelligent », il est
vendu dans la plupart des
stations de bus et billetteries
des transports publics.

Vous avez à verser
une caution
remboursable
de 6 TL et devez
acheter plusieurs
unités à l'avance,
le rechargement
pouvant se faire
à tout moment.
Des machines de
couleur orange
sont situées   **Pass AKBİL**
à l'entrée des
stations et dans les bus. Il faut
placer le pass sur la cavité
prévue, près du panneau
d'affichage. Le montant du
trajet est déduit en unités.
Une nouvelle carte de
transport rechargeable
appelée « beşibiryerde »
a été introduite à Istanbul,
mais n'est pas acceptée
par tous les tourniquets.

Le tramway, principalement en surface, fonctionne sur des rails électriques

Circuler en bateau

Les nombreuses embarcations qui sillonnent le Bosphore entre les rives européenne et asiatique sont le moyen le plus agréable pour se déplacer à Istanbul. Entre les bateaux-taxis, les petits bateaux privés, les ferrys et les catamarans rapides, le choix ne manque pas. Le bateau vous permet d'aller relativement vite et d'admirer en même temps le panorama sur cette ville superbe.

Jeton d'un ferry de la İDO

Passagers débarquant d'un ferry

Vieux bateaux à Karaköy

FERRYS

Gérés par la **Société des bus de mer d'Istanbul (İDO)**, ces bateaux appelés *vapur* circulent en permanence sur le Bosphore et la Corne d'Or. Ils sont efficaces et pratiques.

Le principal terminus sur la rive européenne est situé à Eminönü *(p. 87)*, juste à l'est du pont de Galata. Clairement indiquées sur les embarcadères des quais, les destinations des bateaux sont, entre autres, Haydarpaşa, Kadıköy et Üsküdar sur la rive asiatique. Les bateaux de croisière sur le Bosphore *(p. 243)* partent de l'embarcadère « Bogaz Hattı » et les car-ferries de l'embarcadère « Harem » à destination de la rive asiatique. À l'ouest du pont de Galata se trouve le quai d'où partent tous les bateaux

remontant la Corne d'Or (Haliç Hattı). Karaköy, en face d'Eminönü, est un autre terminus important d'où partent les bateaux à destination de Haydarpaşa et de Kadıköy. Les bateaux de croisière internationaux y accostent. Les bateaux circulent toutes les 15 minutes environ, de 7 h à 23 h entre Eminönü et Kadıköy, et de 6 h à 23 h 30 entre Eminönü et Üsküdar. En revanche, ils sont moins fréquents pour les autres dessertes. Si vous désirez vous rendre en bateau dans des villages

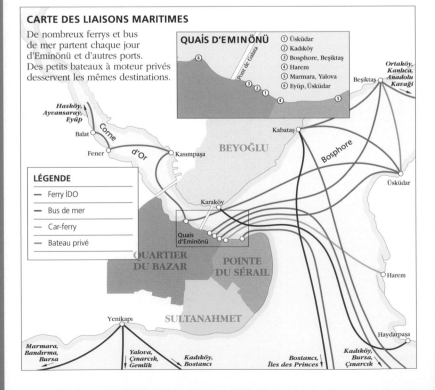

CARTE DES LIAISONS MARITIMES

De nombreux ferrys et bus de mer partent chaque jour d'Eminönü et d'autres ports. Des petits bateaux à moteur privés desservent les mêmes destinations.

QUAİS D'EMİNÖNÜ

① Üsküdar
② Kadıköy
③ Bosphore, Beşiktaş
④ Harem
⑤ Marmara, Yalova
⑥ Eyüp, Üsküdar

Pont de Galata

Ortaköy, Kanlıca, Anadolu Kavağı

Beşiktaş

Hasköy, Ayvansaray, Eyüp

Corne d'Or

Balat

Fener

Kasımpaşa

BEYOĞLU

Kabataş

Bosphore

Üsküdar

LÉGENDE

— Ferry İDO
— Bus de mer
— Car-ferry
— Bateau privé

Karaköy

Quais d'Eminönü

QUARTIER DU BAZAR

POINTE DU SÉRAIL

Harem

Yenikapı

SULTANAHMET

Haydarpaşa

Marmara, Bandırma, Bursa

Yalova, Çınarcık, Gemlik

Kadıköy, Bostancı

Bostancı, Îles des Princes

Kadıköy, Bursa, Çınarcık

situés le long du Bosphore, vous devrez consulter les horaires *(p. 243)*.

BUS DE MER

Les catamarans de fabrication suédoise appelés « bus de mer » *(deniz otobüslü)* sont aussi gérés par **İDO**.

Leur intérieur climatisé ressemble à celui d'un avion avec sièges confortables et inclinables et musique d'ambiance. Plus rapides et confortables que les ferrys, ils sont trois fois plus chers.

L'itinéraire le plus utile est celui qui mène aux îles des Princes *(p. 159)*. Il y a 5 ou 6 départs quotidiens. Pour aller en dehors d'Istanbul consultez les pages 244-245.

Les bateaux des compagnies comme Dentur et Turyol traversent le Bosphore et la Corne d'Or à différents endroits, et remontent le Bosphore. Bien qu'ils soient chers, ils sont moins fréquents que les ferrys qui effectuent les mêmes trajets. Seuls le pass AKBİL *(p. 241)* et les jetons sont acceptés.

BATEAUX-TAXIS

Les bateaux-taxis sont tout nouveaux à Istanbul et partent de 27 quais différents. On peut en réserver un par téléphone ou sur Internet à toute heure. Ils peuvent accueillir dix personnes et le prix, quand il est partagé entre les passagers, est raisonnable.

Bateau-taxi sur le Bosphore

CROISIÈRES SUR LE BOSPHORE

La société İDO propose des croisières quotidiennes sur le Bosphore *(p. 136-149)*. Les prix ont augmenté mais

Un des nombreux bateaux circulant sur le Bosphore

restent abordables. Des rafraîchissements sont servis à bord, mais l'on ne peut pas prendre de repas. Les bateaux sont bondés en été, surtout le week-end. Mieux vaut réserver et arriver tôt pour avoir une place avec vue sur le pont. Gardez votre ticket, car vous devez le montrer au retour. Il est possible de faire un arrêt, et d'embarquer sur le bateau suivant avec le même ticket, mais en cas de nouvelle escale, vous devrez en acheter un autre. İDO propose une croisière jusqu'à Kadıköy en été, le week-end seulement.

Il existe d'autres possibilités de naviguer sur le Bosphore. Les petits bateaux privés qui quittent Eminönü juste après les ferrys d'İDO en été ne remontent que la première moitié du détroit et ne s'arrêtent pas en route. Vous pouvez aussi faire une croisière en contactant la compagnie **Hatsail Tourism**.

BILLETS ET HORAIRES

Pour emprunter les ferrys et bus de mer, vous devez acheter un jeton à tarif unique au guichet *(gişe)* du quai ou un peu plus cher aux vendeurs à la sauvette qui sont assis à côté. Le trajet en ferry coûte 1,5 TL, ceux en bus de mer jusqu'aux îles des Princes, 7 TL. Les jetons sont valables pour tous les trajets

locaux. La carte AKBİL permet d'embarquer plus vite et de bénéficier de rabais, mais pas d'effectuer une croisière sur le Bosphore dont le montant est de 20 TL.

Pour accéder à l'embarcadère, glissez le jeton dans le tourniquet, puis attendez un bateau dans le hall.

Logo de la İDO

Les horaires *(tarife)* sont affichés sur chaque quai et sont vendus au guichet.

ADRESSES

FERRYS ET BUS DE MER

Istanbul Sea Bus Co (İDO)
Tél. (0212) 444 44 36.
www.ido.com.tr

BATEAUX PRIVÉS

Dentur
Tél. (0212) 444 63 36.
www.denturavrasya.com

Turyol
Tél. (0212) 251 44 21.
www.turyol.com

TAXIS DE MER

Deniz Taksi
Tél. (0212) 444 44 36.
www.deniztaksi.com

CROISIÈRES PRIVÉES

Hatsail Tourism
Tél. (0212) 241 62 50.
www.hatsail.com

Se déplacer hors d'Istanbul

Logo de TTOK

Le car est le meilleur moyen de se rendre dans les villes proches d'Istanbul. Pour les plus lointaines, vous pouvez aussi prendre l'avion. Les compagnies d'autocars sont nombreuses. Mieux vaut choisir les plus réputées, quitte à payer plus cher. De nombreuses villes sont accessibles par avion au départ des aéroports d'Atatürk et de Sabiha Gökçen, et les tarifs sont compétitifs. Les trains ne desservent pas toutes les destinations et sont très lents, hormis le train rapide entre Eskişehir et Ankara. Les bateaux et les bus de mer offrent une traversée agréable de la mer de Marmara.

Bus de mer rapide sur le Bosphore

AUTOCARS

La principale gare routière *(Otogar)* pour les liaisons intérieures et internationales se trouve à Esenler, à 14 km au nord-ouest du centre-ville. Il y a une autre gare à Harem, sur la rive asiatique. Toutes deux sont délabrées et mal entretenues. Toutes les sociétés d'autocars ont des guichets dans le centre où vous pourrez acheter des billets et disposent de navettes reliant Istanbul et les arrêts situés près de l'autoroute. Vous devez réserver. La plupart des sociétés acceptent les cartes bancaires. **Varan** et **Ulusoy** *(p. 237)*, les plus réputées, ont des agences dans le centre. Vous pouvez y réserver ou acheter un billet pour aller dans les grandes villes comme Ankara, Antalya et Izmir, ou dans des localités au bord de la mer Noire. **Kâmil Koç** assure la liaison pour Bursa, via Gebze, puis il faut prendre le ferry jusqu'à Yalova. Le trajet dure environ 4 heures. **Çanakkale Truva Seyahat** est la meilleure compagnie pour aller à

Gelibolu (Gallipoli) ou Çanakkale. Les trajets durent respectivement 5 et 6 heures environ. **Metro Turizm** est une société fiable qui dessert de nombreuses villes en dehors d'Istanbul. Les passagers seuls sont généralement placés à côté de personnes du même sexe. Les couples voyagent ensemble. Les voyageurs sont choyés : des rafraîchissements sont offerts, et les arrêts pour se reposer et se restaurer sont fréquents. Dans les cars des meilleures sociétés, il est possible de ne pas avoir de voisin, de bénéficier du Wi-Fi et d'écrans de télévision. Le trajet de 450 km jusqu'à Antalya coûte 75 TL dans un de ces cars.

EN AVION

Il est intéressant de prendre l'avion pour aller dans une ville lointaine comme Antalya, İzmir, Kayseri (Cappadoce), Trébizonde ou Van. Plusieurs compagnies assurent les mêmes liaisons. Les prix sont donc raisonnables (à partir de 70 TL) si vous réservez à l'avance. **Anadolujet** et **Sunexpress** desservent

l'aéroport de Sabiha Gökçen, **Atlas Jet** et **Onur Air** celui d'Atatürk, et **Pegasus** et **Turkish Airlines** les deux. Si vous êtes pressé, **Turkish Airlines** offre des vols pour Bursa et Çanakkale.

BUS DE MER ET FERRYS

Les ferrys rapides *(bızlı feribot)* et les bus de mer *(deniz otobüsü)* sont pratiques quand on a un long trajet à effectuer. Gérés par **İDO** *(p. 242)*, ils sont d'un bon rapport qualité/prix et prennent parfois les voitures. Un ferry relie deux fois par jour Yenikapı à Güzelyalı en 90 minutes et un bus de mer Kabataş à Güzelyalı via Kadıköy en deux heures. De là, il faut prendre un car jusqu'à Bursa. Un ferry rapide effectue sept fois par jour le trajet (1 heure 10 minutes) jusqu'à Yalova. De là, il faut compter encore 1 heure en car jusqu'à Bursa ou 1 heure en minibus jusqu'à İznik. Les bus de mer relient aussi Yenikapı aux îles de Marmara.

TRAINS POUR EDIRNE

Un train quitte tous les jours la gare de Sirkeci *(p. 66)* pour Edirne. Il met 6 heures, soit deux fois plus de temps qu'un car. Vous pouvez réserver à l'avance dans les gares des deux villes, ou dans des agences de voyage affichant le signe « TCDD » des chemins de fer turcs. Bursa, Çanakkale et Iznik ne sont pas desservies.

Café de la gare de Sirkeci, merveille architecturale

VOITURE (LOCATION ET TRAJETS)

Le réseau développé du transport aérien et des liaisons interurbaines en autocar rend la location d'une voiture superflue. Si vous voulez conduire, les services de location tels qu'**Avis**, **Budget** et **Sixt** ont des agences à l'aéroport et dans le centre-ville. Votre permis habituel sera suffisant. Les routes sont dangereuses, car les Turcs conduisent vite et de façon imprudente. La priorité à droite s'applique, y compris aux ronds-points. Le Türkiye Turing ve Otomobil Kurumu (Touring et Automobile Club turc) ou TTOK fournit des conseils et de l'aide en cas de pannes, d'accidents et de problèmes d'assurance.

Logo d'agences de location de voitures

EXCURSIONS D'UNE JOURNÉE

Diverses agences proposent des excursions d'une journée aux îles des Princes, aux Dardanelles, à Bursa et dans des villages de la mer Noire.

D'un bon rapport qualité/prix, celles-ci vous simplifient souvent la vie. **Plan Tours, Turista** et **Türk Express** sont des opérateurs réputés employant des guides anglophones. Tous organisent des visites consacrées à l'histoire et au patrimoine d'Istanbul et d'autres régions. Certaines agences offrent des excursions à la carte dans toute la Turquie. Plan Tours propose un tour de ville en bus à impériale et **CARED** (Association des visites guidées de Çanakkale) dispose de guides multilingues.

TRANSPORTS LOCAUX HORS D'ISTANBUL

Principal mode de transport public à Bursa et Edirne, les *dolmuş* sont des minibus ou des berlines. Leur destination est affichée sur un panneau fixé à leur toit. Si vous séjournez dans le centre

Attelage à Büyüda

de ces villes, vous verrez que vous pouvez accéder à pied aux sites intéressants même si vous n'êtes pas un grand marcheur.

Dans le centre de Bursa, Heykel, à l'extrémité est d'Atatürk Caddesi, est la principale station de *dolmuş*. De là, il est possible de gagner les autres quartiers. Il y a aussi un service de bus efficace et un métro.

Plus petite, Edirne jouit d'un réseau de transports plus limité. Pour aller de la gare routière au centre à 2 km de là, prenez le *dolmuş* Merkez-Garaj, ou un taxi. Les véhicules motorisés sont interdits sur les îles des Princes. À Büyüda et Heybeliada, des calèches sont à votre disposition.

ADRESSES

GARES ROUTIÈRES

Kâmil Koç
Tél. *(0212) 444 05 62.*
www.kamilkoc.com.tr

Metro Turizm
Tél. *(0212) 444 34 55.*
www.metroturizm.com.tr

Çanakkale Truva Seyahat
Tél. *(0212) 444 00 17.*
www.truvaturizm.com

COMPAGNIES AÉRIENNES

Anadolujet
Tél. *(0212) 444 22 38.*
www.anadolujet.com.tr.

Atlas Jet
Tél. *(0212) 444 03 87.*
www.atlasjet.com

Onur Air
Tél. *(0212) 633 23 00.*
www.onurair.com.tr

Pegasus Airlines
Tél. *(0212) 444 07 37.*
www.flypags.com

Sunexpress
Tél. *(0212) 444 07 97.*
www.sunexpress.com

Turkish Airlines
Tél. *(0212) 444 08 49.*
www.turkishairlines.com

BATEAUX

İDO
www.ido.com.tr.

Quai Kabataş
Tél. *(0212) 444 44 36.*

Quai Yenikapı
Tél. *(0212) 444 44 36.*

TRAINS

TCDD
www.tcdd.gov.tr

LOCATION DE VOITURES

Avis
Tél. *(0212) 444 28 47.*
www.avis.com.tr

Budget
Tél. *(0212) 663 08 58.*
www.drivebudget.com

Sixt
Tél. *(0212) 215 24 19.*
www.sixtt.com

TTOK
I. Oto Sanayi Sitesi Yanı, Seyrantepe Yolu, IV Levent.
Tél. *(0212) 282 81 40.*
www.turing.org.tr

EXCURSIONS

CARED
Tél. *(0286) 213 90 40.*

Plan Tours
Cumhuriyet Cad 83/1, Elmadağ. **Plan** 7 F3.
Tél. *(0212) 230 22 72.*

Turista Travel
Divanyolu Cad 16, Sultanahmet. **Plan** 3 D4 (5 D4).
Tél. *(0212) 518 65 70.*
www.turistatravel.com

Türk Express
Cumhuriyet Cad. 47/1, Taksim. **Plan** 7 F3.
Tél. *(0212) 235 95 00.*
www.turkexpress.com

ATLAS DES RUES

Les références cartographiques pour les sites de visite comme pour les hôtels *(p. 180-191)*, les restaurants *(p. 192-209)*, les magasins *(p. 210-219)* et les salles de spectacles *(p. 220-223)* renvoient aux plans de cet atlas. Les trop petites ruelles n'y apparaissent pas bien qu'elles possèdent des renvois. La carte d'ensemble ci-dessous précise la zone couverte par chacun des dix plans de l'atlas. Une liste légendée des symboles utilisés l'accompagne. Pour une vue d'ensemble du Grand Istanbul, reportez-vous aux pages 108-109. La carte des transports publics figurant sur le rabat arrière de couverture facilitera vos déplacements.

À la recherche d'un site à Istanbul

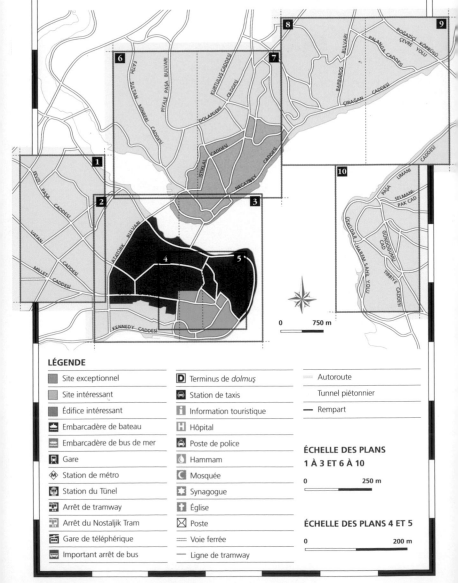

LÉGENDE

▦ Site exceptionnel	Ⓓ Terminus de *dolmuş*	═ Autoroute
▦ Site intéressant	🚕 Station de taxis	Tunnel piétonnier
▦ Édifice intéressant	🛈 Information touristique	─ Rempart
⛴ Embarcadère de bateau	Ⓗ Hôpital	
🚢 Embarcadère de bus de mer	🚓 Poste de police	**ÉCHELLE DES PLANS**
🚉 Gare	🛁 Hammam	**1 À 3 ET 6 À 10**
Ⓜ Station de métro	Ⓒ Mosquée	0 250 m
Ⓣ Station du Tünel	✡ Synagogue	
🚊 Arrêt de tramway	✝ Église	
🚊 Arrêt du Nostaljik Tram	⊠ Poste	**ÉCHELLE DES PLANS 4 ET 5**
🚠 Gare de téléphérique	══ Voie ferrée	0 200 m
🚌 Important arrêt de bus	─ Ligne de tramway	

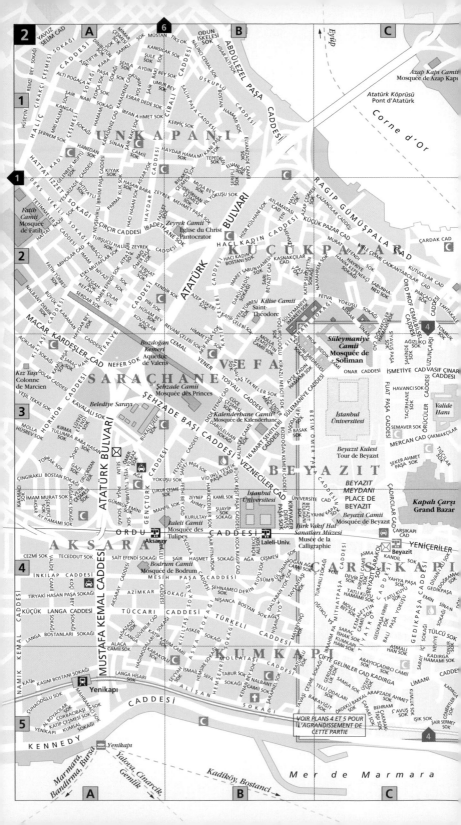

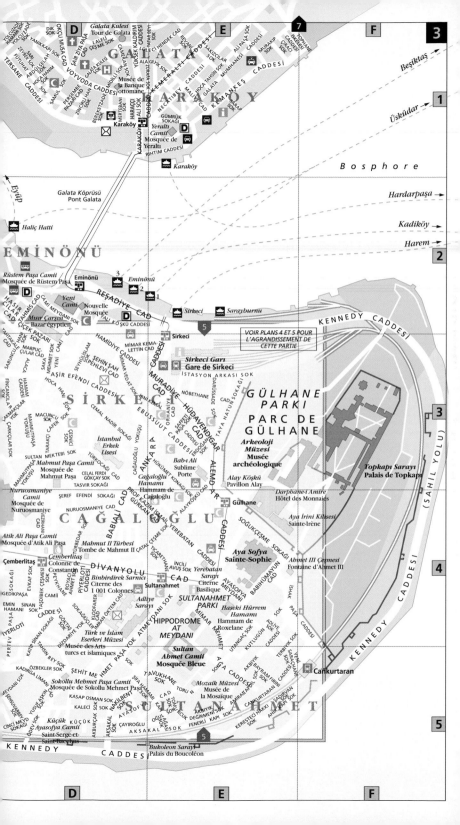

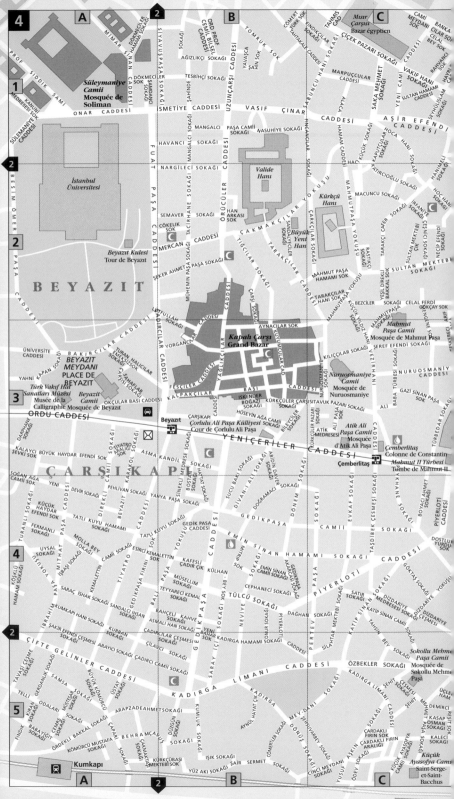

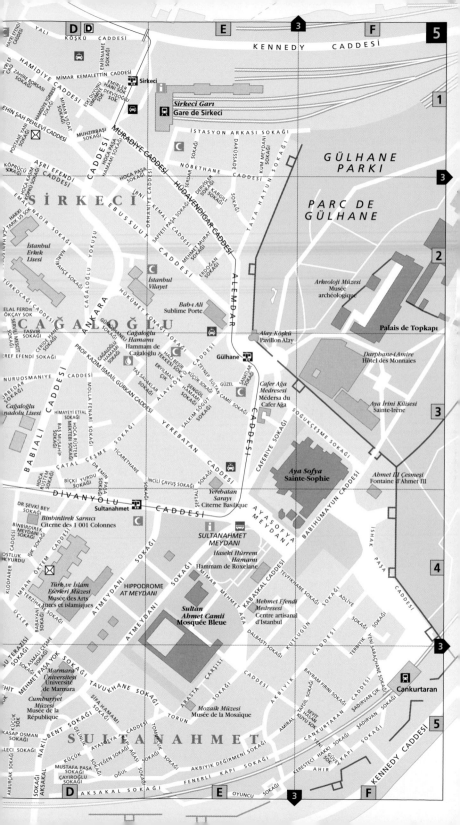

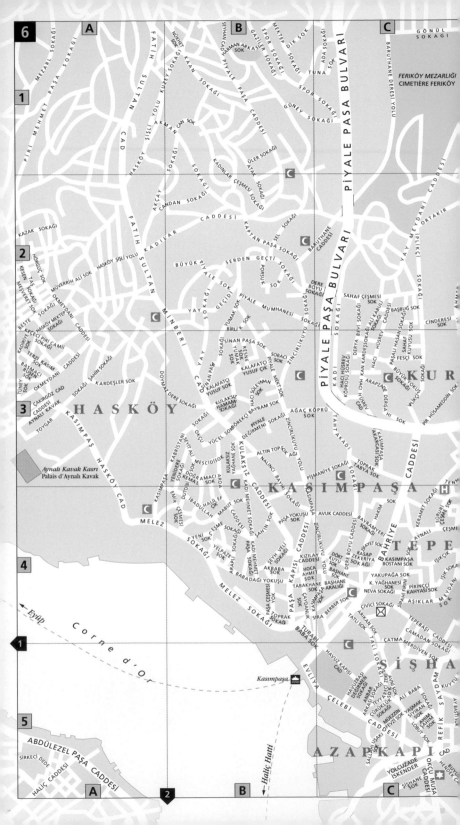

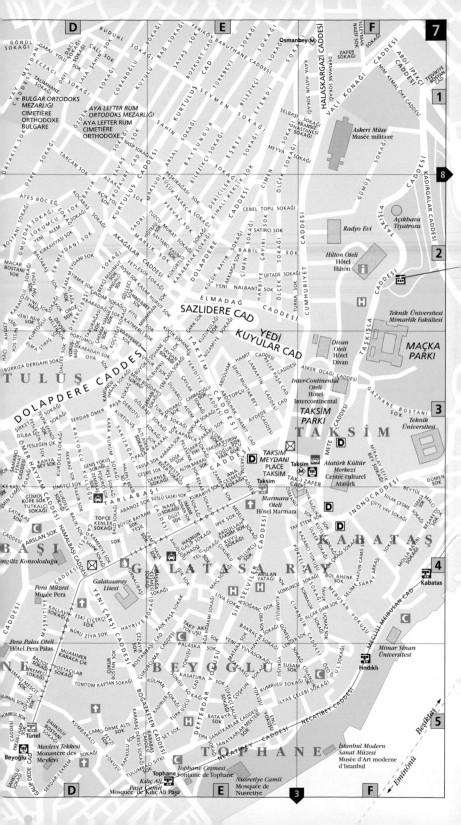

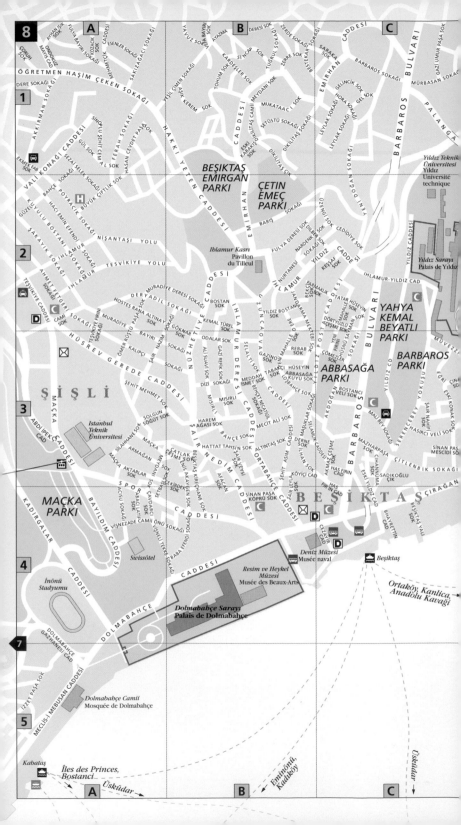

Répertoire des noms de rue

En turc, les lettres Ç, Ğ, İ, Ö, Ş et Ü sont considérées comme autonomes et apparaissent dans l'alphabet après le C, le G, etc. Ce guide ne fait toutefois pas cette différenciation et le mot Çiçek, par exemple, suit Cibinlik comme s'ils commençaient tous deux par un C. Les abréviations Sok. pour Sokagı et Cad. pour Caddesi sont les abréviations utilisées en Turquie. Les références entre parenthèses renvoient aux plans 4 et 5 plus détaillés.

A

Abacı Dede Sok.	10 C3
Abacı Latif Sok.	8 A4
Abanoz Sok.	7 D4
Abbasağa Kuyu Sok.	8 B3
Abdi İpekçi Cad.	7 F1, 8 A3
Abdülezel Paşa Cad.	2 B1, 6 A5
Abdül Feyyaz Sok.	10 C2
Abdülhak Hamit Cad.	7 E3
Abdullah Sok.	7 E4
Abdülselah Sok.	3 D1
Abidin Daver Sok.	4 B3
Açıkbaş Sok.	1 B2
Açıklar Sok.	1 C4, 2 A3
Açık Türbe Çık	10 B3
Açık Türbe Sok.	10 B3
Açık Yol Sok.	7 D2
Acısu Sok.	8 A4
Ada Sok.	6 C1
Adem Baba Sok.	1 A3
Adliye Sok.	3 E4 (5 F4)
Afacan Sok.	8 B3
Ağa Çeşmesi Sok.	2 B4
Ağa Çırağı Sok.	7 F4
Ağaç Köprü Sok.	6 B3
Ağa Hamamı Sok.	7 E4
Ağa Yokuşu Sok.	2 A3
Ağızlıkçı Sok.	2 C3 (4 B1)
Ağızlık Sok.	1 B1
Ahali Sok.	10 A3
Ahım şahım Sok.	6 C5
Ahır Kapı Sok.	3 E5 (5 F5)
Ahmediye Cad.	1 C5
Ahmet III, fontaine d'	3 E4 (5 F4)
Ahmet Fetgeri Sok.	8 A2
Ahmet Hikmet Sok.	1 B5
Ahmet Şuayip Sok.	2 B4
Ahmet Vefik Paşa Cad.	1 A5
Ahrida, synagogue d'	1 C1
Ahşap Minare Sok.	1 B3
Ahududu Sok.	7 E4
Aile Sok.	1 C4
Akağalar Cad.	7 D2
Akarsu Yokuşu	7 E5
Akbaba Sok.	6 B4
Akbıyık Cad.	3 E5 (5 E5)
Akbıyık Değirmeni Sok.	3 E5 (5 E5)
Akburçak Sok.	3 D5 (5 D5)
Akçay Sok.	6 A2
Akdeniz Cad.	1 B4
Akdoğan Sok.	8 C3
Akif Paşa Sok.	2 B3
Akkarga Sok.	7 E2
Akkavak Sok.	8 A2
Akkiraz Sok.	7 D3
Akkirman Sok.	8 A1
Ak Koyunlu Sok.	1 A5
Akman Sok.	6 B1
Akmaz Çeşme Sok.	8 C3
Aksakal Sok.	3 D5 (5 D5)
Aksaray Cad.	2 A4
Aksaray Hamamı Sok.	1 C5, 2 A4
Akseki Cad.	1 B3
Akseki Camii Şerif Sok.	1 B3

Akşemsettin Cad.	1 B3
Aktar Sok.	9 E2
Ala Geyik Sok.	3 D1
Alaca Camii Sok.	2 A4
Alaca Hamam Cad.	3 D3 (4 C1)
Aladoğan Sok.	9 E2
Alay Köşkü	3 E3 (5 E3)
Alayköşkü Cad.	3 E4 (5 E3)
Albay Cemil Sakarya Sok.	1 B4
Albay Sadi Alantar Sok.	8 A1
Al Boyacılar Sok.	2 A5
Alçak Dam Sok.	7 F4
Alemdar Cad.	3 E3 (5 E2)
Ali Ağa Sok.	7 D2
Ali Baba Sok.	6 C5
Ali Baba Türbesi Sok.	4 C3
Ali Hoca Sok.	7 D5
Ali Kabuli Sok.	6 C2
Ali Kuşçu Sok.	1 A1
Ali Paşa Sok.	3 E1 (4 C3)
Alişah Sok.	1 B2
Alişan Sok.	2 B5
Ali Suavi Sok.	8 B3
Altay Cad.	1 B3
Altı Asker Sok.	7 D3
Altın Bakkal Sok.	7 E3
Altıntaş Sok.	8 B3
Altın Top Sok.	6 B3
Altı Poğaça Sok.	2 A1
Ambar Sok.	10 B5
Ambarlı Dere Sok.	9 E1
Amca Bey Sok.	9 F1
Amiral Tafdil Sok.	3 E5 (5 E5)
Ana Çeşmesi Sok.	7 E3
Anadolu Sok.	7 E4
Anbar Arkası Sok.	6 C5
Ankara Cad.	3 E3 (5 D1)
Arakiyeci Çık	10 C4
Arakiyeci Sok.	10 C4
Araplı Sok.	6 B4
Arapzade Ahmet Sok.	2 C5 (4 A5)
Arapzade Dergahı Sok.	6 C3
Arasta Çarşısı	5 E5
Arayıcı Sok.	2 C5 (4 A5)
Arda Cad.	6 B3
Arif Paşa Sok.	4 C3
Arıkan Sok.	6 C4
Arı Sok.	1 B2
Armağan Sok.	8 A3
Armutlu Sok.	1 A3
Arpa Emini Köprüsü Sok.	1 A3
Arslan Sok.	7 E4
Arslan Yatağı Sok.	7 E4
Arts turcs et islamiques, musée des	3 D4 (5 D4)
Asariye Cad.	9 D3
Aşçıbaşı Mektebi Sok.	10 C4
Aşık Kerem Sok.	8 B1
Aşıklar Meydanı Sok.	6 C4
Aşıklar Sok.	7 E3
Aşık Paşa Sok.	2 A1
Aşir Efendi Cad.	3 D3 (4 C1)
Asker Ocağı Cad.	7 F3
Asker Sok.	2 B4
Asma Kandil Sok.	2 C4 (4 A3)
Asmalı Çeşme Sok.	5 D5

Asmalı Han Sok.	2 C5 (4 B4)
Asmalı Mescit Sok.	7 D5
Asmalısalkım Sok.	9 D3
Asmalı Sok.	10 A2
Astar Sok.	2 A1
Asya Sok.	2 B4
Atak Sok.	6 B2
Atatürk Bulvarı	2 A3
Atatürk, pont d'	2 C1
Ateş Böceği Sok.	7 D2
Atik Ali Paşa, mosquée d'	3 D4 (4 C3)
Atik Medresesi Sok.	4 C3
Atik Valide Camii	10 C3
Atiye Sok.	8 A2
Atlamataşı Cad.	2 B2
Atlas Çık	10 B2
Atlas Sok.	10 B2
Atmeydanı Cad.	3 D4 (4 C4)
Atölyeler Sok.	10 C5
Atpazarı Sok.	2 A2
Avni Paşa Sok.	10 B4
Avni Sok.	6 C5
Avşar Sok.	7 D2
Avuk Cad.	6 C4
Ayan Sok.	1 C1
Ayasofya Meydanı	3 E4 (5 E4)
Ayaydın Sok.	9 E1
Ayazma Deresi Sok.	8 B1
Aybastı Sok.	6 C5
Aydede Cad.	7 E3
Aydın Bey Sok.	2 A1
Aydınlık Sok.	9 F2
Ayhan Işık Sok.	8 A1
Ayın Sok.	10 C3
Aynacılar Sok.	4 B3
Aynalı Çeşme Cad.	6 C4
Aynalı Kavak Cad.	6 A3
Aynalı Kavak, palais d'	6 A3
Aynülhayat Çık	4 B5
Ayşe Kadın Hamamı Sok.	2 B3 (4 A1)
Azak Sok.	7 D2
Azap Çeşmesi Sok.	2 B2
Azap Kapı, mosquée d'	2 C1
Azat Çık	10 B2
Azat Yokuşu	10 B2
Azep Askeri Sok.	2 B2
Azimkar Sok.	2 A4
Aziz Efendi Mektebi Sok.	10 B3
Azizlik Sok.	10 C2
Aziz Mahmut Efendi Sok.	10 B2

B

Babadağı Sok.	7 D2
Babadağı Yokuşu	6 B4
Baba Efendi Sok.	8 B4
Baba Hasan Sok.	2 A3
Babayanı Sok.	5 D4
Babıali Cad.	2 C5 (4 A5)
Babıali Cad.	3 D4 (5 D3)
Babıhümayun Cad.	3 E4 (5 F4)
Babil Sok.	7 E2
Babnaibi Sok.	1 B3
Bahçeli Kahve Sok.	4 B4
Bahriye Cad.	6 C4

Baki Bey Sok.	1 B5
Bakıcı Sok.	10 B2
Baki Dede Sok.	1 C1
Bakırcılar Cad.	4 A3
Bakkal Bekir Sok.	10 B4
Bakraç Sok.	7 E4
Balaban Cad.	10 B2
Balat Vapur İskelesi Cad.	1 C1
Balçık Sok.	10 B2
Balcılar Yokuşu	10 C4
Balık Sok.	7 D4
Bali Paşa Cad.	1 B3
Bali Paşa Yokuşu	2 C4 (4 A4)
Balo Sok.	7 E4
Baltabaş Sok.	7 D2
Balyoz Sok.	7 D5
Bamyacı Sok.	9 F5
Bankacılar Sok.	4 C1
Barbaros Bulvarı	8 C1
Barbaros Hayrettin Cad.	8 C4
Barbaros Sok.	8 C1
Barış Sok.	8 B2
Baruthane Cad.	1 A4, 6 B2
Baruthane Deresi Yolu	6 C1
Başağa Çeşmesi Sok.	7 E4
Basak Sok.	2 B3
Başbuğ Sok.	6 C2
Başhane Aralığı	6 C4
Başhane Sok.	6 C4
Başhoca Sok.	1 C3
Baş İmam Sok.	1 C3
Başkatip Sok.	1 B3
Basmacı Ruşen Sok.	6 A3
Baş Müezzin Sok.	1 C3
Baş Musahip Sok.	5 D3
Başvekil Cad.	1 A4
Batarya Sok.	7 E5
Battal Gazi Sok.	1 B3
Batumlu Sok.	2 B5
Bayıldım Cad.	8 A4
Bayır Sok.	7 D1
Bayram Fırını Sok.	3 E5 (5 F5)
Bayramyeri Sok.	6 C4
Baysungur Sok.	7 E1
Bazar aux Livres	2 C4 (4 A2)
Bazar égyptien	3 D2 (4 C1)
Beaux-Arts, musée des	8 B4
Bedrettin Sok.	6 C5
Behçet Necatigil Sok.	8 B3
Behram Çavuş Sok.	2 C5 (4 A5)
Bekar Sok.	7 E4
Bekçi Mahmut Sok.	7 D2
Bekçi Sok.	8 B2
Bektaş Sok.	10 C3
Bereketli Sok.	9 F5
Bereketzade Sok.	3 D1
Beşaret Sok.	7 F4
Beşiktaş Boğaziçi Köprüsü Bağlantı Yolu	9 D1
Beşiktaş Cad.	8 B4
Beşiktaş Kireçhane Sok.	8 B3
Beşiktaş Yalı Sok.	8 C4
Besim Ömer Paşa Cad.	2 B3 (4 A2)
Beşirgazi Sok.	1 B1
Bestekar Ahmet Çağan Sok.	9 E2

Index

Remerciements

L'éditeur remercie les organismes, les institutions
et les particuliers suivants dont la contribution a permis
la préparation de cet ouvrage.

Auteurs

ROSIE AYLIFFE a vécu trois ans en Turquie pendant
lesquels elle a travaillé comme pigiste à Istanbul pour
l'hebdomadaire de langue anglaise *Dateline Turkey* et
comme guide de visites organisées dans toute la Turquie
occidentale. Elle a participé à la rédaction du *Rough
Guide to Turkey* et du *Rough Guide to France* et à
plusieurs guides Time Out de Londres.

ROSE BARING, écrivain voyageur, a passé de nombreux
mois à découvrir Istanbul. Elle est un des auteurs
d'*Essential Istanbul* (AA) et a contribué à la rédaction de
guides sur la Tunisie, Moscou et Saint-Pétersbourg.

BARNABY ROGERSON a beaucoup voyagé, écrit et donné
des conférences dans les pays de la Méditerranée
orientale. Il est, avec Rose Baring, l'un des auteurs
d'*Essential Istanbul* (AA) et a participé à plusieurs autres
guides AA et Cadogan. Il a écrit *A Traveller's History of
North Africa*.

CANAN SILAY, après avoir travaillé comme journaliste au
quotidien turc *Hürriyet*, fut pendant de nombreuses
années rédactrice en chef du magazine de langue anglaise
Istanbul, The Guide. Elle a participé à plusieurs livres sur
la Turquie, entre autres des guides Insight sur Istanbul,
la Turquie et la côte turque.

Autres collaborateurs

Ghillie Başan, Arzu Bolukbasi, Krysia Bereday Burnham,
professeur Anthony A. M. Bryer, Jim Crow, José Luczyc-
Wyhowska, Colin Nicholson, Venetia Porter, Dott. A. Ricci,
professeur J. M. Rogers, Sargasso Media Ltd, Londres,
Suzanne Swan, Tina Walsh.

Recherches cartographiques

Robert Funnell, Emily Green, David Pugh, Lee Rowe
(ESR Cartography Ltd).

Iconographie

Rachel Barber, Marta Bescos, Rhiannon Furbear, Ellen
Root.

Collaboration artistique et éditoriale

Didem Mersin Alıcı, Gillian Andrews, Lydia Baillie, Sonal
Bhatt, Tessa Bindloss, Gary Cross, Mehmet Erdemgil, Amy
Harrison, Sally Hibbard, Hasan Kelepir, Batur Kiziltug,
Maite Lantaron, Jude Ledger, Francesca Machiavelli, Sam
Merrell, Ella Milroy, Mary Ormandy, Catherine Palmi,
Marianne Petrou, Mani Ramaswamy, Lee Redmond, Nicola
Rodway, Sands Publishing Solutions, Anna Streiffert,
Rosalyn Thiro, Dutjapun Williams, Veronica Wood.

Lecteur

Stewart Wild.

Responsable de l'index

Hilary Bird.

Photographies d'appoint

DK Studio/Steve Gorton, John Heseltine, Izzet Keriber,
Dave King, Ian O'Leary, Fatih Mehmet Akdan, Clive
Streeter.

Dessins et illustrations

Kadir Kir, Remy Sow.

Avec le concours spécial de

L'éditeur exprime sa reconnaissance aux employés des
musées, mosquées, églises, administrations, magasins,
hôtels, restaurants et autres organismes d'Istanbul pour
leur aide précieuse. Il tient en particulier à remercier :

Feride Alpe ; Halil Özek, Musée archéologique, Istanbul ;
Hamdi Arabacıoşlu, Association des Mevlevi, Istanbul ;
Veli Yenisoşancı (directeur), musée de Sainte-Sophie,
Istanbul ; Nicholas Barnard ; Ahmet Kazokoşlu, Bel Bim
A. Ş., Istanbul ; Poppy Body ; Banu Akkaya, consulat de
Grande-Bretagne, Istanbul ; Vatan Ercan et Mine Kaner,
office de tourisme de Bursa ; Hanife Yenilmez, Central
Bank of the Republic of Turkey, Londres ; révérend père
Ian Sherwood, Christ Church, Istanbul ; père Lorenzo,
église Saint-Pierre-et-Saint-Paul, Istanbul ; Münevver Ek et
Muazzez Pervan, Fondation de l'histoire économique et
sociale de Turquie, Istanbul ; Edirne Müze Müdürlüşü ;
Emin Yıldız, office de tourisme d'Edirne ; Tokay Gözütok,
Eminönü Belediyesi, Istanbul ; Mohammet Taşbent,
Eminönü Zabıta Müdürlüşü, Istanbul ; Orhan Gencer,
département du protocole, Q.G. de la Ire armée, Istanbul ;
Robert Graham ; Cengiz Güngör, İevki Sırma et Mustafa
Taşkan, municipalité du Grand Istanbul ; Hikmet Öztürk,
İETT Genel Müdürlüşü, Istanbul ; Bashir Ibrahim-Khan,
Islamic Cultural Centre, Londres ; İsmet Yalçın, İstanbul
Balık Müstahsilleri Derneşi ; Nedim Akıner, İstanbul
Koruma Kurulu ; Sühela Ertürk Akdoşan et tout le
personnel des offices de tourisme d'Istanbul ;
Abdurrahman Gündoşdu et Ömer Yıldız, İstanbul Ulaşım
A. Ş. ; office de tourisme d'İznik ; Mark Jackson ; Sibel
Koyluoşlu ; Semra Karakaşlı, Milli Saraylar Daire
Başkanlışı, Istanbul ; Akın Bavur et Recep Öztop,
département culturel, ministère des Affaires étrangères,
Ankara ; personnel de l'Edirne Müftülüşü et de l'Eyüp
Müftülüşü ; Mehmet Saşlam et le personnel de l'İstanbul
Müftülüşü ; professeur Kemal İskender, musée des
Peintures et Sculptures, Istanbul ; Öcal Özerek, musée
des Arts turcs et islamiques, Bursa ; Dilek Elçin et Dr Celia
Kerslake, Oriental Institute, Université d'Oxford ; Kadri
Özen ; D[r] İffet Özgönül ; Cevdat Bayındır, service des
relations publiques, hôtel Pera Palas ; Chris Harbard,
RSPB ; Rosamund Saunders ; John Scott ; Huseyin Özer,
Sofra ; Ahmet Mertez et Gülgün Tunç, palais de Topkapı,
Istanbul ; docteur Tüncer, île de Marmara ; Mr U. Kenan
İpek (Ier secrétaire), ambassade de Turquie, Londres ;
office de tourisme et de la culture à Londres et à Istanbul ;
Orhan Türker (directeur des relations internationales),
Touring et Automobile Club turc, Istanbul ; Peter Espley
(conseiller aux relations publiques) et tout le personnel
de l'office de tourisme turc de Londres ; Mustafa Coşkan,
Türkiye Sakatlar Derneşi, Istanbul ; Dr Beyhan Erçaş,
Vakıflar Bölge Müdürlüşü, Istanbul ; office de tourisme
de Yalova ; Zeynep Demir et Sabahattin Türkoşlu, palais
de Yıldız, Istanbul.

Autorisation de photographier

L'éditeur remercie les responsables qui ont autorisé des
prises de vues dans leur établissement : la Direction
générale des monuments et musées, le ministère de la
Culture, le ministère des Affaires religieuses, İstanbul
Valilişi İl Kültür Müdürlüşü, İstanbul Valilişi İl Müftülüşü,
le Milli Saraylar Daire Başkanlışı et l'Edirne Valilişi İl
Müftülüşü ; et les autres églises, hôtels, restaurants,
magasins, services de transports et autres sites et
établissements trop nombreux pour être tous cités.

Crédit photographique

h = en haut ; hg = en haut à gauche ; hgc = en haut à
gauche au centre ; hc = en haut au centre ; hdc = en haut
à droite au centre ; hd = en haut à droite ; cgh = au centre
à gauche en haut ; ch = au centre en haut ; cdh = au
centre à droite en haut ; cg = au centre à gauche ; c = au
centre ; cd = au centre à droite ; cgb = au centre à gauche
en bas ; cb = au centre en bas ; cdb = au centre à droite
en bas ; bg = en bas à gauche ; b = en bas ; bc = en bas
au centre ; bcg = en bas au centre à gauche ; bd = en bas
à droite ; (d) = détail.

L'éditeur exprime sa reconnaissance aux particuliers,
sociétés et bibliothèques qui ont autorisé la reproduction
de leurs photographies :